Ruttner
Pangermanismus

Florian Ruttner

# Pangermanismus

## Edvard Beneš und die Kritik des Nationalsozialismus

ça ira

*Gesamtverzeichnis, Leseproben, Texte:*

**www.ca-ira.net**

Das Umschlagsbild zeigt eine Fotografie, auf der Edvard Beneš und Winston Churchill bei einem Besuch einer Formation der Tschechoslowakischen Legion in England zu sehen sind; aufgenommen wurde diese am 19. April 1941 und ist dem Buch *Dr. Edvard Beneš ve fotografii. Historie velkého života* (Prag 1946) entnommen.

Die vorliegende Arbeit beruht auf einer Dissertation, die am Insitut für Politikwissenschaft der Universität Wien eingereicht wurde; Gutachter waren HR Doz. Dr. Johann Dvořák und Univ. Prof. i. R. Dr. Dieter Segert.


Postfach 273 www.ca-ira.net
79002 Freiburg info@ca-ira.net

Satz und Umschlag: David Hellbrück, Wien
Druck: TZ Druckerei, Roßdorf

ISBN 978-3-86259-147-3

Die Deutsche Bibliothek verzeichnet diese Publikation in der Deutschen Nationalbibliografie; detaillierte bibliografische Daten sind im Internet über http://dnb.d-nb.de abrufbar.

Für Petrunka

# Inhalt

Die im Haupttext alphabetisch nummerierten Endnoten referenzieren auf fremdsprachige Originalzitate, die sich im Anhang dieser Arbeit befinden. Es handelt sich dabei um Archivmaterialien oder andere Quellen, die nicht ohne Weiteres zugänglich sind. – *Der Verlag*

# Einleitung

In weiten politischen Kreisen Österreichs und Deutschlands gehört es über Parteigrenzen hinweg zum guten Ton, in Edvard Beneš nur einen tschechischen Nationalisten und einen blinden Deutschenhasser zu sehen. Der Abschub der Deutschen wird in einer Reihe mit Vertreibungen des 20. Jahrhunderts genannt, und Beneš als chauvinistischer Minderheitenfeind hingestellt. Diese Studie widmet sich der Kritik Edvard Benešs, des langjährigen Außenministers und späteren Präsidenten der Tschechoslowakischen Republik, an autoritären Herrschaftsformen, namentlich an Nationalsozialismus und Faschismus.

Der Arbeitstitel der vorliegenden Schrift, *Wie sich Edvard Beneš um die Kritik des Nationalsozialismus verdient machte*, der nicht sehr griffig war und deshalb auch vom Verlag geändert wurde, war an ein Gesetz angelehnt, das im Jahre 2004 im Tschechischen Parlament beschlossen wurde, und das, ähnlich wie vergleichbare Gesetze, die 1930 und 1990 die beiden anderen Gründungsväter der Tschechoslowakischen Republik, Tomáš Garrigue Masaryk und Milan Rastislav Štefánik ehren, nur aus dem Satz besteht, Beneš habe sich um den Staat verdient gemacht.

Das Gesetz von 2004 sollte ein Signal sein, man gedenke auf tschechischer Seite nicht, die eigene Position zu Beneš, der besonders im Zuge des EU-Beitritts der Tschechischen Republik wieder wegen des Abschubs der deutschen Bevölkerung nach dem Zweiten Weltkrieg in der Kritik stand, zu ändern. Ein solches Signal schien auch nötig: Hört oder liest man heute den Namen Edvard Beneš, so meist in einem pejorativen Zusammenhang.

Beneš hat einen schlechten Ruf, besonders im deutschsprachigen Raum. Hier ist das Thema Nummer eins, das mit ihm in Zusammenhang gebracht wird, der Abschub der ›Sudetendeutschen‹ nach dem Zweiten Weltkrieg. Sein Name wird meist im Zusammenhang mit den Beneš-Dekreten genannt, also den Präsidentialdekreten, die unter anderem auch diesen Abschub regeln. Für die sudetendeutschen Verbände, die nach dem Abschub in Österreich und Deutschland hauptsächlich aus alten Eliten des Nationalsozialismus gegründet wurden, und besonders für deren publizistischen Anhang gilt Beneš als ein wahrer ›Gottseibeiuns‹ – wie als pars pro toto der Titel eines Buches aus diesem Dunstkreis zeigt: *Edvard Beneš – Der Liquidator.* Der Untertitel wird dann noch deutlicher: *Dämon des Genozids an den Sudetendeutschen und Totengräber der tschechoslowakischen Demokratie.*[1]

Diese Sichtweise ist im besten Fall verzerrt, und in dieser Arbeit soll Edvard Beneš zu seinem Recht kommen. Denn er war vor dem Zweiten Weltkrieg nicht nur der Präsident der letzten antifaschistischen Republik Zentraleuropas, der Tschechoslowakischen Republik (ČSR), sondern auch, wie eine nicht zu unterschätzende Anzahl an Büchern, Vorlesungen und Vorträgen zu Politik und Soziologie zeigen, der seltene Fall eines gesellschaftstheoretisch reflektierenden Politikers. Nicht nur als Präsident, schon als langjähriger Außenminister zeichnete er sich durch eine engagierte Arbeit im Völkerbund zur Stärkung desselben sowie den steten Versuch aus, dem deutschen Revisionismus des Vertrages von Versailles mittels des Schmiedens internationaler kollektiver Sicherheitssysteme wie der ›kleinen Entente‹ (ein Bündnis der Tschechoslowakischen Republik, Jugoslawiens und Rumäniens) zu begegnen. Diese praktische Arbeit ging immer auch einher mit theoretischer Reflexion.

Dieser Aspekt wurde bis jetzt wenig beleuchtet. Auf einer Konferenz mit dem bezeichnenden Titel *Was wissen wir nicht über die erste Tschechoslowakische Republik?*[a] bemerkte schon 1999 der Historiker Eduard Kubů in der Diskussion seines Vortrags auf die Frage nach der Wissenschaftlichkeit der Außenpolitik Benešs, die genau auf die Ebene der theoretischen Reflexion seiner Praxis zielte:

1 Dedina, Sidonia (2000): Edvard Beneš – Der Liquidator. Dämon des Genozids an den Sudetendeutschen und Totengräber der tschechoslowakischen Demokratie, Dinkelsbühl. Zur Kritik an dieser und ähnlicher Publikationen vgl. Weger, Tobias (2013): Der »Liquidator« und seine »Dekrete«. Edvard Beneš im sudetendeutschen Diskurs nach 1989, in: Konrád, Ota / Küpper, René (Hg.): Edvard Beneš: Vorbild und Feindbild. Politische, mediale und historiographische Deutungen, München, S. 269 ff.

»Das ist eine hervorragende Frage. Entschuldigen Sie, aber ich resigniere vor ihr, ich habe an ihr meine Zweifel. [...] Ich bin überzeugt, dass das ein Soziologe oder ein Politologe machen müsste, ich, offen gesagt, als Historiker, fühle mich nicht ganz kompetent, aber ich glaube, [...] dass er nicht gerade ein origineller Denker war und dass seine Theorien und Thesen oft gewissermaßen auseinanderlaufen, dass sie nicht ganz konsistent sind.«[b/2]

In dieser Arbeit schickt sich nun ein Politologe, der sich kompetent dünkt, an, diese Frage näher zu untersuchen. Die Frage, inwieweit Beneš ein origineller Denker war, und ob die Widersprüchlichkeit von Theorien automatisch gegen diese sprechen muss, oder ob nicht doch die Widersprüchlichkeit in der Sache liegt, mag der Leser oder die Leserin am Ende dieses Buches selbst entscheiden.

Die vorliegende Arbeit will also versuchen, den Doppelcharakter des Werkes Benešs von politischer Praxis und theoretischer Reflexion nachzuspüren. Das Hauptaugenmerk soll aber auf die theoretischen Überlegungen Benešs gelegt werden, er soll als politischer Theoretiker ernst genommen werden. Zentral dafür ist eine Vortragsreihe, die er im Exil an der Universität Chicago hielt und aus der dann sein Buch *Demokratie heute und morgen* hervorging. An dieser Vorlesungsreihe ist besonders interessant, dass Beneš schon relativ früh eine klare Unterscheidung zwischen Faschismus und Nationalsozialismus trifft, die er am Verhältnis zum Staat festmacht. Diese Unterscheidung findet sich kaum in zeitgenössischen Theorien. So fehlt zum Beispiel dieser Aspekt in der wohl wirkmächtigsten zeitgenössischen Faschismustheorie Georgi Dimitroffs und der III. Internationalen völlig, die im Nationalsozialismus nur eine deutsche Spielart des italienischen Faschismus sahen, beziehungsweise erklärten, dass »der Faschismus an der Macht [...] *die offene, terroristische Diktatur der reaktionärsten,*

2 Kubů, Eduard (1999): Tvorba zahraniční politiky první Československé republiky. K domácímu pátrání o zahraniční politice meziválečné ČSR a zvláště pak k bádání o mechanismech její tvorby, in: Co nevíme o první Československé republice. Záznam z diskuse pořádané 25. března 1999 v Cefres v Praze, Prag, S. 58.

*chauvinistischsten, am meisten imperialistischen Elemente des Finanzkapitals*« gewesen sei.[3] Gerade diese Definition legte, ganz gegen Dimitroffs richtigen Hinweis, dass der Faschismus nicht durch Formeln und Schemata zu besiegen sei, als sogenannte ›Dimitroff-Doktrin‹ eine steile Karriere hin.

Beneš hingegen sah den besonderen Charakter des Nationalsozialismus in dessen Pangermanismus, wie er, durchaus geprägt von der praktischen Erfahrung als Präsident eines von Deutschland bedrohten Nachbarstaates, die völkische Weltanschauung nannte. Er erkannte, dass eine einfache Verschwörungstheorie, wie sie in der Dimitroff-Doktrin im Kern vorliegt, an der Sache vorbeigeht. Nach einer kurzen Untersuchung des Staatsbegriffs bei Beneš wird dessen Kritik am Pangermanismus und Nationalsozialismus dargestellt.

Danach wird anhand des Beispiels Wenzel Jakschs herausgearbeitet, wie die Analysekategorie des Pangermanismus in der praktischen Politik erschien. Der sudetendeutsche Sozialdemokrat und Vorzeigeantifaschist der Sudetendeutschen Landsmannschaften kann als völkischer Antifaschist bezeichnet werden: Von den Nationalsozialisten ins Exil getrieben, konnte er sich nicht zu einer Zusammenarbeit mit der tschechoslowakischen Exilregierung durchringen, da diese auf eine Annullierung des Münchner Diktates pochte, für Jaksch dieses aber einen völkisch gerechten Ausgangspunkt für weitere Verhandlungen bildete. Mit einer Analyse dieser Entscheidung und der Reden, die Jaksch nach 1945 hielt, soll dieses Urteil untermauert werden. Ein blinder Fleck in der Theorie Benešs soll abschließend nicht unerwähnt bleiben, ganz im Gegenteil: Obwohl er sich praktisch im Kampf gegen den Antisemitismus hervortat, konnten seine Überlegungen dazu den Gegenstand nicht durchdringen, wie die Diskussion zeigen soll.

Der geschichtliche Ort der Kritik Benešs ging von sehr pointierten und optimistischen liberalen geschichtsphilosophischen Ideen

3 Dimitroff, Georgi (1935): Die Offensive des Faschismus und die Aufgaben der Kommunistischen Internationale im Kampf für die Einheit der Arbeiterklasse gegen den Faschismus. Bericht auf dem VII. Weltkongreß der Kommunistischen Internationale, www.marxists.org/deutsch/-referenz/dimitroff/1935/bericht/ch1.htm, 23. 9. 2016, o. S.

aus: Die Moderne, die Aufklärung und das Individuum sind für ihn bereits durchgesetzt, die Entwicklung zu einer noch rationaleren, den Individuen noch mehr Raum zur Entfaltung gebenden Gesellschaft sei nicht mehr aufzuhalten. Der Geist dieser Vorstellung einer Moderne, die eine Chance bietet, sie noch vernünftiger zu gestalten, ist sehr gut in folgendem Zitat eingefangen, das Benešs Mentor und Vorgänger als Präsident der Tschechoslowakischen Republik, Tomáš Garrigue Masaryk münzte, das, anders als völkische Ideologien, auf ein emanzipiertes Individuum abzielte und auch bezeichnenderweise im Zusammenhang von Masaryks Unterstützung der Emanzipation der Frau fiel:

> »Modern ist die Bemühung, die Energie des Menschen zu stärken und zu erhöhen, wie auch das Gefühl der persönlichen Verantwortung, jedes Individuum in der Gesellschaft gleichzustellen. [...] Modern ist die Bemühung, die Privilegien einiger Klassen und Individuen innerhalb dieser Klassen abzuschaffen – der Stärkere muss dem Schwächeren helfen, das ist das Gebot des besten und fortschrittlichsten Geistes der neuen Zeit.«[c/4]

Dieser optimistische Begriff der Moderne, der– ideologiekritisch im klassischen Sinne – der bürgerlichen Gesellschaft vorrechnet, sie könne die Versprechungen der Gleichheit und Freiheit nicht wirklich entfalten und insofern die Ideologie mit ihrer Wahrheit konfrontierte, sah sich dann aber im Laufe der 1920er und 1930er Jahre mit einer Ideologie neuen Typs konfrontiert: der autoritären Herrschaft, die solche Ziele nicht einmal im ideologischen Überbau formulierte, sondern als Losung ausgab, Herrschaft sei zu akzeptieren, das Individuum habe zurückzustecken und sei im Zweifelsfall zu brechen und in den Herrschaftszusammenhang einzubauen. Dies stellte die Kritik vor ganz neue Herausforderungen:

4 Masaryk, Tomáš Garrigue (1930): Moderní názor na ženu. Otisk přednášky z roku 1904. Vydáno k 80. narozeninám presidenta-osvoboditele v březnu 1930, Vyškov, S. 7.

»Die Kritik der totalitären Ideologien hat nicht diese zu widerlegen, denn sie erheben den Anspruch von Autonomie und Konsistenz überhaupt nicht oder nur ganz schattenhaft. [...] Zur Ideologie im eigentlichen Sinn bedarf es sich selbst undurchsichtiger, vermittelter und insofern auch gemilderter Machtverhältnisse.«[5]

Dass die Zeit dieser gemilderten, liberalen Machtverhältnisse – wie brutal sie auch im Einzelnen und für den Einzelnen gewesen sein mögen – vorbei war, ging denkenden Menschen in den dreißiger Jahren auf. Als Beispiel sei hier die Reflexion angeführt, die Eric Ambler dem Helden des Krimis *Die Maske des Dimitrios* am Ende des Romans in den Mund legt, nachdem dieser durch den ganzen Balkan und die dort aufkommenden protofaschistischen Banden dieser Zeit gejagt worden war: »Die Logik von Michelangelos David, von Beethovens Streichquartetten und Einsteins Theorien war durch die Logik das Börsenhandbuchs und Hitlers *Mein Kampf* ersetzt worden.«[6]

Die Kritik Benešs steht genau an diesem Scheitelpunkt der Entwicklung: Gerade seine – im klassischen Sinn Ideologie zu nennenden – Vorstellungen von Staat, Nation, Gesellschaft und Individuum ermöglichten es ihm, das inhumane und destruktive Potential der neuen autoritären Herrschaftsformen zu erkennen und zu kritisieren.

5 Institut für Sozialforschung (1991): Ideologie, in: Dass.: Soziologische Exkurse. Nach Vorträgen und Diskussionen, Hamburg, S. 169 f.

6 Ambler, Eric (1996): Die Maske des Dimitrios, Zürich, S. 289.

# I

# Die westliche Nationalstaatskonzeption Benešs und der völkische Staat

## 1 Die Kritik an Beneš

Beneš diente nicht erst in der Nachkriegszeit als Projektionsfläche. Welche Absichten ihm bezüglich des Abschubs nach dem Krieg unterschoben wurden, dass seine Versuche, in der Zwischenkriegszeit zu einer Verständigung mit Deutschland und den Bürgern der Tschechoslowakei deutscher Muttersprache in vielen Darstellungen ignoriert werden, wurde schon an anderer Stelle erwähnt.[1] Auch ist der Feststellung zuzustimmen, sein »Image« gehöre »schon vor dem Zweiten Weltkrieg zu den populären deutschen Feinbildern«.[2] Diese Feindbestimmung hängt eng mit Benešs Staatsbegriff zusammen.

Das Feindbild war auch immer Konjunkturen unterworfen. Nach dem Zweiten Weltkrieg dominierte vor dem Hintergrund des Kalten Krieges der Vorwurf, er mache sich mit dem »Panslawismus« gemein. In einer Buchbesprechung eines beneškritischen Buches von Wenzel Jaksch[3] hieß es: »Sein engstirniges Kleinbürgertum verklärte Benesch [sic] mit der großartigen Kulisse eines Panslawismus, der einer Zusammenarbeit zwischen dem tschechischen und dem deutschen Volk entgegenwirkte.«[4] Beneš habe deshalb »aus Hass gegen wertvolle und

1 Vgl. Hahn, Eva / Hahn, Hans-Henning (2010): Die Vertreibung im deutschen Erinnern. Legenden, Mythos, Geschichte, Paderborn, S. 91ff; und Weger, Tobias (2013): Der »Liquidator« und seine »Dekrete«. Edvard Beneš im sudetendeutschen Diskurs nach 1989, in: Konrád, Ota / Küpper, René: Edvard Beneš, S. 269 ff.

2 Hahn, Eva / Hahn, Hans Henning (2010): Vertreibung, S. 93.

3 Zu dessen Person und Position siehe das Kapitel III der vorliegenden Arbeit.

4 Bohemicus (1958): Der Sündenfall des Edvard Benesch. Sensationelle Enthüllungen des Sudetendeutschen Sozialisten Wenzel Jaksch, in: Salzburger Nachrichten vom 3. 5. 1958.

der westlichen Freiheit zugetane Mitbürger«,[5] als die der Autor die Deutschen sieht, gehandelt.

Der Vorwurf des Panslawismus ist äußerst fragwürdig. Liest man die Schriften von Beneš, so findet man darin gerade eine harsche Kritik des Panslawismus. So urteilt er über Nikolaj Danielevski, den Verfasser von *Rossija i Evropa*, der »Bibel des Panslavismus«:[6] »Er formuliert die Philosophie des panslavistischen Nationalismus im gleichen Sinne, wie wir den Nationalismus heute von den Chauvinisten der Nachkriegszeit, von Faschisten verschiedener Gattung, Pangermanisten oder Imperialisten verschiedener Spielart definieren hören.«[7] Beneš, hier wie so oft in der Tradition Masaryks stehend, war stets ein Kritiker eines ethnisch fundierten Begriffs der Nation. Er orientierte sich eher an der westlichen Idee der Nation und des Staates, wie er gerade in einer Diskussion mit französischen Intellektuellen[8] um 1934 hervorhob:

> »Zunächst sind wir unstreitig Westler. Wir sind im Laufe der Jahrhunderte in einer Weise in der Opposition gegen die Deutschen, die Österreicher gewesen, daß wir uns instinktiv Frankreich und dem Westen zugewandt haben. Dann ist unsere nationale Erneuerung im 19. Jahrhundert aus der Ideologie der französischen Revolution hervorgegangen. Wir haben uns seit hundertfünfzig Jahren von der Ideologie der westlichen Demokratien genährt.«[9]

Dass mit dieser zwar hauptsächlich die französische, aber auch die US-amerikanische Tradition gemeint ist, darauf weist hin, dass im Kapitel »Demokratie und Demokratismus als Basis unseres Partei-

5 Ebd.

6 Beneš, Edvard (1937): Gedanke und Tat, Band 1, Prag, S. 111.

7 Ebd., S. 112 f.

8 Diese Diskussion ist allein schon wegen der Diskutanten interessant: Zwei, Drieu La Rochelle und Ramon Fernandez, waren zu diesem Zeitpunkt noch Demokraten, kollaborierten später aber mit den Nationalsozialisten beziehungsweise wandten sich dem französischen Faschismus zu. Von den anderen beiden ging Martin-Chauffier zur Resistance; Beneš blieb antifaschistischer Staatsmann.

9 Beneš, Edvard (1937): Gedanke und Tat, Band 3, S. 13 f.

programms« des Programms der Československá strana národně socialistická, der Partei, der Beneš nahestand, Lincoln zitiert wird: »Demokratie ist Diskussion, Demokratie ist Arbeit, Demokratie ist die Herrschaft des Volks, durch das Volk und für das Volk wie das Lincoln für die amerikanische Demokratie formuliert hat.«[d/10] Und auch in seinem Buch *Demokratie heute und morgen* erklärt Beneš die westlichen Revolutionen und Revolutionäre als Grundlagen der modernen Demokratie, die auch er vertrat:

> »Der französische Revolutionär Sieyès wurde durch sein bekanntes Werk ›Was ist der Dritte Stand‹ [...] einer der bedeutendsten geistigen Pioniere der entstehenden Demokratie. Auf der anderen Seite des Ozeans wurde es Thomas Paine durch seine Werke ›Common Sense‹, ›Rights of Man‹ und ›Age of Reason‹; ich erwähne ihn besonders seiner theoretischen Arbeit wegen, ohne dabei die praktischen Leistungen der großen Pioniere der Freiheit und der Demokratie, Washington, Benjamin Franklin, John Adams und insbesondere Jefferson zu vergessen.«[11]

Die Westorientierung Benešs und der Tschechoslowakischen Republik unterstrichen übrigens auch deren Gegner in der Zwischenkriegszeit, selbstredend unter anderen Vorzeichen, bevor es nach dem Krieg opportun wurde, die Karte des angeblichen Panslawismus auszuspielen. So ist es gerade der liberale, nicht auf eine völkische Einheit abzielende, sondern an den Idealen der Französischen Revolution orientierte Staatsbegriff, der in einer Beschreibung Benešs in einer nationalsozialistischen Publikation besonders hervorgehoben wird: »Hier ist kein wesentlicher weltanschaulicher Kampf mehr, sondern eine aktuelle politische Entscheidung: für den französischen Staatsbegriff, gegen das deutsche Volk.«[12] Der Succus der Beschreibung Benešs geht dann dahin, dass dieser in den veralteten Formen des

10 Ústřední výbor ČSNS (1933): Program strany národně soc., MÚA, EB IV, ič 1255, Karton 84, S. 5.

11 Beneš, Edvard (1944): Demokratie heute und morgen, Zürich, S. 21.

12 Ullmann, Herrmann (1934): Eduard Benesch, in: Wirsing, Giselher (Hg.): Köpfe der Weltpolitik, München, S. 202.

Liberalismus steckengeblieben sei, der künstlich sei und die »Gesetze der tausendjährigen Symbiose des tschechischen mit dem deutschen Volke«[13], das heißt die organische Unterordnung des ersteren unter letzteres, ignoriere und der Autor resümiert: »Er setzt gegen diese tausendjährigen Lebensgrundlagen des tschechischen Volkes die fünfzig Jahre alte tschechisch-französische Freundschaft ein. Ein echter und verspäteter Sohn des französischen Rationalismus der mit seinem eifrigen, leise ans Subalterne grenzenden Schülertum ein ganzes Volk scheinbar zum höchsten Erfolg, in Wahrheit in eine Sackgasse geführt hat.«[14]

Ein paar Jahre später wurde diese These, dass der tschechoslowakische Staat ja eine volksfremde, abstrakte und aus Frankreich importierte Angelegenheit sei, noch einmal radikalisiert; diesmal ganz offen antisemitisch und verschwörungstheoretisch konnotiert. In seiner Propagandabroschüre *Golem … Geissel der Tschechen* imaginierte 1942 der ranghohe Offizier des Sicherheitsdiensts Walter Jacobi den tschechischen Nationalismus in den Fängen einer französisch-freimaurerischen Verschwörung:

> »So endete die tschechische Maffia [die Untergrundorganisation während des Ersten Weltkriegs, FR] wenige Jahre nach dem Weltkrieg schließlich in den Fängen des Groß-Orients von Frankreich. Damit aber verkauften sich die Träger des tschechischen Widerstandes im Weltkrieg endgültig der ideologisch und moralisch in gleicher Weise brüchigen Welt des Westens, die den tschechischen Nationalismus der kommenden Jahre vor jeglichen gesunden Regungen immunisierte und mit jener Hypothek belastete, deren politische Zinsen die jüngste Vergangenheit offenbar werden ließ.«[15]

Die antisemitische Verschwörungstheorie, dass die Gründung der Tschechoslowakischen Republik eine Aktion gewesen sei, bei der jü-

13 Ebd., S. 208.

14 Ebd.

15 Jacobi, Walter (1942): Golem … Geissel der Tschechen. Die Zersetzung des tschechischen Nationalismus, Prag, S. 55.

dische Hintermänner die Staatsgründer nur instrumentalisiert hätten, findet sich auch schon früher. So beschreibt ein Bericht von 1920 über die Akivitäten des abgesetzten Karl Habsburg im Exil dessen Sicht folgendermaßen: »Der tschechoslowakische Staat ist bei Karl ›eine jüdische Gründung‹; er wäre von Freund-Deschamps, Wedeles und Serpek aus Paris gegründet worden, bevor Masaryk und Beneš an ihm zu arbeiten begonnen hätten.«[e/16]

Auch in Alfred Rosenbergs Ausgabe der *Protokolle der Weisen von Zion* wird die Gründung der Tschechoslowakischen Republik als »merkwürdiges und nicht zu widerlegendes Beispiel für die Art, die Macht und den Erfolg des alljüdischen Intrigantentums«[17] genannt. In der Tschechoslowakischen Republik sieht er das Paradebeispiel eines ihm verhaßten westlichen Staats, den er dadurch kennzeichnet, dass »innenpolitisch [...] rassische Unterschiede nicht anerkannt« und »der formale Staatsbürgerbegriff über Rassen- und Volkschutz gestellt«[18] werde. Die bürgerliche formale Gleichheit vor dem Gesetz wird von ihm als Grundübel angesehen: »Aus dieser Lehre von der Menschengleichheit erwuchs jene unheilvolle Wortdreiheit, von welcher noch heute sehr wenige wissen, welches Unheil sie in den Köpfen von Millionen angerichtet hat: Freiheit, Gleichheit, Brüderlichkeit. Umrankt wurde dieser Schlachtruf der modernen Demokratie von anderen unorganischen Grundsätzen wie Humanismus, Menschheit usf. die ganze Phrasenleiter hindurch bis zum ›Weltgewissen‹ der Gegenwart.«[19] Mit der Französischen Revolution habe der »Gedanke der demokratisch-volkslosen Volksregierung [...] seinen Siegeszug angetreten«[20]; die Gründung der Tschechoslowakischen Republik, bei der im antisemitischen Wahn »Tschechen und Juden gemeinsam an der Niederlage Deutsch-

16 N. N. (1921): Akce Karla Habsburka, MZV, Kabinet Ministra II/2, ič 288, Karton 39, S. 20.

17 Rosenberg, Alfred (1923): Die Protokolle der Weisen von Zion und die jüdische Weltpolitik, München, S. 32.

18 Ebd., S. 29.

19 Ebd., S. 28.

20 Ebd., S. 29.

lands«[21] gearbeitet hätten, sei ein Lehrbeispiel, bei dem »die bewegende Kraft [...] Dr. Benesch [sic]« war, »der Beziehungen zur französischen Republik anzuknüpfen suchte.«[22]

Vom ideologischem Ballast der Französischen Revolution beladen zu sein, wird Beneš auch noch in aktuelleren Publikationen zum Vorwurf gemacht: So meinte die deutsche Grünenpolitikerin Antje Vollmer: »Genau genommen handelt es sich bei dem Phänomen Edvard Benes [sic] um eine Spätfolge der Französischen Revolution«, die die Idee der Nation geboren habe: »Die Nation einen und für sich erhalten! Edvard Benes [sic] war wie fast alle westlichen Politiker von diesem Gebot geprägt. [...] Nur weil diese Wahnidee von den meisten westlichen Politikern geteilt wurde, stieß Benes' [sic] Vertreibungspolitik auf so wenig Widerstand, ja geradezu Unterstützung in Amerika und Europa.«[23] Hahn und Hahn, denen auch der Gleichklang der Erklärungsmuster auffällt, resümieren: »Wo früher einmal der Hinweise [sic] auf die Freimaurerei als historische Erklärung angegeben wurde, scheint man sich heute der Französischen Revolution zu bedienen.«[24]

Der Vorwurf des Panslawismus fällt hier nur scheinbar aus der Reihe, wird hier doch Beneš eine Ostorientierung vorgeworfen, während die anderen Benešbilder sein ›Westlertum‹ hervorheben. Der Mythos von Beneš als Panslawisten erfüllte aber ab den 1950er Jahren sowohl eine politische als auch eine psychische Funktion.

Politisch ging es darum, Beneš im Kalten Krieg als verkappten Kommunisten mit einer starken Russlandorientierung hinzustellen. Psychologisch liegt bei der summarischen Selbststilisierung der Sudetendeutschen als freiheitsliebende Mitbürger eine Schuldabwehr der eigenen Verantwortung im Nationalsozialismus vor, genauso wie mit dem Vorwurf, die tschechoslowakische Seite wäre ja die pan-nationalistische gewesen, die Schuld verschoben wird. Wo genau

21 Ebd., S. 32.

22 Ebd., S. 33.

23 Vollmer, Antje (2002): Verteibung und Nationalstaatsgedanke, in: NZZ 11./12.5.2002, zit. n.: Hahn, Eva / Hahn, Hans-Henning (2010): Vertreibung, S. 93.

24 Hahn, Eva / Hahn, Hans-Henning (2010): Vertreibung, S. 93.

hier die Grenze zwischen politischer Rationalisierung und psychischer Projektion zu ziehen ist, ist wie immer schwer zu sagen. In der Studie *Schuld und Abwehr* wies Adorno darauf hin, dass es schwer sei, »eine Grenze zu ziehen zwischen dem zweckmäßigen Versuch, durch Aufmachung eines Schuldkontos für den Partner sich selbst zu entlasten, und der unbewußten und zwangshaften Übertragung eigener Neigungen und Triebtendenzen auf andere, denen man daraus Vorwürfe macht.«[25]

Die nationalsozialistischen Denunziationsversuche auf Beneš speisen sich aus zwei Quellen: Einmal aus der eher unmittelbaren Tatsache, dass Beneš, der eine exponierte Rolle bei den Verhandlungen über die Pariser Friedensverträge und die Neuordnung Europas spielte, konsequenterweise für den Nationalsozialismus als Symbol für das ›Diktat von Versailles‹ galt, und damit verbunden für eine staatliche Ordnung in Europa, die nicht auf völkischen Prinzipien beruhte. Damit ist auch die zweite Quelle auf einer ideologischen Ebene verbunden, warum Beneš für den Nationalsozialismus mit unheimlichen Mächten im Bunde stehen musste: Er vertrat einen modernen, westlichen Staats- und Nationsbegriff, der, bei aller Tendenz dazu, doch nie das Individuum ganz in Staat und Nation aufgehen lässt. Hier liegt das Körnchen Wahrheit, das in Vorwürfen erhoben wird: Beneš vertrat in der Tat die ›Ideen von 1789‹ (ohne ihnen allerdings gänzlich unkritisch gegenüberzustehen), gegen die die Nationalsozialisten sich erhoben.

Die hier präsentierte Abwehr der Moderne, die nicht auf problematische Momente der Aufklärung reflektiert, sondern sie regelrecht verwirft, drückt sich auch bei Vollmers aus. Mit einer Kritik am Moment der Einheit, das jeden Nationalismus auszeichnet, wird dieser abstrakt verworfen, jede historische Differenz nivelliert. Das reduziert das Phänomen des Nationalismus auf ein einfaches ›Wir gegen die‹ und versäumt es, dem Verhältnis von Allgemeinheit und Besonderem nachzuspüren. Eine Folge dessen ist es dann, bei einem Blick auf die Geschichte des 20. Jahrhunderts nichts mehr unterscheiden zu können.

25 Adorno, Theodor W. (1997): Schuld und Abwehr. Eine qualitative Analyse zum Gruppenexperiment, in: Ders.: Soziologische Schriften II, AGS 9.2, Frankfurt a. M., S. 233.

Genau das geschieht auch bei Mary Heimann, für die der deutsche wie der tschechoslowakische Nationalismus gleich problematisch sind. Der »Czech and Slovak nationalism« ist für sie im Kern »largely predicated upon a unified and united ›us‹ existing in permanent opposition to an alien and oppressive ›them‹.«[26] Unabhängig, ob diese Charakterisierung überhaupt zutrifft – auf dieser Grundlage begibt man sich jeglicher Möglichkeit der Kritik. Darüber hinaus geraten Heimann, die ständig auf die Künstlichkeit der Tschechoslowakischen Republik hinweist, unter der Hand die Kollektive der partikularen Nationalismen zu scheinbar natürlichen Entitäten. Diese werden von ihr dann als ahistorische Gegebenheit hingenommen und diesen wird von Heimann auch nachgesehen, wenn sie ihrer Identität und ihrem Identitätsstreben in der Bildung uniformierter faschistischer Banden Ausdruck verleihen, wie im Falle der slowakischen Rodobrana, da dies hauptsächlich als ein Zeichen für die »(i)ncreased disaffection with the Prague regime«[27] zu sehen sei.

26 Heimann, Mary (2009): Czechoslovakia. The state that failed, New Haven, S. 321.

27 Ebd., S. 71.

# 2 Westlicher und völkischer Staat

Die Idee der Nation entsprang der Aufklärung und im Kampf gegen scheinbar natürliche und gottgewollte feudale Gemeinschaften. So gilt für sie das, was Horkheimer und Adorno über die Aufklärung insgesamt meinten:

> »Wir hegen keinen Zweifel – und darin liegt unsere petitio principii – daß die Freiheit in der Gesellschaft vom aufklärenden Denken unabtrennbar ist. Jedoch glauben wir, genauso deutlich erkannt zu haben, daß der Begriff eben dieses Denkens, nicht weniger als die konkreten historischen Formen, die Institutionen der Gesellschaft, in die es verflochten ist, schon den Keim zu jenem Rückschritt enthalten, der heute überall sich ereignet.«[28]

In diesem Sinne setzten sich Horkheimer und Adorno auch mit der Idee der Nation auseinander. So meinte Horkheimer in seinen Frühschriften:

> »Auch die Idee der Nation enthält einen produktiven Kern in verzerrter Gestalt. Die Liebe zu Volk und Vaterland war seit der Aufklärung die Form, in der die überindividuellen gemeinsamen Interessen bewußt geworden sind. Sie setzte sich nicht bloß dem beschränkten Egoismus zurückgebliebener Bürger, sondern vor allem dem adeligen Standesinteresse entgegen. Napoleon, nicht die Bourbonen, konnten sich ihrer gut bedienen. Heute sinkt der Begriff der Nation, welcher ursprünglich den Sinn für das Leben der Allgemeinheit einschloß, zum ideologischen Machtmittel in den Händen der verbündeten Schlotbarone, Junker und ihres Anhangs herab. Wie mit dem sinnentleerten, zum bloßen Träger kapitalistischer Moral entarteten religiösen Apparat lenken sie die Massen mit dem zum Fetisch gewordenen Namen der Nation, hinter dem sie ihre besonderen Belange verbergen.«[29]

28 Adorno, Theodor W. / Horkheimer, Max (2003): Dialektik der Aufklärung. Philosophische Fragmente, HGS 5, Frankfurt a. M., S. 18.

29 Horkheimer, Max (1987): Dämmerung, in: Ders.: Philosophische Frühschriften 1922–1932, HGS 2, Frankfurt a. M., S. 371f.

Hier kann man natürlich das instrumentelle Verständnis des Ideologiebegriffs bemängeln, der in der Idee der Nation bloß ein Werkzeug sieht. Festzuhalten sind allerdings zwei Punkte: Einerseits, dass die Idee der Nation einen Zeitkern hat, also nicht immer schon reine Ideologie war, sondern – zu einem bestimmten Zeitpunkt – gegen eine ständische Gesellschaftsordnung ein ›fortschrittliches‹ Element war, da erst mit der Zerschlagung ständischer Strukturen die Anerkennung aller Bürger als Freie und Gleiche möglich war. Auf diese Verbindung weist auch, wenngleich mit einer kritischen Wendung, Adorno hin:

> »Die charakteristische Gestalt absurder Meinung heute ist der Nationalismus. Mit neuer Virulenz steckt er die gesamte Welt an, in einer Phase, in der er zugleich durch den Stand der technischen Produktivkräfte, die potentielle Bestimmung der Erde als eines Planeten, zumindest in den nicht unterentwickelten Ländern, seine reale Basis verloren hat und gänzlich zu der Ideologie geworden ist, die er freilich immer auch schon war. [...] Gesundes Nationalgefühl vom pathischen Nationalismus zu scheiden, ist so ideologisch wie der Glaube an die normale Meinung gegenüber der pathogenen; unaufhaltsam ist die Dynamik des angeblich gesunden Nationalgefühls zum überwertigen, weil die Unwahrheit in der Identifikation der Person mit dem irrationalen Zusammenhang von Natur und Gesellschaft wurzelt, in dem die Person sich zufällig befindet.«[30]

Denn die persönliche Abhängigkeit im Feudalismus wurde durch eine unpersönliche Herrschaft der waren- und kapitalproduzierenden Gesellschaften ersetzt. Einer Gesellschaftsformation gegenüber, »worin der Produktionsprozeß die Menschen, der Mensch noch nicht den Produktionsprozeß bemeistert,«[31] erscheint die Zugehörigkeit zu Staat und Nation als Anker, der vor dem alleszermalmenden »Juggernaut-Rad des Kapitals«[32] schützt. Mag diese Hoffnung in Zeiten

30 Adorno, Theodor W. (1997): Meinung Wahn Gesellschaft, in: Ders.: Kulturkritik und Gesellschaft II, AGS 10.2, Frankfurt a. M., S. 588 f.

31 Marx, Karl (1989): Das Kapital. Kritik der politischen Ökonomie, Bd. 1, Berlin, S. 95.

32 Ebd., S. 674.

der Industrialisierung, als staatliche Fabrikinspektoren durch ihre Aktivitäten wirklich Leib und Leben der Arbeiter retten konnten, noch nachvollziehbar erscheinen, so war selbst damals schon das Interesse des Staates am Leib des Arbeiters durch die Sorge vor zu schwächlichen Soldaten für seine Massenheere motiviert und erwies sich so nur als die andere Seite der Medaille und die Allgemeinheit, die im Nationsgedanken steckt, als eine negative. So weist Adorno auf den Zeitkern hin, gleichzeitig aber darauf, dass die Verhältnisse, die das Individuum tendenziell überflüssig machen, selbst dahin treiben, dieses vernünftige Moment zu zerstören.

Dieses vernünftige Moment ist allerdings auch nicht in jeder Ausprägung der Idee der Nation gleich vertreten, die Frage nach der Rolle des Individuums, die ihm jeweils zugewiesen wird, ist von zentraler Bedeutung. Hier liegt auch der Sinn einer Trennung zwischen westlicher und deutscher Idee der Nation, die Hans Kohn in seiner Studie über den Nationalismus folgendermaßen beschreibt:

> »Während der englische und der nordamerikanische Nationalismus sich in ihrem Entstehen mit den Konzepten der individuellen Freiheit und Vertretung verband, die fest in seinem politischen Leben verwurzelt waren, fehlte dem neuen Nationalismus, der seine Wurzeln nicht in einer ähnlichen sozialen und politischen Realität hatte, dieses Selbstvertrauen. [...] Die deutschen, russischen oder indischen Nationalismen erschienen als etwas Tieferes als der westliche Nationalismus, mit größerem Reichtum an Problemen und Potentialen.«[f/33]

Ähnlich beschreibt auch Johann Dvořák die besondere Form des deutschen Nationalismus, der schon allein aus der historischen Situation, in der er entstand, nicht nur immer schon ein großes autoritäres Potential barg, sondern auch einen besonderen Hang zum Wahn hatte:

> »Der deutsche Nationalismus entstammte von Anfang an dem Reich der Ideen und der Wünsche; vorgeblich war er eine Doktrin der Befreiung von

33 Kohn, Hans (1966): El nacionalismo. Su significado y su historia, Buenos Aires, S. 40.

Fremdherrschaft und äußeren, ›volksfremden‹ Einflüssen: daher hießen die Kämpfe gegen Napoleon ›Befreiungskriege‹, obwohl es nur galt, die Herrscher von den Gefahren von Verfassungen, Rechtsstaatlichkeit, der Gleichheit aller Staatsbürger vor dem Gesetz und ähnlichen westlichen Errungenschaften zu befreien. [...] Das Fatale an diesem besonderen – deutschen – Typ von Nationenbildung war, daß deutsche Gelehrte und Schriftsteller über mehrere Generationen hinweg nicht etwa nur die Realität idealisierten, in Gedanken verklärten und überhöhten, sondern überhaupt erst in ihrer Phantasie ein Produkt – die deutsche Nation – schufen, dem dann die Wirklichkeit angepaßt werden sollte und mußte.«[34]

Insofern ist es auch problematisch, im Zeichen einer allgemeinen, rein formalen Kritik am Nationalismus zu übersehen, in welcher nationalistischen Ausprägung das größere barbarische Potential steckt. So ist es eine beliebte Übung, den tschechischen beziehungsweise tschechoslowakischen Nationalismus mit dem deutschen gleichzusetzen. Diese Tendenz zeigt sich zum Beispiel in einem um Ausgewogenheit bemühten, von einer tschechisch-österreichischen Historikerkommission erstellten Geschichtsbuch. Dort werden die beiden Nationalismen Ende des 19. Jahrhunderts folgendermaßen beschrieben: »Biedere Kleinbürger posierten je nach nationaler Zugehörigkeit auf Propagandapostkarten und Fotografien als germanische Rekken oder wiederauferstandene hussitische Krieger; Wotan-Kult und Žižka-Verehrung[35], so ähnlich sie einander waren, standen sich im nationalen Kleinkrieg, der immer weiter in den Alltag vordrang, schroff gegenüber.«[36]

34 Dvořák, Johann (1990): Zu Leben und Werk Edgar Zilsels und zur Soziologie des Geniekults, in: Zilsel, Edgar: Die Geniereligion. Ein kritischer Versuch über das moderne Persönlichkeitsideal, Mit einer historischen Begründung, Frankfurt a. M., S. 10 f.

35 Jan Žižka z Trocnova (ca. 1360–1424) war der erste und äußerst erfolgreiche Heerführer der Hussiten.

36 Haas, Hanns et al. (2019): Viribus unitis? Die böhmischen und österreichischen Länder von 1848 bis 1914, in: Perzi, Niklas et al. (Hg.): Nachbarn. Ein österreichisch-tschechisches Geschichtsbuch, Weitra, S. 37.

Der Unterschied, ob man sich auf eine Bewegung mit frühbürgerlichen, zumindest antifeudalen Tendenzen wie die der Hussiten bezieht, oder ob man sich an die Archaik vorchristlicher Götter wendet, auf den auch Dvořák abzielt, wird eingeebnet. Noch deutlicher wird das Problem am Beispiel der jeweiligen nationalen Turnbewegungen. Auch hier wird kein Unterschied zwischen dem tschechischen Sokol und den deutschen Turnverbänden gesehen:

> »Die nationalen Turnverbände verkörperten am deutlichsten das Doppelgesicht des bürgerlichen Nationalismus, der die Prinzipien von Wettbewerb und Existenzkampf, die Wirtschaft und Wissenschaft dominierten, nicht etwa widerlegte, sondern kollektivierte und auf die Ebene der nationalen Gemeinschaft holte. Gründer des tschechischen Pendants zu den Deutschen Turnern des ›Turnvaters‹ Jahn, des Turnverein Sokol [Falken] waren Jindřich Fügner und Jaroslav Tyrš, die eigentlich Heinrich Fügner und Friedrich Tiersch hießen.«[37]

Ob es wirklich angeht, die beiden Bewegungen einfach gleichzusetzen, ist fraglich, denn die Jahnbewegung verstand sich als Gegenbewegung zum als französisch angesehenen bürgerlichen Nationalismus und Jahn hob hervor, dass die Nation nicht nur ein Zusammenschluß von Individuen sei, sondern ein organisches Ganzes.[38] Dieser Unterschied findet auch auf den jeweiligen Turnhallen seinen Niederschlag. Im oberösterreichischen Ried im Innkreis schmückten bis Anfang 2000 die Anfangsbuchstaben des Mottos Jahns, vier Fs, für »Frisch Fromm Fröhlich Frei« in Hakenkreuzform die dortige Jahnturnhalle. An vielen Sokolturnhallen finden sich dagegen die Worte »Volnost, Rovnost, Bratrství«, das ist das Motto der Französichen Revoltion, ›Freiheit, Gleichheit, Brüderlichkeit‹. Dieser Unterschied sollte nicht ignoriert werden.

Ins gänzlich Absurde wurde der Vergleich des Sokols mit anderen Bewegungen übrigens von Adolf Hitler getrieben, als er 1934 die

37 Ebd.

38 Vgl. Renner, Kathi (2006): Frisch Fromm Fröhlich Frei, in: context XXI, Heft 4–5, o. S.

Aufrüstung des Deutschen Reiches herunterspielen wollte. Der französische Botschafter hatte darauf hingewiesen, dass, zählte man SS und SA als militärische Organisationen, die deutsche Truppenstärke größer sei als offiziell angegeben. Camill Hoffmann, der während der nationalsozialistischen Machtergreifung als Chef der Presseabteilung der tschechoslowakischen Botschaft in Berlin arbeitete, notierte in seinem Tagebuch: »Hitler verteidigte seine bisherige Darstellung, daß es sich um politische Truppen handle und bemerkte, daß SA und SS etwa dem Sokol glichen.«[39]

Es wird bei einem genaueren Blick deutlich, dass für den angloamerikanischen Nationalismus ein anderes Verhältnis zum Individuum gilt als das für den deutschen oder selbst den französischen. Denn dieser, so Kohn, sei schon um einiges problematischer:

> »Die absolute Souveränität wurde, sobald die Revolution weit genug fortgeschritten war, durch die absolute Souveränität des Volks ersetzt. Vom Geist Rousseaus durchtränkt, forderten viele einen allgemeinen patriotischen Enthusiasmus und einen wachen nationalen Willen. [...] Die Leidenschaften, die durch diesen neuen Nationalismus hervorgerufen wurden, drohten die Gräben zu zerstören, die im 18. Jahrhundert errichtet worden waren, um das Individuum und seine Sphäre der Freiheit zu schützen.«[g/40]

Gleichzeitig hatte der Nationalismus der Französischen Revolution aber auch eine Kehrseite: Alle Nationen sollen gleichberechtigt sich gegenübertreten, um die Menschheit entstehen zu lassen, die sich gegen den Adel erhebt.

Diese internationale utopische Perspektive der Französischen Revolution, die von der Illusion getragen wird, die neuen, bürgerlich-revolutionären Staaten träten einander nicht als Rivalen gegenüber, lässt sich an dem propagandistischen Theaterstück Pierre-Sylvain

39 Hoffmann, Camill (1995): Politisches Tagebuch 1932–1939, Klagenfurt, S. 116.

40 Kohn, Hans (1966): El nacionalismo, S. 30 f.

Maréchals *Das Jüngste Gericht der Könige*[41] zeigen, das zu seiner Zeit äußerst erfolgreich war. Darin wird die Utopie ausgemalt, dass Abordnungen von Sansculotten aller europäischen, jetzt herrenloser (im Sinne von befreiter) Länder nach der weltweit gelungenen Revolution an einer einsamen, vom Versinken bedrohten Insel landen, um dort ihre abgesetzten Herrscher zurückzulassen. Sie treffen dort auf einen Schiffbrüchigen, dem sie einen kurzen Abriss der Geschichte der Revolution geben – gleichsam einen kurzen Lehrgang –, in dem gerade der internationale Aspekt hervorgehoben wird. So berichtet der deutsche Sansculotte:

> »Das Beispiel Frankreichs hat Früchte getragen, allerdings nicht ohne Schwierigkeiten. [...] zuerst wurde die hochherzige Nation, die als erste Gerechtigkeit an ihrem König geübt hatte, auf empörende Art verleumdet: sie sollte gemäßigt, föderalisiert, ausgehungert und gar unterjocht werden, um für alle Zeiten den Menschen das Regime der Unabhängigkeit zu verleiden. Aber weil sie über die heiligen Prinzipien der französischen Revolution nachgedacht [...] haben sich die anderen Völker gesagt: Wir müssen ja schön dumm sein, daß wir uns wie die Hammel zur Schlachtbank führen oder an die Leine legen lassen wie Jagdhunde beim Kampf mit einem Stier. Verbrüdern wir uns lieber mit denen, die uns an Vernunft und Freiheit voraus sind. Darauf schickte jeder Teil Europas tüchtige Sans-culottes zu seiner Vertretung nach Paris. Dort, in diesem Reichstag aller Völker, kam man überein, daß sich an einem bestimmten Tag die Massen in ganz Europa erheben und sich emanzipieren sollten.«[42]

Auch wenn diese Hoffnungen nur auf der Bühne erfüllt wurden, prägten sie doch den Blick auf die Nation und gründeten eine spezifische Form des Umgangs mit der Frage der Nation. Ähnliches

41 Maréchal, Pierre-Sylvain (1989): Das Jüngste Gericht der Könige, in: Paschhold, Chris E. / Gier, Albert (Hg.): Die Französische Revolution. Ein Lesebuch mit zeitgenössischen Berichten und Dokumenten, Stuttgart, S. 302 ff.

42 Ebd., S. 309 f.

geschah –wenn auch immer mit einem anderen Inhalt – ebenfalls in anderen Ländern.

Nach Reisen und Studienaufenthalten im ersten Jahrzehnt des 20. Jahrhunderts schreibt Beneš seine gewonnenen Eindrücke aus anderen Ländern und den dort vorgefundenen Nationalgedanken nieder:

> »Frankreich liebte ich wegen seiner Tradition der großen Revolution, seiner großzügigen nationalen Geschichte, seiner Liebe zur Gedankenfreiheit, seiner Fülle kulturellen Lebens, der Größe seiner philosophischen, wissenschaftlichen, literarischen und künstlerischen Kultur, seiner überlieferten humanitären, allmenschlichen, allweltlichen Tendenzen, die auf einen wahren Menscheitskultus ausgehen. [...] England packte mich tief durch seine überall fühlbare, imponierende innere Kraft, seine Harmonie und Ordnung, durch seine Entwicklung zur konstitutionellen Freiheit, die wirtschaftliche Entfaltung seines ganzen Lebens, das Streben, in seiner nationalen Kultur harmonische Individualitäten zu schaffen, und durch die Kraft religiösen Empfindens und bewußten religiösen Lebens auch beim Durchschnittsengländer. [...] Deutschland wirkte nach dem Besuch Englands und Frankreichs im ersten Augenblick als starke Reaktion auf mich: das deutsche politische Leben, das infolge der mangelnden Freigeistigkeit hinter England und Frankreich zurückgeblieben war, der preußische Militarismus von 1908, die Machtlosigkeit des deutschen Liberalismus, die ideelle Starrheit und das unrevolutionäre Wesen des deutschen Sozialismus – all dies konnte in mir nur Ablehnung hervorrufen. [...] Das Ringen um eine höhere, starke Kultur schätzte ich, fürchtete aber die nationalistische Übertreibung. Ich söhnte mich mit Deutschland erst beim Studium der deutschen Philosophie und Literatur aus.«[43]

Allzu einfach wäre es aber, den westlichen Nationsbegriff gegen den deutschen auszuspielen.[44] Beiden gemeinsam ist, dass sie Herrschafts-

43 Beneš, Edvard (1928): Der Aufstand der Nationen. Der Weltkrieg und die tschechoslowakische Revolution, Berlin, S. 4.

44 Benešs Urteil über England ist aber vielschichtiger: Trotz der Begeisterung im Rückblick entstand während seines Englandaufenthalts auch eine

formen sind, auch wenn das beim westlichen Begriff vielen nicht so deutlich werden will. Joachim Bruhn beschreibt den Unterschied zwischen den beiden Konzeptionen von Nation folgendermaßen: »Der (demokratische) Nominalismus will es den Leuten selber überlassen, was sie sich unter ›Volk‹ vorstellen: Volk ist, was man draus macht. Die (autoritäre) Ontologie will die Leute dazu bewegen, pädagogisch oder im Befehlston, den objektiven Inhalt des Volkes als einer Naturkategorie endlich geistig anzuerkennen und politisch zu bezeugen.«[45] Er führt dann weiter aus, dass dieser Unterschied keiner ums Ganze ist, da auch der liberalste, nominalistische Staat nicht ohne Souverän zu denken sei. Der Schein, die einzelnen Bürger stünden sich ganz zwanglos als Warenbesitzer gegenüber, ist Ideologie im klassischen Sinne: notwendiger Schein.

Bruhn verdeutlicht das an einem Bild, das der französische revolutionäre Staatstheoretiker Emanuel Sieyes beschrieb. Dieser stellte sich den Staat als Kugel vor, deren Mittelpunkt das Gesetz bilde, und dessen Bürger alle gleich weit entfernt von diesem Punkt an der Oberfläche seien. Bruhn führt dieses Bild weiter. Diese Kugel »stellt dar, was der politische Gegensatz der Vertragsrationalisten, die den Staat aus der horizontalen Ebene auf der sich der gleiche und gerechte Tausch vollzieht, ableiten wollen, zu den Stiftungsmystikern, die die autoritäre Struktur des politischen Kommandos mit Gott und der Natur begründen, notwendig verschleiert. [...] Die horizontale Ebene des Tausches ist gleichsam in sich gekrümmt. Daraus erwächst Herrschaft als dritte Dimension, als Ableitung des Tausches, die aus der Perspektive des Tauschenden absolut undurchschaubar und opak bleibt, Herrschaft«.[46]

Artikelserie für die sozialdemokratische Zeitschrift *Pravo lidů*, in der er die katastrophale soziale Situation in England Anfang des Jahrhunderts geißelte. Diese Artikel wurden dann während des Zweiten Weltkriegs von der nationalsozialistischen Propaganda benutzt, um Benešs Exilregierung in England zu schaden. (Vgl. MZV, EB-SA, ič 5, Karton 1.)

45 Bruhn, Joachim (1994): Was deutsch ist. Zur kritischen Theorie der Nation, Freiburg i. Br., S. 38.

46 Ebd., S. 44.

Gewissermaßen findet sich Beneš genau in dieser Situation wieder. Für ihn ist alles, was mit Souveränität zu tun hat, mehr oder weniger ein Überrest aus vormodernen Zeiten. So meint er in seiner Dissertation über Hobbes, den er wegen seines Staatsbegriffs kritisiert: »Hobbes ist ein Theoretiker des Absolutismus und des Despotismus. Er kommt zur Theorie des Gesellschaftsvertrags, aber wegen seiner falschen, bis zur Grenze getriebenen Theorie von der egoistischen Moral, vom darwinistischen Kampf um das Leben und von der menschlichen Schlechtigkeit kommt er nicht zu den Schlüssen, zu denen die Philosophen der Französischen Revolution kamen.«[h/47]

Beneš argumentiert hier moralisch und geschichtsphilosophisch zugleich, für ihn ist die Geschichte eine Entfaltung des Individuums, an dessen Gipfel »die heutige Zeit [...] eine bewusste Synthese von Individualismus und Sozialismus sucht.«[i/48]

Diese Betonung der zentralen Rolle des Individuums macht auch nicht vor den sonst sehr gelobten Theoretikern der Französischen Revolution halt: Bei der Beschäftigung mit Rousseau kritisiert Beneš dessen Kollektivismus, der in dessen Souveränitätstheorie steckt, wenn er ausführt: »Damit der Gesellschaftsvertrag keine leere Form sei, enthält er stillschweigend folgende Verpflichtung, die allein den übrigen Kraft gewähren kann: Sie besteht darin, daß jeder, der dem allgemeinen Willen den Gehorsam verweigert, von dem ganzen Körper dazu gezwungen werden soll.«[49] Beneš führt in seiner Dissertation gegen diese, wie er es nennt, kollektivistischen Tendenzen Rousseaus folgendes Argument an: »Die Gesellschaft ist nicht etwas, das wie ein Körper, wie eine eigenständige Substanz über den sie konstituierenden Individuen steht, sondern ein Element, dessen Existenz nur durch die Existenz des Individuums möglich ist – der Begriff der Gesellschaft ist letztendlich nur eine Abstraktion, die in einem all die außerge-

47 Beneš, Edvard (o. J.): Vznik a vývoj politického individualismus v dějinách moderní filosofie. Až do francouzské revoluce, MÚA, EB VI/1, ič 123, Karton 12, S. 54.

48 Ebd., S. 134.

49 Rousseau, Jean-Jaques (1975): Der Gesellschaftsvertrag oder die Grundsätze des Staatsrechts, Stuttgart, S. 22.

wöhnlich vielen Äußerungen der individuellen Leben ausdrückt und zusammenfasst.«[j/50]

Für ihn ist also das Individuum bedeutender als die Gesellschaft, die von Hans Kohn beschriebenen das Individuum schützenden Dämme, die vom Nationsbegriff der Französischen Revolution niedergerissen wurden, will Beneš aufrechterhalten wissen. Man kann natürlich zur Kritik dieser Position anführen, dass sie eine nominalistische Kritik des gesellschaftlichen Zwangs ist, dass sie Gesellschaft nur als Abstraktion sieht und dass es sich hier Beneš ein wenig einfach macht, da er von den Fetischisierungen der kapitalistischen Gesellschaft nichts weiß, die sich ja gerade dadurch auszeichnen, dass bestimmte Abstraktionen eine eigene Wirklichkeit bekommen, dass in ihr, um mit Marx zu sprechen, »Monsieur le Capital und Madame la Terre als soziale Charaktere und zugleich als unmittelbare Dinge ihren Spuk treiben.«[51] Sich aber die Frage zu stellen, was es bedeutet, wenn gesellschaftliche Prozesse, die doch von den Individuen konstituiert werden, sich diesen gegenüber verselbständigen, hätte womöglich bedeutet, nicht Politiker, sondern Kritiker der politischen Ökonomie und des Staates zu werden.

Anderseits ist es gerade dieses Festhalten am Individuum und ein gewisses Misstrauen gegenüber dem Staat, die in ihm, bei aller Begeisterung für die Französische Revolution, manchmal eine Ahnung der Dialektik der Aufklärung aufsteigen lässt:

> »Die französische Revolution war universalistisch, kosmopolitisch und daher international, gab andererseits der nationalen Idee eine neue Formulierung und dem Nationalismus des 19. Jahrhunderts die wirkliche Grundlage. Dieser Nationalismus bildete die Basis für den neuen Chauvinismus am Ende des 19. und zu Beginn des 20. Jahrhunderts. Die französische Revolution war universalistisch und pazifistisch, aber durch die napoleonischen Kriege schuf sie zum ersten Mal in Europa die Masse des Volksheeres und gab der modernen Welt den Begriff des nationalen

50 Beneš, Edvard (o. J.): Vznik, S. 99.

51 Marx, Karl (1989): Das Kapital. Kritik der politischen Ökonomie, Bd. 3, Berlin, S. 838.

Krieges der Völker, also nicht nur den der Armeen. Durch Napoleon bereitete die demokratisierende französische Revolution auch den Begriff des modernen nationalistischen und totalitären Diktators vor.«[52]

Beneš durchschaut den Zusammenhang zwischen diesen Phänomenen, die Dialektik der Aufklärung nicht im Detail, beharrt aber stur auf dem Individuum und den kosmopolitischen Idealen der Französischen Revolution, was ihm dann zu einer Zeit, als Faschismus und Nationalsozialismus durch jene im bürgerlichen Staat liegende Möglichkeit diesen über sich hinaustreiben, die Chance bot, dieser Dynamik zu opponieren. Durch sein Beharren auf einem eigenen westlichen Staatsbegriff erhielt sich Beneš die politische Urteilskraft, um die Gefahren der völkischen Bewegung zu denunzieren.

52 Beneš, Edvard (1944): Demokratie heute und morgen, S. 33.

# II

# Der Begriff des Pangermanismus und die Kritik am Nationalsozialismus

## 1 Zum Begriff des Pangermanismus

Der zentrale Begriff, sobald Beneš den Nationalsozialismus kritisiert, ist der des Pangermanismus. Mit ihm versuchte Beneš diejenigen Entwicklungen innerhalb der deutschen Gesellschaft und Politik zu kennzeichnen, die sich gegen ein Verständnis des Staates im Sinne der Amerikanischen und Französischen Revolution und der westlichen modernen Tradition überhaupt stellten, und dagegen Staaten als hauptsächlich völkisch-organische Gebilde sahen. Der Fokus auf diesen Begriff bei Beneš ist einerseits bemerkenswert und gleichzeitig nicht wirklich überraschend. Bemerkenswert deshalb, weil die Rolle des Pangermanismus als internationale Bewegung, die unter anderem Deutschland, Österreich und die Tschechoslowakei umfassten – wobei der deutschnationalen Bewegung auf dem Gebiet der Tschechoslowakei ein besonderes Gewicht zukommt – in der Diskussion um die Wurzeln des Nationalsozialismus meist unterbelichtet blieb. Nicht wirklich überraschend ist der Fokus hingegen, da Beneš als junger revolutionärer Politiker, als Außenminister und später Präsident wie auch als Exilpräsident mit dem Pangermanismus unmittelbar konfrontiert wurde.

### A) Die Grenzgebiete als Wiege des Nationalsozialismus

Erst die voluminöse und detailreiche Studie Michael Wladikas über *Hitlers Vätergeneration*[1] aus dem Jahr 2005 hat den grenzübergrei-

1 Vgl. Wladika, Michael (2005): Hitlers Vätergeneration. Die Ursprünge des Nationalsozialismus in der k. u. k. Monarchie, Wien.

fenden, internationalen Zusammenhang, der für die Frühzeit des Nationalsozialismus prägend war, wieder verstärkt ins Blickfeld gerückt und auch die Rolle Rudolf Jungs, der Autor des Buches *Der nationale Sozialismus – Seine Grundlagen, sein Werdegang, seine Ziele*,[2] hervorgehoben, den Wladika als Verfasser des »ersten theoretischen Leitfadens des Nationalsozialismus überhaupt«[3] bezeichnet – die Erstauflage ist schon 1919 erschienen. Manche Überlegungen zur Einrichtung einer Ständekammer als politische Vertretung der Wirtschaft neben den Gremien der Regierung weisen Jung als durch den Ständestaatstheoretiker Othmar Spann beeinflußt aus und sind wahrscheinlich auch der Grund, warum ihm ein größerer Erfolg im Nationalsozialismus selbst verwehrt blieb. Sonst sind in diesem Machwerk aber alle Elemente des Nationalsozialismus enthalten, von A wie Antisemitismus bis Z wie Zinsknechtschaft, die es zu brechen gelte.

Zwei Punkte sollen hier hervorgehoben werden: Jungs antisemitisches Ressentiment gegen einen westlichen Staatsbegriff und die damit einhergehende Glorifizierung des Opfers. Für Jung ist klar: »Nach den Grundsätzen der westlerischen Demokratie kann ein deutscher Volksstaat nicht aufgebaut sein, denn sie ist nur Lug und Trug zum Nutzen des jüdischen Mammonismus, der durch sie die Völker beherrscht und ausbeutet.«[4] Die westlichen Ideen seien auch der Grund, warum der Erste Weltkrieg verloren wurde:

> »Die westlich-demokratische ›Orientierung‹ (wir bleiben bei diesem Worte, weil es mit ›Orient‹ zusammenhängt und daher am treffendsten die treibenden Kräfte kennzeichnet) hat auch im Krieg entsetzliches Unheil angestiftet. Sie war die Ursache aller Hemmungen in der Kriegsführung; sie hat die Achtung der ›griechischen Neutralität‹, den Aufschub des verschärften Tauchbootkrieges in der ewigen und ach so vergeblichen Hoffnung auf Friedensmöglichkeiten, das vorzeitige Aufrollen

2 Jung, Rudolf (1919/1922): Der nationale Sozialismus. Seine Grundlagen, sein Werdegang, seine Ziele, München.

3 Wladika, Michael (2005): Hitlers Vätergeneration, S. 599.

4 Jung, Rudolf (1919/1922): Der nationale Sozialismus, S. 152.

der polnischen Frage und der Verfassungsfrage in Preußen verschuldet. Darin liegen aber die politischen Hauptursachen des schließlichen staatlichen Zusammenbruchs. […] Das neue Deutsche Reich ist letzten Endes deshalb in Trümmer gegangen, weil es – wenngleich ein Staat mit überwiegend deutscher Bevölkerung – in seiner Führung und Leitung sich gänzlich undeutschen Einflüssen gefügig erwies.«[5]

Der Antisemitismus drückt sich in einem Opferwahn aus, der den Juden vorwirft, sie hätten das Selbstopfer Jesu nicht verstanden. Dieses alte antijüdische Bild vom ›verstockten Juden‹ wird dann aber zugleich modernisiert und mit dem im Ersten Weltkrieg verbreiteten Stereotyp verbunden, deutsche Helden, die opferbereit seien, würden gegen die verweichlichten, das Leben liebenden englischen Händler kämpfen, wie es von Werner Sombart in einer Propagandabroschüre gezeichnet wurde.[6] Auf dieses Bild, das selbst bereits antisemitisch ist, greift auch Jung zurück:

»Die Juden hassen und verhöhnen ihn [Jesus, FR] bis auf den heutigen Tag, denn stets bleibt ihnen unfaßbar, wie man für einen Gedanken sich aufopfern, wie man das: was ihnen das kostbarste dünkt, das Leben, hinwerfen kann um einer großen Sache willen. […] Diese Tat [das Selbstopfer Christi, FR] ist Geist von unserem Geiste, Blut von unserem Blute, ist der urewige Unterschied zwischen Helden- und Händlertum. Der eine stürzt sich jauchzend in die Speere um eines Gedankens willen, der andere klebt am Leben des Gewinnes halber. Der eine ist Baldurs Sohn, der andere Lokis Gezücht entsprungen.«[7]

Dieses Zitat ist bei aller Psychopathologie, die einem daraus entgegenspringt, instruktiv, da es recht offen den Opferkult und die Todessehnsucht als Kern der völkischen und jeder anderen das In-

5 Ebd., S. 57.

6 Vgl. Sombart, Werner (1915): Händler und Helden. Patriotische Besinnungen, München, S. 88 f.

7 Jung, Rudolf (1919/1922): Der nationale Sozialismus, S. 46 f.

dividuum auslöschen wollenden[8] Vergemeinschaftung ausspricht. Dementsprechend sind es auch die Kriegsbegeisterung und die ›Ideen von 1914‹, die Bereitschaft also, sich fürs teure Vaterland zu opfern, die die eigentliche deutsche Revolution ausmachen, und die auch den völkischen Staat erst konstituieren:

> »Einmal schien es allerdings, als ob wir uns unseres besseren Wesens besonnen hätten; das war in den unvergeßlichen Augusttagen des Jahres 1914, da eine Welle stürmischer Begeisterung über die deutschen Lande sich ergoß und wir alle innerhalb und außerhalb der schwarz-weiß-roten Grenzpfähle in heiligem Erschauern fühlten, daß ein Volk doch mehr sei als eine rein zufällige Sprachgemeinschaft. Damals war Alldeutschland zur lebendigen Tatsache geworden.«[9]

Erst durch die Bereitschaft zum Tod und das Ausmerzen alles Undeutschen lässt sich also nach Jung das »freie, soziale Alldeutschland«[10] schaffen, mit dessen Anrufung sein Machwerk auch endet.

Auch die Historikerin Eva Hahn betont, sich auf Wladikas Arbeit stützend, die Rolle des Pangermanismus bei der Entstehung des Nationalsozialismus: »Der Nationalsozialismus ist aus den alldeutschen Gruppierungen der Vorkriegszeit hervorgegangen und entwickelte sich nach dem Ersten Weltkrieg auch als eine grenzübergreifende alldeutsche Bewegung. Die unmittelbare Brücke zwischen der Vor- und Nachkriegszeit bot die DNSAP.«[11] Die DNSAP, die *Deutsche Nationalsozialistische Arbeiterpartei*, war der Ableger dieser Bewegung in der Tschechoslowakischen Republik, die bis 1933, als sie seitens

8 Die Nähe der Jungschen Formulierungen zu heutigen Islamisten, die Israel gegenüber skandieren: »Ihr liebt das Leben, wir lieben den Tod!« sticht ins Auge.

9 Ebd., S. 61.

10 Ebd., S. 158.

11 Hahn, Eva (2007): Über Rudolf Jung und vergessene sudetendeutsche Vorläufer und Mitstreiter Hitlers, in: Hahn, Hans Henning (Hg.): Hundert Jahre sudetendeutsche Geschichte. Eine völkische Bewegung in drei Staaten, Frankfurt a. M., S. 101.

der Republik verboten wurde, Wahlerfolge unter der deutschsprachigen Bevölkerung der ČSR feierte und nach dem Verbot in der *Sudetendeutschen Heimatfront* (SHF) Konrad Henleins, die sich später in *Sudetendeutsche Partei* (SdP) umbenannte, wiedererstand, um dann schließlich 1938, nach dem Münchner Diktat, in der NSDAP aufzugehen. Hahn beklagt das Ausblenden dieses Zusammenhangs, welches sie an einer Publikation der *Bundeszentrale für politische Bildung* nachweist und folgendermaßen zusammenfasst: »Die Anfänge des Nationalsozialismus werden meist auf das Münchner Milieu nach dem Ersten Weltkrieg reduziert, als Reaktion auf die politische Linke verortet und exotisiert, wie etwa in folgender Darstellung der Bundeszentrale für politische Bildung: […] Trotz vieler irrelevanter Details werden hier die ›Verdienste‹ der sudetendeutschen Nationalsozialisten, ja selbst die von Rudolf Jung, verschwiegen.«[12] Hahn übergeht, zumindest in diesem Text, die möglichen Gründe für diese Leerstelle, die mutmaßlich in der Rolle der Vertriebenenverbände in der Herausbildung des deutschen Geschichtsbildes liegen, sie weist nur auf die Konsequenzen hin: »Die bisherige Vernachlässigung der Geschichte des sudetendeutschen Nationalsozialismus ließ im kollektiven deutschen Gedächtnis einen weißen Fleck entstehen, der zentrale Fragen der deutschen Geschichte im 20. Jahrhundert betrifft.«[13] Denn im Pangermanismus verbanden sich Antisemitismus und völkischer Nationalismus erst zu jener unheilvollen ideologischen Gemengelage, die sich dann bis zur Shoah radikalisierte. Hahn zitiert dazu eine Propagandabroschüre, die anlässlich der Okkupation der sogenannten Sudetengebiete veröffentlicht wurde und in der sich die deutschböhmischen Nationalsozialisten mit ihrer Pionierrolle im Nationalsozialismus brüsten: »Erstmalig erfolgte nun auf sudetendeutschem Boden die Vereinigung der gesamtdeutschen, antisemitischen und sozialen Gedanken.«[14]

12 Ebd., S. 103.

13 Ebd., S. 105.

14 Kappe, Walter (1938): Sudetendeutschland kehrt heim. Dokumente aus 90 Jahren, Sonderabdruck aus: Deutschtum im Ausland, zit. n.: ebd., S. 118.

Auch der schon erwähnte Rudolf Jung drückte das in seinem Buch über den nationalen Sozialismus aus, als er beschrieb, wie die DNSAP zu ihrem Namen kam: »Wenn sich der damalige Reichsparteitag [1918, FR] für die Bezeichnung ›nationalsozialistisch‹ entschied, so lag der Hauptgrund in dem Bestreben, nach allen Seiten verständlich zu sein. ›National‹ bedeutete im ehemaligen Österreich nie etwas anderes als ›völkisch und judengegnerisch‹. Der erste politische Verein der unter Schönerer entstandenen deutschvölkischen Richtung hieß ›Deutschnationaler Verein für Österreich‹.«[15]

Dass dieser weiße Fleck in der Erinnerung entstand, ist umso bemerkenswerter, als der grenzüberschreitende Aspekt nicht nur bei Beneš, sondern auch bei Hannah Arendt, die sich intensiv mit dem Nationalsozialismus auseinandersetzte,[16] eine ganz zentrale Rolle spielt, und sogar in der ersten umfassenden Analyse des Nationalsozialismus, im *Behemoth*[17] Franz Neumanns, ebenfalls prominent vorkommt. Deshalb soll neben der Darstellung des Begriffs des Pangermanismus bei Beneš und Masaryk auch auf diese Überlegungen eingegangen werden.

## B) Pangermanismus und völkischer Nationalismus

Den Begriff des Pangermanismus, der, wie erwähnt, aufs Engste mit der alldeutschen Bewegung verbunden ist, die besonders Ende des 19. Jahrhunderts erstarkte, übernahm Beneš wie so vieles von Masaryk, weswegen sich ferner ein Blick auf die Einlassungen des Letzteren zu diesem Thema als unverzichtbar erweist.

Die Besonderheit des völkischen Nationalismus, dass er auf einer rassistischen Unterscheidung und nicht auf einer staatsrechtlichen

15 Jung, Rudolf (1919/1922): Der nationale Sozialismus, S. 156 f.

16 Vgl. Arendt Hannah (2003): Elemente und Ursprünge totaler Herrschaft. Antisemitismus, Imperialismus, Totalitarismus, München, S. 472 ff.

17 Vgl. Neumann, Franz L. (1998): Behemoth. Struktur und Praxis des Nationalsozialismus 1933–1944, Frankfurt a. M., S. 191 f.

Regelung aufbaut, fiel Kritikern schon in der Zeit seiner Entstehung in den napoleonischen Kriegen auf. In seiner Polemik *Die Germanomanie*[18] richtete Saul Ascher scharf über die aufkommende Volkstumsideologie. Darin argumentiert Ascher von einem aufgeklärten Standpunkt aus, der der Französischen Revolution zwar nicht unkritisch gegenüberstand, aber doch den Fortschritt erkannte, den eine bürgerlich-rechtliche Staatsverfassung darstellte, was für einen Rückschritt umgekehrt die Volkstumsideologie und der damit verbundene (damals meist noch christlich unterfütterte) Judenhass, ohne den die Konstruktion des Volks undenkbar ist. Dabei ist Ascher noch von aufklärerischem Optimismus erfüllt, der glaubt, die geschichtliche Entwicklung auf seiner Seite zu haben:

> »Man mag Rousseau, den Ökonomisten, und einigen anderen Denkern auch zurechnen, an allen Übeln, welche die Französische Revolution über Europa verbreitete, schuld gewesen zu sein, man mag auch in der Deduktion ihrer Grundsätze manche Fehlschlüsse und Irrtümer aufdekken können. So viel ist aber gewiß, daß sie eigentlich in ihren Schriften solche Grundsätze zu einer Handlungsweise aufstellten, wohin die Menschheit schon seit einem Jahrhundert tendierte, nämlich zu einem staatsrechtlichen.«[19]

Und genau gegen diesen staatsrechtlichen Grundsatz kämpften nun die Germanomanen mit ihrem Begriff vom Volk an, wogegen Ascher mit einer Emphase auf die Menschheit und mit dem Begriff des Menschenrechts letztlich mit der auf das Individuum reagiert:

> »Bei dem jetztigen Standpunkt der Regierungen kann es keineswegs Zweck derselben sein, in Deutschland einen Urstaat, ein Urvolk und eine Ursprache zu erhalten und aufzustellen. Er kann und wird es nicht sein. Wir sind, Himmel sei Dank! so weit gekommen, daß wir die Menschen nicht in Stämme und Rassen einteilen und von der Verschiedenheit des

18 Ascher, Saul (1815/2011): Die Germanomanie, in: Ders.: Flugschriften, Werkausgabe 1, Mainz, S. 141 ff.

19 Ebd., S. 156.

> Bodens auf eine Verschiedenheit der menschlichen Gattung folgern. Die menschliche Gattung wird jetzt durch den Namen Menschheit in staatsrechtlicher Hinsicht nach ihrem ganzen Umfange aufgefaßt, und in welchen polizeilichen Staat ein Glied derselben hineinversetzt wird, läßt man es Ansprüche auf die Rechte machen, welche die Regierung ihren Untergebenen sichert.«[20]

Die Durchsetzung dieses Zustands der individuellen Rechte ist für Ascher sicher. Zwar könnten »Eigenheiten, Nationalitäten noch hin und wieder diesem Fortschritt des menschlichen Geistes in den Weg treten, es sind noch Staaten vorhanden, wo dem Fremdling sich Beschränkungen entgegenstellen, die den freien Gebrauch seiner Kräfte hindern oder seine Tätigkeit hemmen«, aber wegen der immer höher stehenden Kultur und des »fortschreitenden Geist(s) des Nachdenkens« lasse sich »leicht mit Sicherheit [...] folgern, daß allmählich in allen Regionen der Erdboden jedem menschlichen Individuum ein gleicher Spielraum zur Übung seiner Kräfte gesichert werden wird.«[21] So modern die Forderungen sind, so wenig haben sie sich 200 Jahre nach dem Erscheinen von Aschers Buch realisiert. Ganz im Gegenteil, die Kräfte, die Ascher kritisierte, setzten sich durch, was nicht zuletzt daran sich zeigt, dass sein Buch heute hauptsächlich deshalb bekannt ist, weil es zwei Jahre nach seinem Erscheinen eines der Werke war, welches während des Wartburgfests der deutschen Burschenschaften auf dem Scheiterhaufen landete. So setzte sich der völkische Nationsbegriff durch und entwickelte sich weiter, auch wenn es gewichtige kritische Stimmen gegen diesen gab.

So polemisierte Hegel in der Vorrede zu seiner Rechtsphilosophie gegen Jakob Friedrich Fries, der wegen seiner Beteiligung am Wartburgfest seine Lehrerlaubnis verloren hatte, und gegen dessen Abwendung von einer vernunftgeleiteten Analyse von Staat und Gesellschaft, die mit einer Hinwendung zu einer lebensphilosophisch angehauchten Glorifizierung des Volkes verbunden war:

20 Ebd., S. 157.
21 Ebd., S. 158.

»Ein Heerführer dieser Seichtigkeit, die sich Philosophieren nennt, Herr *Fries*, hat sich nicht entblödet, bei einer feierlichen, berüchtigt gewordenen öffentlichen Gelegenheit in einer Rede über den Gegenstand von Staat und Staatsverfassung die Vorstellung zu geben: ›in dem Volke, in welchem echter Gemeingeist herrsche, würde jedem Geschäft der öffentlichen Angelegenheiten *das Leben von unten aus dem Volke* kommen, würde jedem einzelnen Werke der Volksbildung und des volkstümlichen Dienstes sich *lebendige* Gesellschaften weihen, *durch die heilige Kette der Freundschaft* unverbrüchlich vereinigt‹, und dergleichen. – Dies ist der Hauptsinn der Seichtigkeit, die Wissenschaft, statt auf die Entwicklung des Gedankens und des Begriffs, vielmehr auf die unmittelbare Wahrnehmung und die zufällige Einbildung zu stellen, ebenso die reiche Gliederung des Sittlichen in sich, welche der Staat ist, die Architektonik seiner Vernünftigkeit, die durch die bestimmte Unterscheidung der Kreise des öffentlichen Lebens und ihrer Berechtigung und durch die Strenge des Maßes, in dem sich jeder Pfeiler, Bogen und Strebung hält, die Stärke des Ganzen aus der Harmonie seiner Glieder hervorgehen macht, – diesen gebildeten Bau in den Brei des ›Herzens, der Freundschaft und der Begeisterung‹ zusammenfließen zu lassen.«[22]

Die Trennung der einzelnen Kreise des öffentlichen Lebens, dass es in diesem gesetzliche Strukturen gibt, war Hegel zu wichtig, als dass er es für rein subjektive Begeisterung eingetauscht hätte, und genau diese gesetzlichen Strukturen sind es auch, die den modernen liberalen Staat ausmachen. Das Vorgehen gegen diese Basis moderner Vergesellschaftung stellte dann nach Hegel auch das Hauptmerkmal des deutschen völkischen Nationalismus dar:

»Die besondere Form des üblen Gewissens, welche sich in der Art der Beredsamkeit, zu der sich jene Seichtigkeit aufspreizt, kundtut, kann hierbei bemerklich gemacht werden; und zwar zunächst, daß sie da, wo sie am *geistlosesten* ist, am meisten vom *Geiste* spricht, wo sie am

22 Hegel, Georg Wilhelm Friedrich (1821/1995): Grundlinien der Philosophie des Rechts oder Naturrecht und Staatswissenschaft im Grundrisse, Werke 7, Frankfurt a. M., S. 18 f.

> totesten und ledernsten redet, das Wort *Leben* und *ins Leben einführen*, wo sie die größte Selbstsucht des leeren Hochmuts kundtut, am meisten das Wort *Volk* im Munde führt. Das eigentümlichste Wahrzeichen aber, das sie an der Stirne trägt, ist der Haß gegen das Gesetz. […] *Das Gesetz* ist es, was jenes sich das Belieben vorbehaltene Gefühl, jenes das Rechte in die subjektive Überzeugung stellende Gewissen mit Grund als das sich feindseligste ansieht. […] Das *Gesetz* ist darum, wie im Laufe dieses Lehrbuchs irgendwo angemerkt worden, vornehmlich das Schiboleth, an dem die falschen Brüder und Freunde des sogenannten Volkes sich abscheiden.«[23]

Der Begriff Pangermanismus selbst taucht dann später auch in dem Hauptwerk des Hegelkenners Michail Bakunin, *Staatlichkeit und Anarchie*,[24] in einer ähnlichen Konstellation auf, wie er später verwendet wurde, wenn auch mit einer wichtigen Einschränkung. Bakunin verwendet ihn im Zusammenhang mit seiner beißenden Kritik der Frankfurter Nationalversammlung während der Revolution von 1848. Neben der allgemeinen Staatsvergötterung und der Naivität gegenüber den absolutistischen Kräften wirft er den Revolutionären als besonderes Zeichen ihrer reaktionären Ausrichtung den deutschen Nationalismus vor, den sie selbst über ihre demokratischen Ziele stellten. Schlagend sei dies vor Augen geführt worden, als Josef von Radowitz, ein konservativer Preußischer Abgeordneter, »dieser Versammlung den Vorschlag machte, eine feierliche Sympathieerklärung an das österreichische Heer abzugeben, jener *deutschen* Armee also, die sich zum größten Teil aus Madjaren und Kroaten zusammensetzte und vom Wiener Kabinett gegen die aufrührerischen Italiener eingesetzt worden war«, denn »da erhob sich die gewaltige Mehrheit, von seiner deutsch-patriotischen Rede begeistert und applaudierte den Österreichern. Damit erklärte die Versammlung feierlich, im Namen ganz Deutschlands, daß das Hauptziel der deutschen Revolution,

23 Ebd., S. 20.

24 Bakunin, Michail (1873/1972): Staatlichkeit und Anarchie, in: Ders.: Staatlichkeit und Anarchie und andere Schriften. Herausgegeben und eingeleitet von Horst Stuke, Frankfurt a. M., S. 411–658.

ja man kann sagen, ihr einzig ernsthaftes Ziel, keineswegs darin bestand, die Freiheit der deutschen Völker zu erkämpfen, sondern vielmehr darin, ein gewaltiges patriotisches Gefängnis unter dem Namen eines einigen und unteilbaren *pangermanischen Imperiums* für sie aufzubauen.«[25] Entscheidungen wie diese, in denen die nationale Frage über die politische gestellt wurde, und das nicht nur von der Rechten, brachten dann auch später den britischen Historiker Lewis B. Namier dazu, den völkischen Gehalt des deutschen Nationalismus herauszustreichen. Seine Interpretation stellte sich quer zur gängigen Interpretation des Revolutionsjahres 1848, die besagt, dass die Niederlage der Revolution für die autoritären Tendenzen in der deutschen Gesellschaft und den Mangel der Ausbildung einer modernen Kultur verantwortlich sei. Für Namier liegt das Problem tiefer, wie Jörg Später ausführt, denn jener beschuldigte insbesondere die Professoren des Frankfurter Parlaments, Ausgangpunkt der aggressiv völkisch-nationalistischen Bewegung zu sein und somit »weitaus gefährlicher als Bismarck und der sagenumwobene ›Prussianism‹: ›[...] the professional lambs at Frankfort, bitten by the Pan-German dog, caught rabies.‹ [...] Das Frankfurter Parlament habe nach dem Motto agiert: ›Was deutsch ist, soll deutsch bleiben‹ und ›Was deutsch spricht, soll deutsch werden‹. ›Volksdeutsche‹ und ›Auslandsdeutsche‹ seien deshalb keine Erfindungen der Nazis, sondern entsprängen direkt aus dem sprachlichen und rassistischen Konzept deutscher Nationalität.«[26]

Auch der Historiker Hans Henning Hahn weist in einer Analyse der Debatte über Böhmen in der Paulskirche nach, dass man es bei dieser »mit dem Anfang eines völkischen Diskurses und damit der Vorgeschichte des sudetendeutschen völkischen Diskurses zu tun«[27] habe.

Für Bakunin ist die Ideologie des Pangermanismus allerdings schon mit dem Bild des preußischen Militarismus verquickt, und er stellt

25 Ebd., S. 582.

26 Später, Jörg (2003): Vansittart. Britische Debatten über Deutsche und Nazis 1902–1945, Göttingen, S. 221 f.

27 Hahn, Hans Henning (2007): Die Anfänge des völkischen Diskurses in der Paulskirche 1848, in: Ders. (Hg.): Hundert Jahre, S. 57.

sich ihm auch, anders als später bei Masaryk, nur als die logische Konsequenz der bürgerlichen Gesellschaft dar. Ansatzpunkte in der Ideologie der bürgerlichen Revolution, die sich gegen diese Entwicklung wenden ließen, gibt es bei ihm nicht. Bakunin verweist darauf, dass auch in Frankreich der republikanische Militär Cavaignac die Arbeiterrevolution in Paris im Juni 1848 blutig niederschlug und so dem Bonapartismus vorarbeitete, worin er eine allgemeine Tendenz sieht, die aber in Deutschland besondere Blüten trieb:

> »Ist es nicht erstaunlich, daß es einem Republikaner beschieden war, den ersten Grundstein zu einer Militärdiktatur in Europa zu legen, und der unmittelbare Vorläufer von Napoleon III und dem deutschen Kaiser zu sein; [...] Ist das nicht der Beweis dafür, daß die allesverschlingende und alles erstickende militärische Disziplin – das Ideal des pangermanischen Reichs – das unvermeidlich letzte Wort der bourgeoisen staatlichen Zentralisation, der bourgeoisen Republik und überhaupt der bourgeoisen Zivilisation ist.«[28]

Masaryk wie auch Beneš hingegen begreifen den Pangermanismus als gegen ein westlich-aufgeklärtes Verständnis von Staat und Republik gerichtet. Allerdings muss man dem russischen Anarchisten auch ein wenig recht geben: Dass diese Unterscheidung keine grundsätzliche ist, dass auch der westliche Nationalstaat immer eine Tendenz zur Gegenaufklärung hat, da er die Organisation eines irrationalen Zusammenhangs, die Trennung also nicht absolut zu nehmen ist, darauf wurde schon im Kapitel I hingewiesen, und das sei hier zur Klarstellung wiederholt. Wie Stephan Grigat schreibt, verbiete sich die »Konstruktion eines prinzipiellen Gegensatzes zwischen völkischem und republikanischen Nationalismus [...] schon allein deswegen, da beide auf dem Prinzip der Exklusivität beruhen und beruhen müssen. So groß und so wichtig die konkreten Unterschiede zwischen völkischen und republikanischen Nationen sein mögen, und so sehr diese Unterschiede für einzelne Menschen wie für zu Volksgruppen sich selbst kollektivierende oder zwangskollektivierte Menschen existen-

28 Bakunin, Michail (1873/1972): Staatlichkeit, S. 591f.

tielle Bedeutung haben, so richtig ist es, in der Kritik beide Modelle als zwei verschiedene Ausformungen des selben Prinzips kenntlich zu machen.«[29]

Allerdings gewinnt, will man genau diese beiden Ausformungen untersuchen, die Analyse aus dieser Differenz. Nicht zuletzt an den schon erwähnten Autoren Arendt und Neumann lässt sich das zeigen. Arendt stellt die Unterscheidung zwischen völkischem und republikanischem Nationalismus ins Zentrum ihrer Analyse des Imperialismus, den sie als einen der Ursprünge der totalen Herrschaft sieht. Sie beschreibt darin, wie die klassische liberale, bürgerliche Konzeption des Nationalstaats durch die ökonomische Dynamik über sich hinausgetrieben wird und so schließlich zerstört wird. Zunächst stünde die Nation quer zu jeder expansionistischen Dynamik: »Die Nation kann keine Reiche gründen, weil ihre politische Konzeption auf einer historischen Zusammengehörigkeit von Territorium, Volk und Staat beruht.«[30] Aber der Industrialisierungsschub Ende des 19. Jahrhunderts, aus dem eine erhöhte Produktion und damit die Suche nach neuen Märkten resultierte, wollte man nicht in eine Krise schlittern, machte diese Konzeption unmöglich: »Die Wirtschaft selbst zwang die Bourgeoisie, politisch zu werden: das kapitalistische System, das auf einem ständigen Anwachsen der industriellen Produktion beruht, konnte nur gerettet werden, wenn es gelang, die Außenpolitik der Nationalstaaten im Sinne der für die Wirtschaft notwendige Expansion zu bestimmen. ›Der Geist des Großbetriebs und der überstaatlichen Organisation hatte die Politik erfaßt‹ (Friedrich Naumann).«[31] Der Konflikt, der zwischen diesen expansiven Interessen und der liberalen, auf das Staatsgebiet gebundenen Staatskonzeption ausbrach, fand, so Arendt, in dem Entstehen einer neuen Konzeption der Nation eine Verlaufsform, in der die expansiven Interessen florieren konnten, die aber inhaltlich das liberale Moment zerstörten: »Nationalismus und

29 Grigat, Stephan (2007): Fetisch und Freiheit. Über die Rezeption der Marxschen Fetischkritik, die Emanzipation von Staat und Kapital und die Kritik des Antisemitismus, Freiburg i. Br., S. 255.

30 Arendt, Hannah (2003): Elemente, S. 289.

31 Ebd., S. 291.

Imperialismus sind theoretisch durch einen Abgrund geschieden; in der Praxis ist dieser Abgrund immer wieder durch rassisch oder völkisch orientierte Nationalismen überbrückt worden.«[32]

Auch bei Neumann wird an die klassische Lehre von der Souveränität des bürgerlichen Staates erinnert, um die völkische Neuinterpretation derselben zu beschreiben und sie zu kritisieren. Zwar sei es besonders »liberalen Völkerrechtlern [...] zur Gewohnheit geworden, die unbeschränkte nationale Souveränität für das derzeitige Chaos der Welt [1942, FR] verantwortlich zu machen«, Neumann hingegen, was bei jemandem, der aus der Gewerkschaftsbewegung kam, zunächst ein wenig überrascht, schreibt, seine Ausführungen auf den »folgenden Seiten könnten durchaus die Überschrift [...] ›Zur Verteidigung der Staatssouveränität‹«[33] tragen. Denn für ihn ist der »Begriff der Souveränität heute ein progressiver, und zwar aus zwei negativen Gründen: der juristischen Gleichheit aller Staaten und der daraus folgenden Rationalität der internationalen Beziehungen.«[34] Dabei ist wichtig zu betonen, dass Neumann von »negativen Gründen« von »heute«, also während des Zweiten Weltkriegs spricht, die Souveränität ist also nur in Hinsicht auf die völkischen Expansionsbestrebungen ›progressiv‹. So bildet die Souveränität »sozusagen eine Barriere, die, obwohl sie den Aufbau einer gerechten internationalen Ordnung hemmt, zugleich die Reichweite der Staatsgewalt bedeutend beschränkt.«[35] Erst in der Unterscheidung kann man also beide Konzepte richtig einschätzen.

Das Folgende soll dazu dienen, die Unterschiede zwischen den beiden Konzeptionen von Nationalismus deutlicher zu machen und zu zeigen, dass die Kritik am Pangermanismus Masaryks und Benešs, gerade weil sie die Ideale der bürgerlichen Gesellschaft ernst nimmt, sehen kann, dass hier den gesellschaftlichen Verhältnissen jegliche Restvernunft exorziert wird.

32 Ebd., S. 343,

33 Neumann, Franz L. (1998): Behemoth, S. 211f.

34 Ebd., S. 212.

35 Ebd.

## 2 Die Kritik des Pangermanismus bei Masaryk und Beneš im und nach dem Ersten Weltkrieg

### A) Masaryk: Der Pangermanismus als Titanismus und Größenwahn

Während des Ersten Weltkrieges, zu der Zeit, als Masaryk in der Auslandsaktion um die Eigenstaatlichkeit der Tschechoslowakischen Republik kämpfte, entwickelte er in seinem Werk *Das neue Europa. Der slavische Standpunkt*[36] seine Überlegungen zum Pangermanismus. Wie der Untertitel schon andeutet, handelt es sich dabei um eine Schrift, in der der zukünftige Präsident der Tschechoslowakischen Republik die Gründe darlegen will, warum eine Welt, in dem die Mittelmächte ge- und zerschlagen sind, eine bessere Zukunftsoption für Europa darstelle als wenn das Deutsche Reich und der Habsburgerstaat weiterbestünden. Die Analyse des Pangermanismus liefert dafür sein Hauptargument.

Dieser berge ein nicht zu unterschätzendes Gefahrenpotential, ihn, Masaryk, habe »die Kenntnis des Pangermanismus, sowohl als Bewegung als auch als Literatur, [...] dazu (geführt), diesen Krieg zu erwarten« und er wundere sich, »wie wenig die Engländer und Franzosen vom Pangermanismus Notiz nahmen.«[37] Hier zeigt sich wieder, dass eine der Stärken in den Analysen Masaryks und Benešs darin liegt, ideologische Äußerungen als solche ernst zu nehmen und die entsprechenden Konsequenzen zu ziehen. Masaryk zeigt sich auch darüber entsetzt, dass er »noch im Krieg [...] ziemlich viele Politiker« getroffen habe, »welche den Pangermanismus mit einem Achselzucken und einem spöttischen Lächeln abtun zu können vermeinten – ›Utopismus‹, ›Studenten- und Professorenpolitik‹.«[38]

36 Masaryk, Tomáš Garrigue (1918/1991): Das neue Europa. Der slavische Standpunkt, Berlin.

37 Ebd., S. 14.

38 Ebd., S. 16.

Denn der Pangermanismus sei nicht nur eine geschichtsphilosophische Theorie, sondern auch eine politische Praxis: »Auf diesem breiten wissenschaftlichen und philosophischen Untergrund hat sich in letzter Zeit der Pangermanismus als Philosophie und Politik der Deutschen organisiert. Lagarde ist sein führender philosophischer und theologischer Wortführer, Treitschke sein Historiker, Kaiser Wilhelm sein Politiker. Ein ganzes System des theoretischen und praktischen Pangermanismus hat sich organisiert: Vereine und Gesellschaften, welche die Lehre durch Verbreitung von Schriften, Landkarten, Zeitschriften und Revuen, Flugblättern usw. propagieren.«[39] Der wichtigste unter diesen Vereinen war der Alldeutsche Verband, der 1894 gegründet wurde.[40] Gleichzeitig beschreibt Masaryk auch, dass der »Pangermanismus [...] gleich zu Beginn keine bloße Theorie und politisches Ideal, sondern auch der Ausdruck der politischen Entwicklung des deutschen Volkes«[41] gewesen sei und durch die »energisch in Angriff genommene Industrialisierung« an Schwung gewonnen habe. Diese und »der über die ganze Welt sich erstreckende deutsche Handel gaben den Gedanken einer Weltherrschaft ein und stärkten so die traditionelle Idee des deutschen Imperialismus des römischen Kaisertums«.[42] Auch der Historiker Fritz Fischer unterstreicht, dass man die Wirkmächtigkeit des Pangermanismus, der bei ihm als alldeutsche Bewegung firmiert, im damaligen Deutschland nicht unterschätzen dürfe: »Allein die Tatsache, daß Gedanken, die gemeinhin als typisch für die Alldeutschen gelten, im kaiserlichen Deutschland förmlich in der Luft lagen und bis in die Diktion amtlicher Äußerungen von Diplomaten, Verwaltungsbeamten und Politikern nachweisbar sind, macht deutlich, daß es unmöglich ist, sie als eine einflußlose Clique politischer Fanatiker abzutun.«[43] Umgekehrt

39 Ebd., S. 13.

40 Vgl. Kruck, Alfred (1954): Geschichte des Alldeutschen Verbandes 1890–1939, Wiesbaden, S. 9.

41 Masaryk, Tomáš Garrigue (1918/1991): Das neue Europa, S. 14.

42 Ebd., S. 15 f.

43 Fischer, Fritz (1977): Griff nach der Weltmacht. Die Kriegszielpolitik des kaiserlichen Deutschland 1914/1918, Kronberg, S. 134.

ist diese Überlegung auch ein Hinweis, dass Masaryks Schrift, obwohl natürlich als politische Kampfschrift im Ersten Weltkrieg verfasst, sich nicht einfach als Propagandaschrift abtun lässt, wenn sie den Pangermanismus als in Deutschland bestimmende Kraft ins Visier nimmt. Auch Fischer wird nicht müde zu betonen, dass weite Teile der deutschen Gesellschaft vom Pangermanismus erfasst waren, wenn er fortfährt:

> »Das zeigt sich gerade bei jenen Persönlichkeiten und Gruppen, die es zwar weit von sich wiesen, zu den Alldeutschen gerechnet zu werden und sich als Liberale bezeichneten, in ihren außenpolitischen Forderungen aber weitgehend mit den Zielen der Alldeutschen übereinstimmten. [...] Viele von ihnen bekannten sich offen zu einem deutschen ›Imperialismus‹, andere blieben zwar in der Sache nicht weit hinter ihnen zurück, gebrauchten aber den Terminus ›Imperialismus‹ selbst nur zur Kennzeichnung der Politik der der gegnerischen Mächte.«[44]

Spätestens mit der Gründung der *Vaterlandspartei* 1917 fand dieser nationale Schulterschluss auch seine massenwirksame organisatorische Form, in der, wie die Rede eines der Proponenten dieser Partei bei deren Gründung, des Admiral Tirpitzs, zeigt, der Weltkrieg zum Kampf gegen den Westen stilisiert wurde: »Der Krieg ist zum endgültigen Ringen zweier Weltanschauungen geworden: der deutschen und der anglo-amerikanischen. [...] Darum geht der gewaltige Kampf, den Deutschland jetzt führt, nicht um Deutschland allein, es geht in Wahrheit um die Freiheit des europäischen Kontinents und seiner Völker gegen die alles verschlingende Tyrannei des Anglo-Amerikanismus.«[45] Dieses antiwestliche Programm zum Kampf um die Weltherrschaft konnte weite Teile der deutschen Bevölkerung mobilisieren, und wies damit, wie Fischer weiter berichtet, schon über das traditionelle liberale Parteiensystem hinaus: Tirpitz habe »die Vaterlandspartei zunächst als überparteiliche ›Bewegung‹ konzipiert« und »eine Anzahl von Politiker aus allen rechten Parteien in

44 Ebd.
45 Ebd., S. 373.

ihre Reihen« gezogen. Mit durchschlagendem Erfolg: »Rasch wuchs die Vaterlandspartei zu einer extrem-nationalistischen Massenorganisation, die mit über 1,25 Millionen Mitgliedern im Juli 1918 den Höchststand der SPD von rund einer Million Mitgliedern im Jahre 1914 erheblich übertraf.«[46] Da die Vaterlandspartei zwar organisatorisch eigenständig war, aber durch personelle Überschneidungen und auch in Sachen Annexionen als Kriegsziel doch »weitgehend unter alldeutschem Einfluß«[47] stand, konnte Heinrich Class (manchmal auch Claß), die zentrale Figur des *Alldeutschen Verbandes*, befriedigt feststellen, dass »das sogenannte alldeutsche Kriegsziel eine ungeheure Volkstümlichkeit erlangte und geradezu zum Ausdruck des Volkswillens geworden war.«[48]

Masaryk charakterisiert diese Form der Massenmobilisierung und des deutschen Imperialismus als eine eigenartige Mischung aus Modernität und Rückwärtsgewandtheit. Denn »mit der Besiegung Napoleons III. hatte Preußen das Imperium des Mittelalters erneuert, welches Österreich 1806 aufgegeben hatte; der Zollverein und Bund waren der Übergang zur Industrialisierung und zum Imperialismus.«[49]

Hier formuliert Masaryk zwei Einsichten, die später von Arendt auf den Punkt gebracht werden: Zunächst seien die Panbewegungen, wie sie den Pangermanismus und den Panslawismus zusammenfassend nennt, sozusagen proto-totale Bewegungen, die allumfassend sein sollen: Es gehe eben nicht nur um eine Philosophie, sondern um eine Bewegung. Anders als der englische Imperialismus, der die durch die fortschreitende Kapitalakkumulation im Inland überflüssig Gemachten nach Übersee verschiffen konnte, wobei ihm hier immer noch die ökonomische Rationalität Grenzen setzte, die eine Planung erforderlich machten, fielen diese bei den Panbewegungen weg. Die Überflüssigen wären auf sich selbst zurückgeworfen und würden gerade deshalb sich einem grenzüberschreitenden Wahn annähern:

46 Ebd., S. 372f.

47 Kruck, Alfred (1954): Geschichte des Alldeutschen Verbandes, S. 84.

48 Zit. n. ebd., S. 85.

49 Masaryk, Tomáš Garrigue (1918/1991): Das neue Europa, S. 16.

> »Aber gerade weil ihr Expansionsdrang ohne Programm und ohne bestimmten Plan blieb, konnten sie die für Welteroberungen benötigte Stimmung der messianischen Sendung erzeugen und so, vom Politischen ausgehend, alle Sphären des menschlichen Lebens weltanschaulich durchdringen. Die aus dem Griechischen entnommene Vorsilbe ›pan‹ bedeutet: alles soll germanisch, alles soll slawisch werden, und zwar sowohl was die Frage der Oberherrschaft über die Erde als auch was die nicht primär politischen Belange der Menschen anlangte. Es handelte sich dabei also um eine ähnliche Indikation wie in dem späteren Adjektiv ›total‹.«[50]

Die zweite Einsicht bezieht sich auf die eigentümliche Mischung von Modernität und Tradition. Für Arendt besteht der Kern der imperialistischen Dynamik, die die Grenzen des liberalen Nationalstaats sprengt, in dem Bündnis von »Mob und Kapital«[51]. Der Mob sind die schon oben erwähnten vom Standpunkt des Kapitals, und somit in einer kapitalistisch organisierten Gesellschaft auch objektiv, überflüssig Gemachten. Im westlichen Imperialismus sei die Initiative beim Kapital gelegen, bei den »Panbewegungen lag umgekehrt die Initiative beim Mob, der damals wie später von einer Intelligenzschicht geführt wurde.«[52] Gerade diese Intelligenzschicht habe durch die Träumerei von vergangenen Reichen eine entscheidende Rolle bei der Mobilisierung des Mobs gespielt, in der sich schon die spätere Form der totalen Herrschaft abzeichnete:

> »Viel wichtiger war es, daß die totalitären Bewegungen von den Panbewegungen eine Aura transpolitischer Heiligkeit ererbten: Sie brauchten nur an das ›heilige Rußland‹ oder das ›Heilige Römische Reich Deutscher Nation‹ zu erinnern, um bei den russischen und deutschen Intellektuellen ganze Ketten von abergläubischen Assoziationen loszulassen, deren pseudomystischer Unsinn sich mit unzähligen, willkürlich der Vergangenheit entrissenen Erinnerungen anreichern konnte, um schließlich

50 Arendt, Hannah (2003): Elemente, S. 479.

51 Ebd., S. 480.

52 Ebd.

> in eine Schwärmerei zu führen, die dem einfachen Nationalismus an Tiefe und Fülle unendlich Überlegen schien. Hier bereitete sich das neue völkische Fühlen vor, dessen Gewaltsamkeit sich als eine vorzügliche Triebfeder erwies, um die Massen in Bewegung zu setzen, und daher hervorragend geeignet schien, den älteren patriotischen Nationalismus zu ersetzen.«[53]

Es sei hier erwähnt, dass Arendt an dieser Stelle auf Masaryk verweist, der selber die panslawistische und völkische Tendenz der slawischen Nationalbewegungen kritisierte, die Tschechen davon aber, wie Arendt meint zu Recht, davon ausnahm: »Sie waren in der Tat die ›westlichste‹ Nation Osteuropas.«[54]

Es bleibt die Frage, ob Arendt nicht die Dynamik der Expansion der Panbewegungen, namentlich des Pangermanismus unterschätzt. Denn sie unterstreicht nur die Wichtigkeit der Mystifizierung für die Massenmobilisation, hält aber das eigentliche politische Programm des Pangermanismus für weniger gefährlich: Die Bedeutung der panbewegten Intellektuellen »kann man aus ihren noch verhältnismäßig maßvollen Programmen für die Außenpolitik kaum erraten – ein germanisiertes Mitteleuropa unter deutscher, ein slawisiertes Ost- und Südosteuropa unter russischer Herrschaft –, Programme, deren wahres Wesen sich eigentlich erst enthüllte, als sie der Nazi- und der bolschewistischen Herrschaft den Anstoß zu wirklichen Welteroberungsplänen gaben.«[55] Denn so bescheiden waren diese Pläne nie – Masaryk weist darauf hin, dass sich hinter dem Begriff ›Mitteleuropa‹ eine Expansionsdynamik verbirgt, die weit über den Kontinent hinausweist: »Bismarck hätte vielleicht für den ganzen Balkan die Knochen eines einzigen pommerischen Grenadiers nicht hingegeben, aber Wilhelm hat diese Politik korrigiert, und das balkanische und adriatische Ländergebiet Österreichs wurde für Preußen zur Brücke nach Asien und Afrika.«[56] Einerseits seien zwar manche

53 Ebd.

54 Ebd., S. 481 f.

55 Ebd., S. 480.

56 Masaryk, Tomáš Garrigue (1918/1991): Das neue Europa, S. 38.

Pangermanen noch auf Mitteleuropa beschränkt, aber Masaryk findet hier auch schon andere Strömungen: »Manche Alldeutsche fangen an, den Unterschied zwischen einem deutschen Mitteleuropa und einer Weltorganisation, wie solche die Verbündeten und Amerika im Auge haben, zu verstehen. Sie preisen das deutsche Mittel-Europa, das sich bis nach Asien und Afrika erstrecken würde, als einzige Rettung gegen die drohende Amerikanisierung.«[57] Gerade auf diese Verwestlichung setzt aber Masaryk, für ihn ist die ›Amerikanisierung‹ kein pejorativ besetzter Begriff: Die Alldeutschen »können nicht begreifen, daß die Amerikanisierung nicht bloß äußerlich und mechanisch, sondern auch innerlich, geistig ist – der Glaube an die politischen Grundsätze der Unabhängigkeitserklärung, der Freiheit und Gleichheit, an die Grundsätze der Humanität, der Glaube an die einheitliche Organisation der *ganzen Menschheit,* und kein bloßes Sichbescheiden mit der Einheit einiger Teile der *alten* Welt, die von Deutschland unter der Maske der Kultur ausgebeutet werden soll.«[58] Hier zeigt sich die Stoßrichtung von Masaryks Argumentation: Er deutet den Ersten Weltkrieg als einen Kampf zwischen Demokratie und Theokratie, wobei die Demokratie mit individueller Freiheit verbunden und zukunftsweisend ist:

> »Die Verbündeten sind republikanische und demokratische Staaten, die das Recht der Regierungen aus dem Willen des Volkes ableiten: es sind Staaten, die aus der Revolution geboren wurden [...]. Das alte Rußland hat in diesen Bund nicht hineingepaßt, aber Rußland hat den Zaren gestürzt und strebt die Republik – sogar die sozialistische – an [...]. Dagegen sind die Staaten Zentral-Europas monarchistische und militaristische Staaten; dieser Monarchismus ist seinem Wesen nach mittelalterlich, theokratisch.«[59]

Die eine Seite steht dabei für die Idee einer vernünftig gestaltbaren Welt, während die andere alle gesellschaftlichen und politischen Verhältnisse naturalisiert. Diese Naturalisierung wird bei Masaryk (und

57 Ebd., S. 40 f.
58 Ebd., S. 41.
59 Ebd., S. 35.

später oft auch bei Beneš) mit dem nicht sehr glücklich gewählten Begriff des ›Materialismus‹ beschrieben, und auch die Zurechnung einzelner Philosophen zu jenem wird diesen oft nicht gerecht: »Die Pangermanen glauben, wie man sieht, an die Materie und Kraft, an die Technik; nicht Herder und Schiller, auch nicht Kant, sondern Hegel, Feuerbach, Büchner (›Kraft und Stoff‹), Schopenhauer, Hartmann und Nietzsche wurden die Führer der verpreußten Deutschen.«[60] Dass diese Aufstellung so nicht zu halten ist, liegt auf der Hand. Allein die Behauptung, Hegel sei ein Materialist gewesen, lässt sich leicht widerlegen. Aber doch trifft Masaryk einen Punkt, wenn er darauf hinweist, die Pangermanen hätten »die Geschichte und die Soziologie zur Zoologie und Mechanik entstellt – es steht dies im Einklang mit der terroristischen Taktik, wie dieselbe in diesem Kriege praktiziert wird.«[61] Dass der Gesellschaft durch Naturalisierung deren innewohnende Möglichkeit zur Freiheit ausgetrieben wird, und dass in diesem Prozess der Fetischisierung mit dem Pangermanismus eine neue Qualität erreicht wurde, liegt für Masaryk offen zu Tage. Ironischerweise kann er übrigens diese Einsicht nur deshalb gewinnen, weil für ihn – ähnlich wie für Hegel – Geschichte als eine vernünftige Entwicklung hin zur Freiheit erscheint, oder er doch davon ausgeht, dass ihr zumindest diese Möglichkeit innewohnt.

Auch noch an anderer Stelle weist Masaryk darauf hin, wie stark gesellschaftliche Kategorien naturalisiert werden, nämlich in seiner kurzen Kritik einer damals neuen deutschen Wissenschaft, der Geopolitik: »Auf die politische und strategische Bedeutung der zentralen Lage, auf die Natur des Vorstoßes vom Zentrum aus […], hat die Pangermanen Ratzel aufmerksam gemacht. Überhaupt entscheidet nicht nur die Geographie, sondern auch die Geologie usw. über Recht: ein Landstrich, der geologisch dem deutschen Gebiete gleicht, gehört – den Deutschen. Und die deutschen Geographen systematisieren schon eine besondere Wissenschaft: die Geopolitik.«[62] Auf das regressive, hinter Einsichten der bürgerlichen Revolution zurückfallende Potenti-

60 Ebd., S. 26.
61 Ebd.
62 Ebd., S. 24.

al, das in der Geopolitik steckt, wies später auch Franz Neumann hin. Er widmet dieser ein eigenes Kapitel bei der Beschreibung des Begriffs des Deutschen Reichs im Nationalsozialismus und kommt auch auf Ratzel zu sprechen: Seine »Anthropogeographie erschüttert die traditionellen Vorstellungen vom Staat. Die Gesetze der Bewegung, der Lage und des Raumes sind mit dem Begriff einer einheitlichen rechtlichen und politischen Herrschaft über ein bestimmtes Gebiet nicht in Einklang zu bringen. Denn dann wäre der Raum nichts weiter als das Objekt der Herrschaft, während Raum und Lage bei Ratzel zum eigentlichen Wesen des Staates werden. Die Einheit von Mensch und Erde ist eine organische Bindung, nicht bloß Analogie wie in den verschiedenen biologisch-organischen Theorien der Gesellschaft, sondern als wirkliche Einheit, als wissenschaftliche Wahrheit.«[63] Raum und Lage werden zum eigentlichen Subjekt von Politik und Geschichte, nach denen sich die Menschen dann zu richten hätten – ein fast klassisches Beispiel einer Verkehrung von Subjekt und Objekt, eine potenzierte Fetischisierung des Politischen. Letztlich kommt auch Neumann zu einem ähnlichen Urteil wie Masaryk und zeigt deren Irrationalität an einer einfachen Überlegung:

> »Letzten Endes ist Geopolitik nichts anderes als die Ideologie imperialistischer Expansion. [...] Als wissenschaftliche Begründung der Expansion ist die Geopolitik natürlich Unsinn. [...] Da es mehr als eine Mittelpunktslage gibt, wie wollen wir dann bestimmen, wer wen schlucken soll? Warum soll Elsaß-Lothringen Deutschland einverleibt werden, und warum sollte nicht umgekehrt Frankreich Deutschland bis hin zum Rhein vereinnahmen? [...] Offensichtlich liegt hier die Antwort nicht in der Geographie – sie liegt in der Macht.«[64]

In einer späteren Betrachtung untersucht Masaryk noch einen weiteren interessanten Aspekt des Pangermanismus und des deutschen Militarismus, indem er eine Theorie der kulturellen und psychologischen Wurzeln der Aggression sucht, die diese antreiben. In seinem Artikel

63 Neumann, Franz L. (1998): Behemoth, S. 179.
64 Ebd., S. 187 f.

*Reflections on the Question of War Guilt*[65] wird der Pangermanismus als eine verkehrte Antwort auf die Moderne gefasst. Zunächst diskutiert Masaryk mehrere Ansätze, die den Ersten Weltkrieg erklären wollen, und lehnt eine ökonomistische Erklärung, wie sie von traditionellen Marxisten vorgebracht werde, ab, genauso wie Erklärungen, es habe sich eben um einen Krieg zwischen Völkern gehandelt, zwischen »Germans and Slavs, or between the Germans and the Romance peoples. It was a world war.«[66] Masaryk argumentiert, wenn man sich die Kriegsziele ansehe, dann könne man die zwei Lager bestimmten Programmen und Ideen zuordnen: »that of the West, leading the enormous majority of mankind, and that of Germany, leading a minority composed of the central powers. This division had more than a temporary military significance; it expressed the whole situation. Ideas faced each other in a life and death struggle.«[67] Die Ideen leitet Masaryk dann historisch ab, wieder auf seine Unterscheidung zwischen Theokratie und Demokratie zurückgreifend: Im Westen sei die Emanzipation von der Kirche gelungen, was dann die Grundlage für Aufklärung gewesen wäre und weitere Emanzipation möglich gemacht hätte: »With the passage of time, state and church have become more and more separated in the West, that is, in Europe and America, not to the detriment of religion but on the contrary to its gain, as also to the gain of political life. And as the state gradually became emancipated from ecclesiastical influence, all institutions and strata of society – science, together with philosophy, education and morality – became emancipated also.«[68] In Deutschland sei diese Entwicklung aber anders abgelaufen: »In Germany the Reformation, humanism, science art and philosophy did expel theocracy as thoroughly as they did in the West.«[69] Dies habe auch eine stärkere Staatsgläubigkeit zu Folge gehabt, die nicht wie im Westen vom Parlamentarismus

65 Masaryk, ThomasG. (1925): Reflections on the Question of War Guilt, in: Foreign Affairs, Vol. 8, No. 4, July 1925, S. 529 ff.

66 Ebd., S. 530.

67 Ebd.

68 Ebd., S. 531.

69 Ebd., S. 532.

gedämpft worden wäre: »A noticeable *étatisme* also prevailed in the West, but there the state grew to be organ of the Parliament and of public opinion, while in Germany a monarchistic state was deified and its absolutism generally recognized.«[70] Diese Beobachtungen Masaryks gehen übrigens Hand in Hand mit Max Webers wenige Jahre früher erschienenen Betrachtungen über das Erbe Bismarcks. Der deutsche Soziologe zieht eine recht vernichtende Bilanz, was die politische Mündigkeit der deutschen Bevölkerung nach dem Abgang Bismarcks angeht:

> »Und ferner, als Folge für deren mißbräuchlichen Benutzung des monarchistischen Gefühls als Deckschild eigener Machtinteressen, im politischen Parteikampf, eine Nation, daran gewöhnt, unter der Firma der ›monarchischen Regierung‹ fatalistisch über sich ergehen zu lassen, was man über sie beschloß, ohne Kritik an der politischen Qualifikation derjenigen, welche sich nunmehr auf Bismarcks leergelassenen Sessel niederließen und mit erstaunlicher Unbefangenheit die Zügel der Regierung in die Hand nahmen. An diesem Punkt lag der bei weitem schwerste Schaden.«[71]

Dieser Mangel an Parlamentarismus und Demokratie bringt Masaryk dazu, zu urteilen: »Prussia and Germany were really organized Caesarism; certainly Frederick the Great, Bismarck and the Wilhelms in contrast to Napoleon were Caesars and Tsars.«[72] Damit sei auch der Graben zwischen dem Westen und Deutschland immer größer geworden: »The humanitarian ideals of Herder, Goethe, Kant and Schiller, derived from observing and from collaboration in the development of the West and the world in general, came to be replaced by a pan-Germanic imperialism.«[73] Nach dieser Untersuchung des gesellschaftlichen und politischen Sonderwegs Deutschlands richtet

70 Ebd.

71 Weber, Max (1917/1997): Die Erbschaft Bismarcks, in: Ders.: Schriften zur Sozialgeschichte und Politik, Stuttgart, S. 199.

72 Masaryk, Thomas G. (1925): Reflections, S. 532.

73 Ebd., S. 533.

Masaryk seinen Blick auf die deutsche Philosophie. Hier macht er, von Kant ausgehend, eine Hypostasierung des Subjekts aus. Kant »constructed a whole system of *a priori* eternal truths and thus began the reign of German subjectivism leading inevitably to solipsistic isolation and egoism, to an aristocratic individualism and a superhumanity based on force. This metaphysical titanism necessarily led the German subjectivists to moral isolation.«[74] Auch hier schert Masaryk großzügig alles über einen Kamm, denn sowohl bei Kant als auch bei den meisten anderen von Masaryk behandelten Philosophen kann man durchaus gegenteilige Tendenzen feststellen. Auf diese Ambivalenz macht ebenso Franz Neumann in seiner Analyse des Naturrechts aufmerksam, in der er auf die Staatsfixierung Kants hinweist, allerdings diese sogleich einschränkt: »Kant also rejects the right of resistance and constructs the most rigid theory of law yet devised, although it contains, at the same time, some of the most progressive elements of modern legal thought.«[75] Es gibt bei Kant wirklich kein Widerstandsrecht, wie Neumann mit einem Hinweis auf die Argumentation der *Metaphysik der Sitten* zeigt: »Ja es kann auch selbst in der Konstitution kein Artikel enthalten sein, der es einer Gewalt im Staat möglich machte, sich, im Fall einer Übertretung der Konstitutionalgesetze durch den obersten Befehlshaber, ihm zu widersetzen, mithin ihn einzuschränken. Denn der, welcher die Staatsgewalt einschränken soll, muß doch mehr, oder wenigstens gleiche Macht haben, als derjenige, welcher eingeschränkt wird [...]. Alsdann ist aber nicht jener, sondern dieser der oberste Befehlshaber; welches sich widerspricht.«[76] Nennt Neumann zu recht diese Logik des Souveräns auch »unassailable«[77], unangreifbar, weil sie ja auch wirklich der Logik der Souveränität folgt, so problematisch ist die Einschränkung, die Kant dieser Überlegung vorausschickt und mit

74 Ebd., S. 534 f.

75 Neumann, Franz L. (1957): Types of Natural Law, in: Ders.: The Democratic and the Authoritarian State, Toronto, S. 77.

76 Kant, Immanuel (1977): Die Metaphysik der Sitten, Werkausgabe VIII, Frankfurt a. M., S. 438 f.

77 Neumann, Franz (1957): Types, S. 92.

der er nicht nur die Vernunft herabsetzt, sondern auch die Rolle des Individuums: »Der Ursprung der obersten Gewalt ist für das Volk, das unter derselben steht, in praktischer Absicht *unerforschlich*: d. i. der Untertan *soll* nicht über diesen Ursprung, als ein noch in Ansehung des ihr schuldigem Gehorsams zu bezweifelndes Recht, werktätig *vernünfteln.*«[78] Die autoritären Tendenzen sind bei Kant so zweifelsohne vorhanden, allerdings sollte auf die fortschrittlichen Tendenzen auch hingewiesen werden. Denn gerade dass das Gesetz bei Kant eine zentrale Kategorie ist, ermöglicht es ihm, dem Individuum einen Spielraum einzuräumen: »Kant, in a modest note to his *Rechtslehre*, admits that after a successful revolution the subjects owe obedience to the new powers.«[79] Das Gesetz bekommt bei ihm eine Selbständigkeit, die nicht mit der jeweiligen Staatsmacht zusammenfällt, und gibt dem Individuum so erst den Raum, sich moralisch zu entwickeln. Er war also nicht von dem getrieben, was Hegel später den »Haß aufs Gesetz« nennen und bei Fries und den Burschenschaftern kritisieren sollte.

Auch bei Hegel urteilt Masaryk ungenau: Er beruft sich dabei auf das traditionelle Bild vom ›preußischen Staatsphilosophen‹: »The German universities became the spiritual barracks of this philosophical absolutism, which reached its consummation in the idea of the Prussian state and kingdom, deified by Hegel. Hegel created absolutism for the state, and justified right by strength and force.«[80] Bei aller Problematik des Hegelschen Staatsbegriffs war dieser aber nie als eine Glorifizierung des preußischen Staats intendiert, sondern ging davon aus, in der Idee des Staates würde sich die Vernunft realisieren: »Bei der Idee des Staats muß man nicht besondere Staaten vor Augen haben, nicht besondere Institutionen, man muß vielmehr die Idee, diesen wirklichen Gott, für sich betrachten.«[81] Ein existierender Staat, auch nicht der preußische, konnte so für Hegel mit dieser nicht Idee identisch sein. Der preußische Staat fand ganz im Gegenteil in

78 Kant, Immanuel (1977): Die Metaphysik, S. 437.

79 Neumann, Franz (1957): Types, S. 77.

80 Masaryk, Thomas G. (1925): Reflections, S. 535.

81 Hegel, Georg Wilhelm Friedrich (1821/1995): Grundlinien der Philosophie des Rechts, S. 403.

einem dezidierten Antihegelianer sein philosophisches Sprachrohr, worauf Neumann hinweist: »Friedrich Julius Stahl, the founder of the conservative theocratic theory of the Prussian state, intended his whole work to be nothing but a refutation of Natural Law and the Hegelian theory of the State.«[82] Auch Herbert Marcuse weist in seiner Studie über Hegel darauf hin, dass die Hegelsche Philosophie mit dem ihr inhärenten Pochen auf die Vernunft mit dem preußischen Staat unvereinbar war:

> »Da der deutsche Rationalismus in Hegel seinen repräsentativsten Ausdruck gefunden hatte, konzentrierte Stahl seinen Angriff auf diesen. Er sprach die offizielle Replik der herrschenden Kreise Deutschlands auf die Hegelsche Philosophie mit aller Deutlichkeit aus. Diese Kreise hatten eine weit tiefere Einsicht in den wahren Charakter der Hegelschen Philosophie als jene akademischen Interpreten, die in ihr eine bedingungslose Glorifizierung der bestehenden Ordnung erblickten.«[83]

Es war dann auch die Stahlsche Philosophie, die die Hegelsche von den Universitäten verdrängte: »Auf das Preußen der Steinschen Reformen, der Freiheitskriege, der Humboldt-Hardenbergschen Verfassungsarbeiten folgte das Preußen des romantischen Königstums, der theistischen Irrationalitätsphilosophie und der christlichen Staatsidee. Berlin wurde aus der Universität Hegels und Hegelianer die Universität des ›Offenbarungsphilosophen‹ Schellings und Stahls.«[84] Ob die Charakterisierung Schellings und Stahls in dieser Darstellung richtig getroffen sind, könnte weiter diskutiert werden. Sicher ist allerdings, dass es nicht Hegel war, von dem die Tendenz zu Vergötterung des preußischen Staates und dem Glauben an mystische, im Volk schlummernden Kräfte ausging. In diesem Zusammenhang darf auch

82 Neumann, Franz (1957): Types, S. 81.

83 Marcuse, Herbert (1990): Vernunft und Revolution. Hegel und die Entstehung der Gesellschaftstheorie, Frankfurt a. M., S. 319.

84 Kaufmann, Erich (1960): Studien zur Staatslehre des monarchischen Prinzips, Göttingen, S. 2, zit. n.: Marcuse, Herbert (1990): Vernunft und Revolution, S. 317.

noch einmal auf die Polemik Hegels gegen Fries erinnert werden, in der ersterer den lebensphilosophischen Subjektivismus des letzteren angreift; diese Argumentation war nicht so weit vom Masarykschen Vorwurf des Subjektivismus. Denn Hegel pochte auf das Recht als erscheinende Vernunft, die er gegen die gefühlsbetonten und irrationalen Vorstellungen der einzelnen Subjekte in Stellung brachte, und die auch deren Tendenz zu wuchern Grenzen setzte.

Bei allen gegenwirkenden Tendenzen, die bei den Philosophen vorhanden sind, muss man Masaryk allerdings zugestehen, dass genau die ›titanistische‹ Lesart, die einen Geniekult befeuerte und die ›großen Denker‹ für die eigene Nation reklamierte, um sich der eigenen Überlegenheit zu versichern, diejenige war, die sich breit durchsetzte. Nicht umsonst war es auch ein Vordenker des Pangermanismus und des Antisemitismus, den Edgar Zilsel in seiner Kritik der Geniereligion besonders aufs Korn nahm:

> »Schon unsere Untersuchung hat als Vertreter dieses persönlichkeitsbegeisterten Halbgelehrtentums *H. St. Chamberlain* genannt, und wirklich ist der genannte Autor besonders geeignet, hier als abschreckendes Beispiel zu dienen: er verwendet gerade die richtige Mischung von scheinbarer Gelehrsamkeit und Charlatanerie, um auf ein breites, aber doch gebildetes Publikum wirken zu können, sein Einfluß ist, wie die Auflagenzahlen seiner Bücher und Broschüren und manche Urteile über ihn beweisen, tatsächlich ein sehr bedeutender, und schließlich ist der Prozentsatz von geistreichen Einfällen in seinen Schriften hoch genug, daß nicht in Gefahr schwebt, völlig offene Türen einzurennen, wer sich die Mühe nimmt, ihn ernsthaft zu kritisieren.«[85]

Ähnliches wie Zilsel, der einen an der Sache, am Objekt orientierten Menschen dem Genieverehrer gegenüberstellte, fiel auch Adorno am Geniekult auf: »Freilich sind die, welche am lautesten Kant, Goethe oder Beethoven als deutsches Gut reklamieren, regelmäßig die, welche mit dem Gehalt von deren Werken am wenigsten zu schaffen haben.

85 Zilsel, Edgar (1990): Über ein Spinoza-Zitat in H. St. Chamberlains Kantbuch, in: Ders.: Die Geniereligion, S. 230.

Sie verbuchen sie als Besitz, während, was sie lehrten und hervorbrachten, die Verwandlung in ein Besessenes verwehrt.«[86] Gesellschaftlich wirkmächtig wurde also genau die oberflächliche Lesart, die sich aber für eine tiefe hält und die die gegenteiligen Tendenzen bei den einzelnen Philosophen zudeckt, wie sie auch Masaryk darstellt.

Materialistisch und psychoanalytisch entschlüsselt wäre das, was Masaryk ›Titanismus‹ nennt, jene Identifikation mit dem Staat die Gerhard Scheit, an Freuds Massenpsychologie ankúpfend, beschreibt. Nicht wird, wie in der klassischen Ödipussituation, mit der Autorität des Vaters die gesellschaftliche verinnerlicht, und so noch dem Individuum ein Spielraum gegeben, sich an dieser abzuarbeiten, sondern an deren Stelle tritt der Staat:

> »Die Ersetzung dieser introjektierten Autorität durch ein Objekt, wie es der Staat den Individuen darbietet, macht aber diese Verinnerlichung in gewisser Weise rückgängig, oder anders ausgedrückt: implantiert dem Individuum die durch den Staat vermittelte reale Abstraktion. [...] erst als national gesinnter Staatsbürger kann es mit allen Sinnen und rückhaltlos bejahen, daß es nichts anderes sein möchte als die Personifizierung von Kapital und Staat.«[87]

Die Identifikation mit dem Staat überdauerte dann auch sowohl den Ersten als auch den Zweiten Weltkrieg, und kommt besonders deutlich in der Formulierung eines Jüngers des Fememörders und Autors Ernst von Salomon zu Ausdruck, der, um seinen Meister als konservativen Revolutionär, der aber nichts mit dem Nationalsozialismus zu tun gehabt hätte, zu stilisieren, noch 1973 schreibt: »Dem Rebellen aus militäradeliger Tradition ging es [...] von Anfang an um den Staat, noch einmal um den Staat und um sonst nichts.«[88]

86 Adorno, Theodor W. (1997): Auf die Frage: Was ist deutsch, in: Ders.: Kulturkritik und Gesellschaft II, S. 692.

87 Scheit, Gerhard (2001): Die Meister der Krise. Über den Zusammenhang von Vernichtung und Volkswohlstand, Freiburg i. Br., S. 33.

88 Lipinsky-Gottersdorf, Hans (1973): Jedem das Seine. Vorwort von Hans Lipinsky-Gottersdorf, in: von Salomon, Ernst: Der tote Preuße. Roman

Im Ergebnis, einer weitreichenden Staatsgläubigkeit und einem tiefen Autoritarismus, ist also Masaryk bei allen Ungenauigkeiten, die sich in seiner Einordnung der einzelnen Philosophen einstellen, zuzustimmen, und er trifft mit seinem Begriff des »Titanismus« einen Nerv.

Darüber hinaus gibt Masaryk auch seiner Bewunderung für die deutsche Philosophie Ausdruck, hält sie aber für einseitig und zwar »interesting and profound, but profound for the reason that it is not, and can not be, free.«[89] Mit diesem Hinweis auf die problematische Verbindung von Tiefe und Unfreiheit besonders im deutschen Denken nimmt Masaryk ein Motiv vorweg, das später bei Adorno auftauchen wird, in seinem Versuch, zu beantworten, was denn jetzt deutsch sei: Adorno argumentiert dort, es gebe ein besonderes Verhältnis der deutschen Sprache zur Philosophie, manche Begriffe ließen sich unmöglich »mit all dem, was in ihnen auf deutsch mitschwingt, ohne Gewaltsamkeit in eine andere Sprache [...] transponieren«.[90] Allerdings schränkt er diese Überlegungen auch wieder stark ein: Er fordert gegenüber der Sprache »Wachsamkeit gegen allen Schwindel, den sie befördert; gegen den Glauben, das, was ich den metaphysischen Überschuß der deutschen Sprache nennen möchte, garantiere bereits die Wahrheit der von ihr nahegelegten Metaphysik, oder von Metaphysik überhaupt. [...] Der metaphysische Sprachcharakter ist kein Privileg. Nicht ist von ihm die Idee der Tiefe zu erborgen, die in dem Augenblick verdächtig wird, in dem sie sich ihrer selbst rühmt. [...] In der Tradition war selbstgerechte deutsche Tiefe ominös einig mit dem Leiden und mit dessen Rechtfertigung.«[91]

Diesem Gedanken, die deutsche Tiefe und der deutsche Titanismus seien nur Wege, das Leid zuzudecken, geht Masaryk noch weiter nach. Er geht dabei von seiner frühen Studie zum Selbstmord aus, in der er in den steigenden Selbstmordraten eine pathologische Reaktion auf die Moderne sah:

einer Staatsidee, Reinbek, S. 10.

89 Masaryk, Thomas G. (1925): Reflections, S. 535.

90 Adorno, Theodor W. (1997): Auf die Frage: Was ist deutsch, S. 700.

91 Ebd., S. 701.

»In my first work, ›Suicide as a Collective Social Phenomenon in Modern Civilisation‹ (1881) I attempted to interpret the surprising and terrible fact that in modern times, from the end of the eighteenth century, the number of suicides has increased everywhere in Europe and America, and particularly amongst the most enlightened people, and this to such an extent that it is necessary to speak of suicide as a pathological condition of modern society.«[92]

Masaryk sieht nun als Gegenstück der gegen sich selbst gerichteten Aggression im Selbstmord den nach außen gerichteten Mord, der sich im Militarismus als einer spezifisch modernen Form objektiviert:

»Modern militarism, especially Prussian militarism, is a violent flight from morbid subjectivity and the suicidal mania. I repeat: modern militarism; for, psychologically and morally, the bellicosity of the savage, the barbarian, and even of the medieval knight and mercenary, are different from the scientifically calculated military system of the modern absolutist states. [...] If Sombart praises German militarism in the spirit of Hegel, and is proud of the fact that Fausts and Zarathustras are fighting in the trenches, he does not realize that he is thus condemning the bloodthirstiness of German and European civilization.«[93]

Das Problem ist für Masaryk eindeutig ein allgemein gesellschaftliches, es hängt mit den negativen Seiten der Moderne zusammen, allerdings sticht der deutsche Militarismus in diesem Zusammenhang heraus, nur hier führte der Titanismus und der Dünkel des Übermenschen zu so eindeutigen Resultaten:

»German idealism turned into ›Kruppism‹. [...] Militarism is the attempt of this superman to flee from his malady, but it only constitutes an aggravation of it. It is a nation of thinkers and philosophers, which has had the greatest number of suicides, which has produced the most perfected militarism, and which was responsible for the World War. I

92 Masaryk, Thomas G. (1925): Reflections, S. 536.
93 Ebd., S. 537.

am of the opinion that this connection between the modern suicidal mania and Prussian militarism is very real.«[94]

Diese Analyse untermauert Masaryk mit dem Hinweis auf Karl Lamprecht, einen deutschen Historiker, der, selbst Mitglied des *Alldeutschen Verbands*, die Zeit vor dem Krieg als »an epoch of nervous irritation (he coined the word ›Reizsamkeit‹)« beschrieben habe und »Wilhelm but also Bismarck as types of this neurosis«[95] bezeichnet hätte. »In fact, the German superman, the titan, is nervous and seeks either for death or war as an acute excitement in the place of chronic excitement.«[96] Wenn man sich an die oben ausgeführte Glorifizierung Jungs der Augusttage 1914 und seinen von Todessehnsucht durchtränkten Opferkult zurückerinnert, kann man den Realitätsgehalt dieser Überlegungen erst richtig einschätzen.

Was Masaryk also portraitiert, ist eine spezifische Entwicklung, in der der moderne deutsche Staat und damit verbunden eine spezifisch deutsche Ausprägung bürgerlicher Subjektkonstitution als Reaktion auf die Moderne entstehen, die erschütternde Folgen hat. So fasst Masaryk zusammen:

»In their spiritual isolation the German philosophers and scientists, historians and politicians, declared German civilization and culture to constitute the zenith of human development, and in the name of this self-appointed eminence Prussian Pan-Germanism announced the right of conquest and the right generally to subdue by power and force. The Prussian state, its army and militarism, became a corrective to morbid subjectivism; Prussian Pan-Germanism is responsible for the World War, is the moral cause of it.«[97]

Diesen gelte es zu überwinden, was aber nur durch eine Änderung der Gesamtgesellschaft möglich sei, denn auch wenn die deutsche

94 Ebd., S. 537 f.
95 Ebd., S. 538 f.
96 Ebd., S. 539.
97 Ebd.

Reaktion eben eine besondere sei, so würde diese auch erst durch das allgemeine Problem, vor das eine Moderne, die auf eine instrumentelle Vernunft reduziert wird, den Menschen stellt: »The crisis of the modern man is a general one [...] Modern life, our institutions, our views of the world, must be revised.«[98] Man kann also sagen, dass Masaryks Analyse der Kriegsschuldfrage und des bei dieser zentralen Pangermanismus einen frühen Versuch darstellt, die psychologischen Elemente einer spezifisch deutsche Ideologie herauszuarbeiten, die als eine verquere, aber mit der tradierten Kultur einhergehende, regressive Reaktion auf die Moderne zu denken ist und mit der Glorifizierung von Leid und Tod endet.

### B) Beneš: Der Pangermanismus als Gegner des westlichen Staatsgedankens

Diesen Gedanken eines deutschen Sonderwegs in die Moderne, den Masaryk entwickelt hatte, griff auch Edvard Beneš auf, und brachte ihn mit eigener Erfahrung in Verbindung. Wie schon erwähnt, stellte auch für Beneš die Konfrontation mit dem deutschen Kaiserreich den Anlass dar, sich mit dem deutschen Nationalismus und dem Pangermanismus auseinanderzusetzen. In seinen Memoiren über seine Tätigkeit im Ersten Weltkrieg schreibt er über diese frühen Erfahrungen:

> »Eine Militärparade, der ich im Sommer 1908 zufällig beiwohnte, überwältigte mich geradezu. Die Entfaltung des Handels und der Industrie, des Eisenbahnwesens und aller Technik, der preußischen Militär- und Seemacht, die Mechanisierung des ganzen öffentlichen Lebens unter der preußischen Disziplin, die Atmosphäre der Unfreiheit und der überall fühlbare, entscheidende Einfluß der Militärkaste, des Adels und der Bürokratie – all dies rief in mir schmerzliche Empfindungen hervor, denn

98 Ebd.

ich vermochte damals keinen genug klaren Schluß daraus zu ziehen, und fühlte instinktiv, daß es zu einem bösen Ende führen werde.«[99]

Allerdings blieb es nicht bei dieser Unklarheit, da Beneš bald zu ergründen versuchte, »wie die damaligen politischen Tendenzen des offiziellen Deutschland der überwiegenden Mehrheit seiner öffentlichen Meinung zu erklären wären.«[100] Das führte ihn notwendigerweise zu einer der dominierenden Strömungen im damaligen öffentlichen Diskurs: »So gelangte ich unter anderem zum Studium des Pangermanismus, seiner Theorie und Praxis. Theoretisch interessierten mich Lagarde, Treitschke, Houston St. Chamberlain (durch diesen auch Gobineau), praktisch Rohrbach, Rüdiger und verschiedene pangermanische Pamphletisten.«[101] Schon diese Galerie der Theoretiker weist auf die Verbundenheit des expansiven Moments im Pangermanismus (Lagarde, Treitschke), das das deutsche Volk einen wollte mit dem rassistischen Moment (Houston St. Chamberlain und Gobineau). Allerdings fiel Beneš auch schon der Massencharakter dieser Bewegung auf, wie sie mittels Propaganda die Öffentlichkeit erreichte, wie ihn auch die Inhalte, die da verbreitet wurden, beunruhigten:

»Es interessierte mich die Wirkung, die die Propaganda der Alldeutschen mit ihren Hunderttausenden von Flugblättern, Broschüren, Pamphleten über den Plan Berlin-Bagdad und den Ausbau einer großen Luft- und Seeflotte erzielen könnte. In Broschüren des Regierungsrates Martin wurde im Jahr 1908 z. B. anschaulich auseinandergesetzt, wie, wann und mit welcher Raschheit die deutsche Luftflotte bei London Hunderttausende Soldaten landen könne, wie schnell sie eine ähnliche Truppenmacht nach Konstantinopel, Bagdad und zum Persischen Meeresbusen bringen würde. Diese Dinge machten mich stutzig, reizten mich zugleich und nötigten mir Gedanken über die politische Zukunft Deutschlands

99 Beneš, Edvard (1928): Der Aufstand der Nationen, S. 2.
100 Ebd., S. 3.
101 Ebd.

im Vergleich mit dem auf, was ich in England und Frankreich gesehen hatte. Ich befasste mich mit der Möglichkeit eines Krieges.«[102]

Wie schockierend die deutsche Begeisterung für die Luftschifffahrt und die damit einhergehenden Ambitionen wirkten, lässt sich auch bei Karl Kraus nachlesen, der 1908 zu Protokoll gab: »Am 1. April 1909 wird aller menschlichen Voraussicht nach die ›Fackel‹ ihr Erscheinen einstellen. Den Weltuntergang aber datiere ich von der Eröffnung der Luftschiffahrt.«[103] Im Ersten Weltkrieg wurden dann wirklich große Hoffnungen in die Zeppelinwaffe gesetzt, die den Krieg nach England tragen sollte. Der deutsche Gesandte in Stockholm schrieb im August 1914 an das Auswärtige Amt, man dürfe den Engländern nicht erlauben, den Krieg nur durch Stellvertreter zu führen: »Diese feigen Meuchelmörder müssen aus tausend Wunden bluten, daß ihre gemeinen Krämerseelen sogar das Rechnen verlernen. [...] Deswegen hoffe ich von ganzem Herzen, daß wir die ganze Nordküste von Frankreich und Belgien [...] besetzt halten werden, daß wir dort in sicherer Entfernung vom Meere Luftschiffhallen erbauen und mit Luftschiffen und Luftfahrzeugen bombenwerfend über England kreuzen.«[104] Fritz Fischer resümiert über die »phantastischen Erwartungen«, die in die Zeppeline als Kriegswaffe gesetzt wurden: »Je extremer die Rechtskreise in ihren Kriegszielen gegen England und den Westen waren, um so ungehemmter agitierten sie für den Plan, England durch die Vernichtung seiner Hauptstadt London aus der Luft in die Knie zu zwingen.«[105] Diese Ansicht war aber eben nicht nur auf die extreme Rechte beschränkt: Auch der Zentrumspolitiker Matthias Erzberger, der nach dem Krieg Opfer der rechtsextremen Fememörder wurde, forderte 1915: »Ein größerer Angriff auf London würde von höchster politischer Bedeutung sein.«[106] Benešs frühe Skepsis der deutschen

102 Ebd.

103 Kraus, Karl (1908): Apokalypse (Offener Brief an das Publikum), in: Ders.: Die Fackel, Nr. 261, S. 1.

104 Zit. nach Fischer, Fritz (1977): Griff nach der Weltmacht, S. 240 f.

105 Ebd., S. 241.

106 Zit. nach ebd.

Begeisterung für das Luftschiffwesen gegenüber war also durchaus berechtigt.

Im Großen und Ganzen geht es in Benešs Memoiren mehr um den Kampf um die tschechoslowakische Eigenstaatlichkeit, die gegen Österreich-Ungarn durchgesetzt werden sollte und die konkreten politischen und diplomatischen Schritte, dies zu tun, weshalb der Pangermanismus als Analysekategorie auf relativ engem Raum behandelt wird. Trotzdem ist diese Schrift erwähnenswert, da in ihr auch die Grundlagen für Benešs weitere theoretische Entwicklung gelegt werden. Gegen Ende des Buches kommt Beneš auf den Pangermanismus zu sprechen, und hier zeigt sich, wie viel er von Masaryk übernommen hatte. Auch Beneš beobachtet in der deutschen Gesellschaft des 19. Jahrhunderts, dass jede Emphase auf Freiheit verloren geht und eine ›Materialisierung‹ eintritt:

> »Zur Materialisierung – das heißt, daß allgemein die Auffassung angenommen wurde, als stünde Macht, Kraft, Masse, Befehl willkürlich oder unwillkürlich überall vor dem Begriff des Rechtes, der Gerechtigkeit, der Idee, der Diskussion und der Freiheit. [...] Sie äußerte sich in Nietzsches ›Willen zur Macht‹ – wie die Nationalisten dieses Schlagwort im populären Sinne mißbrauchten –, in Wagners vergöttertem, romantisch ausladendem germanischen Historismus; in der praktischen Politik kam sie in dem inneren Absolutismus, den grob imperialistischen Plänen, den Ausartungen des Militarismus, den pangermanischen Ideen und abgeschmackten Kundgebungen, wie sie vor dem Kriege Bethmann Hollweg und Kaiser Wilhelm veranstalteten und die offenbar nur der Reflex dieser anormalen Atmosphäre waren, zum Ausdruck.«[107]

Er sieht wie auch Masaryk im liberalen Nationalitätenprinzip den demokratischen Gegenspieler des Pangermanismus, die sich im Ersten Weltkrieg gegenüberstanden:

> »Damals begann man auch zu verstehen, was Pangermanismus ist. Vom Standpunkt der Nationalitätenphilosophie war der Pangermanismus

107 Beneš, Edvard (1928): Der Aufstand der Nationen, S. 700.

eine Mißgeburt. So wie die nationale Idee der unmittelbare Ausdruck der Achtung des Menschen einer Nationalität vor dem Menschen einer anderen Nationalität ist und somit ein Ausdruck der Philosophie reinsten Menschentums, so ist der Pangermanismus die Philosophie der Gewalt, der Unmenschlichkeit. Der Pangermanismus, wie er, von Lagarde angefangen, von den deutschen Philosophen und Politikern formuliert wurde, war eine Verleugnung alles dessen, was vor dem Kriege und während des Krieges in ideeller Beziehung England, Frankreich, Italien und Amerika politisch und sozial vorstellte.«[108]

Beneš stellt auch Überlegungen darüber an, wie weit der Pangermanismus in breiten Schichten der Bevölkerung angekommen ist:

»Deutschland unterstützte die Wiener und Budapester Politik aus vorwiegend taktischen Gründen, denn sie ermöglichte ihm die Ausführung der eigenen Machtpläne. Ausschlaggebend für die praktische Politik Deutschlands vor dem Kriege war das, was während des Krieges die pangermanistische Ideologie genannt wurde und was sich am besten im ungeheuren Bewußtsein nationaler Macht und Stärke in den führenden Kreisen und im ganzen Volke geäußert hat, was sich nicht nur in führenden Kreisen, sondern auch in der landläufigen öffentlichen Meinung militärischer Geist nennen und in der deutschen Literatur, Wissenschaft, Kunst und im ganzen gesellschaftlichen Leben als deutsche Machtphilosophie zusammenfassen ließ.«[109]

Beneš hebt also das gesellschaftliche Sphären übergreifende Moment des Pangermanismus hervor, das ihn nicht nur zu einem Projekt einer Elite, sondern zum Massenphänomen machte, und in dem Arendt den Vorschein totaler Herrschaft sah. Allerdings schiebt Beneš diesen Gedanken wieder zur Seite und betont, dass eine schlichte Verallgemeinerung zu einfach wäre, und er analysiert auch die Tendenzen, die in Deutschland gegen den Pangermanismus gerichtet waren. Hier taucht zum ersten Mal bei ihm die Argumentation vom ›ande-

108 Ebd., S. 717.
109 Ebd., S. 698 f.

ren Deutschland‹ auf, die er erst im Laufe des Zweiten Weltkriegs, angesichts dessen, dass ein solches ›anderes Deutschland‹ kaum noch auszumachen ist, revidieren wird, wie in Kapitel III ausgeführt. Beneš beginnt:

»Spreche ich aber so über das Bismarcksche Vorkriegsdeutschland, so spreche ich nicht gegen Deutschland und das Deutschtum überhaupt. Es gab nicht nur ein Deutschland Bismarcks und Wilhelms; es gab auch ein Deutschtum Herders, Lessings, Goethes, Schillers, Beethovens, Mozarts, Kants und der Humboldts. Ich weiß, daß Bismarck und seine Nachfolger eine beständige starke Opposition gegen sich hatten, die auch in sehr weiten Kreisen populär und sympathisch war. Das waren nicht nur die Sozialisten Lassalle, Bebel, Liebknecht, Kautsky und Bernstein, sondern auch die Liberalen, wie Eugen Richter, Virchow und Bassermann; das war auch die politische Satire (der ›Simplicissimus‹, eine lange Reihe von Schriftstellern usw.).«[110]

Hier ist Beneš wohl etwas optimistisch, optimistischer als Masaryk, der sich der Opposition der Sozialdemokratie gegen den Pangermanismus ja bei weitem nicht so sicher war wie Beneš:

»An Bismarck kann man sehen, was das Preußentum in politischer Hinsicht ist; seine Lebensarbeit besteht in der Sicherung des preußischen Monarchismus gegen die Revolution, den Sozialismus und die Demokratie – und ein Stück von diesem Bismarck steckt in jedem Deutschen – auch in Herrn Scheidemann und David; und gerade diese Sozialisten, welche sich mit dem Monarchismus versöhnt haben, sind ein Maßstab dafür, wie sich die Deutschen bereits an den preußischen Militarismus und Monarchismus gewöhnt haben.«[111]

Masaryk sah klarer, wie weit der deutsche Nationalismus und die Staatshörigkeit auch in diese Kreise vorgedrungen waren. Und warum gerade Lassalle, der ja die Schlüsselfigur in der Transformation

110 Ebd., S. 702.
111 Masaryk, Tomáš Garrigue (1918/1991): Das neue Europa, S. 109.

der deutschen Arbeiterbewegung hin zur staatstreuen Partei ist, und der auch mit Bismarck keinerlei Berührungsängste hatte, von Beneš als dessen Gegenpol dargestellt wird, ist nicht nachzuvollziehen. Allerdings stößt Beneš auch mit seinem optimistischen Blick auf die deutsche Gesellschaft schon auf ein interessantes Phänomen, das er noch nicht konsequent weiterdenkt: »Der Kampf gegen jenes Bismarcksche Deutschland steigerte sich fortwährend bis zum Krieg. Im Laufe des Krieges wurde er leider fast ganz still.«[112] So erwähnt er unter anderem, dass Heinrich Manns *Untertan*, »diese glänzende Satire auf das Vorkriegsdeutschland«,[113] obwohl 1914 vollendet, erst 1919 erscheinen konnte. Beneš sieht hier noch nicht, wie diese Phänomene zusammenhängen, dass im Ernstfall die von Jung gepriesenen ›Ideen von 1914‹, die Begeisterung der Augusttage durch einen nationalen Schulterschluss die Kritik marginalisieren. In den frühen zwanziger Jahren, als Beneš diese Memoiren schrieb, schien dieser nationalistische Rausch schon überwunden und Beneš kann mit Recht Beispiele nennen, die optimistisch stimmen konnten, da mehrere Schriftsteller und Künstler sich von ihren nationalistischen Schriften des Ersten Weltkriegs distanzierten. So fand »Thomas Mann [...] schon seinen Weg nach Paris, sowie eine Reihe französischer Intellektueller den Weg nach Berlin sucht.«[114] Beneš denkt auch, dass »viele von denen, die das ›Manifest der 93‹ unterschrieben haben, [...] heute gewiß sehr kritisch darauf zurück (sehen).«[115] Das *Manifest der 93* war ein von 93 der bekanntesten deutschen Intellektuellen und Wissenschaftlern unterzeichnetes nationalistisches Pamphlet, das 1914 die Unschuld Deutschlands am Krieg und das korrekte Verhalten der Armee beschwor, den deutschen Militarismus zum Teil der deutschen Kultur adelte sowie zur nationalen Geschlossenheit aufrief. Das Manifest war offen rassistisch, wenn es der Entente vorwarf, sie brauche sich nicht als Hüter der Zivilisation aufzuspielen, denn »sich als Verteidiger europäischer Zivilisation zu gebärden, haben die am wenigsten das

112 Beneš, Edvard (1928): Der Aufstand der Nationen, S. 702.
113 Ebd.
114 Ebd.
115 Ebd.

Recht, die sich mit Russen und Serben verbünden und der Welt das schmachvolle Schauspiel bieten, Mongolen und Neger auf die weiße Rasse zu hetzen.«[116]

Das Manifest gipfelte in folgenden Absatz:

> »Es ist nicht wahr, daß der Kampf gegen unseren sogenannten Militarismus kein Kampf gegen unsere Kultur ist, wie unsere Feinde heuchlerisch vorgeben. Ohne den deutschen Militarismus wäre die deutsche Kultur längst vom Erdboden getilgt. Zu ihrem Schutze ist er aus ihr hervorgegangen in einem Lande, das jahrhundertelang von Raubzügen heimgesucht wurde wie kein zweites. Deutsches Heer und deutsches Volk sind eins. Dieses Bewußtsein verbrüdert heute 70 Millionen Deutsche ohne Unterschied der Bildung, des Standes und der Partei.«[117]

Wenn in den zwanziger Jahren von solchen radikalen nationalistischen Äußerungen Abstand genommen wurde, rechtfertigte dies zwar einerseits einen leichten Optimismus, andererseits blieb Beneš aber auch skeptisch und auf alles vorbereitet:

> »Es gab zweierlei Deutschland vor dem Kriege, wie es zweierlei Deutschland heute gibt. Sie rangen miteinander damals wie heute. Vor dem Kriege siegte das Deutschland der Kraft und Macht. Wird heute das Deutschland der Klassiker und Humanisten siegen? Man kann daran glauben und man muß es hoffen – wenn man politisch auch auf das Gegenteil vorbereitet sein muß –, denn eine Nation, die der Menschheit im 18. und 19. Jahrhundert in Wissenschaft, Literatur und Philosophie so viele hervorragende Köpfe und eine Musik gegeben hat, wie es die deutsche ist, ist eine große Nation.«[118]

Hier zeigt sich wieder, dass Beneš keineswegs ein blinder Deutschenfresser war, ein Stück weit wollte er sogar mit seiner Teilung in ein

116 Der Aufruf der 93 »An die Kulturwelt«, www.europa.clio-online.de/site/lang__de/ItemID__63/mid__11373/40208215/default.aspx#_ftn1, 19.3.2016.

117 Ebd.

118 Beneš, Edvard (1928): Der Aufstand der Nationen, S. 702.

militaristisches und ein kulturelles Deutschland das, was führende deutsche Intellektuelle über die deutsche Kultur gesagt hatten, und das nur zu ihrem Nachteil auszulegen wäre, nicht ernst nehmen. Denn die 93 hatten ja genau darauf bestanden, dass es diese Trennung nicht gäbe, wie auch der Historiker Wolfram Wette hervorhebt:

> »Mit ihrem Aufruf vom Oktober 1914 traten die prominenten Kulturschaffenden also ausdrücklich der im Ausland weitverbreiteten Meinung entgegen, dass ein Unterschied zu machen sei zwischen dem kulturellen und dem militaristischen Deutschland. Goethe, Beethoven, Kant und der preußisch-deutsche Militarismus wurden zusammen gedacht, als eine Einheit behauptet. [...] Gleichzeitig bekannten sich die Kulturschaffenden klar zum preußisch-deutschen militärischen Machtstaat, von dem sie behaupteten, dass er die deutsche Kultur erst ermöglicht habe, die nun von außen bedroht sei.«[119]

Bei aller Hoch- und auch Überschätzung des ›anderen Deutschland‹, was seine Größe und vor allem seine Standfestigkeit in Zeiten des nationalen Rauschs angeht, wie auch dessen Bereitschaft, überhaupt gegen das militaristische Deutschland zu ›ringen‹, behielt Beneš doch die Möglichkeit im Auge, dass das ›andere Deutschland‹ sich nicht durchsetzen könnte und dass man darauf, besonders als Außenminister eines Nachbarstaats, besser vorbereitet sein sollte. Dies besonders, wenn man in Betracht zieht, dass das militaristische, pangermanische Deutschland nicht einmal direkt nach dem Ersten Weltkrieg so geschlagen war, wie man annehmen möchte und schon für die Zukunft plante. In den Richtlinien der Obersten Heeresleitung für die deutsche Politik heißt es Anfang 1919:

> »Unter größten Anstrengungen und dank der selbstlosen und hingebungsvollen Mitarbeit des Offizierskorps ist es gelungen, in der Reichswehr ein einigermaßen brauchbares Instrument für die Regierung zu schaffen. Dieses Instrument muß nun rücksichtslos eingesetzt werden,

119 Wette, Wolfram (2008): Militarismus in Deutschland. Geschichte einer kriegerischen Kultur, Frankfurt a. M., S. 108.

um auf allen Gebieten des öffentlichen Lebens die Staatsautorität zu sichern und den Gesetzen Geltung zu verschaffen. [...] Die Gesundung unseres Wirtschaftslebens, die Vorbedingung für jeden Wiederaufbau, ist [...] hauptsächlich von zwei Dingen abhängig: Ordnung und Arbeit. Das bedeutet unter den derzeitigen Verhältnissen Belagerungszustand und Streikverbot. [...] Zur aktiven Außenpolitik fehlt uns jede Möglichkeit und fehlen uns die Mittel. Nur zwei Dinge müssen sofort mit größtem Nachdruck auch außenpolitisch betrieben werden, die Schuldfrage und die Organisation einer deutschen Irredenta in den abzutretenden Gebieten.«[120]

Hinter der Organisation der deutschen Irredenta verbarg sich natürlich nichts anderes als die Unterstützung völkischer Bewegungen im Ausland. Autoritäre Herrschaft nach innen, Expansion nach außen war so der Plan selbst zu einem Zeitpunkt der Schwäche.

Die historische Rolle des Pangermanismus vor und während des Ersten Weltkriegs, wie er von Masaryk und Beneš kritisiert wurde, lässt sich so vielleicht in Anlehnung an einen Buchtitel auf den Punkt bringen. Paul Massing nannte seine klassische Studie zur *Vorgeschichte des politischen Antisemitismus*[121], in der er das Aufkommen von antisemitischen Massenbewegungen im Bismarckschen Reich beschreibt, und dabei besonders die Rolle der völkischen, pangermanischen Bewegungen unterstreicht, in der amerikanischen Originalausgabe griffiger und treffender *Rehearsal for Destruction*, in etwa ›Generalprobe zur Vernichtung‹. Diese Bezeichnung lässt sich auch weiter als nur auf den Antisemitismus bezogen fassen, der selbst mit dem völkischen Pangermanismus untrennbar verquickt ist, denn in dieser Periode entwickelten sich die Elemente dessen, was später im Nationalsozialismus zusammenfand. Massing gibt selbst ein beredtes Beispiel: Heinrich Class, der langjährige Vorsitzende des *Alldeutschen*

120 Richtlinien der OHL für die deutsche Politik vom 27.1.1919, zit. n.: Kühnl, Reinhard (1977): Der deutsche Faschismus in Quellen und Dokumenten, Köln, S. 76f.

121 Massing, Paul (1959): Vorgeschichte des politischen Antisemitismus, Frankfurter Beiträge zur Soziologie, Bd. 8, Frankfurt a. M.

*Verbands* veröffentlichte 1912 unter dem Pseudonym Daniel Frymann einen Bestseller unter dem Titel *Wenn ich der Kaiser wär'*, in dem er eine Verfassungsänderung verlangte, die nicht nur die Juden entrechtet hätte, sondern auch das allgemeine Wahlrecht abschaffen sollte. Massing kommentiert die weitere Entwicklung so:

> »Class war sich völlig darüber im klaren, daß diese und ähnliche ›Reformen‹ nur im Laufe einer großen politischen Umwälzung durchgesetzt werden könnten. In einem Krieg sah er die große Chance. Im Falle eines Sieges würde die Ausführung seiner Pläne nicht schwer fallen. Ging aber der Krieg verloren, so schienen ihm die Aussichten nicht weniger gut: innere Streitigkeiten und allgemeines Chaos würden einen Diktator zur Macht bringen. Seit 1914 war Class, seinen eigenen Worten zufolge, damit beschäftigt, ›auf den Führer zu warten‹. In einer Neuausgabe seines Buches nach dem ersten Weltkrieg stellte er fest, seine Reformpläne seien ungenügend gewesen, und er setzte mehr denn je seine Hoffnung auf den ›mit der Kraft der Seele und des Geistes Begabtesten‹ [...], der als Diktator emporsteigen werde, um das deutsche Volk zu führen; ›er wird die Reichsreform erzwingen; aus ihm wird der völkische deutsche Staat erstehen und an seine Spitze wird der neue Kaiser treten‹. [...] Mit Adolf Hitler gingen Class' Wünsche in Erfüllung.«[122]

Diese Entwicklung wurde aber in der Tschechoslowakischen Republik kritisch verfolgt.

122 Ebd., S. 253.

## 3 Die Einschätzung des Nationalsozialismus und anderer autoritärer Strömungen in der Zwischenkriegszeit

In den zwanziger und dreißiger Jahren beschäftigte sich Beneš weiter mit dem Pangermanismus, diesmal aber nicht nur auf einer analytischen Ebene, sondern auch als Außenminister und später Präsident. Die Politik, die Beneš formulierte, stand aber im Einklang mit seiner und Masaryks staats- und geschichtsphilosophischer Konzeption. Die Tschechoslowakische Republik sollte ein westlicher, demokratischer Staat sein, der aus dem Ersten Weltkrieg, welcher als globaler revolutionärer Prozess der Modernisierung und der Durchsetzung demokratischer Verhältnisse gesehen wurde, hervorgegangen war. Außenpolitisch bedeutete das eine freundschaftliche Haltung und Bündnisse mit den Siegern dieses Kriegs, besonders mit der Landmacht Frankreich. Gleichzeitig ergab sich aus der schlichten Tatsache, dass die Gründung der Tschechoslowakischen Republik in engster Verbindung mit den Friedensverträgen der Pariser Vororte stand, die Notwendigkeit eines wachsamen Blicks auf Bewegungen, die auf eine Revision dieser Verträge abzielten. Die Nationalsozialisten hingegen verlangten bekanntlich schon in den zwanziger Jahren nach der Aufhebung der Versailler ›Knebelverträge‹, dem Zerbrechen der ›Ketten von Versailles‹.

Weder die Bündnisse noch der prinzipielle Argwohn gegen Revisionsbestrebungen waren notwendig mit einer auf Verständigung mit Deutschland ausgerichteten Politik verbunden. In einer im Zweiten Weltkrieg erschienenen Studie über die diplomatischen Beziehungen zieht der Autor František Uhlíř ein Interview Benešs aus dem Jahre 1919 als Beleg heran:

> »It is in our own interest that we should pursue a straightforward and correct policy towards Germany, and thus seek to found a tradition from the beginning. However, we must never permit ourselves to become an instrument in the hands of our neighbour and thus lose our freedom and sap our political, military and diplomatic strength. Naturally, any

> and every attempt to resucitate a Pan-German policy will be opposed by us with all possible strength.«[123]

Aber nicht allein auf den deutschen Nationalismus und Pangermanismus richtete sich Benešs Augenmerk. Vor dem Hintergrund seiner geschichtsphilosophischen Überlegungen, die eine Demokratisierung Europas zum Ziel hatten, beobachtete er auch andere autoritäre Strömungen, sowohl im In- als auch im Ausland. Innerhalb seiner Partei kämpfte er politisch erfolgreich gegen den Flügel um Jiři Stříbrný, der sich autoritären und faschistischen Ideen annäherte und der aus der Partei ausgeschlossen wurde, innenpolitisch gegen die *Národní obec fašistická* (NOF), die Nationale Faschistische Gemeinde, die sich um den Legionär Radola Gajda geschart hatte, sich aber nie in eine wirkliche Massenbewegung verwandeln konnte.[124]

## A) Autoritäre Bewegungen als neues europäisches Phänomen

Benešs Hauptaugenmerk galt aber als Außenminister zunächst der gesamteuropäischen Entwicklung, die er ab spätestens 1930 durch das Erstarken antidemokratischer, autoritärer Kräfte in verscheidenen Ländern als eine krisenhafte bezeichnete: »Die ganze Entwicklung in Europa zeigt sich als Krise der Demokratie und des Parlamentarismus, als Ära der Diktaturen, als wahres Chaos in der politischen Ideologie der europäischen Nationen.«[k/125] In Deutschland war gerade die Weimarer Republik durch das autoritäre Regime Brünings beendet

123 Uhlíř, František: (1944): Prague and Berlin 1918–1938, London, S. 24.

124 Vgl. Pejčoch, Ivo (2011): Fašismus v českých zemích. Fašistické a nacionálněsocialistické strany a hnutí v Čechách a na Moravě 1922–1945, Prag, S. 41 ff.

125 Zit. nach: Olivová, Věra (2012): Evropská politika ministra Beneše před nástupem Hitlera, in: Bulletin společnosti Edvarda Beneše, 25. února 2012, S. 16.

worden. Welche schwerwiegenden Folgen er voraussah, wenn dieser Entwicklung nicht Einhalt geboten werde, legte er in einer Rede 1932 vor dem Parlament dar, als die Regierung Brüning stärker gegen die im Friedensvertrag von Versailles vorgesehenen Beschränkungen der Bewaffung Deutschlands vorging: »Jetzt ist nicht mehr die Zeit für vieldeutige Worte der diplomatischen Kunst. Die Weltsituation ist heute verändert. Durch das Zulassen der deutschen Bewaffnung würde Europa in eine Periode schwerer politischer Krisen geraten, welche zuerst zu einem neuen, großen Rüstungswettlauf führen würden und schließlich vielleicht zu einem unaufhaltbaren kriegerischen Konflikt.«[l/126]

Schon 1931 setzte sich Beneš aber auch damit auseinander, was denn diese neuen autoritären Regime ausmachte, und was diese Entwicklung theoretisch bedeutete. In einem Entwurf zu einem Artikel mit dem Titel *Aus der Literatur über die Diktatur. Einige Bemerkungen*,[m/127] der dann in der Wochenzeitschrift *Sobota* erschien, stellt er nicht nur die zeitgenössische Literatur zu diesem Thema vor, sondern Beneš versucht auch darzulegen, warum diese Auseinandersetzung seines theoretischen Urteils nach unabdingbar ist, indem er die Entwicklung nach dem Ersten Weltkrieg skizziert:

> »Ich verstand und erklärte den gesamten Krieg als Kampf der Demokratie gegen die Aristokratie und den Absolutismus, gegen die unterstützende Theokratie. Der Krieg selbst brach die absolutistischen Reiche, rief zehn neue Republiken ins Leben, er half überall sozialistischen Ideen und Parteien, die in den ersten Jahren nach dem Waffenstillstand in die Regierungsverantwortung berufen wurden – und zwölf Jahre nach dem Krieg haben wir in Europa eine unerhörte Krise der Demokratie und des Parlaments, eine Reihe von Diktaturen und einen niemals erwarteten Kampf zweier Welten. Rußland, Polen, Deutschland, Italien, Spanien, die Türkei, Ungarn, Jugoslawien, die südamerikanischen Republiken neben einer Reihe anderer Staaten sind der lebendige Beweis für dieses

126 Zit. n.: ebd.

127 Beneš, Edvard (1930): Z literatury o diktatuře. Několik poznámek, MÚA, EB IV/1, ič 255, Karton 82.

weitgreifende Phänomen, über das sich jeder ernsthafte Politiker tiefe Gedanken machen und von dem er lernen muss.«n/128

Beneš fasst hier den Begriff der autoriäten Staaten noch sehr weit: Nicht nur der italienische Faschismus und das autoritäre Regime Brünings fallen darunter, sondern auch die kemalistische Türkei und die stalinistische Sowjetunion. Der Begriff ist als unspezifische Vorarbeit seiner genaueren Untersuchungen zu Faschismus und Nationalsozialismus zu sehen. Die Forderung, sich eingehender mit der pangermanischen Bedrohung auseinanderzusetzen, sollte kein bloßes Lippenbekenntnis bleiben.

Bei der Betrachtung der Literatur zu diesem Thema weist Beneš darauf hin, dass in dieser oft historische Vergleiche zur Anwendung kämen, die zwar teilweise sinnvoll, meist aber irreführend wären, da das moderne Moment der neueren autoritären Bewegungen verfehlt werde:

> »Aus dem Studium mittelalterlicher Diktaturen, die im Buch Battaglias[129] untersucht werden, lässt sich für unsere Zeit viel weniger schöpfen. Unsere Zeit und unsere Verhältnisse sind vom Mittelalter zu sehr verschieden. Dafür kann man aber in diesem Buch und in dem Buch Cambós[130] schön einige gemeinsame Züge zeitgenössischer Diktaturen sehen, der russischen, der italienischen und der türkischen. Sie alle erscheinen häuptsächlich als Massenbewegungen, sie schaffen sich neben den Diktatoren-Führern auch ganze Parteien und damit sogar eine Diktatur der Parteien und all ihrer Staatsmaschinerie. Deshalb sind und werden diese Diktaturen dauernder sein, ihre Taten durchgreifender, wahrlich revolutionär. Cambó zeigt sehr überzeugend, dass es nach einer solchen Diktatur weit beschwerlicher ist, zum Normalzustand zurückzukehren und dass die Schocks, die einen solchen Übergang begleiten, wahrlich tiefer und gefährlicher sind als dort, wo der Diktator

128 Ebd., S. 1.
129 Beneš bezieht sich hier auf Otto Forst de Bataglias *Prozeß der Diktatur.*
130 Hier auf Francesc Cambós *Les dictatures.*

zwar die Macht übernimmt, aber nicht tiefer das politische und soziale System berührt.«o/131

Für Beneš ist also klar, dass es sich bei diesen neuen autoritären Systemen nicht bloß um ›einfache‹ Militärdiktaturen des 19. Jahrhunderts handelt, sondern dass diese ›Diktatur neuen Typs‹ ein neues Phänomen darstellen, das eine Tendenz zur totalen Herrschaft hat.

Um diese Frage, was denn das Neue am Nationalsozialismus ausmacht, kreisen Benešs Überlegungen immer wieder, wenn auch nicht immer einheitlich: Denn wenn Beneš auch immer wieder auf die Modernität und das Neue des Nationalsozialismus hinwies, finden sich doch wieder Stellen, in denen er ihn als einfache Fortsetzung des Preußentums sah. Es sind aber gerade die Stellen, in denen er das Neue herausarbeiten will, in denen er die Entwicklung darstellt, dass sich aus dem alten, preußischen Pangermanismus etwas Neues entsteht, die ergiebigsten für eine Analyse des Nationalsozialismus. Und die Frage, was das Neue an diesen Diktaturen ist, ließ Beneš nicht los, und in seiner weiteren Entwicklung konzentrierte er sich immer mehr auf diese Frage. Dies geschah vor dem Hintergrund einer krisentheoretischen Konzeption, in der Beneš die autoritäre Tendenz einzubetten suchte.

## B) Die Krise als gesamtgesellschaftliches Problem

Ein zentraler Begriff, mit dem Beneš diese Entwicklung zu fassen versucht, ist der der Krise. Dabei fasste er diesen Begriff weit und reduzierte ihn nicht ökonomistisch. Diesen Aspekt untersuchte er zwar, er war aber nicht zentral für seine Analyse von Faschischmus und Nationalsozialismus. In einem Vortrag mit dem Titel *Wohin führt die wirtschaftliche Entwicklung der Nachkriegszeit?*[132], den er – offenbar

131 Ebd., S. 3.

132 Beneš, Edvard (1935): Wohin führt die wirtschaftliche Entwicklung der Nachkriegszeit?, MÚA, EB IV/1, ič 252, Karton 78.

auf deutsch – im Februar 1935 in einem Industriellenklub hielt, legte er seine Sichtweise der Weltwirtschaftskrise dar. Beneš beschreibt die Entwicklung des Verhältnisses von Staat und Wirtschaft. Vor dem Ersten Weltkrieg sei zwar durch die zunehmende Zentralisierung des Kapitals und das Auftreten des Staates als Akteur, sei es durch die zunehmende Sozialgesetzgebung, sei es durch direkte Investitionen des Staates, zu einer Einschränkung des klassischen Liberalismus des 19. Jahrhunderts gekommen, den wirklichen Wendepunkt macht Beneš aber mit dem Ersten Weltkrieg fest, als der Staat kriegsbedingt stärkeren Einfluß auf die Produktion nahm und ein Autarkieprogramm fuhr: »So wurde das Regime der Staatswirtschaft installiert, welches das Prinzip der landwirtschaftlichen, aber auch der industriellen Autarkie in einem großen Maße verwirklicht hat.«[133] Von dieser gebundenen Wirtschaft sei dann nach dem Krieg zwar abgelassen worden, wenn es auch aus politischen Gründen der Staatenkonkurrenz in der Nachkriegszeit zu keiner vollen Wiederherstellung des früheren Status‹ gekommen sei. Beneš hebt hervor, dass diese politischen Gründe nicht ausschlaggebend für die Krise waren, diese seien in der Logik des Systems zu finden:

> »Diese [die Hauptursachen der Krise, FR] sind, meiner Ansicht nach, eminent wirtschaftlichen Charakters und sind in den Grenzen zu suchen, welche bei der bestehenden ökonomischen Ordnung und unter Regierung der liberalen Doktrin sozusagen aus der Natur und dem Wesen der heutigen Gesellschaftsstruktur heraus der Entwicklung der industriellen und landwirtschaftlichen Produktion und dem Welthandel gezogen sind.«[134]

Für Beneš handelt es sich also um eine systemische Krise, die nur durch einen Wandel dieses Systems gelöst werden könne. Dies stellt er sich durch vermehrte Staatseingriffe vor, die allerdings nicht nur innerstaatlich, sondern auch durch internationale Übereinkommen der Wirtschaft einen Rahmen geben sollen. Hier unterscheidet er

133 Ebd., S. 11.
134 Ebd., S. 16 f.

zwischen den demokratischen und autoritären Staaten, wie diese Regelungen jeweils umgesetzt werden, wobei auf der autoritären Seite die Sowjetunion, Italien und Deutschland stehen, auf der anderen Seite die USA, England und Frankreich. Beneš weist darauf hin, was diese beiden Gruppen zunächst einmal unterscheidet:

> »In dieser Richtung muss man vorerst auf die autoritativen Regime verweisen, welche durch die politischen Umstürze und Krisen der Nachkriegszeit in einigen europäischen Ländern hochgekommen sind und welche ihre eigenen spezifischen Formen der Staatswirtschaft geschaffen haben. Ich habe das kommunistische, faschistische und nationalsozialistische oder totalitäre Regime im Auge. Diese sind in der Übertragung wirtschaftlicher Funktionen auf den Staat am weitesten gegangen. Ihre Staatswirtschaft ergab sich allerdings aus der Gesamtkonzentration der politischen Macht bei der Diktatur, bei welcher für Vertretungsorgane der Demokratie kein Platz mehr war und welche die Existenz des ganzen Regimes von wirtschaftlichen Erfolgen unausweichlich abhängig gemacht hat.«[135]

Diese Konzentration der Macht lässt aber auch je nach Form der Diktatur die Wirtschaftspolitik anders aussehen. Es liegt also schon auf dieser Ebene bei Beneš ein Widerstreben gegen eine rein ökonomistische Erklärung von Faschismus und Nationalsozialismus vor.

Die schwächste Einmischung des Staates in die Wirtschaft sieht Beneš beim italienischen Faschismus, dieser habe bis 1935 »nur einige Schritte in der Richtung auf eine organisierte Wirtschaft gemacht.«[136] Zwar seien mit der Errichtung der Korporationen neue, der faschistischen Ideologie entsprechende Institutionen geschaffen worden, diese aber »besitzen keine dirigierende Funktion und dienen hauptsächlich dazu, um die Zusammenarbeit der Arbeitgeber und Arbeitnehmer sicherzustellen und soziale Kämpfe und Streiks auszuschließen.«[137] Und so urteilt er über den Staatseinfluß: »Im ganzen ist die dirigie-

135 Ebd., S. 24 f.
136 Ebd., S. 27.
137 Ebd.

rende Initiative des Staates allerdings beschränkt und greift nicht an die Wurzeln der Privatunternehmertätigkeiten auf dem Gebiete der Industrie oder der Landwirtschaft und des Handels.«[138]

In Deutschland sei dies anders, es gebe, neben ähnlichen Institutionen wie den Korporationen in Italien, viel stärkere Eingriffe des Staates in die Wirtschaft, die neben der systemstabilisierenden Funktion auch ein klar erkennbares Ziel hätten, nämlich die Autarkie Deutschlands, ein Ziel, das nichts Gutes ahnen lässt, wie Beneš andeutet:

> »In der ganzen Wirtschaftspolitik des Deutschen Reiches machen sich fraglos politische Momente geltend; das nationalsozialistische Regime strebt darnach, während der Krisenzeit um jeden Preis Wirtschaftserfolge aufzuweisen, welche die Situation der breiten Bevölkerungsschichten bessern und dem Regime das Vertrauen dieser Schichten sichern würden, außerdem verrät es offenbar das Ziel, auf alle Situationen und Möglichkeiten der internationalen Entwicklung – durch ein Höchstmass von wirtschaftlicher Autarkie – vorbereitet zu sein.«[139]

Für Beneš gibt es also keine einfache, direkte Abhängigkeit des Aufkommens von Faschismus und Nationalsozialismus von ökonomischen Entwicklungen im Sinne der berühmten Formulierung Dimtroffs, der »Faschismus an der Macht« sei »die offene terroristische Diktatur der reaktionärsten, chauvinistischsten, am meisten imperialistischen Elemente des Finanzkapitals«, ja: »Der Faschismus ist die Macht des Finanzkapitals selbst.«[140] Er argumentiert eher in die Richtung eines »Primats der Politik«, wie sie von Tim Mason in seinem die deutsche Faschismusdiskussion verändernden, gleichnamigen Aufsatz[141] vertrat. Mason arbeitet heraus, dass man mit rein ökonomisch-funktio-

138 Ebd., S. 28.

139 Ebd., S. 29 f.

140 Dimitroff, Georgi (1935): Die Offensive des Faschismus, o. S.

141 Mason, Tim (1966): Der Primat der Politik – Politik und Wirtschaft im Nationalsozialismus, in: Das Argument. Berliner Hefte für Probleme der Gesellschaft 41, Jg. 8, S. 473 ff.

nalen Erkärungsmodellen den Nationalsozialimus nicht analysieren kann, da dabei die politisch-ideologische Seite unter den Tisch fallen würde beziehungsweise auf einen ganz bewusst eingesetzten Hebel zur Massenmanipulation reduziert werden würde. Er kommt zu der Erkenntnis:

> »Der Versuch, diese Ideologie auf *einen* Nenner zu reduzieren oder sie als systematisch zu interpretieren, ist zum Scheitern verurteilt. Goebbels und sein Apparat haben zwar die Ideologie als beliebig manipulierbares Herrschaftsinstrument verstanden und benutzt. Letztlich wurde sie aber dennoch von der politischen Führung, insbesondere von Hitler persönlich und von der SS als ›rassisch-sittliche‹ Utopie so ernst genommen, daß ihr in entscheidenden Fragen selbst die kurzfristigen materiellen Bedürfnisse des Systems geopfert wurden.«[142]

Auch für Beneš ist es in Bezug auf eine Einschätzung des Nationalsozialismus wichtig, die ideologische Seite der neuen autoritären Bewegungen ernst zu nehmen und diese nicht schlicht als Schleier über ökonomischen Interessen zu sehen. So faßt er auch seinen Begriff der Krise weiter als nur ökonomisch. Hier kann er an Überlegungen anschließen, die er schon 1928 in einem Vortrag mit dem Titel *Die moralische Krise der Nachkriegswelt*[143], den er ebenfalls auf deutsch hielt, formulierte. Mit der Rede von der moralischen Krise zielt der an der französischen Soziologie geschulte Beneš nämlich genau auf dieses gesamtgesellschaftliche Moment. Die großen Umwälzungen nach dem Ersten Weltkrieg hätten eine Krise der alten bürgerlichen Subjektivität hervorgerufen, in der Beneš zwar Gefahren, aber auch Chancen sieht:

> »Ich will also in meinen Darlegungen nur die allerwesentlichsten Dinge berühren mit dem Hinweis darauf, dass sich aus den bisherigen Vorkriegsvorstellungen beispielsweise über Demokratie, Nationalität,

142 Ebd., S. 492f.

143 Beneš, Edvard (1928): Die moralische Krise der Nachkriegszeit, MÚA, EB IV/1, ič 252, Karton 78.

> Sozialismus, Pazifismus, Wissenschaft und Religion ein System im ganzen allgemein akzeptierter Ansichten gebildet hat, die als ideologisches Ganzes[,] betrachtet werden können, als ein mehr [oder, FR] weniger in ein Gefüge beinahe mystisch anerkannter Glaubensartikel petrifiziertes System, gegen die der Nachkriegsmensch nun aufbegehrt, bemüht, ihren Bau zu stürzen und an ihre Stelle ein neues festeres, sichereres, der Zeit entsprechenderes Gefüge zu stellen. Und eben in diesem Kampfe beruht jene moralische Krise, über die ich heute eingehend sprechen will.«[144]

In seinem geschichtsphilosophischen Optimismus, der auf lange Sicht den Fortschritt von Freiheit und Demokratie für unaufhaltsam hält, meint Beneš 1928, dass diese Krisenmomente nur richtig gewendet werden müssten, nur eine richtige Synthese der Widersprüche gefunden werden müsse. Hier verstellt dieser Optimismus und die damit verbundene Sinnstiftung das wahre Gefahrenpotential, das in diesen Entwicklungen liegt. Allerdings muss dabei auch bedacht werden, dass Beneš hier als Außenminister eines Staates sprach, der eine Perspektive glaubt bieten zu müssen, und nicht nur als kritischer Analytiker, der sich einen methodischen Pessimismus leisten kann. Gleichzeitig war, und auch das ist wichig zu unterstreichen, dieser Optimismus kein quietistischer, der sich dabei beruhigt, auf der richtigen Seite der historischen Entwicklung zu stehen, sondern einer, der Aktivitiät und Kampf erfordert, wie Beneš am Ende des Vortrags noch einmal hervorhebt:

> »Der schönste Ausdruck der Zugehörigkeit zum Menschengeschlechte ist – so denke ich mir – nicht die Verwirklichung des Ideales – denn in unserem so relativen Leben ist ein Ideal unerreichbar – sondern zu kämpfen und in täglichem Fortschritt, im täglichem Näherkommen zur Vollendung, in täglicher teilweiser Verwirklichung des Ideales ihm zu dienen. Hierin fußt auch die Begründung meiner optimistischen Weltanschauung.«[145]

144 Ebd., S. 3.
145 Ebd., S. 43 f.

Interessant ist aber, welche Themen Beneš als die brennendsten Bereiche der Krise ansieht: Die Krise des Nationalismus, die der Demokratie, die des wissenschaftlichen Sozialismus und der Revolution, die der Wissenschaft und schließlich die der Religion.

In seiner Analyse der Krise des Nationalismus hebt er die fortschrittlichen Ursprünge des Nationalismus als Bewegung gegen den Feudalismus hervor, die immer die Perspektive einer gesamten Menschheit im Sinn hatte. Für ihn geht es also, wie es Samuel Salzborn formuliert hat, um den »Schlüsselkonflikt des Nationalismus der Moderne«, den »letztlich die Frage [bildet, FR], ob ein stärkeres Gewicht auf die Betonung der Emanzipation, des Liberalismus und der Aufklärung gelegt wurde oder die Konservierung des schicksalshaften Bezugs auf überirdische Kräfte erfolgte.«[146]

Beneš streift letztere Bewegungen, den Pangermanismus und ähnliche Panideologien hier nur kurz, namentlich in einer interessanten Bemerkung, seine weiteren Ausführungen verdienen aber eine genauere Untersuchung. Er schreibt zunächst: »Ich will nicht eingehend über die gewaltigen nationalistischen Konzeptionen, den Pangermanismus, Panslavismus, Panlatinismus, Panislamismus (der eine Kombination der nationalistischen und religiöser Ideen ist), nicht über den Panamerikanismus u. a. sprechen, die alle eine einseitige und übertriebene Betonung dieser Idee sind.«[147] Auch wenn er hier nicht detailliert auf diese Phänomene eingeht, so ist aus heutiger Sicht natürlich interessant, dass für Beneš schon früh die Parallelen zwischen europäischen und außereuropäischen autoritären Bewegungen auffielen. Und tatsächlich, der Panislamismus trat unter teilweise ähnlichen Umständen ins politische Leben wie auch die neuere pangermanische Bewegung: Beide zeichneten sich durch ein starkes, in der Ideologie betontes Überlegenheitsgefühl des eigenen Kollektivs aus, das nach dem Ersten Weltkrieg, als sowohl das Deutsche als auch das Osmanische Reich in Scherben lagen, plötzlich mit der Realität konfrontiert wurde, was im Falle des Panislamismus noch durch die spätere Abschaffung des

146 Salzborn, Samuel (2015): Kampf der Ideen. Der Geschichte politischer Theorien im Kontext, Baden-Baden, S. 27.

147 Beneš, Edvard (1928): Die moralische Krise, S. 4 f.

Kalifats durch die Türkische Republik verschärft wurde. Die Reaktion der beiden Bewegungen war nun aber nicht der Versuch, rational mit diesen neuen Umständen zu Rande zu kommen, sondern einen Verrat und einen Abfall von den archaischen Werten des Kollektivs dafür verantwortlich zu machen.

Beneš konzentriert sich hier auf die Probleme des Nationalismus im allgemeinen:

> »Ich will nur erweisen, wie diese Idee zu einem der Wesentlichsten [sic] Bestandteile des Gedankensystems des Nachkriegsmenschen, namentlich des europäischen Menschen, geworden ist und wie dieser in seinem Alltagsdasein mit ihr in Berührung kommt, mit ihr und für sie kämpft und sich letzten Endes definitiv mit ihr auseinandersetzen muß, weil er sie harmonisch in seine gesamte Weltanschauung eingefügt und ihr in dieser den Platz gegeben hat, der ihr tatsächlich gebühren soll.«[148]

Es geht Beneš also um eine Zähmung, eine Sublimierung des Nationalismus durch das Einfügen in ein rationales Gedankensystem, er soll durch Vernunft positiv gewendet werden. Denn dass der Nationalismus eine irrationale und unmenschliche Seite hat, führt Beneš ebenfalls sehr deutlich aus:

> »Wie ich bereits angedeutet habe, haben die Kriegsereignisse aus der nationalen Idee und einer gewissen Art von Nationalismus einen unanalysierbaren Bestandteil der Weltanschauung des heurigen Europäers gemacht. [...] Politisch beherrscht sie die Mentalität des Gegenwartsmenschen wie einst die religiöse und kirchliche Ideologie den Menschen des 15., 16. und 17. Jahrhunderts beherrscht hat. In diesem Sinne ist die Mehrzahl der praktischen Äußerungen dieser Ideologie in ihrer Form oftmals reichlich brutal und von instinktivem Charakter, sie trägt etwas mystisches und religiöses, dabei aber aggressives und expansives [sic] in sich.«[149]

148 Ebd., S. 5.
149 Ebd.

Mit dem Insistieren auf dem mythischen und irrationalen Charakter der Nation nähert sich Beneš Positionen an, wie sie später Adorno über die Nation vertrat, der sie als Fetisch bezeichnete:

> »Aber Nation – Terminus wie Sache – sind jungen Datums. Eine prekäre zentralistische Organisationsform sollte die diffusen Naturverbände nach dem Untergang des Feudalismus zum Schutz der bürgerlichen Interessen bändigen. Sie mußte sich zum Fetisch werden, weil sie anders Menschen nicht hätte integrieren können, die wirtschaftlich ebenso jener Organisationsform bedürfen, wie sie ihnen unablässig Gewalt antut.«[150]

Mit größerer zeitlicher Distanz konnte Adorno seine Feststellung präzisieren: »Vollends wo die Einigung der Nation, Vorbedingung einer sich emanzipierenden bürgerlichen Gesellschaft, mißlang, in Deutschland, wird ihr Begriff überwertig und destruktiv. Um die gentes zu ergreifen, mobilisiert er zusätzlich regressive Erinnerungen an den archaischen Stamm.«[151] Das ist es zwar, was Beneš an anderer Stelle mit dem Begriff des Pangermanismus zu begreifen suchte, 1928 stößt er sich aber noch an der Irrationalität des Nationalismus überhaupt, die, wie er festhält, immer stärker wird:

> »Und dieser Mystizismus geht so weit, dass er zu einer gewissen moralischen Degeneration führt: Sie wissen alle, dass es gewisse Theoretiker des Nationalismus gibt, die ausdrücklich für die Ansicht eintreten, dass im Namen des Volkes und des nationalen Staats im öffentlichen, politischen und zwischenstaatlichen Leben einfach alles gestattet ist: Lüge, Betrug, Täuschung, Mord, Krieg. Das ist moralische Degeneration, aber es ist eine Tatsache, dass in dieser Form der Mystizismus der neuen modernen Nachkriegsideologie seinen Höhepunkt erreicht.«[152]

150 Adorno, Theodor W. (1997): Negative Dialektik, in: Ders.: Negative Dialektik. Jargon der Eigentlichkeit, AGS 6, Frankfurt a. M., S. 332 f.

151 Ebd., S. 333.

152 Beneš, Edvard (1928): Die moralische Krise, S. 8.

Er hält den Nationalismus sogar teilweise für schlimmer als die religiösen Formen der Kollektivideologie:

»Ebenso, und nicht minder unerbittlich ist die Ideologie des heutigen Nationalismus. Auch sie gibt ihre mystische Kraft vor allen dadurch kund, dass sie ausnahmslos die heutige öffentliche politische Moral beherrscht. Dabei ist sie in gewissem Sinne noch brutaler. Ein für die religösen Ideale geopfertes Leben sicherte dem Menschen des Mittelalters ewiges Leben, ein dem heutigen Nationalismus geopfertes Leben sichert nichts. Von dem national empfindenen Menschen wird heute einfach jedes Opfer ohne Anspruch auf irgendetwas gefordert.«[153]

Trotz alledem hält Beneš die Nation, wenn sie nur richtig verstanden wird, für unabdingbar zur Überwindung der Krise, da sie die zentrifugalen Kräfte des Einzelnen hintanhält und so auch erst eine die Nation überwindende Idee der Menschheit geben kann und bleibt damit staatsmännisch:

»So wird die nationalistische Ideologie, die einerseits eine gefährliche Mystik und ein Bestandteil der Weltkrise des Menschen von Heute [sic] ist, gleichzeitig zu einer gewaltigen sozialen Kraft der heutigen Staaten und der heutigen politisch organisierten Welt überhaupt, die für die allmähliche Konsolidierung unserer Welt unerlässlich und nützlich ist.«[154]

Beneš versucht diese beiden Tendenzen im Begriff des Patrioten zu versöhnen:

»Der wahre Patriot ist also für mich der, der begreift, dass Nation und nationale Kultur Ausdruck der Menschlichkeit ist und sein soll – und die schöne, erhebende und vollendete Menschlichkeit kann nur in den nationalen Kulturen in Erscheinung treten [...]. Deswegen besteht

153 Ebd.
154 Ebd., S. 9.

auch kein Widerspruch zwischen ihnen: das Nationalgefühl und das Menschlichkeitsgefühl ergänzen einander.«[155]

Gegen diese Hoffnung, durch den Fortschritt die Nation in der Humanität zu retten, wandte Adorno nach dem Zweiten Weltkrieg in ihrer Hegelschen Version ein:

> »Nur ist keinem Fortschritt der Weltgeschichte kraft ihres Übergangs von Nation zu Nation mehr zu vertrauen in einer Phase, in der der Sieger nicht länger auf jener höheren Stufe sich befinden muß, die man ihm wahrscheinlich von je nur deshalb attestierte, weil er der Sieger war. Damit ähnelt der Trost über den Untergang der Völker den zyklischen Theorien bis zu Spengler sich an. Philosophische Verfügung übers Werden und Vergehen ganzer Völker oder Kulturen übertönt, daß das Unvernünftige und Unverständliche der Geschichte selbstverständlich wurde, weil es nie anders war; raubt der Rede vom Fortschritt ihren Inhalt.«[156]

Beneš geht zwar eher von Herder aus als von Hegel, und sieht so mehr das Zusammenwirken aller, auch der kleinen Nationen als den wichtigen Punkt, nicht die Fackelübergabe von großer Nation zu großer Nation, aber auch für ihn gilt: Der Fortschritt ist eben nicht philosophisch verbürgt. Und Beneš scheint das auch zu ahnen, wenn er davon spricht, dass eine Erziehung zu einem Patriotismus, der dem Humanitätsgedanken huldigt, ein »Kampf« sei und »noch lange Zeit die Frage der neueren Erziehung unserer heutigen Generation«[157] sein wird.

Ebenfalls in der Krise, die nur durch Erziehung zu lösen sei, sieht Beneš die Demokratie. Diese habe durch die revolutionären Umwälzungen in Europa nach dem Ersten Weltkrieg, den Beneš als Kampf um die Demokratisierung Europas sah, ein zersetzendes Image bekommen:

> »In diesem Sinne wirkte die Ideologie der Demokratie auf die Gesellschaft der Vorkriegszeit als ein auflösendes, vernichtendes Element. Sie

155 Ebd.
156 Adorno, Theodor W. (1997): Negative Dialektik, S. 335.
157 Beneš, Edvard (1928): Die moralische Krise, S. 14.

> vernichtete eine ganze Reihe sozialer Faktoren, die starke assoziierende Kräfte des alten Regimes darstellten: Dynastie, Kirche, Aristokratie, agglomeriertes Grund- oder Industrieeigentum, das Militärsystem vor dem Kriege u.s.w. Sie zertrümmerte diese Kräfte durch konsequente Anwendung der Grundsätze von Gleichheit des Menschen und von der Notwendigkeit der Applizierung des Wahlsystems für die wichtigsten öffentlichen Ämter und Posten überhaupt sowie hauptsächlich durch die Forderung, dass jedem Bürger der größtmögliche Grad von Freiheit gewährt werden müsse, wobei sie freilich betonte, dass diese Freiheit vereinbar sein muss auch mit der Freiheit jedes anderen Mitbürgers.«[158]

Bei diesem zersetzenden Aspekt werde übersehen, dass die Zersetzung erst Freiheit ermögliche. Was Beneš hier formuliert, sind die Grundlagen einer Analyse der Krise bürgerlicher Subjektivität, die ihm als sittliches Problem, das sich durch Erziehung und vernünftiges Handeln aber lösen ließe, erscheint:

> »Sie [die heutige Krise der Demokratie, FR] ist kein Problem des Parlamentarismus, des Wahlrechts der Diktatur oder des Putschismus. Dies sind nur noch die äußeren Folgen der Krise. Das wirkliche Problem liegt darin, dass der Mensch der Kriegszeit in all seinen Kriegsleiden, Schmerzen und inmitten der Nachkriegsumwälzungen für einen Augenblick sein Gleichgewicht verloren hat und es jetzt oft dort sucht, wo es nicht zu finden ist; das Problem der Demokratie ist kein Problem der Mechanik und Technik. Es ist ein sittliches Problem, es ist das Problem der Seele des Nachkriegsmenschen und seines Kampfes um menschliche Würde für alle Menschen als seine Brüder. Es ist das Problem der sittlichen Erziehung unserer Zeit.«[159]

Hier zeigt sich auch wieder das Konzept der Moderne als gestaltbarer Prozeß, der zwar krisenhaft verläuft, aber doch vernünftig gewendet werden kann.

158 Ebd., S. 18.
159 Ebd., S. 21f.

Aber auch die Vernunft sieht Beneš durch die Krise bedroht, und macht das an der Krise der Wissenschaft fest. Hier konstatiert er, dass eine wertfreie Wissenschaft eine Form instrumenteller Vernunft ist, die nur auf die Mittel, nicht aber auf die Zwecke reflektiert:

»Vor dem Kriege haben wir gesehen, wie an vielen Stellen die Wissenschaft in ihrer intellektuellen positivistischen Trockenheit und absoluten moralischen Neutralität, ich möchte sagen Amoralität, einfach zur Grundlage praktischer, moralisch unannehmbarer oder verwerflicher Ziele von Individuen, Klassen, Nationen und Staaten wurde. Um derartige Beispiele neuerlich zu zitieren: die einseitige, die sozialistische Vorkriegstheorien konstruierende Wissenschaft; die dem Imperialismus und Nationalismus dienende Wissenschaft; der heutige Versuch einer Wissenschaft und Philosophie des Kommunismus oder Faschismus.«[160]

Die postulierte Wertfreiheit habe so zu einer Instrumentalisierung der Wissenschaft geführt, die dann entweder einen Relativismus zur Folge gehabt habe, der schließlich in einem totalen Skeptizismus und letztlich in Resignation geendet habe. Oder aber es werde auf diesen Mechanismus selbst reflektiert, »die Wissenschaft idealisiert sich in diesem Sinne, sie wird praktisch moralisiert. Ihr rein positivistischer, intellektualistischer Charakter erhält ein völlig neues, intuitives und gefühlsmässiges Element. Darum geht der Kampf. Darin beruht die Krise der heutigen wissenschaftlichen Weltanschuung, darin liegt die Krise der Ideologie, die aus der Wissenschaft einen Fetisch gemacht hat. Dies hat seine großen Konsequenzen insbesondere in der Philosophie und Ethik.«[161] Diese Betonung der Moral, sogar somatischer Impulse in der Wissenschaft ist aber kein Überlaufen zum Irrationalismus, es soll auf jene nur ebenso reflektiert werden. Denn gegen die Betonung der Intuition als die dem Intellekt überlegene Erkenntnisart argumentiert Beneš ebenso. Es verweist darauf, dass der Kampf von Intellekt gegen Intuition häufig auf eine Frontstellung von West gegen Ost reduziert wird:

160 Ebd., S. 36.
161 Ebd., S. 38.

»Während des Krieges und speziell heute führt er [eben dieser Kampf, FR] zu einem neuen Problem, das zum Modeproblem geworden ist: zum Kampf des Ostens mit dem Westen. Der europäische Westen erscheint allzu intellektualistisch, der Osten und speziell der Ferne Osten – Indien und China – mit seiner ganzen Kultur und intuitiven und mystischen Philosophie werden als Gegenpol gegen den unhaltbaren Intellektualismus Westeuropas hingestellt.«[162]

Diese Tendenzen gebe es zwar auch in Frankreich, Beneš hebt aber besonders die deutsche Variante dieser Begeisterung für den Osten als Quelle der tiefen Intuitionen hervor, die mit der Vorstellung des deutschen Nationalismus als eines aus tiefen Quellen sich nährenden, zu denen zurückgefunden werden müsste, um die Schmach von Versailles zu kompensieren, harmoniert: »Noch interessanter ist, dass geradezu philosophische Schulen entstanden sind, die vor allem auf diesem Problem ihre Systeme aufbauen, die sie dann direkt auf den politischen und sozialen Zustand des gegenwärtigen Deutschlands applizieren und die in dieser Philosophie die Wege zu einem neuen Aufstieg des deutschen Volkes suchen.«[163] Neben dieser speziell problematischen deutschen praktischen Ausprägung des Irrationalimus wendet sich Beneš aber auch allgemein gegen irrationale Tendenzen:

»Wie es gewöhnlich zu sein pflegt, geht der Mensch in Zeiten großer Umwälzung, des Chaos und der Krise stets in seiner Reaktion weiter, als es richtig wäre. Er glaubte an die intellektualistische Wissenschaft vor dem Kriege mehr als gut war, er sah in ihr einen Fetisch und so zeigt er während des Krieges und nach demselben die Tendenz zu völliger Skepsis und will fast überhaupt an nichts mehr glauben. Er hatte den Intellekt auf den Thron gehoben, jetzt stürzt er ihn vom Thron und sucht nur Gefühl und Intuition. Dies ist der heutige allgemeine Glaube an Mystik aller Art, an Telepathie, an Schicksalsvoraussage, an die Möglichkeit einer Verbindung mit der immateriellen Welt in den verschiedenen Formen, was vulgarisierend im Spiritismus ausgedrückt

162 Ebd.
163 Ebd., S. 39.

ist. Das alles ist nur der vulgäre Ausdruck dieser Krise der Wissenschaft und wissenschaftlichen Erkenntnis.«[164]

Diese als gesamtgesellschaftlich gefasste Krise bildet für Beneš also den Ausgangspunkt, von dem aus er dann immer detaillierter und spezifischer die autoritären Bewegungen analysiert und bestimmt, die in den zwanziger Jahren aus dem Boden sprießen und zu Beginn der dreißiger Jahre endgültig ihren Siegeszug antraten.

## C) Die Krise der Demokratie und der Kampf mit autoritären Regimen

In einem Vortrag von 1935 mit dem gleichen Titel, den Beneš am 9. Februar desselben Jahres in Jihlava hielt, analysiert er nun die autoritären Regime und entwirft ein Programm zur Stärkung der Demokratie. Zunächst spannt er, an Masaryks und die eigenen, früheren Überlegungen angelehnt, einen krisentheoretischen und geschichtsphilosophischen Rahmen auf. Ein Kampf entspanne sich, wie auch schon im Ersten Weltkrieg, zwischen autoritären Regimen und liberaler Demokratie:

> »Der Krieg war eine große, moralische, politische und soziale Weltrevolution. Diese durchleben wir immer noch, und wir durchleben sie ideell und materiell, und alle die erstaunlichen Schwierigkeiten der heutigen Zeit beruhen darauf, dass wir mitten in dieser Revolution sind; wir leben in einer Zeit, die eine typische Übergangszeit von einer historischen Epoche zur anderen ist. Solche Zeiten sind immer Zeiten der Krise, der Schwierigkeiten, der politischen, sozialen, wirtschaftlichen und moralischen Umwälzung.«[p/165]

164 Ebd., S. 39 f.

165 Beneš, Edvard (1935): Krise demokracie a boj o autoritativní režimy. Komunism, fašism a nacionálsocialism, MÚA, EB IV/1, ič 259, Karton 93, S. 2.

Dieser theoretische Rahmen ist für Beneš gleichzeitig handlungsanleitend, denn er umreißt das praktische Ziel seiner Rede folgendermaßen:

> »Praktisch bedeutet das: Die Vorkriegsideen zu verstehen, zu begreifen, welche davon heute überwunden sind, die ideelle Seite des Krieges zu verstehen und das, was sie Neues gebracht hat, zu begreifen, was die ganze ideelle und moralische Krise nach dem Krieg bedeutet, zu wissen, wohin wir uns ideell heute wenden sollen, welches unser ideelles Ziel für unsere weitere nationale und staatliche Zukunft sein soll und sein muss.«[q/166]

Für Beneš bedeutet also die aktuelle Entwicklung auch eine Krise der Ideen, der Gewissheit oder der Hoffnung des liberalen Optimismus, dass es gesellschaftlichen Fortschritt im Sinne einer Demokratisierung gibt. Als Wendepunkt markiert Beneš die Jahre 1927/1928, als eine gesellschaftliche Regression einsetzte: »Es scheint, als ob diese Entwicklung zur Demokratisierung der europäischen Gesellschaft nach dem Krieg noch einige Jahre fortgeschritten ist, so ungefähr bis zu den Jahren 1927 und 1928 und dann, als ob die Welt auf einmal angefangen hätte sich zurückzudrehen oder sich anderswo hinzuwenden.«[r/167] Die Entwicklung spielte sich nicht ausschließlich in der Ideenwelt ab, denn Beneš konstatiert diese Veränderung auch auf einer politischen Ebene: »Namentlich scheint es, als ob ungefähr ab dem Jahr 1927 die bekannte Bewegung der Nachkriegsgesellschaft, wie man kurz sagt ›nach links‹, auf einmal gestutzt worden wäre und als ob die europäische Demokratie und die Demokratie überhaupt auf ihren Untergang hinstreben würde.«[s/168] Und wirklich, die Bestandsaufnahme zur Situation der Demokratie in Europa 1935 fällt bei Beneš düster aus: »Denn auch Europa durchlebte eine Krise der Demokratie in Österreich, in Jugoslawien, in Polen, in Ungarn, in Bulgarien, in der Türkei, in Portugal, in Spanien, in den baltischen und anderen Staaten.«[t/169]

166 Ebd., S. 3.
167 Ebd., S. 5.
168 Ebd.
169 Ebd., S. 6.

Als hervorstechendes Beispiel dieser autoritären und regressiven Tendenz sieht Beneš die autoritären Regime, derer er drei nennt: Den Bolschewismus in der Sowjetunion, den italienischen Faschismus und den deutschen Nationalsozialismus. Diese will er analysieren mit dem Ziel, sie zu bekämpfen. Denn, seine forschungsleitende Frage, wenn man so will, lautet: »Wir möchten wissen, welcher der Weg aus dieser Wirrnis sein soll.«[u/170] Angesichts einer Situation, in der der aufgeklärte Fortschrittsglaube problematisch erscheint, hält Beneš entschieden an der Aufklärung fest und stellt, in durchaus praktischem Interesse, die Frage, warum es denn zu dieser Regression kam und wie sie sich ausdrückt. Hier sieht Beneš dann ein qualitativ neues Gesellschaftsphänomen am Horziont: »Es ist ein Faktum, ein unwiderlegbares Faktum, dass in den letzten vier bis fünf Jahren in Europa eine Reaktion besonderer Art auftrat oder sich zumindest zuspitzte.«[v/171]

Dabei relativiert Beneš den Begriff der Reaktion wieder, da ihm bewusst ist, dass es sich bei dieser Entwicklung um mehr als eine Reaktion im Sinne einer Restauration handelt:

> »Denn diese Reaktion ist nicht nur rein politischen Charakters in dem Sinn, als ob von den früher siegreichen sozialistischen und sehr linken, fortschrittlichen und demokratischen Doktrinen und Parteien die Wählerschaft allmählich oder massenhaft abgefallen wäre und dass die politischen Verhältnisse wieder in den Zustand zurückgekehrt wären, der früher war, das bedeutet zu einer neuen Herrschaft der konservativen Bourgeoisie und der Familien- und Geldaristokratie.«[w/172]

Was sind sie aber dann? Wieder nennt Beneš als auffälligstes Merkmal dieser neuen Herrschaftsform ihre Massenhaftigkeit. Dabei beschreibt er das Paradox, dass sich diese Herrschaftsform, die auf der Herrschaft der Massen beruht, sich gleichzeitig als explizite Negation der Demokratie versteht:

170 Ebd.
171 Ebd., S. 7.
172 Ebd.

»Diese neuen Diktaturen sind keine Diktaturen von Kasten des Militärs und der Bürokratie, sondern Massendiktaturen politischer Parteien und kollektiver Volksbewegungen, sie sind vor allem und ausgesprochener Weise die entschiedene Negation der demokratischen Ideale. Sie sind bewusst antidemokratisch und unterstreichen das; sie wollen die Negation der Demokratie sein und sie prahlen damit, der Faschismus sowie der Hitlerismus betonen das besonders und haben dazu eine ganz eigene Ideologie.«x/173

Beneš schickt sich nun an, diese Ideologie näher zu beschreiben. Er macht drei inhaltliche Punkte aus, gegen die sich die neuen autoritären Bewegungen wenden:

»Diese Systeme lehnen entschieden ab: 1. Die Prinzipien der politischen Demokratie und der politischen Freiheit; 2. Das richtige Verhältnis zwischen Nationalismus und Internationalismus, wie es die humanistische Demokratie des 19. und 20. Jahrhunderts formulierte; 3. Haben sie eine wesentlich andere Ansicht über die Funktion und den Zweck des heutigen Staates als die von der Philosophie des modernen Humanismus erfüllte Nachkriegsdemokratie.«y/174

Zu diesen Punkten führt Beneš dann aus: Die autoritären Regime würden zwar ständig damit prahlen, die Einheitspartei würde die gesamte Nation verkörpern, aber das sei eben noch keine Demokratie. Auch das Verhältnis von internationalen Beziehungen und dem Nationalstaat sei bei allen drei Bewegungen unausgeglichen: Der Bolschewismus würde den Internationalismus überbewerten, dagegen würden Faschismus und Nationalsozialismus das nationale Interesse über alles stellen:

»Sie lehnen das Prinzip und die Ideale der Humanität ab und vertreten die Theorie, dass der Krieg notwendig ist, dass der Krieg ein Ausdruck der Lebenskraft, der Stärke und der gesunden Verwurzelung der Nation

173 Ebd., S. 8.
174 Ebd., S. 9.

> ist. Letztendlich verteidigen sie die Idee, dass eine Nation das Recht hat, eine andere zu beherrschen und sich auf deren Kosten zu verbreitern. Die Theorie der Hegemonie einer Nation über die andere aufnehmend, sprechen sie von ihrem nationalen Dynamismus.«[z/175]

Aber nicht nur im Verhältnis der Staaten untereinander, auch im Verhältnis zwischen Staat und Individuum sieht Beneš eine Abkehr von aufklärerischen und liberalen Positionen. Zwar müsse auch die moderne Demokratie manchmal die Freiheit des Einzelnen einschränken, aber die neuen autoritären Bewegungen würden hier viel weiter gehen:

> »Sie schaffen sich eine Doktrin von der Sendung des Staates, in der der Staat zu etwas Absolutem erhöht wird und in der sie dem Staat Allmacht verleihen, dem Staat den Gedanken der Freiheit des Individuums opfernd, mancherorts voll, anderswo in einem Ausmaß, dass jeder moderne europäische Mensch dahinter ein großes Fragezeichen setzen muss.«[aa/176]

Aus dieser Analyse der autoritären Bewegungen versucht Beneš eine Standortbestimmung zu gewinnen, was diese Erkenntnisse für das Verhalten den neuen Herrschaftsformen gegenüber heißt:

> »Durch die angeführten drei grundlegenden Probleme, das der politischen Freiheit und der Demokratie, des Nationalismus und des Internationalismus und der Auffassung über die Funktion des modernen Staates versuche ich diese heutige ideelle Wirrnis zu zeigen und gleichzeitig hervorzuheben, dass es in der praktischen politischen Tätigkeit notwendig ist, sich dessen, was diese Doktrin betrifft, völlig klar zu sein und dass es keine andere Möglichkeit gibt: Unser Mensch muss sich entscheiden und entweder den einen Weg gehen oder den anderen. In dieser Hinsicht ist kein Kompromiss möglich. Entweder durchlaufen wir eine neue Revolution und nehmen dieses staatliche und wirtschaftliche

175 Ebd., S. 10 f.
176 Ebd., S. 11 f.

System, welches ich uns hier erläutert habe, an, oder wir gehen konsequent und grundsätzlich dagegen vor. Ich gebe eine klare Antwort: Grundlegend, konsequent und ohne Kompromisse gehe ich gegen diese Systeme vor und wehre mich dagegen.«[ab/177]

Diese Überzeugung gewinnt Beneš aus der Analyse der autoritären Bewegungen, die er als Revolte gegen moderne Vorstellungen von Gesellschaft auf deren Basis sieht.

Der damalige tschechoslowakische Außenminister stellt sich hier einem ganz ähnlichen Problem wie ein Jahr zuvor Herbert Marcuse im Exil. In seinem Text mit dem bezeichnenden Titel *Der Kampf gegen den Liberalismus in der totalitären Staatsauffassung*[178] versuchte Marcuse, die totalistischen Tendenzen im Liberalismus zu fassen. Wenn auch Marcuse die Rolle der liberalen, humanistischen Philosophie des 19. Jahrhunderts kritischer sieht als Beneš, und zu zeigen versucht, dass sich im totalen Staat Tendenzen, die auch schon in der liberalen Doktrin vorhanden waren, durchsetzen, so lassen sich doch Parallelen aufzeigen. Besonders gilt das für die Rolle des Individuums. Auch Marcuse sieht diese im Verschwinden begriffen: »Die Trennung von Staat und Gesellschaft, die das liberalistische 19. Jahrhundert durchzuführen versucht hatte, wird aufgehoben: der Staat übernimmt die politische Integration der Gesellschaft. […] Der Staat hat sich nicht dem Menschen, sondern der Mensch hat sich dem Staat zu verantworten: er ist ihm ausgeliefert.«[179] Neben dieser gemeinsamen Perspektive fällt Beneš im Gegensatz zu Marcuse aber auf, dass die neuen politischen Gebilde keine starken Staaten im eigentlichen Sinne sind. Nicht zufällig wählt Beneš hier als Beispiel Deutschland, und legt damit den Grundstein für eine Unterscheidung zwischen Faschismus und Nationalsozialismus. Seine Überlegungen gehen dahin, dass von einem starken Staat, der alles regelt, ja keine Rede sein

177 Ebd., S. 13 f.

178 Marcuse, Herbert (1943/1965): Der Kampf gegen den Liberalismus in der totalitären Staatsauffassung, in: Ders.: Kultur und Gesellschaft I, Frankfurt a. M., S. 17 ff.

179 Ebd., S. 49.

könne, sondern umgekehrt der Staat zerfällt und einem Kampf von Rackets und Interessensgruppen das Feld räumt:

> »Dort, wo die Demokratie aus den angegebenen Gründen gefallen ist, bildet sich mit der Zeit, auch wenn das anfangs nicht gesehen wird, ein Kampf aller gegen alle heraus. Wir sehen das zum Beispiel hinter den Kulissen des heutigen Deutschlands. [...] Es ist dies ein System, in dem das übliche politische Instrument und die Methode der politischen Arbeit und des Regierens Gewalt, Lüge, Unwahrheit, Tendenz und kollektiver Terror sind. Durch all das ist jedes solche System letzten Endes nur eine dauernd rasende und das Innere auseinanderreißende Revolution.«[ac/180]

Aus dieser Perpektive schöpft er dann auch seinen Optimismus, und erklärt, dass der Kampf gegen autoritäre Bewegungen auch gewonnen werden wird. Dass die Verfolgung von Minderheiten, die Beneš ebenfalls als Zeichen dieser Konvulsionen sieht, sich in Deutschland zur antisemitischen Vernichtung steigern würde, die dann all diese Rackets doch wieder synthetisiert, konnte er 1935 noch nicht wissen. In der Vernichtung fand die »dauernd rasende Revolution« der sich bekämpfenden Rackets Halt. Gerhard Scheit unterstreicht in diesem Zusammenhang die Rolle der SS, die sich ja im Nationalsozialismus im Kampf der Rackets durchsetzte: »So gewann eine Organisation wie die SS in diesem Gefüge eine Art dauerhaft gesicherter Monopolstellung, gerade weil sie einerseits die Schutzstaffel des Führers war, der es verkörperte, andererseits die Schlüsselpositionen am Ende fast aller Prozesse jener Vernichtungsmaschinerie besetzte.«[181]

Überhaupt unterscheidet die Analysen von Beneš und Marcuse der Geschichtsoptimismus. Denn Marcuse beendet seine Ausführungen

180 Beneš, Edvard (1935): Krise demokracie a boj, S. 34.

181 Scheit, Gerhard (2015): Der blinde Fleck der Kritischen Theorie und der Primat der Außenpolitik, in: Dahlmann, Manfred / Scheit, Gerhard (Hg.): sans phrase. Zeitschrift für Ideologiekritik, Heft 7, Herbst 2015, S. 25.

mit einem skeptischen Blick in die Zukunft, da er eine sich durchsetzende Vernunft nicht mehr erkennen kann:

> »Nicht mit Hegels Tode, sondern erst jetzt geschieht der Titanensturz der klassischen deutschen Philosophie. Damals wurden ihre entscheidenden Errungenschaften in die wissenschaftliche Theorie der Gesellschaft, in die Kritik der politischen Ökonomie hinübergerettet. Heute liegt das Schicksal der Arbeiterbewegung, bei der das Erbe dieser Philosophie aufgehoben war, im ungewissen.«[182]

Für Beneš hingegen ist Zweifel, ganz seiner Rolle als Staatsmann gerecht, keine Option:

> »Müssen wir nicht unter diesen Umständen mit Blick auf die weitere Zukunft der Demokratie in Europa ein wenig skeptisch oder direkt pessimistisch sein? Ich war, bin und werde kein Skeptiker und Pessimist bezüglich dieser Entwicklung sein, gerade deshalb, weil ich ruhig und objektiv, als Soziologe, diese Entwicklung analysiere, sehe ich die begangenen Fehler und daher auch die Möglichkeiten, sie auszubessern und die Notwendigkeit weiteren Fortschritts.«[ad/183]

Diese Stelle ist ein Beispiel dafür, was ein philosophischer Beobachter zwei Jahre später als »kämpfende Vernunft« bezeichnete und die Position Benešs so umriß:

> »Beneš ist demgegenüber [den irrationalistischen Strömungen, FR] die vollkommenste Verkörperung des Rationalismus, welche die Gegenwart kennt. Nach Masaryk beweist uns jede Analyse von neuem die Schwäche unseres Erkenntnisvermögens; nach Beneš ist die Vernunft grundsätzlich dazu befähigt, alle Möglichkeiten vorauszusehen und rechtzeitig alle notwendigen Maßnahmen zu treffen – ich bezeichne dies als einen interventionistischen Rationalismus, der es sich vornimmt, in die Wirklichkeit einzugreifen und sie umzugestalten, dadurch, daß

182 Marcuse, Herbert (1943/1965): Der Kampf gegen den Liberalismus, S. 55.
183 Beneš, Edvard (1935): Krise demokracie a boj, S. 21.

er nach einem vorgefaßten Plan die bereits in der Wirklichkeit selbst enthaltenen rationalen Elemente gruppiert.«[184]

Die grundlegende Frage der Kritischen Theorie, ob denn ohne weiteres von diesen rationalen Elementen in der Gesellschaft ausgegangen werden kann, stellt sich Beneš nicht. Diese ist aber eine zentrale für die Kritische Theorie, für die der Fortschritt nicht tel quel als fein zu unterscheidendes rationales Element, sei es als Klasse, als Staat, oder auch als historische Sendung, vorhanden ist, das nur noch richtig gruppiert werden müsste. Sie blieb skeptisch, ohne allerdings deshalb eine Geschichtsphilosophie des Verfalls zu vertreten: »Zuwenig Gutes hat Macht in der Welt, als daß von ihr in einem prädikativen Urteil Fortschritt auszusprechen wäre, aber kein Gutes und nicht seine Spur ist ohne den Fortschritt.«[185] Ein blinder Optimismus, aber auch Gerede von Dekadenz wären fehl am Platz, deshalb müsse »eine Theorie des Fortschritts absorbieren, was an den Invektiven gegen den Fortschrittsglauben triftig ist, als Gegengift gegen die Mythologie, an der sie krankt.«[186]

Max Horkheimer stellte die Blindheit, die folgt, wenn man den Fortschrittsbegriff selbst nicht reflektiere, 1938, nach dem Münchner Diktat, in einer Polemik gegen ein Buch eines liberalen, neuhumanistischen Philosophen, Siegfried Marck, der die Tschechoslowakische Republik als antifaschistisches Vorbild beschrieben hatte, trocken fest: »Die großen westlichen Demokratien haben seit dem Erscheinen des Buches dem Staate Masaryks und Beneschs eine Lektion erteilt, die auch dem Neuhumanismus dienen könnte.«[187] Denn der Grund, auf den Marck seine Kritik am Nationalsozialismus stellte, sei schwan-

184 Silberstein, Leopold (1937): Die Verwirklichung der Philosophie in der Politik: T. G. Masaryk und Dr. Edvard Beneš, in: Ders.: Kämpfende Vernunft. Das Beispiel von Masaryk und Beneš, Prag, S. 39.

185 Adorno, Theodor W. (1997): Fortschritt, in: Ders.: Kulturkritik und Gesellschaft II, AGS 10.2, Frankfurt a. M, S. 622.

186 Ebd., S. 629.

187 Horkheimer, Max (1938/2009): Die Philosophie der absoluten Konzentration, in: Ders.: Schriften 1936–1941, HGS 4, Frankfurt a. M., S. 305.

kend: »Der Versuch, den Nationalsozialismus wesentlich bei der nordischen Physik, der Rassenlehre oder der Machtphilosophie, anstatt stets zugleich in seinem ›Quellpunkt‹, den er mit dem Liberalismus gemein hat, anzupacken, ist oberflächlich, wie gut gemeint er sei.«[188] Denn das regressive Potential stecke in den gesellschaftlichen Verhältnissen, in Staat und Kapital. Dass das zwar stimmt, und besonders in Zeiten der Appeasementpolitik der westlichen Staaten zu Tage trat, dass aber trotzdem zwischen den einzelnen Staaten differenziert werden müsse, ging auch Horkheimer auf, der sich »seit dem Kriegsbeginn genötigt« sah, »zwischen den Mächten zu unterscheiden, je nachdem ob sie den Terror selbst praktizierten oder nicht, und welche von ihnen – aus Gründen, die zunächst nicht interessierten – eher dazu beitragen konnten, dass er zurückgedrängt werde.«[189]

Beneš bezog sich, anders als Horkheimer in der Phase vor dem Krieg, positiv auf das Erbe der bürgerlichen Revolutionen und des Liberalismus. Aber er hatte Marck doch voraus, dass er, trotz aller Überzeugung, dass am Ende das Individuum sich durchsetzen werde, nicht auf die Kritik der Waffen verzichtete: Seitdem sich die Verhältnisse in Deutschland immer autoritärer gestalteten, setzte er sich für eine Aufrüstung der Armee der Tschechoslowakischen Republik ein. Die Historikerin Věra Olivová bezeichnet Benešs Europapolitik, insbesondere die Wehrpolitik, als eines der wichtigsten Aktionsfelder. Sie berichtet:

> »Als im Juli 1932 für kurze Zeit Minister Beneš von der Genfer Abrüstungskonferenz nach Prag kam, ließ er in Zusammenarbeit mit dem Verteidigungsminister Bradáč die Mitglieder des tschechoslowakischen Generalstabs versammeln und teilte Ihnen mit: ›Wenn die Konferenz scheitert – und das ist sehr wahrscheinlich – wird eine schreckliche Krise kommen, zunächst eine politische und dann darauf sogar die Gefahr eines Kriegs. Ich gebe Ihnen vier Jahre. Die Krise wird ungefähr

188 Ebd., S. 304.

189 Scheit, Gerhard (2016): Kritik des politischen Engagements, Freiburg i. Br., S. 446.

in den Jahren 1936 oder 1937 kommen. Die Republik muss bis dahin voll vorbereitet sein.«[ae/190]

So konnte Beneš 1940 in seiner Rede an das tschechoslowakische Exilparlament, den Staatsrat, jenen Faden, den er schon 1935 gesponnen hatte, wieder aufnehmen:

»Der Krieg des Jahres 1939 ist also, so urteile ich, kein separater Umbruch: Von den Jahren 1914-1918, über den zwanzigjährigen Kampf um Demokratie und Diktatur in Europa, über Faschismus und Hitlerismus bis zur Attacke auf die Tschechoslowakei, über München zum Krieg mit Polen, mit Frankreich und Großbritannien, bis schließlich zum Fall Frankreichs und zum heutigen gigantischen Kampf der britischen Demokratie, die zwar siegreich sein wird und ihr Imperium verteidigen wird, aber vor große, allseitige Veränderungen revolutionären Charakters am europäischen Kontinent gestellt sein wird, gibt es eine große, gerade und ununterbrochene Linie, auf der ich die ganze Zeit hindurch, ohne Rücksicht auf irgendwelche parteiischen Konstellationen, nur vom staatlichen Interesse geführt, immer eine Position bezogen habe, die ich nie geändert habe und die ich auch heute in keinem Punkt ändern muss. Es ist dies die Entwicklungslinie, die Ideale der politischen wie moralischen, der sozialen wie wirtschaftlichen Demokratie ausdrückend, die auch in diesem grandiosen und fortschrittlichen Kampf um ein neues Europa und eine neue Welt notwendigerweise siegreich sein muss.«[af/191]

Der geschichtsphilosphische Optimismus bildete so die Grundlage, eine Kritik der Appeasementpolitik zu formulieren und, nachdem diese gescheitert war, den Kampf gegen Faschismus und Nationalsozialismus fortzuführen.

Den zeitgenössischen Gegenspieler stellte dabei Emanuel Moravec dar. Dieser war in den zwanziger Jahren ein hochrangiger tschechoslo-

190 Olivová, Věra (2012): Evropská politika ministra Beneše před nástupem Hitlera, S. 22.

191 Beneš, Edvard (1947): Šest let exilu a druhé světové války. Řeči, projevy a dokumenty z r. 1938–45, Prag, S. 272.

wakischer Militär gewesen, ein Oberst im Generalstab, der nach 1938 die Seiten wechselte und zu einem der wichtigsten Kollaborateure im Protektorat wurde. Dieser begründete seinen Seitenwechsel ausführlich in seinem Buch *Das Ende der Benesch-Republik*[192] und stellte sich dort ganz als Realist hin:

> »Bei unseren wenig realistischen Vorstellungen über unsere Umwelt und unsere Beziehungen zu ihr erlaubten wir uns eine Politik, die außerordentlich riskant und kostspielig war, auch wenn sie uns vielleicht heldenhaft erscheinen mochte. Wir stellten uns in den Dienst eines ideologischen Kampfes, wir stellten den Staat in die Front einer bestimmten Weltanschauung. Das war ja sehr schön, aber auch sehr unpraktisch und zum Schluß katastrophal. Wir stellten den Staat in die Front gegen die totalitäre Weltanschauung und die autoritären Regime und dies viel aufrichtiger, als manch andere und größere Demokratie.«[193]

Da diese angeblich utopische Politik in den Untergang geführt habe, sei nun der Zeitpunkt gekommen, von solchen Flausen Abstand zu nehmen und die Kollaboration zu wählen, denn Alternativen fänden sich keine mehr: »Daher muß unsere Politik – ob wir wollen oder nicht – ein *gutes Verhältnis zu Deutschland* herzustellen fähig sein. Mit Deutschland hätten wir uns vielleicht schon längst verständigt, wenn uns nicht unsere ›edle‹ demokratische Freundesschar im Westen ständig mit der Kündigung des Bündnisses gedroht hätte.«[194] Gerade aber der Rekurs auf die Aufklärung und ein damit verbundener Optimismus ließen Beneš die Ideologie des Nationalsozialismus ins Visier nehmen und daraus sowohl Erkenntnisse gewinnen wie auch die Bereitschaft, solch einer Verständigung zu opponieren.

192 Moravec, Emanuel (1942): Das Ende der Benesch-Republik. Die tschechoslowakische Krise 1938, Prag.

193 Ebd., S. 388.

194 Ebd., S. 389.

## D) Das Ernstnehmen des ideologischen Moments

Was für ein erheblicher Fehler es war, die Ideologie nicht für bare Münze zu nehmen und vor der Eigendynamik, die der Nationalsozialismus entwickelte, die Augen zu verschließen, formulierte Jan Masaryk, der tschechoslowakische Außenminister in der Exilregierung und Sohn des ersten Präsidenten in einem Artikel 1942 retrospektiv. Dort diskutiert er zunächst einmal, dass es verschiedene Meinungen gebe, wann die Krise der internationalen Beziehungen, die schließlich zum Zweiten Weltkrieg führten, eigentlich begonnen habe. Manche würden den schwarzen Freitag 1929 angeben, andere die Invasion Japans in der Mandschurei im selben Jahr. Was Masaryk hier betont, ist aber die Furcht, diese Aktionen beim Namen zu nennen, und er entfaltet hier seine Kritik der Appeasementpolitik, die mit dem Ignorieren der Ideologie notwendig einhergeht, da deren Grundlage ja die Vorstellung ist, die Ideologie sei nur ein für den Hausgebrauch des jeweiligen Machthabers gedachter Schleier. In den internationalen Beziehungen würden aber die kalkulierbaren allgemeinen Interessen der Staaten die Oberhand behalten. Er schreibt:

> »Again the voices of warning were ignored, because it seemed to some leading statesmen too daring to call a spade a spade, or even to think of punishing a common crime. To a handful of Europeans the statement of the Nazi principles at the Munich Beerhall back in 1920 sounded as an evil omen. But in those rather idyllic early years the reading of *Mein Kampf* was considered by many as a lack of good taste or a pastime unworthy of men called to perform more serious tasks. I met many political leaders who did not read *Mein Kampf* – it was not done!«[195]

Ein wenig sprach er hier pro domo – hatte doch sein Vater unter einem Pseudonym eine Rezension von Hitlers Buch veröffentlicht,[196]

195 Masaryk, Jan (1942): After Chaos Back to Political Science, in: Annals of the American Academy of Political and Social Science, Vol. 222, July 1942, S. 103f.

196 Siehe dazu auch das Kapitel IV in der vorliegenden Arbeit.

in der er, gerade weil er den Inhalt des Buchs ernst genommen hatte, Einsichten über die drohende Katastrophe gewinnen konnte. Darauf, dass sein Vater die deutsche Ideologieproduktion immer im Auge behalten hatte, wies Jan Masaryk auch schon in einer Radioansprache, die während des Krieges in die Heimat ausgestrahlt wurde, hin. Dort berichtete er im September 1942: »Als Hitler ›Mein Kampf‹ schrieb, las sich das mein Vater sofort durch. Danach las er es noch ein paar Mal. Drei Wochen vor seinem Tod sagte er mir: ›Wie ist das möglich, dass die Deutschen Millionen dieses furchtbaren Buches kaufen [...] weit haben sie es gebracht.‹ Leider lasen damals die europäischen Staatsmänner ›Mein Kampf‹ nicht.«[ag/197]

Aber auch Beneš hatte schon in einer seiner ersten offiziellen Stellungnahmen zur Einschätzung des Nationalsozialimus gezeigt, dass dessen Ideologie und Hitlers Schrift ernstzunehmen seien, und auf deren Quellen im Pangermanismus verwiesen. 1941 erklärte er in einer Rede, warum er den Friedensreden Hitlers vor 1939 immer skeptisch gegenüberstand: »In *Mein Kampf* Hitler worked out the entire Pan-German plan which he is now executing. He showed why he believed it to be imperative for Germany to dominate Central Europe and the Balkans and to deliver a fatal blow at France. [...] Because I knew all this when I read *Mein Kampf* in 1924, I have never believed Hitler.«[198]

Und in der Tat hatte Beneš schon früher darauf hingewiesen, man müsse sich darauf einstellen, dass die Nationalsozialisten ihre Weltanschauung in die Praxis umsetzen werden. In einem Bericht an den außenpolitischen Ausschuss des tschechoslowakischen Parlaments meinte er am 31. September 1933 zu der neuen Situation:

> »Das heutige deutsche Regime, das aus der deutschen nationalsozialistischen Revolution hervorging, verfolgt die Idee des Aufbaus des sogenannten Dritten Reichs und beruht, neben den allgemeinen Rahmenideen des bekannten Vorkriegsalldeutschtums, auf den Losungen der Rassendiskriminierung und deutscher nationaler Vorrechte. Dieses

197 Masaryk, Jan (1948): Volá Londýn, Prag, S. 202.
198 Beneš, Edvard (1941): The New Order in Europe, NM, NAD 105, ič 595, Karton 56, S. 3.

Regime übernahm seit dem 5. März 1933 die gesamte Macht in Deutschland und begann mit fieberhafter Aktivität, seine Theorie der Wiedergeburt der deutschen Nation in der Innenpolitik praktisch zur Geltung zu bringen und seine Forderung nach voller Gleichberechtigung in der Außenpolitik zu betonen. Der Aufschwung dieser Unternehmung, die auch von offiziellen Stellen als fanatisch bezeichnet wurde, rief natürlich massiven Widerhall im Ausland hervor und in seiner Folge auch einen Zustand des Mißtrauens und wachsender Ängste wegen der Positionen des Programms der NSDAP aus dem Jahre 1930 und wegen des Konzepts der politisch alldeutschen Doktrin, die in Hitlers Buch ›Mein Kampf‹ aus dem Jahr 1924 verkündet wurde.«[ah/199]

Die tschechoslowakische Außenpolitik hatte unter Leitung Beneš daher ein wachsames Auge auf die nationalsozialistischen und faschistischen Umtriebe in den Nachbarländern.

So landete im Juli 1934 ein vertrauliches Schreiben aus der tschechoslowakischen Botschaft in Berlin am Schreibtisch des Außenministers, dessen Inhalt eine Analyse[200] der deutschen Außenpolitik war, wie sie Hitler in *Mein Kampf* dargelegt hatte. Die Autoren, zwei nur als Kürzel erhaltene Referenten (FS und ZK) unter der Federführung des Botschafters Vojtěch Mastný, auf den auch später noch wegen seiner analytischen Fähigkeiten in politischen Fragen zurückzukommen sein wird, standen dabei, wie sie berichten, zwar vor einem fast schon klassischen Problem: Der Wirrheit des Machwerks. Sie versuchten aber trotzdem, die Kernpunkte Hitlers außenpolitischen Programms auszuarbeiten. Dazu unterteilten sie die Ausführungen in zwei Gruppen: »1. Einerseits bestehen sie in der Charakterisierung respektive der Kritik der deutschen, besonders der Außenpolitik der Vorkriegszeit. 2. Andererseits stecken sie Hauptrichtlinien der Konzeption der Außenpolitik des Autors ab, oder mit anderen Worten ausgedrückt, sie deuten die wesentlichen außenpolitischen

199 Beneš, Edvard (1933): Německá revoluce a nová fáse evropské politiky, MÚA, EB I, ič 104, Karton 35, S. 3 f.

200 Vgl. Mastný, Vojtěch (1934): Německá zahraniční politika v Hitlerově knize »Mein Kampf«, MÚA, EB I, ič 895, Karton 198, S. 2.

Ziele des Nationalsozialismus an.«[ai/201] Die Kritik Hitlers wird dadurch charakterisiert, dieser werfe dem Kaiserreich vor, keine Politik zur Gewinnung neuen Bodens betrieben zu haben, sondern Macht durch Handelspolitik gewinnen zu wollen: »Der schicksalshafte und grundlegende Fehler der deutschen Vorkriegspolitik liegt nach Hitler also darin, anstatt der Losung: Neuen Boden erringen! sich zum Ziel gesetzt zu haben, die Welt durch friedliche wirtschaftliche Mittel zu erobern.«[aj/202]

An diese Feststellung anknüpfend, wird gerade die Bodenpolitik für Beneš zum Dreh- und Angelpunkt, wenn er über die Innovationen des Nationalsozialismus spricht. Auch für Mastný und dessen Referenten ist diese ein zentraler Punkt und sie stoßen auch auf deren Verbindung zum Antisemitismus, wenn sie den Grund, auf den Hitler diese angebliche Fehlentscheidung zurückführt, anführen. Der Grund nämlich, warum die Nation, statt sich in den internationalen Überlebenskampf um Boden zu stürzen, lieber Handel trieb, liege in einer Verschwörung, die den deutschen Volkskörper vergiftet habe: »Die Lösung des Rätsels findet Hitler darin, dass er als Urgrund der verfehlten Politik, genauso aber auch anderer, ›erbärmlicher‹ Erscheinungen in der deutschen Nation, die ›marxistische Lehre und ihre geheim organisierte Anwendung‹ bezeichnet.«[ak/203]

Nachdem auf diese Weise Hitlers Kritik der Vorkriegsaußenpolitik skizziert wurde, gehen Mástný und Konsorten darauf aufbauend dazu über, das nationalsozialistische außenpolitische Programm zu skizzieren. Zunächst untersuchen sie, was mit der »Wiedergewinnung der äußeren Freiheit Deutschlands«, von der Hitler ständig spricht, denn genau gemeint sei. Ihnen fällt auf, dass hier konkrete Aussagen fehlen: »Dieses Ziel ist für Hitler so selbstverständlich und vertraut, dass er sich mit ihm überhaupt nicht näher befasst.«[al/204] Die Autoren weisen aber darauf hin, dass Hitler dieses Ziel mit fast allen deutschen Politikern der zwanziger Jahre gemein hatte. Entscheidend sei

201 Ebd., S. 1.
202 Ebd., S. 11.
203 Ebd., S. 12.
204 Ebd., S. 14.

allerdings, dass Hitler eine innere Revolution zur Voraussetzung der inneren Freiheit erklärt:

»Dass Deutschland die äußere Freiheit verlangt, setzt voraus, ›die Gründe der deutschen Niederlage zu beseitigen wie auch die zu vernichten, die aus dieser Niederlage Nutzen ziehen, kurz, das setzt den Umsturz des jetzigen marxistisch-jüdischen Regimes voraus‹, denn in der marxistischen Lehre und im zersetzenden jüdischen Einfluss sieht Hitler die Wurzeln der deutschen Niederlage im Weltkrieg und die Ursache des ›sittlichen und materiellen Elends‹ Nachkriegsdeutschlands. Also erst durch eine Revolution des inneren Lebens, der Innenpolitik, öffnet sich der Weg, der zur äußeren Freiheit Deutschlands führt.«[am/205]

Die Analyse wurde 1934 verfasst, als die revolutionäre Umwälzung im vollen Gange war. Die Erlangung der ›äußeren Freiheit‹ konnte in Angriff genommen werden. Was war also zu erwarten? Wie schon in der Hitlerschen Kritik am Kaiserreich angedeutet, zeigen die Autoren nun, dass für Hitler die Gewinnung neuen Bodens zentraler Bestandteil nationalsozialistischer Politik ist und diese aggressiv verfolgt werden wird:

»Die Gewinnung neuen Bodens, sagt der Autor, ist die einzige Handlung, die vor Gott und den zukünftigen deutschen Geschlechtern Blutvergießen rechtfertigt. [...] Es sei eine Tragödie der Menschheit, dass Völker, die Kulturträger seien, sich oft auf kleinem Raum der Erdenkugel drängten, während weniger kulturelle Völker oder solche, die überhaupt keine Kultur haben, aus purem Spiel des Zufalls unermesslichen Raum besetzten. Die Grenzen zwischen Völkern und Staaten seien nie dauernd oder ewig.«[an/206]

Besonders dieser letzte Satz musste die Analytiker der tschechoslowakischen Botschaft natürlich aufschrecken lassen, nicht nur, weil Hitler eine neue Grenzziehung ankündigte, sondern auch, weil damit die

205 Ebd., S. 15.
206 Ebd., S. 17 f.

Frage aufgeworfen wurde, welchem Volksbegriff er denn aufsitze, den er als außenpolitischen Faktor einführte. So skizzierten sie zunächst folgendes Szenario: Die ›Bodenpolitik‹, die aggressive Expansion in andere Länder, werde sich hauptsächlich gegen Russland richten, wie auch Hitler selbst betone. Sie referieren hierfür Hitlers Einschätzung der Sowjetunion, die sich ebenfalls nur in rassistischen, völkischen und antisemitischen Dimensionen abspiele: Es hätte zwar einmal einen germanischen Kern in den führenden Schichten Russlands gegeben, aber:

> »Dieser Kern ist heute gänzlich ausgemerzt. An seine Stelle traten Juden. Der Jude aber als Element der ewigen Zersetzung wird auf Dauer das Riesenreich nicht beherrschen können. Dieses Reich unter seiner Herrschaft reift zum Zerfall. Das Ende der jüdischen Herrschaft wird das Ende von Russland als Staat bedeuten. Dann schlägt die Stunde des deutschen Volkes.«[ao/207]

Die ›Bodenpolitik‹ werde sich also zunächst gegen das als leichte Beute angesehene Sowjetrussland richten. Aus diesen Gründen sei auch eine Konstellation, in der ein Bündnis mit Russland bestünde, kaum (oder zumindest nicht dauerhaft) vorstellbar.

Welche Einschätzung ergab sich für die anderen Länder? Das zum Todfeind erklärte Frankreich käme für die deutsche ›Bodenpolitik‹ nicht in Frage, doch werde dessen Isolierung versucht werden, um es im Anschluss militärisch zu überfallen. Allerdings auch das nur, um im Osten freie Hand für die Expansion zu haben. Als mögliche Partner kämen für Hitler nur England und Italien in Frage. Auch bei dieser Frage stoßen die Autoren wieder auf Hitlers Antisemitismus, der für die Bündnisfähigkeit sich als entscheidend darstellen sollte. Die Autoren konstatieren: »Ist nicht der jüdische, dem Gedanken des Nationalstaats feindliche Einfluss in diesen Nationen stärker, als dass sie neue Realitäten anerkennen könnten und allen guten Willen?«[ap/208] Italien habe bei Hitler bessere Karten: »Das faschisti-

207 Ebd., S. 21.
208 Ebd., S. 29.

sche Italien, behauptet er, hat der internationalen, jüdischen Hydra die Giftzähne dadurch gezogen, dass es einen siegreichen Kampf gegen die drei Waffen des Judentums geführt habe: Es verbot geheime freimaurerische Gesellschaften, es machte eine hypernationalistische Presse unmöglich und zerbrach den Einfluss des internationalen Marxismus.«[aq/209] In England sehe die Sache dagegen anders aus, dort sei der jüdische Einfluss noch groß. Im Inselstaat sei, so beschreiben die Autoren Hitlers antisemitischen Wahn, ein Kampf zwischen den britischen Staatsinteressen und den »geheimen Tätigkeiten im Interesse des internationalen Judentums«[ar/210] im Gange, wobei letztere zum Ziel hätten, Deutschland zu zerstören. Denn Hitler empfinde Deutschland als Opfer einer jüdischen Weltverschwörung:

> »Hitler argumentiert hier so: Im Interesse einer zukünftigen jüdischen Herrschaft liege es, Deutschland politisch und wirtschaftlich zu vernichten. Dies ließe sich am besten durch eine Bolschewisierung Deutschlands erreichen, das ist die Ausrottung der nationalen Intelligenz und die Gewinnung der deutschen Arbeitskräfte für die Ziele der jüdischen Weltfinanz. Wie das schon oft in der Geschichte gewesen sei, sei auch heute Deutschland in diesem großen Kampf das Hauptschlachtfeld. Falls Deutschland in diesem Kampf unterliege und den jüdischen Welttyrannen zur Beute fiele, dann würde die ganze Welt in die Fangarme der jüdischen Krake geraten.«[as/211]

Auch die Frage der Vereinigung aller Deutschen in einem Staat wird von den Autoren untersucht, die sich wundern: »Es ist bemerkenswert, dass Hitler sich einer der außenpolitischen Kardinalsfragen in seinem Buch gleichsam beiläufig widmet, ohne sich auch mit ihrem Wesen zu beschäftigen: Der Frage nach der Vereinigung aller Deutschen in einem Reich.«[at/212] Allerdings seien die zwei Stellen, an der die Auseinandersetzung stattfindet, sehr aussagekräftig, da Hitler diese

209 Ebd., S. 34 f.
210 Ebd., S. 35.
211 Ebd.
212 Ebd., S. 36.

Vereinigung nicht nur gleich zu Beginn zu seiner Lebensaufgabe erklärte habe, sondern sie auch als Sendung der deutschen Nation ansehe. Allerdings müsse zuerst der Hauptstaat wieder erstarken, bevor an solche Schritte zu denken sei. Die Autoren zitieren Hitler im Original: »Denn die Befreiung unterdrückter, abgetrennter Splitter eines Volkstums oder von Provinzen eines Reiches findet nicht statt auf Grund eines Wunsches der Unterdrückten oder eines Protests der Zurückgebliebenen, sondern durch die Machtmittel der mehr oder weniger souverän gebliebenen Reste des ehemaligen gemeinsamen Vaterlandes.«[213] Auch dieser Hinweis musste die Vertreter der tschechoslowakischen Außenpolitik alarmieren.

Der Bericht weist dann noch darauf hin, dass der Begriff der Germanisierung eine neue Tönung bekommen habe. War diese früher hauptsächlich Sprachkampf, wird sie jetzt in rassistischen Kategorien gedacht: »Charakteristisch ist Hitlers Begriff der ›Germanisierung‹. Ihm zufolge ist die Germanisierung keine Sache der Sprache, des Redens, sondern einzig eine Sache des Bodens. Die Germanisierung lässt sich einzig durch den Boden durchführen, niemals durch Menschen. Der einzige Grund dafür ist der rassistische: Das Volkstum, die Rasse beruht nicht auf der Sprache, sondern auf dem Blut.«[au/214] Schließlich gehe es Hitler um die Reinheit der Rasse, und wenn sie erst einmal erreicht wäre, könnte niemand Deutschland mehr widerstehen.

So werden in diesem Bericht die Konfliktfelder festgehalten, in denen sich die zukünftige Außenpolitik bewegt, wie auch der Hinweis gegeben, dass Hitlers Außenpolitik ideologisch und antisemitisch motiviert ist. Diese recht treffende Analyse der Pläne und Vorstellungswelt der Nationalsozialisten wurde allein daraus gewonnen, sich des ideologischen Hauptwerks Hitlers anzunehmen und die dort entwickelten Pläne ernstzunehmen, da dieser gerade Anstalten machte, sie in die Tat umzusetzen. Dabei wird von den Analysierenden immer wieder hervorgehoben, dass in Hitlers Weltanschauung die traditionellen Kategorien der Außenpolitik nur noch eine beschränkte Rolle spielen, da sie zugunsten ideologischer Maxime geopfert werden.

213 Ebd., S. 38.
214 Ebd.

Aber auch für die praktische Arbeit als Diplomat erwies sich die Kenntnis des ideologischen Machwerks als hilfreich, ließen sich dadurch doch die Friedensphrasen der Nationalsozialisten als solche durchschauen und führende Nationalsozialisten aus der Reserve locken. Der schon oben erwähnte Mitarbeiter der tschechoslowakischen Botschaft in Berlin, Camill Hoffmann, berichtet in seinen Erinnerungen von zwei Fällen, in denen das seinem Vorgesetzten, Mastný, gelang. Zunächst im Juli bei einem Gespräch zwischen diesem und Hitler. Letzterer spielte den Antisemitismus in Deutschland herunter und betonte seine Friedensliebe. Mastný ließ aber nicht locker: »Er zitierte Hitlers ›Mein Kampf‹ erste Seite über die deutschen Grenzen. Hitler wollte den Wortlaut des Zitats nicht zugeben, sprach von ›gewissen Unmöglichkeiten‹ des Programms, das sich in der Praxis nicht durchführen lasse, kehrte zur Judenfrage zurück: ›Sie wissen ja, dass ich ein fanatischer Antisemit bin‹.«[215] Auch später, 1936, ergab sich eine ähnliche Situation, diesmal bei Göring: »Auf Görings Schreibtisch in Silberdeckeln eine Prachtausgabe von ›Mein Kampf‹. ›Das ist meine Bibel.‹ Mastný nagelte diese Äußerung Görings sofort fest. Wieso Bibel, da das Auswärtige Amt erkläre, das Buch sei historisch, nur aus der Zeit der Entstehung zu verstehen, nicht mehr giltig u.s.w. Göring in Verlegenheit.«[216]

Wie fruchtbar das Ernstnehmen der ideologischen Äußerungen, zusammen mit dem Festhalten an der bürgerlichen Nationalstaatsvorstellung für eine Analyse der Situation war, zeigt sich auch sehr deutlich an Benešs Kommentar zum *Karlsbader Programm* der *Sudetendeutschen Partei* (SdP) von 1938. Dieses Programm, das in acht Punkten die Forderungen der SdP auflistete, wird auf sudetendeutscher Seite immer wieder als Beweis dafür herangezogen, Henlein sei es um Autonomie, nie um einen Anschluss gegangen,[217] an diesem seien nur die reichsdeutschen Nazis Schuld gewesen. Dabei beruft man

215 Hoffmann, Camill (1995): Politisches Tagebuch, S. 100.

216 Ebd., S. 170.

217 Vgl. Gottstein, Ingolf (2012): Henlein und das Scheitern des Autonomiewunsches, www.witikobund.de/-das-scheitern-des-sudetendeutschen-autonomiewunsches, 29.10.2016

sich meist auf die Studie von Helmuth Rönnefarth, der auch meint, dass spätestens mit dem Sieg der SdP bei den Gemeinderatswahlen 1938 sich »bei den nicht-tschechischen Parteien [...] der Autonomiegedanke auf der ganzen Linie durch(gesetzt)« habe, »während der Radikalismus bei den tschechischen Parteien und nationalistischen Verbänden eine weitere Steigerung erfuhr.«[218]

Und auf den ersten Blick scheinen die Forderungen fast wie wohlüberlegte Wünsche einer Minderheit, die sich an den eigenen Staat wendet. Sie lauten im Detail:

> »1. Die Herstellung der vollen Gleichberechtigung und Gleichrangigkeit mit dem tschechischen Volk. 2. Anerkennung der Volksgruppe als Rechtspersönlichkeit zur Wahrung ihrer gleichberechtigten Stellung im Staat. 3. Feststellung und Anerkennung des deutschen Siedlungsgebietes. 4. Aufbau einer deutschen Selbstverwaltung im deutschen Siedlungsgebiet in allen Bereichen des öffentlichen Lebens, soweit es sich um Interessen und Angelegenheiten der Deutschen Volksgruppe handelt. 5. Schaffung gesetzlicher Schutzbestimmungen für jene Staatsangehörigen, die außerhalb des geschlossenen Siedlungsgebietes ihres Volkstums leben. 6. Beseitigung des dem Sudetendeutschtums seit 1918 zugefügten Unrechts und Wiedergutmachung des ihm dadurch entstandenen Schadens. 7. Anerkennung und Durchführung des Grundsatzes: im deutschen Gebiet deutsche öffentliche Angestellte. 8. Volle Freiheit des Bekenntnisses zum deutschen Volkstum und zur deutschen Weltanschauung.«[219]

In seinem Kommentar zu diesem Programm hakte Beneš besonders bei dem letzten Punkt ein, und dank einer Analyse des ideologischen Gehalts durchschaute er, worauf das Manöver abzielte, und dass ein wie auch immer gearteter Autonomiestatus nur ein Zwischenschritt zur Zerschlagung der Republik sein könne. Er schreibt, mit dem *Karls-*

218 Rönnefarth, Helmuth K. (1961): Die Sudetenkrise in der internationalen Politik. Entstehung, Verlauf, Auswirkung, Teil I, Wiesbaden, S. 303.

219 Karlsbader Programm, www.ns-archiv.de/krieg/1938/tschechoslowakei/karlsbader-programm-24-03-1938.php, 29.10.2016.

*bader Programm* »schob er [gemeint ist Henlein, FR] völlig bei Seite, was er über seinen Demokratismus und seinen ablehnenden Standpunkt gegenüber dem deutschen Nationalsozialismus den amtlichen und anderen britischen Kreisen bei seiner Reise nach London im Jahr 1937 erzählt hatte, er leistete ein offenes und feierliches Bekenntnis seinerseits und seitens seiner ganzen Partei zum hakenkreuzlerischen Pangermanismus.«[av/220] Die Begründung für diese Urteil liefert Beneš, indem er die Implikationen des Bekenntnisses zur ›deutschen Weltanschauung‹ darlegt:

> »Man sagt, der deutsche Nationalsozialimus stelle eine Meinung dar, die nicht nur das Deutsche Reich zur Wiedergeburt und zu weiterem Blühen führe, sondern das gesamte deutsche Leben durchdringe, und es nach seiner Lehre ordne. Er konnte und kann das machen, weil er der Art und der Anschauung des deutschen Menschen entspricht, der in ihm, nach Jahren der unerfüllten Hoffnung, seine Auffassung des Lebens und seine moralischen Auffassungen gefunden hat. Das Sudetendeutschtum, das sich trotz der Staatsgrenzen als Teil des *Deutschtums* fühlt, lebte mit ihm immer in einem unauflöslichen Verband, und man konnte die Weltanschauung nicht vermeiden, zu der sich alle Deutschen auf der Welt mit Freude bekennen. Gerade das Sudetendeutschtum, als bedrohter und um seine Existenz kämpfender Stamm, kann sich nur zu dieser Weltanschauung bekennen, deren allerhöchstes Gesetz das Gesetz der *Volksgemeinschaft* ist. Darum geht es bei der Freiheit des Bekenntnisses, welches sich die Sudetendeutschen angeblich nicht nehmen lassen wollen. Daher bekennt sich das Sudetendeutschtum auch zur nationalsozialistischen Weltanschauung und lehnt eine Verfolgung des Bekenntnisses zur nationalsozialistischen Weltanschauung ab. Und schließt: Wir erdulden nicht länger eine Situation, welche für uns einen Kriegszustand in Friedenszeiten bedeutet.«[aw/221]

220 Dokument 12: 1938, 24. dubna, Karlovy Vary – Osm karlovarských bodů SdP a Benešův komentář, in: Hauner, Milan (Hg.) (2008): Edvard Beneš. Paměti III – Dokumenty, Prag, S. 69.

221 Ebd.

Indem Beneš also die Ideologie des Nationalsozialismus als Gedankenform ernst nimmt, in der sich deren Träger bewegen, sich quasi in sie hineinversetzt, kann er das Gefahrenpotential richtig einschätzen und einsehen, warum eine Verständigung oder ein Eingehen auf die Forderungen der Träger, in diesem Fall der SdP, nutzlos ist. Deswegen analysiert er die Situation auch folgendermaßen: »Die Verkündung der Henleinschen acht Punkte wurde von den Zuhörern mit fanatischem Enthusiasmus aufgenommen. Das ›Sieg Heil!‹-Gebrüll hatte kein Ende [...] Sie fühlten genau, was geschah: In Karlsbad wurde die Fahne der Revolte gegen die Tschechoslowakische Republik gehisst.«[ax/222] Beneš malt weiter aus, was ein Verzicht auf die tschechoslowakische Souveränität durch eine Autonomieregelung bedeuten würde. Neben einer Änderung der Außenpolitik, die von nun an von der nationalsozialistischen Minderheit als gleichgestellte Rechtsperson abhängig sein würde, hebt er besonders die Auflösung der Souveränität als eines Raumes hervor, in dem gleichberechtigte Staatsbürger den gleichen Gesetzen unterliegen: »Henlein forderte eigentlich: [...] Die Schaffung eines eigenständigen, totalitären Territorialkomplexes in der demokratischen Tschechoslowakischen Republik (ein Teil des Staates würde nach demokratischen Prinzipien verwaltet werden, der zweite durch Konzentrationslager, antisemitische Vorschriften und die Gestapo).«[ay/223] Schließlich sei dieser Territorialkomplex nur eine Übergangslösung, da eine »Übergabe der gesamten Gebietsverwaltung in die Hände der fanatisierten nazistischen Intelligenz der Henleinmänner bedeuten würde, dass es nur vom guten Willen Hitlers und Henleins abhängen würde, wann sich das autonome Gebiet durch irgendeine plebiszitäre Komödie an Großdeutschland anschließen würde.«[az/224] Durch die Volksideologie werden dann wirklich Grenzen verschoben. Für sudetendeutsche Historiker stellt sich das freilich anders dar: »Die tschechischen Staatslenker schlugen die vielfachen Warnungen, die an sie auch aus England gelangten, in den Wind, sich rechtzeitig mit Deutschland

222 Ebd.
223 Ebd.
224 Ebd., S. 69 f.

zu arrangieren. In illusionärem Optimismus hielt zumal Dr. Beneš, entgegen den alten Versprechungen, am ›Nationalstaatsdogma‹ fest, wurde durch seine Intransigenz so zum Totengräber seines eigenen Staates.«[225] Beneš wird übelgenommen, dass er an der Einheit und Souveränität der Tschechoslowakischen Republik festhielt, weil er durchschaute, was hinter den Autonomieforderungen sich verbarg – die Auflösung der staatlichen Autorität, die die gleichen Bürgerrechte garantieren und die Verwandlung der Autonomiegebiete in einen Mini-Behemoth im Sinne Franz Neumanns: Einen »Unstaat, […] ein Chaos, eine Herrschaft der Gesetzlosigkeit und Anarchie, welche die Rechte wie die Würde des Menschen ›verschlungen‹ hat«.[226]

225 Rönnefarth, Helmuth K. (1961): Die Sudetenkrise, S. 3.
226 Neumann, Franz L. (1998): Behemoth, S. 16.

# 4 Benešs Unterscheidung zwischen Nationalsozialismus und Faschismus in *Demokratie heute und morgen*

Die wohl detaillierteste und ausführlichste Untersuchung Benešs zu Nationalsozialismus und Faschismus ist in seinem Werk *Demokratie heute und morgen* zu finden. Dass aber auch diese Darstellung ihn nicht wirklich zufriedenstellte, wird in seinem Vorwort zur deutschen Ausgabe klar, in dem er auch den Entstehungszusammenhang des Buches reflektiert:

> »Die in diesem Buche erstmals in deutscher Sprache veröffentlichten Betrachtungen über die Probleme der Demokratie wurden nach der tschechischen Ausgabe meiner vom Februar bis Mai 1939 an der Universität Chicago gehaltenen Vorträge übersetzt; [...] Die vor Kriegsbeginn noch während einiger Zeit ungeklärte Lage zwang mich, mir gegenüber verschiedenen delikaten Fragen eine Zurückhaltung aufzuerlegen, die im Hinblick auf meine Stellung als politischer Exulant leicht verständlich sein dürfte. Ich bin mir bewußt, daß eine Überarbeitung der ganzen Studie und systematischere Schilderung der politischen Organisationen vor dem zweiten Weltkriege dem Buche zustatten käme. Dazu fehlte mir jedoch auch für die deutsche Ausgabe die Zeit, da die täglichen, aus dem Ringen um den Wiederaufbau des selbständigen Tschechoslowakischen Staates sich ergebenden Aufgaben mich an der weiteren Forschungsarbeit hinderten.«[227]

Die Überlegungen sind also als Momentaufnahmen zu werten, sie sind aber gerade deshalb von weiterführendem Interesse, weil Beneš hier seine früheren Überlegungen noch einmal darlegt und besonders auf den Unterschied zwischen Faschismus und Nationalsozialismus eingeht, den er im Verhältnis zum Staat erkennen möchte. Das Buch weist noch auf weitere Aspekte hin, zum Beispiel auf die unterschiedlichen Einschätzungen der Rolle der Sowjetunion, die in den verschiedenen

227 Beneš, Edvard (1944): Demokratie heute und morgen, S. 5.

Ausgaben variiert. Auch die Frage, ob, oder in wie weit, die Sowjetunion als autoritäres oder totalitäres System (ähnlich dem Faschismus und Nationalsozialismus) einzuordnen wäre wird diskutiert. Die Publikationsgeschichte des Buches ist überhaupt spannend: Die intensive Arbeit Benešs an den verschiedenen Vorwörtern der Ausgaben und sein Vorantreiben von Übersetzungen (unter anderem eine ins Arabische, die offenbar in Beirut erschien)[228], auch wenn sie nicht alle realisiert wurden, weisen darauf hin, dass er dem praktischen Anliegen der Schrift große Bedeutung beimaß: »Wenn dieses Buch dazu beiträgt, die Schwierigkeiten der Demokratie aufzuzeigen und gleichzeitig Wegweiser einer der Menschheit würdigen allgemeinen Neuordnung zu sein, erfüllt es seine Sendung.«[229] Dementsprechend versandte Beneš auch Exemplare an britische Politiker, Beamte im Außenministerium, aber auch an deutsche Exilanten, namentlich hervorzuheben sind hier Winston Churchill, Robert Vansittart und Emil Ludwig.[230]

Durch Kritik des Bestehenden die Gesellschaft menschlicher gestalten war also das Ziel, und es ist auch das grundlegende Motiv der Schrift, das Scheitern der Demokratie zu erklären, es entspricht also bis zu einem gewissen Grad einer Selbstkritik, die den geschichtsphilosophischen Optimismus Benešs berührt. Die Idee, dass mit dem Sieg der Entente im Ersten Weltkrieg die Demokratisierung der Welt fast nicht mehr aufzuhalten sei, hatte sich blamiert. Gerade in diesem Zusammenhang spielt aber die Analyse der neuen autoritären Bewegungen eine zentrale Rolle.

## A) Die Unterscheidung zwischen autoritärem System und Demokratie

Bevor Beneš aber auf die Unterschiede zwischen Nationalsozialismus und Faschismus eingeht, versucht er noch eine geschichtsphilosophi-

228 Vgl. Aul, Josef (o. J.): Předmluva k arabskému vydání, MÚA, EB IV, ič 36, Karton 52.
229 Beneš, Edvard (1944): Demokratie heute und morgen, S. 5.
230 Vgl. MÚA, EB II, ič 1922, Karton 361.

sche Standortbestimmung, indem er »die Punke hervorheben (möchte), in denen sie [die autoritären Systeme, FR] sich grundsätzlich von den fundamentalen Prinzipien der Demokratie unterscheiden.«[231]

Große Unterschiede ergeben sich für Beneš daraus, dass die autoritären Systeme den Kampf in den Mittelpunkt stellen, letztlich auf Gewalt bauen und so eine jede Ethik verunmöglichen: »Die unvermeidliche Konsequenz einer solchen Anschauung ist, daß alle Moral und das ganze System der Ethik auf Gewalt beruhen, und daß dann dieses System der Ethik relativistisch, materialistisch ist.«[232] Hier zeigt sich wieder Benešs (wie auch zuvor schon Masaryks) problematischer Begriff des Materialismus. Denn, dass Materialismus nicht automatisch mit Relativismus verbunden ist, wird die Einschätzung bekennender Materialisten zeigen, die zu ähnlichen Urteilen wie Beneš kamen. Allerdings ermöglicht Benešs Beharren auf einer idealistischen Moral die Einsicht, welche Folgen diese Glorifizierung des Kampfes und die relativistische Ethik haben:

> »Praktische Schlüsse aus diesen philosophischen Thesen liegen auf der Hand: Ungleichheit der Menschen, der Völker, der Staaten, Herrschaft der höherstehenden Individuen und Völker und Unterdrückung der sogenannten tiefer stehenden Individuen, Klassen und Völker. Diese These ist daher eine harte, materialistische und aristokratische Auffassung vom öffentlichen und sozialen Leben.«[233]

Beneš erkennt im Relativismus den Bruch mit dem Aufklärungsgedanken. In der relativistischen Vorstellungswelt würden die moralische und die sittliche Sphäre, die historisch entstanden und daher veränderbar sowie vernünftig regelbar seien, vom Tisch gewischt. In dieser Frage sei »keine Verständigung möglich, weder in der Theorie noch in der Praxis. Diese Tatsache nicht berücksichtigen und nicht danach handeln, wäre Selbstbetrug, Irrtum oder grobe Unwissenheit, beziehungsweise Unkenntnis des wahren Stands der Dinge. Das ist meine

231 Beneš, Edvard (1944): Demokratie heute und morgen, S. 169.
232 Ebd.
233 Ebd., S. 196 f.

erste Folgerung in diesem Kapitel über die Theorie des Faschismus und des Nationalsozialismus in ihrem Verhältnis zur Demokratie.«[234]

Er nähert sich hier, trotz des idealistischen Vokabulars, Positionen der Kritischen Theorie an. Max Horkheimers Feststellung in einem Brief an Herbert Marcuse, in dem er über den Zusammenhang von Faschismus und Selbsterhaltung schreibt, hat einen ähnlichen Impetus. Allerdings verläuft bei Horkheimer die Trennlinie nicht so streng zwischen Vernunft und Unvernunft. Er sieht die Aufklärung gleichzeitig als Macht, die die Metaphysik und die Eigenständigkeit geistiger Inhalte zurückdrängt. Der gemeinsame historische Ursprung von Vernunft und Selbsterhaltung beansprucht Geltung:

> »Der Gedankengang bei mir ist einfach: Vernunft scheint im Faschismus diskreditiert zu sein. Dies ist nicht richtig. Er hat nur mit den metaphysischen Kategorien, die mit dem Rationalismus verbunden waren, vollends aufgeräumt. Die Vernunft war stets Organ der Selbsterhaltung. Auf sie ist, im brutalsten Sinn, der Faschismus gegründet. In ihm jedoch fällt die letzte rationalistische Illusion, das auf Lebenszeit hinaus organisierte Ich, die synthetische Einheit der Person. Das Ich schrumpft.«[235]

Dieses aber zu stärken, ist nicht nur der Impetus der Kritischen Theorie, sondern auch der Benešs, wenn er im zweiten Unterscheidungspunkt zwischen Demokratie und autoritären Systemen auf die Rolle des Individuums zu sprechen kommt. Er kritisiert, dass in den autoritären Systemen das Kollektiv als Ursprungskategorie dem Individuum übergeordnet wird:

> »Der Faschismus, Nationalsozialismus und auch Kommunismus sind in ihren grundlegenden Thesen anti-individualistisch. Die Idee des sozialen Kollektivums ist primär. Das soziale Kollektivum – entweder das der Partei oder das der Gesellschaft oder der Nation oder des Staates – muß als das endgültige und höchste Element des sozialen Lebens betrachtet

234 Ebd., S. 171.

235 Horkheimer an Marcuse, 6. 12. 1941, in: Horkheimer, Max (1996): Briefwechsel 1941–1948, HGS 17, Frankfurt a. M.

> werden. Das Individuum in seiner Tätigkeit, seinem Dasein und seiner Entwicklung hängt vom Kollektivum ab und leitet alles davon her. Dieses ist primär, das Individuum sekundär.«[236]

Die Demokratie sei hingegen die einzige gesellschaftliche Form, die fähig wäre, das »Problem des Verhältnisses zwischen Individuum als Bürger und dem Staat als Form [...] gerecht und richtig zu lösen.«[237] Es ist dabei interessant zu sehen, dass Beneš einen gesellschaftlichen Bereich von seinem Vorrang des Individuums ausnimmt: »Bei dieser Entscheidung muß sich der Individualist darin nicht gehindert sehen, in der Sozial- und Wirtschaftspolitik kollektivistische Maßnahmen zu billigen.«[238]

Anders als die Kritische Theorie, die einen versöhnten Zustand zwischen Individuum und Gesellschaft als einen erst herzustellenden begreift, wendet Beneš diesen wieder positiv, sieht ihn schon fast verwirklicht, ontologisiert diesen und sitzt einer optimistischen Teleologie auf:

> »Die Demokratie in ihrem Wesen und ihrer Organisation verleiht dem fortwährenden Kampf der Bürger für ein gerechtes Verhältnis zwischen Individuum und der Gemeinschaft ständig Ausdruck. Aus diesem Grund ist die gesamte politische Entwicklung der menschlichen Gesellschaft praktisch die Evolution zu einem höheren und immer höheren Grad von Demokratie. Die moderne politische Geschichte zeigt, daß in fast allen zivilisierten Staaten dieser Kampf geführt worden ist und daß einer Periode vernünftiger Freiheit eine Periode der Anarchie oder des Absolutismus und dann wieder eine bessere Art der Demokratie folgte.«[239]

Diesen Optimismus teilt die Kritische Theorie, wie schon erwähnt wurde, nicht, und gerade das erlaubte ihr auch eine exaktere Kritik gesellschaftlicher Verhältnisse. Adorno wies auf das Problem hin,

236 Beneš, Edvard (1944): Demokratie heute und morgen, S. 171.
237 Ebd., S.173.
238 Ebd., S. 172.
239 Ebd., S. 173.

das eine solche positive Ideologie mit sich bringt: »Unwahr werden eigentliche Ideologien erst durch ihr Verhältnis zu der bestehenden Wirklichkeit. Sie können ›an sich‹ wahr sein, so wie die Ideen Freiheit, Menschlichkeit, Gerechtigkeit es sind, aber sie gebärden sich, als wären sie bereits realisiert.«[240] Das sei das Ideologische und Problematische an ihnen, gleichzeitig nimmt er eine solche auf die aufklärerischen Ideale pochende Position auch gegen eine falsche Kritik in Schutz: »Die Etikettierung solcher Ideen als Ideologien, [...] zeugt vielfach weniger von Unversöhnlichkeit mit dem falschen Bewußtsein, als von Wut auf das, was in sei's auch noch so ohnmächtiger Reflexion auf die Möglichkeit eines Besseren verweisen könnte.«[241] Beneš bewahrt sich durch den Begriff des Individuums seine politische Unterscheidungsfähigkeit, auch wenn dieser Begriff gleichzeitig problematisch ontologisiert wird, denn er erhält sich so die Urteilskraft. Seine demokratische Ideologie verhindert, auf die nächste Schwundstufe der Ideologie zu verfallen, die Adorno wie folgt kritisiert: »Nichts bleibt als Ideologie zurück denn die Anerkennung des Bestehenden selber, Modelle eines Verhaltens, das der Übermacht der Verhältnisse sich fügt.«[242] Nicht also der Versuch, geschichtsphilosophisch zu argumentieren, trennt Beneš von der Kritischen Theorie, im Gegenteil, in diesem Punkt gibt es eine Nähe. 1946 wies Horkheimer in einer Diskussion auf die Notwendigkeit eines solchen Vorgehens hin:

> »Das entscheidende Problem liegt dabei beim Übergang von den politischen zu den logischen und metaphysischen Fragen. [...] Es handelt sich vielmehr darum, das Einheitsmoment der Politik und der Philosophie konkret zu bestimmen. Wir sehen dieses Einheitsmoment im Festhalten der radikalen Impulse des Marxismus und eigentlich der gesamten Aufklärung – denn Rettung der Aufklärung ist unser Anliegen – [,] ohne daß

240 Adorno, Theodor W. (1997): Beitrag zur Ideologielehre, in: Ders.: Soziologische Schriften I, AGS 8, Frankfurt a. M., S. 473.

241 Ebd.

242 Ebd.

> dabei noch die Identifizierung dieser Intentionen mit einer empirisch existierenden Partei oder Gruppe vollzogen wäre.«[243]

Die Rettung der Moderne und der Aufklärung als geschichtsphilosophische Position lässt sich – wenn er auch den Marxismus ablehnt – bei Beneš zeigen. Allerdings kann er als Praktiker der Politik sich der Identifikation mit bestehenden Mächten nicht entziehen. Wenn Horkheimer das eigene Unterfangen als »Materialismus, der sich des Vorurteils entäußert, irgendein Moment der bestehenden materiellen Realität sei unmittelbar das Positive«[244] beschreibt, dann huldigt Beneš genau diesem Vorurteil. Gleichzeitig bildet diese Geschichtsphilosophie auch den Hintergrund, vor dem Faschismus und Nationalsozialismus analysiert werden.

## B) Der Faschismus als relativistische Revolte gegen die Aufklärung

Denn wieder ist es Benešs Festhalten an aufklärerischen Ideen wie der des Universalismus, das es ihm ermöglicht, eine geschichtsphilosophische Einordnung des Faschismus vorzunehmen. Er will das Neue an diesem Phänomen fassen und erkennt, dass der Faschismus sich dadurch auszeichnet, dass er als die dynamische Antwort auf die als längst überholt verhöhnte Vernunft auftreten kann:

> »Der Faschismus gehört zu dieser philosophischen Tendenz, deren Leitmotiv die Opposition gegen alle dauernden und ewig wahren Werte ist, gegen allen Universalismus, gegen jede allgemeine, weltumspannende, alles umfassende Moral, die für die gesamte Menschheit und alle Zeiten Wert hat, gegen die Vorherrschaft der Vernunft, gegen jeden Rationa-

243 Horkheimer, Max (1946/1985): Rettung der Aufklärung. Diskussionen über eine geplante Schrift zur Dialektik, in: Ders: Nachgelassene Schriften 1931–1949, HGS 12, Frankfurt a. M., S. 597 f.

244 Ebd., S. 598.

lismus und Intellektualismus überhaupt. Er ist der Widerstand gegen alles Statische.«[245]

Diese Sicht wurde übrigens auch von Benito Mussolini geteilt. Dieser hatte ja, fast in einem Vorgriff auf die Problematik der Mannheimschen Ideologienlehre, für die es auch keine Wahrheit mehr gibt, sondern für die alles Ideologie ist,[246] den Faschismus als Revolte gegen die Vernunft und die Wahrheit gepriesen:

> »Der Faschismus ist eine im höchsten Grade relativistische Bewegung, weil er nie den Versuch gemacht hat, seine vielschichtige machtvolle Geisteshaltung in ein geschlossenes Programm zu kleiden. [...] Alles, was ich in den vergangenen Jahren gesagt und getan habe, ist intuitiver Relativismus. [...] Wenn Relativismus die Verachtung für feste Kategorien und für Menschen bedeutet, die den Anspruch erheben, Träger einer äußeren, objektiven Wahrheit zu sein [...], dann gibt es nichts Relativistischeres als faschistisches Denken und Handeln [...] Wir Faschisten haben stets unsere völlige Gleichgültigkeit gegenüber jederlei Theorie zum Ausdruck gebracht. [...] Aus der Tatsache, dass alle Ideologien gleichwertig und bloße Fiktion sind, leitet der moderne Relativist ab, daß jedermann frei ist, sich seine eigene Ideologie zu schaffen und zu versuchen, sie mit allen zu Gebote stehenden Kräften durchzusetzen.«[247]

Und genau diese Ideologie charakterisiert Beneš als Revolution gegen die Moderne, die als Gegner ernstzunehmen ist: »Gegen die rationalistische, humanistische und liberale Revolution am Ende des 18. Jahrhunderts, welche die natürlichen Rechte des Menschen und des Bürgers verkündete, will der Faschismus als Gegenrevolution des 20. Jahrhunderts wirken, des Jahrhunderts der Macht, der Gewalt, der

245 Beneš, Edvard (1944): Demokratie heute und morgen, S. 175.
246 Vgl. Institut für Sozialforschung (1991): Ideologie, S. 174 f.
247 Mussolini, Benito (1924): Diuturna, Mailand, S. 374 f, zit. n.: Neumann, Franz L. (1998): Behemoth, S. 535.

Autorität, der expansiven Individualität und der nationalen Dynamik in einigen neu aufsteigenden Nationen.«[248]

Als besonders wichtige Figur in der Entstehungsgeschichte der Ideologie nennt Beneš Georges Sorel. Dieser habe mit seiner Mythologisierung der Gewalt und der Verherrlichung des Kampfes dem Faschismus vorgearbeitet.[249] Wie recht Beneš damit hatte, zeigt ein Zitat Mussolinis, in dem auch dieser auf die Bedeutung von Sorel hinweist:

> »Reformismus, Revolutionismus, Zentralismus – diese Namengebung und ihr Echo sind verklungen, während man in dem großen Strom des Faschismus diejenigen Strömungen wiederfindet, die von Sorel, Péguy, Lagardelle, der *Mouvement socialiste* (Sozialistischen Bewegung) und der Schar der italienischen Syndikalisten ausgingen, die zwischen den Jahren 1904 und 1914 mit den *Pagine Libre* (Freie Blätter) von Olivetti, *La Lupa* (Die Wölfin) von Orano und dem *Divenire sociale* (Soziales Werden) von Enrico Leone eine neue Note in das italienisch-sozialistische Milieu brachten, das durch die Kompromißpolitik Giolittis bereits erschlafft und betäubt war.«[250]

Beneš verfolgte diese Diskussion sehr genau: Zu Beginn des Jahrhunderts sah er sich in seiner Tätigkeit als Journalist gezwungen, die Ansichten von Sorel zu widerlegen:

> »From 1905 to 1908 Beneš had worked as a foreign correspondent for Czech left-oriented newspapers, especially for ›Právo Lidu‹ (The People's Right). This collaboration brought him into contact with Parisian journalists, in particular with Albert Thomas, the editor of ›Le mouvement socialiste‹. Beneš and Thomas were both critical of the

248 Beneš, Edvard (1944): Demokratie heute und morgen, S. 179.
249 Vgl. ebd., S. 176; Zu Sorel vgl.: Ruttner, Florian (2005): Georges Sorel, die Folgen regressiver Kapitalismuskritik und die Aufklärung, unveröffentlichte Diplomarbeit, Wien.
250 Mussolini, Benito (1943/1970): Die Lehre des Faschismus, in: Nolte, Ernst (Hg.): Theorien über den Faschismus, Köln, S. 210.

revolutionary theories of Georges Sorel and were already very close friends in 1906.«[251]

Der Hinweis auf den großen Einfluss, den die spezifische Form eines Revisionismus des Marxismus Sorelscher Prägung auf die Entstehung des Faschismus hatte, tauchte in der Diskussion über die Faschismustheorien erst wieder stärker in den 1990er Jahren auf, als der Politologe Zeev Sternhell, in Zusammenarbeit mit Mario Sznajder und Maia Asheri in dem Werk *The Birth of Fascist Ideology*[252] auf diesen Zusammenhang hinwiesen und ihn rekonstruierten, wobei sie unterstreichen, dass der Faschismus ohne die Revolte gegen die Aufklärung nicht denkbar wäre.[253]

Für Beneš hat dieser relativistische Zug in der faschistischen Ideologie auch praktische Konsequenzen: Da der Faschismus sich gegen jedes universalistische Prinzip wendet, das seiner Interessenslage widersprechen könnte, wird er unberechenbar:

> »In diesem Sinne ist der Faschismus ein zum Extrem gesteigerter konsequenter Militarismus und Opportunismus. Man könnte von ›Possibilismus‹ in dem Sinne sprechen, daß der Faschismus alles tun wird, was für ihn selbst vorteihaft ist und was er in einem gegebenen Zeitpunkt für möglich hält, während er sich nur durch seine eigenen Interessen leiten lassen und keine Verpflichtung, kein Versprechen und keinen Vertrag respektieren will.«[254]

Beneš beschreibt diesen Zug am Faschismus korrekt, aber seine oberflächliches Verständnis von Thomas Hobbes verleitet ihn dazu, diesen

251 Kalivodová, Eva (2013): From the ›Young Czech Student Working for the Freedom of his Country‹ to a Great Diplomat: Beneš's Image During the First World War in France, in: Konrád, Ota / Küpper, René: Edvard Beneš: Vorbild und Feindbild, S. 18.

252 Sternhell, Zeev et al. (1994): The Birth of Fascist Ideology. From Cultural Rebellion to Political Revolution, Princeton.

253 Vgl. ebd., S. 3.

254 Beneš, Edvard (1944): Demokratie heute und morgen, S. 179.

als Gewährsmann des Faschismus anzugeben: »In diesem Sinne ist der Faschismus eine Fortführung der Philosophie von Hobbes über den sozialen und politischen Kampf als Grundlage aller Politik und der Philosophie von Machiavelli, speziell hinsichtlich der politischen Praxis.«[255] Gerade der Souverän, den Hobbes als notwendige Herrschaft einführt, ist ja bei ihm an ein unverrückbares Prinzip gekoppelt: Den Schutz des Individuums. Der Satz, mit dem Hobbes in seiner Konstruktion des Staatsvertrags an die Gewalt erinnert, die notwendig vorausgesetzt werden muss, hat einen wichtigen Nachsatz: »And Covenants, without the Sword, are but Words, and of no strength to secure a man at all.«[256] Diesen Blick auf den Einzelnen lehnt der Faschismus aber gerade als Überhöhung eines Relativen ab, sodass Beneš sich fragen muss, was denn, wenn alles relativ ist, überhaupt den faschistischen Staat zusammenhält. Daraufhin untersucht er den Autoritätsbegriff des Faschismus.

### C) Der faschistische Autoritätsbegriff: Kollektivismus durch Internalisierung der staatlichen Herrschaft

Beneš führt aus, dass herkömmliche Legitimationsstrategien des Staates dem faschistischen relativistischen Selbstbild widersprechen würden, wobei er wieder das moderne, oder besser das auf die Moderne reagierende Moment des Faschismus hervorhebt:

> »Das Prinzip mittelalterlicher kirchlicher Autorität, in absoluten oder konstitutionellen Monarchien und in jenen ›von Gottes Gnaden‹, das Prinzip der Autorität in einem liberalen und demokratischen Staat oder einem evolutionären sozialistischen Staat, mit der Zustimmung des Volkes auf der Basis von Freiheit, Gleichheit und allgemeinem Wahlrecht beruhend – alle diese werden nicht anerkannt: kirchliche Herrschaft,

255 Ebd.

256 Hobbes, Thomas (1651/1985): Leviathan, or The Matter, Forme, & Power of a Common-Wealth Ecclesiasticall and Civill, London, S. 223.

Monarchie und Demokratie, alle werden sie vom Faschismus als überholt und veraltet betrachtet.«[257]

Hier wirft Beneš die Frage auf, wie denn »der Faschismus der sozialen Anarchie und dem revolutionären Chaos entgehen« könne, »der [die] Vorbedingungen durch seine Lehre in so hohem Grad geschaffen zu sein scheint?«[258] und beantwortet sie dahingehend, dass überkommene Herrschaftsformen wieder eingeführt werden, indem im Staat eine über den Individuen stehende, und in keiner Weise an dieses gebundene Autorität gesetzt wird:

»Er entgeht ihnen [der Gefahr des Chaos, FR] durch den Versuch, eine neue Autorität zu schaffen und anzuerkennen, die Autorität des absoluten, vergötterten Staates, welcher auf dem Begriff einer starken nationalen Gemeinschaft beruht. [...] Schließlich muß der Faschismus das Prinzip anerkennen, daß für die Erhaltung dieser neuen Autorität gegen das rebellische Individuum alle Mittel angewandt werden sollten.«[259]

Beneš geht sogar so weit, den faschistischen Staat als Wiedergänger vormoderner Herrschaft anzusehen, wobei er Gefahr läuft, die modernen Momente herunterzuspielen:

»Hier haben wir die Theorie des absoluten Staates, die nicht ganz neu ist und Spuren ihres mittelalterlichen Vorbilds zeigt. Aber der Faschismus hat einen absoluten Staat ohne den mittelalterlichen Monarchen, der nun durch einen modernen, absoluten ›Duce‹ oder ›Führer‹ ersetzt werden mußte. Der Faschismus verschönert diese Theorie durch einen seltsamen irrationalen, sentimentalen und emotionalen, fast religiösen Mystizismus, der seine Wirkung auf die nicht denkende Masse ausübt und es einer seelisch müden Nachkriegsmenschheit leicht macht, den Denkprozeß auszuschalten. In früheren Zeiten vertrauten sich die Menschen dem Schoß des allmächtigen Gottes und seiner Kirche an [...]

257 Beneš, Edvard (1944): Demokratie heute und morgen, S. 181.
258 Ebd., S. 181 f.
259 Ebd., S. 182.

heutzutage dem durch Genie inspirierten Führer. Vom rein politischen Standpunkt besteht da kaum ein Unterschied.«[260]

Die Unterschiede, die gerade in der Form der Beherrschung durch Massenpsychologie liegen, drohen so verwischt zu werden.

Allerdings hat die Argumentation, der Faschismus sei die Wiederkehr überkommener Herrschaft, auch eine kritische Pointe, nämlich die faschistische Propaganda zu unterlaufen, der Faschismus habe das Problem der Herrschaft gelöst. Beneš will zeigen, dass dieser, wenn er auch Gegenteiliges behauptet, das Individuum dem Kollektiv unterordnet, und man deshalb dem Selbstbild, er sei die Weiterentwicklung der Demokratie, skeptisch gegenüberzustehen habe:

»Daher betont der Faschismus, daß der faschistische Staat ein starkes Gebilde sei, auf welchem sich die gesamte nationale Gemeinschaft aufbaue. Die Millionen ihrer Glieder sind mit ihm identifiziert, er ruht völlig und ausschließlich auf einer breiten Volksbasis (deshalb die gelegentliche Behauptung, daß das faschistische Regime tatsächlich demokratisch sei).«[261]

Beneš hält dagegen, dass diese Identifizierung nur durch Internalisierung der Herrschaft durch die Individuen möglich ist, die diese scheinbar verschwinden lässt, die aber in Wirklichkeit weiter geht, als sie das im Liberalismus je konnte. Dies versucht Beneš anhand des faschistischen Selbstbildes zu zeigen:

»Gemäß der faschistischen Theorie ist der faschistische Staat nicht der absolute mittelalterliche Staat; er hat nichts und will nichts mit dem Absolutismus der Zeit vor 1789 gemein haben. Das Individuum ist, gemäß dem Faschismus, nicht unterdrückt, wie es das in den absoluten Regierungsformen jeder Art in früheren Zeiten war, es wird im Gegenteil gestärkt, vervielfacht, wie ein Soldat durch sein Regiment vervielfacht wird. Der faschistische Staat vertritt eine neue Organisation der Nation

260 Ebd., S. 183.
261 Ebd., S. 184 f.

in ihrer Fülle und Wirklichkeit und läßt dem Individuum genügenden Spielraum für individuelle Tätigkeit in seiner Identifizierung mit dem Staat, der Nation und der Partei. Er verweigert ihm überflüssige und schädliche Freiheiten, aber läßt ihm die wesentlichen.«[262]

Dass ein Spielraum innerhalb der Identifizierung allerdings keine Freiheit ist und keine Sicherheit gewährt, betont Beneš, indem er die Folgen dieser Identifizierung ausbuchstabiert: »Das Individuum, die Gruppe, alle anderen sozialen Organisationen sind relativ, während der Staat (im Sinne seiner Identifizierung mit der Nation und der faschistischen Partei) das Absolute ist. [...] Der mit der Nation identifizierte Staat ist in diesem Sinne wichtiger als das Leben des Individuums.«[263]

Mit einem Blick auf die außenpolitische Praxis Italiens beschließt Beneš seine Untersuchung des Faschismus, die gemäß der Ideologie des Kampfes nur eine expansive sein konnte:

»Die ganze italienische Politik wurde von dem Zeitpunkt an, zu dem der Faschismus in Italien sich sicher fühlte – also von ungefähr 1925 an – durch diese theoretische Philosophie inspiriert. Daher vor allem seine Politik in Mitteleuropa und auf dem Balkan, daher seine systematische Unterstützung der besiegten Staaten, daher schließlich die imperialistische Phase der italienischen Politik sowohl in der kolonialen Expansion (Abessinien) als auch in der Frage der Vorherrschaft über das Mittelmeer (Spanien und Tunis). Eine systematische Politik in verschiedenen Teilen Europas zur Schwächung der demokratischen Regierungen und zur Beschleunigung ihres Sturzes ist eine logische Ergänzung faschistischer Theorie und faschistischer Praxis [...]«[264]

Hier kommt wieder Benešs Überzeugung zum Ausdruck, dass ideologische Äußerungen sehr ernst zu nehmen sind, da sie für die Setzung einer Agenda zentral sind.

262 Ebd., S. 185.
263 Ebd., S. 183 f.
264 Ebd., S. 188.

In der Unterscheidung Benešs zwischen Faschismus und Nationalsozialismus nimmt die Rolle des Staates zentrale Bedeutung ein. Für den Faschismus lässt sich festhalten, dass er diesen als Hypostasierung des Staates sieht, die eine Reaktion auf die liberalen Ideologien darstellt. Das Individuum wird durch den Staat entwertet, was die faschistische Theorie zu einer »antidemokratischen und antihumanen«[265] macht. Der Nationalsozialismus, dessen Theorie sich Beneš dann mit großer Aufmerksamkeit zuwendet, stehe aber in einer anderen Tradition, der des Pangermanismus, was ihn zwar nicht humaner oder demokratischer mache, was aber die Frage nach der Rolle des Staates affiziere.

## D) Der Nationalsozialismus als höchstes Stadium des Pangermanismus

Beneš beginnt seine Untersuchung der nationalsozialistischen Ideologie mit einer Unterscheidung zwischen Faschismus und Nationalsozialismus: Während den Faschismus ein gewisser Eklektizismus auszeichne, er hauptsächlich Reaktion gegen die Aufklärung sei und sich erst später systematisiert habe, »war der Nationalsozialismus von seinen ersten Anfängen an der Versuch einer vollständigen ›Weltanschauung‹, wenn diese auch später etwas ergänzt, genauer definiert und in einer Anzahl von Punkten angesichts der späteren Ereignisse etwas abgeändert wurde.«[266] Der Zug zum geschlossenen weltanschaulichen System mache ihn aber gerade gefährlich, da dadurch die Totalisierung drohe: »Während der italienische Faschismus für die Wiedergeburt Italiens und die Stärkung seiner Stellung in der Welt zu arbeiten wünscht, will der Nationalsozialismus Deutschland erneuern und die politische Vorherrschaft Deutschlands in Europa und der Welt erreichen und diese im Geist des Nationalsozialismus umformen.«[267]

265 Ebd., S. 189.
266 Ebd., S. 190.
267 Ebd.

Zwar hätten die beiden Bewegungen gemeinsame Feinde: »Der Nationalsozialismus ist wie der Faschismus eine Reaktion gegen den Rationalismus, den Humanismus und die geistigen Ideen der französischen und amerikanischen Revolution und der ganzen Periode der Aufklärung der französischen Enzykopädisten und aller politischen Theorien, welche auf dieser Basis ruhten (Kosmopolitismus, Humanismus, Egalitarismus, Pazifismus usw.)«[268], aber der Nationalsozialismus gehe einen Schritt weiter, indem er »als zweiten starken Eckpfeiler seines Systems ein neues Element hinzu(fügt), welches durch seine ganze Konzeption eine entscheidende Rolle spielt: das Element der Rasse.«[269] Beneš beschreibt den frühen Erfolg rassistischer Autoren wie Joseph Arthur de Gobineau und Houston Stewart Chamberlain und deren Wahn von der Superiorität der Arier im Deutschland des späten neunzehnten Jahrhunderts. Dieser Wahn sei gemeinsam mit dem Pangermanismus groß geworden, trafen sie doch in der Idee des Herrenvolks denselben Nerv: »Diese Idee brachte schon vor dem Weltkrieg zwei politische Thesen hervor: die allmähliche nationale Einigung aller Deutschen und als Konsequenz dieser Einigung die große, weltumspannende Expansion dieser Achtzig-Millionen-Nation, zunächst in Mittel- und Osteuropa, dann im Nahen Osten und Nord-Afrika, und dann in der ganzen Vorkriegswelt.«[270]

An anderer Stelle charakterisiert Beneš allerdings noch einen bedeutenden Unterschied zwischen dem Pangermanismus vor und im Ersten Weltkrieg zu seiner neueren Form. Der Pangermanismus sei mit dem Nationalsozialismus erst wirklich volkstümlich und eine Massenbewegung geworden: »The Bismarckian Pan-Germanism of philosophers, politicians, autocrats, junkers and generals was to give place to the Pan-Germanism of the people.«[271]

Mit dieser Änderung sei der Pangermanismus im Nationalsozialismus zu sich selbst gekommen. Auch inhaltlich habe diese breitere Basis eine Änderung mit sich gebracht: »Der gegenwärtige national-

268 Ebd.
269 Ebd., S. 191.
270 Ebd.
271 Beneš, Edvard (1941): The New Order in Europe, S. 3.

sozialistische Pangermanismus unterscheidet sich in einigen Punkten von diesem Prototyp der Vorkriegszeit. Er hat vor allem seinen Ursprung in seiner Rassentheorie.«[272] Allerdings, hier sei an Masaryks Formulierung erinnert, hätten die Pangermanen »die Geschichte und die Soziologie zur Zoologie und Mechanik entstellt«.[273] Diese Vorstellung der Zugehörigkeit zu einem natürlichen Kollektiv war schon bei den früheren völkischen Bewegungen vorhanden, ja ist sogar deren Ausgangspunkt. Bei Hitler wird das anders akzentuiert und auf folgendes Niveau reduziert:

> »Jedes Tier paart sich nur mit einem Genossen der gleichen Art. Meise geht zur Meise, Fink zu Fink, der Storch zur Störchin, Feldmaus zur Feldmaus, Hausmaus zur Hausmaus usw. [...] Die Folge dieses in der Natur allgemein gültigen Triebes zur Rassenreinheit ist nicht nur die scharfe Abgrenzung der einzelnen Rassen nach außen, sondern auch ihre gleichmäßige Wesensart in sich selber. Der Fuchs ist immer ein Fuchs, die Gans eine Gans, der Tiger ein Tiger usw. Und der Unterschied kann höchstens im verschiedenen Maße der Kraft, der Stärke, der Klugheit, Gewandtheit, Ausdauer usw. der einzelnen Exemplare liegen. Es wird aber nie ein Fuchs zu finden sein, der seiner inneren Gesinnung nach etwa humane Anwandlungen Gänsen gegenüber haben könnte, wie es ebenso auch keine Katze gibt mit freundlicher Zuneigung zu Mäusen.«[274]

Dieses in propagandistsicher Absicht einfach formulierte Beispiel verstellt die Sicht darauf, dass es hier nicht wirklich um Natur geht, sondern um einen Blick auf Gesellschaft, dem diese als natürlich erscheint, worauf auch Adorno und Horkheimer hinweisen:

> »Rasse ist nicht, wie die Völkischen es wollen, unmittelbar das naturhaft Besondere. Vielmehr ist sie die Reduktion aufs Naturhafte, auf bloße Gewalt, die verstockte Partikularität, die im Bestehenden gerade das

272 Ebd., S. 192.
273 Masaryk, Tomáš Garrigue (1918/1991): Das neue Europa, S. 26.
274 Hitler, Adolf (1938): Mein Kampf, München, S. 311f.

Allgemeine ist. Rasse heute ist die Selbstbehauptung des bürgerlichen Individuums, integriert im barbarischen Kollektiv.«[275]

Dieses Amalgam aus alter pangermanischer Expansion und der Naturalisierung von gesellschaftlichen Verhältnissen, so Beneš weiter, könne nichts weniger als die Weltherrschaft anvisieren, ja, dem Nationalsozialismus müsse der Sieg der arischen Rasse zur entscheidenden Frage der Menschheit überhaupt geraten:

> »Der Nationalsozialismus betrachtet es als seine Pflicht, für den Sieg der besseren, höheren Rasse zu kämpfen und fordert, daß sich die niedereren und schlechteren Rassen der Führung der höheren unterwerfen. Da diese höhere Rasse die germanische arische Rasse ist, sind menschliche Kultur und Zivilisation unlösbar mit der Entwicklung und dem Sieg Deutschlands und dieser Rasse verbunden. Ihr Sturz würde den Verfall der menschlichen Kultur und Zivilisation bedeuten.«[276]

Gleichzeitig erkennt Beneš, dass diese Expansion nach außen mit einem Reinheitswahn nach innen verbunden ist, der sich zunächst theoretisch gegen das Bild des angeblich den Volkskörper beschmutzenden und zersetzenden und als Feind schlechthin imaginierten Juden richtet, danach praktisch gegen die unter dieses Bild Subsumierten:

> »Der Feind, der diese Reinheit bedroht und wie ein Parasit von anderen Rassen und Völkern lebt, ist der Jude. Die Juden verbreiten schädliche Ansichten und rasseloses, unnationales, kosmopolitisches, universales Empfinden unter den anderen Rassen und Völkern. Sie verkünden die Gleichheit der Menschen und Rassen, verteidigen Liberalismus, Toleranz, Gleichheit, und formale Demokratie und ersetzen die wirkliche Führung der Massen, welcher einer erwählten Elite vorbehalten sein sollte, durch anonyme Kräfte, wie zum Beispiel das Kapital, oder

275 Adorno, Theodor W. / Horkheimer, Max (1997): Dialektik der Aufklärung, S. 198 f.

276 Beneš, Edvard (1944): Demokratie heute und morgen, S. 193.

> sie spalten auf Grund marxistischer Ansichten die Völker in Klassen und rechtfertigen somit die Herrschaft einer Klasse über eine andere Klasse.«[277]

Hier beschreibt Beneš recht klar, – ohne diesen namentlich zu erwähnen –, wie im Antisemitismus die anonymen Herrschaftsverhältnisse der modernen bürgerlichen Gesellschaft, die die personale Herrschaft vormoderner Gesellschaften ablösen, wie auch die mit jener abstrakten Herrschaft verbundenen sozialen Konflikte als Machinationen des Juden imaginiert werden.

Und wieder folgt Beneš den ideologischen Äußerungen einfach, wenn er wieder auf deren reale Folgen hinweist: »*Daher jener bekannte nationalsozialistische Antisemitismus* als Reaktion gegen die sowie als Negation der Vermischung der reinen, höheren, arischen Rassen mit der semitischen und daher all diese Judenverfolgung im heutigen Deutschland und die ganze deutsch-nazistische antisemitische Barbarei.«[ba/278]

Auch zusammenfassend hebt Beneš noch einmal fast ungläubig hervor, wie wirkungsmächtig der modernisierte Pangermanismus trotz seiner kruden Theorien sei:

> »Diese Theorie über die Bedeutung der Rasse im allgemeinen und die der deutschen Rasse im besonderen in der Geschichte der Menschheit ist die wesentliche Basis für die Schaffung des gegenwärtigen deutschen internen Rechts-Systems und des deutschen Völkerrechts. Das ist eine der außergewöhnlichsten und überraschendsten Leistungen des deutschen nationalsozialistischen Gedankensystems und wird bestimmt in der Zukunft als einer der seltsamsten Abwege des menschlichen Geistes im 20. Jahrhundert betrachtet werden.«[279]

277 Ebd., S. 193 f.

278 Beneš, Edvard (1948): Demokracie dnes a zítra, Prag, S. 154. Dieses Zitat ist aus der später erschienenen tschechischen Ausgabe entnommen, da hier der Gedanke schärfer gefasst ist.

279 Beneš, Edvard (1944): Demokratie heute und morgen, S. 194.

Als Beispiel dafür sei hier kurz auf das neue ›deutsche Völkerrecht‹ eingegangen. Dieses wurde 1941 von dem Rechtstheoretiker Carl Schmitt ausgearbeitet, indem er den klassischen bürgerlichen Staatsbegriff durch den eines blut- und bodenverbundenen Reichs ersetzt wissen wollte:

> »Der neue Ordnungsbegriff eines neuen Völkerrechts ist unser Begriff des Reiches, der von einer von einem Volk getragenen, volkhaften Großraumordnung ausgeht. In ihm haben wir den Kern einer völkerrechtlichen Denkweise, die vom Volksbegriff ausgeht und die im Staatsbegriff enthaltenen Ordnungselemente durchaus bestehen läßt, die aber zugleich den heutigen Raumvorstellungen und den wirklichen Lebenskräften gerecht zu werden vermag; [...] Aus einer schwachen und ohnmächtigen ist eine starke und unangreifbare Mitte Europas geworden, die imstande ist, ihrer großen politischen Idee, der Achtung jedes Volkes als einer durch Art und Ursprung, Blut und Boden bestimmten Lebenswirklichkeit, eine Ausstrahlung in den mittel- und osteuropäischen Raum hinein zu verschaffen und Einmischungen raumfremder und unvölkischer Mächte zurückzuweisen. Die Tat des Führers hat dem Gedanken unseres Reiches politische Wirklichkeit, geschichtliche Wahrheit und eine große völkerrechtliche Zukunft verliehen.«[280]

Selbst wenn in dieser Idee die »Achtung jedes Volkes« ernstzunehmen gewesen wäre, verwandelt sich das Reich doch in einen Völkerzoo, in dem jedem, gemäß ›Blut und Boden‹, sein Platz zugewiesen wird. Es ist auch bezeichnend, aber wenig überraschend, dass Schmitt in seinen Ausführungen an einem außenpolitischen Projekt Beneš, der sogenannten ›Kleinen Entente‹ (malá dohoda), einem Pakt, der die Interessen der aus dem Ersten Weltkrieg hervorgegangenen ost- und südosteuropäischen Staaten bündeln sollte, unter denen nicht zuletzt die Abwehr deutscher und ungarischer Aggressionen zu nennen wäre, und die Beneš als einen Gegenpol zum nationalsozialisti-

280 Schmitt, Carl (1941/2009): Völkerrechtliche Großraumordnung mit Interventionsverbot für raumfremde Mächte. Ein Beitrag zum Reichsbegriff im Völkerrecht, Berlin, S. 63.

schen Deutschland positionieren wollte, kaum ein gutes Haar lässt. Für Schmitt ist ein solcher Regionalpakt nur ein »unechte(s) oder überholte(s) Raumprinzip«[281], gerade deshalb, weil es eben auf den Staat, dessen konkrete außenpolitische Interesssen abzielt und nicht auf Kategorien wie Rasse, Volk, Blut oder Boden:

> »Die sogenannte Kleine Entente zwischen der Tschechoslowakei, Rumänien, und Jugoslawien, die sich noch einen besonderen Organisationspakt (vom 16. Februar 1933) gegeben hatte, ist wohl das wichtigste Beispiel; sie galt sogar als Muster eines solchen Regionalpaktes. Nach der französischen Denkschrift zur Völkerbundsreform vom 14. August 1936 ist unter dem Ausdruck regionale Entente jede Gruppierung von Mächten zu verstehen, deren Gemeinschaft sich auf die geographische Lage oder (!) auf eine Interessensgemeinschaft gründet‹. Demnach bezeichnet das Wort ›regional‹ hier nur eine ganz allgemeine, äußerliche geographische Anknüpfung. Es enthält nicht etwa die Forderung einer neuen, sinnvollen Raumordnung, sondern meint nur Beistands-, Bündnis- oder sonstige politische Verträge alten Stils, die in der Sache dazu dienen, den gerade vom Standpunkt einer Raumordnung sinnlosen status quo des Versailler Systems in irgendwelchen ›Regionen‹ aufrechtzuerhalten.«[282]

Sinnvoll ist für Schmitt nur das, was sich auf Blut und Boden bezieht, auf völkische Anschauungen. Klassische Kategorien der Außenpolitik wie Verträge oder Interessen werden dabei als überholt angesehen. Das ist es, was Beneš meint, wenn er davon spricht, dass der Nationalsozialismus, nachdem er gesellschaftliche Kategorien in natürliche verwandelt hat, auf diesen ein ganzes System aufbaut.

281 Ebd., S. 15.
282 Ebd., S. 19.

## E) Der Staat als bloßes Instrument im Nationalsozialismus

Dem Austausch traditioneller Kategorien des bürgerlichen Staats gegen völkische fühlt Beneš auch weiter auf den Zahn, wenn er nach »Volkstum, Blut und Boden, Volksgemeinschaft, Führertum«[283] fragt. An diesen, und an der Rolle des Staates, macht Beneš auch den Unterschied zum italienischen Faschismus fest. Er weist darauf hin, dass diese Kategorien sich gegen jede moderne Form der Vergesellschaftung wenden und ihr Heil in archaischen Verhältnissen sucht:

> »Der romantische Begriff des ›Volkstums‹ ist schließlich nur der primitive Begriff von Nationalismus und Patriotismus, welcher unkritisch und in einer übertriebenen Form die Abkehr von städtischer Kultur, höherer Literatur, künstlerischer und allgemeiner Kultur und die Rückkehr zu den lebendigen Quellen des Schaffens und des Wirkens des einfachen Volkes verkündet. Es wird verlangt, daß wir zu diesem urzeitlichen Geist hinabsteigen, uns durch ihn inspirieren lassen, seinen provinziellen, lokalen, anonymen Massen-Charakter annehmen, in ihm die echte Äußerung des Volkes, seinen Geist, seine ursprünglichen Qualitäten erblicken – und ihn gegen alles Fremde, Nichtnationale, Kosmopolitische und Internationale verteidigen.«[284]

Dieser Aufstand im Volkstum gegen alles Abstrakte, ›Wurzellose‹ und Moderne sei ein gewaltiger Hebel, um die Volksidentität zu stiften, die als Idee der Volksgemeinschaft sich bei den Einzelnen niederschlage:

> »Volksgemeinschaft [...] – das Bewußtsein der nationalen Solidarität, das Bewußtsein, einer Gemeinschaft anzugehören, deren Angehörige durch die Eigenschaften des nationalen ›Volkstums‹, Blut, Rasse, Boden, Sprache, Tradition, Kultur, Kunst usw. miteinander verbunden sind – das Bewußtsein dieser Dinge formt eine große nationale Gemeinschaft, die

283 Beneš, Edvard (1944): Demokratie heute und morgen, S. 195.
284 Ebd., S. 195 f.

> jeden einzelnen Deutschen und das ganze deutsche Volk in unteilbarer Einheit umfaßt.«[285]

Für Beneš ist also klar, dass nicht der Staat, sondern die Volksgemeinschaft die Einheit herstellt. Dabei wird das Individuum unwichtig, es ist in keiner Weise schützenswert:

> »Das souveräne Volk ist absoluter Herr aller ihm Angehörenden; ihm muß alles geopfert werden, jeder soll dafür leben, ihm muß alles dienen. Jeder junge Deutsche sollte nur durch das Volk inspiriert sein, sollte bereit sein, mit seinem Leben, ganz einfach, hingebungsvoll, ohne Rücksicht auf die Eigenpersönlichkeit, nur das tun, was der nationalen Gemeinschaft, ihrem Leben, ihrem Wachstum, ihrer Ausdehnung und ihrem Gedeihen nützt.«[286]

Hier zeigt sich die Totalität der Volksgemeinschaft, die die Indienstnahme des Individuums durch den Staat in der liberalen Version weit übertrifft. Denn auch in dieser wird das Individuum nach der Nützlichkeit für den Staat und für die Kapitalverwertung bewertet. Aber selbst in der autoritären Version eines liberalen Staates bei Hobbes war ein Rest der Eigenpersönlichkeit noch dem Zugriff der Gemeinschaft entzogen worden, ja es gibt sogar die Argumentation bei ihm, dass es das Naturrecht des Individuums sei, sich zu verteidigen und am Leben zu erhalten.[287] Und auch in Fragen der religiösen Überzeugung hat bei ihm der Staat zwar das Recht, den jeweiligen Ritus festzulegen, ob der jedoch auch innerlich geglaubt werde, sei eine Sache, die sich das Individuum mit Gott ausmachen müsse, der Staat könne das überhaupt nicht prüfen: »As for the inward *thought*, and *beleef* of men, which humane Governors can take notice of, (for God onely knoweth the heart) they are not voluntary, nor the effect of the laws, but of unrevealed will, and of the power of God; and

285 Ebd., S. 197.
286 Ebd.
287 Vgl. Hobbes, Thomas (1651/1985): Leviathan, S. 190.

consequently fall not under obligation.«[288] Genau dieses Beharren Hobbes' auf einem »unausrottbaren individualistischen Vorbehalt«[289] kreidet Schmitt diesem an: Er lasse dem Individuum zuviel Spielraum, dies habe dann die Zersetzung der staatlichen Autorität in Form von verfassungsmäßigen Rechten des Individuums erst möglich gemacht. Infolge seiner Argumentation gelangt er zielsicher zu Verschwörungstheorien und Antisemitismus. Denn die, die diesen individuellen Vorbehalt genutzt hätten, charakterisiert er wie folgt:

> »Die Träger der Entfaltung dieses innerlichen Vorbehalts waren untereinander sehr verschiedene und entgegengesetzt: Geheimbünde und Geheimorden, Rosenkreuzer, Freimaurer, Illuminaten, Mystiker und Pietisten, Sektierer aller Art, die vielen ›Stillen im Lande‹ und vor allem auch wieder der rastlose Geist des Juden, der die Situation am bestimmtesten auszuwerten wußte, bis das Verhältnis von Öffentlich und Privat, Haltung und Gesinnung, auf den Kopf gestellt war.«[290]

Diese totale Unterordnung des Individuums unter das Kollektiv teilen Faschismus und Nationalsozialismus in Benešs Augen, wenn diese auch auf jeweils andere Weise funktioniert:

> »Dadurch gelangt das nationalsozialistische System zum Begriff der Autorität der Gemeinschaft. Wir haben bereits dargelegt, daß für den Faschismus der souveräne Staat die Quelle aller Autorität bedeutet und daß dieser sich mit dem Volk identifiziert hat. Aber bei der faschistischen Autorität der Gemeinschaft ist der grundlegende Faktor der Staat und nicht das Volk. Beim Nationalsozialismus ist die Ordnung anders, in gewissem Maße umgekehrt – der Staat ist nur der sekundäre Faktor, das Volk nimmt den ersten Platz ein; die nationale Regierung und der Staat sind nur das Rahmenwerk, in welchem das Volk lebt, arbeitet und sich entfaltet. Der Staat ist ein Instrument, das man anpassen, ändern,

288 Ebd., S. 500f.

289 Schmitt, Carl (1938/2003): Der Leviathan in der Staatslehre des Thomas Hobbes. Sinn und Fehlschlag eines politischen Symbols, Stuttgart, S. 84.

290 Ebd., S. 92.

verstärken oder schwächen kann, das Volk aber ist der ursprüngliche Faktor, der einzig dauernde und ungeschwächte, der für seine Ausdehnung, Vorherrschaft, Kultur und Macht durch den Staat als sein Instrument kämpft.«[291]

Der Staat wird so im Nationalsozialismus nicht als Zweck gesehen, sondern als bloßes Mittel, um das, was eigentlich als historische Wirkmacht angesehen wird, das ›rassenreine Volk‹, herzustellen. Diesen Punkt führt auch Hitler recht deutlich aus:

»Zusammenfassend kann festgestellt werden: Alle diese Anschauungen haben ihre tiefste Wurzel nicht in der Erkenntnis, daß die kultur- und wertbildenden Kräfte wesentlich auf rassischen Elementen beruhen, und daß der Staat also sinngemäß als seine höchste Aufgabe die Erhaltung und Steigerung der Rasse zu betrachten hat, diese Grundbedingung aller menschlichen Kulturentwicklung.«[292]

Bei dieser Unterscheidung der Rolle des Staates im Faschismus und im Nationalsozialismus, die Beneš so deutlich herausarbeitet, konnte er auf die Erfahrungen zurückgreifen, die er als Außenminister und Präsident machte. Denn in beiden Rollen landeten die Berichte Vojtěch Mastnýs auf seinem Schreibtisch, der zunächst ab 1925 im faschistischen Italien, und dann ab 1932 in Berlin der Botschafter der Tschechoslowakischen Republik war. In diesen Berichten, die nicht nur die aktuellen Ereignisse abdecken, sondern in denen er immer wieder eine theoretische Einordnung derselben versucht, kommt dieser Unterschied deutlich zur Geltung, besonders was die Rolle der Partei, als Organ der Bewegung, und deren Verhältnis zum Staat anbelangt. Im Jänner 1929, im Vorfeld der anstehenden ›Wahl‹ zur Deputiertenkammer, die in Form eines Plebiszits durchgeführt wurde, bei der man (praktisch) für oder (theoretisch) gegen die von der Nationalen Faschistischen Partei (Partito Nazionale Fascista, PNF) vorgeschlagenen Einheitsliste stimmen konnte, und durch die der

291 Ebd., S. 197 f.
292 Hitler, Adolf (1938): Mein Kampf, S. 430.

PNF endgültig zur einheitlichen Staatspartei werden konnte, berichtet Mastný von Überlegungen, den PNF überhaupt als Partei aufzulösen:

> »Theoretisch wäre die logische Entwicklung, von organisatorischer Seite her, nun zu fordern, dass neben der Eingliederung der gewerkschaftlichen Organe bald auch die Liquidierung der faschistischen Partei und ihre Verschmelzung mit dem Staatsapparat kommt. Über Vorhaben Mussolinis in diese Richtung sprach man schon mehrmals. Dies wäre die Auflösung der *Diktatur der faschistischen Partei*, analog zum oben angedeuteten Anlauf zur Auflösung der *persönlichen Diktatur* Mussolinis, mit dem Ziel, eine *abstrakte, objektive Diktatur der Staates* zu gründen.«[bb/293]

Zu einer solchen Selbstauflösung kam es in dieser Form nicht, aber nach dem geschlagenen Plebiszit berichtete Mastný im September von einer Rede Mussolinis, in der er auf die Rolle der Partei einging und in der er letztlich die Unterordnung der Partei unter den Staat forderte. Mastný paraphrasiert Mussolini folgendermaßen:

> »Da [Mussolini bezieht sich hier auf eine frühere Äußerung, FR] habe ich schon verkündet, dass die Partei die zivile Macht im Dienst des Staates ist, genauso wie die Miliz die bewaffnete Macht im Dienst des Staates ist. Die Partei übt eher ein Apostolat als Autorität aus. [...] Der Präfekt ist die einzige Autorität in den Provinzen. [...] Ab sofort wird der Sekretär der Partei durch ein königliches Dekret auf meinen Vorschlag ernannt, und die föderalen Sekretäre werden durch den Regierungschef auf Vorschlag des Parteisekretärs ernannt. Damit ist die bewußte, definitive und feierliche Unterordnung der Partei unter den Staat gegeben.«[bc/294]

Darin, dass der Staat als eigenständiges Gebilde und als eigenständige Macht bestehen bleibt und die Partei in diesen Apparat eingefügt

293 Mastný, Vojtěch (1929): Politická zpráva čís. 14, 16. 1. 1929, MÚA, EB I, ič 795, Karton 161, S. 51.

294 Mastný, Vojtěch (1929): Politická zpráva čís. 63, 16. 9. 1929, MÚA, EB I, ič 795, Karton 161, S. 5.

wird, sieht Mastný als Bestätigung seiner Prognose vom Jänner 1929, wenn es auch nicht zu einer formellen Selbstauflösung der Partei kam:

> »Wenn Mussolini sagt, dass sich nicht von einer Selbstauflösung der Partei sprechen lässt, sondern nur von ihrer administrativen Positionierung im Staat, sagt er damit nicht die Unwahrheit. Wenn er aber an anderer Stelle davon spricht, dass der Dualismus in der Verwaltung überwunden sei und von den Faschisten verlangt, die Sendung als Träger des Apostolats zu akzeptieren, bestätigt er, dass wirklich die dritte Phase in der Entwicklung des Faschismus eingetreten ist, welche die Vereinheitlichung der staatlichen Verwaltung bedeutet und das Aufgehen der faschistischen Partei im Staatsapparat.«[bd/295]

Es behielten also im italienischen Faschismus die staatlichen Organe ein Eigengewicht, sie verwandelten sich nie in ein bloßes Instrument der Weltanschauung und der Bewegung, wie auch heutige Historiker betonen:

> »Im Unterschied zu Deutschland, wo das ›Es ist der Wille des *Führers*‹ sich später in einen schriftlichen und unanfechtbaren Befehl verwandelte, hatte in Italien ein ›Es ist der Wille des *Duce*‹ nie denselben Effekt. Der Staatsrat erlangte einen größeren Einfluß, während das Parlament geschwächt wurde. Er wurde bei Gesetzeslesungen und beim Erlassen von administrativen Dekreten konsultiert, und man forderte auch seine Meinung bei Ernennungen. Die faschistische Regierung konnte personalistisch sein und präsidial, aber nicht willkürlich«.[be/296]

Später, in seiner Berliner Zeit, stieß Mastný auf ein ganz anderes Phänomen, das den Nationalsozialismus von Beginn an auszeichnete und das er in seinen Berichten an das Prager Außenministerium festhielt. Denn dort wurde der traditionelle Staatsapparat schon früh durch Parallelstrukturen geschwächt, es bildeten sich mehrere miteinander konkurrierende Machtzentren aus. Schon Mitte Mai 1933 berichtet

295 Ebd., S. 5 f.
296 Lozano, Álvaro (2012): Mussolini y el fascismo italiano, Madrid, S. 177 f.

Mastný über die Auseinandersetzungen mehrerer Instanzen über die einzuschlagende Außenpolitik und den schwindenden Einfluß des Außenministers Konstantin von Neurath:

> »Die Stellung Neuraths schien vor einigen Wochen unsicher zu sein, denn nationalsozialistische Minister, namentlich Göring, machten in ihren Reden eine Außenpolitik, der Neurath nicht zustimmen konnte, und außerdem bemüht sich Alfred Rosenberg, der ›außenpolitische Chef‹ in der nationalsozialistischen Partei, an dessen Stelle zu kommen. Weil Rosenberg schon seit Jahren Hitlers Berater ist, war es notwendig, dessen Einfluß auf Hitler ernst zu nehmen. Das Außenamt äußerte gegen diese ›Lenkung‹ energischen Widerstand, Hindenburg bestand auf Neurath, und weil die außenpolitische Situation sich rasch verschlechterte, blieb das Außenamt Sieger. In diesem Ressort war immer noch kein einziger Nationalsozialist auf eine herausragende Stelle ernannt worden und für Rosenberg, der neben von Papen als Kandidat für das Amt des Außenministers gehandelt worden war, oder wenigstens für die Funktion eines Staatssekretärs, fand man einen Ausweg aus dieser Situation darin, dass die nationalsozialistische Partei ihr eigenes Außenamt einrichtete, dessen Chef Rosenberg wurde. Selbstverständlich sieht das Außenamt des Reichs die Tätigkeit Rosenbergs nicht gerne, jedoch hofft es, die Macht Rosenbergs dazu zu benutzen, mäßigend auf die nationalsozialistische Partei einzuwirken und umgekehrt, das heißt damit die Partei nicht radikalisierend auf das Außenamt einwirkt.«[bf/297]

Einige Stellen dieses Berichts über die diversen Interessensgruppen sind in der Kopie aus Benešs Archiv unterstrichen, der tschechoslowakische Außenminister dürfte diese mit großem Interesse gelesen haben, sind in dieser kurzen Detailanalyse doch schon wichtige Merkmale des Nationalsozialismus erfasst: Es geht weniger um die staatlichen Strukturen, es gibt mehrere Gruppen, die mit dem gleichen Aufgabenfeld betraut sind und konkurrieren, entscheidend ist aber die Nähe zu Hitler, der als Moderator auftritt. Denn auch wenn sich

297 Mastný, Vojtěch (1933): Běžná politická zpráva č. 35, 11.5.1933, MÚA, EB I, ič 894a, Karton 197, S. 3f.

in dieser ersten Runde das Außenamt des Reichs noch durchsetzen konnte, berichtete Mastný knapp einen Monat später, dass sich die Situation anläßlich eines Besuchs des ungarischen Ministerpräsidenten Gyla Gömbös geändert habe:

> »Eine ganz besondere, sensationelle Bedeutung gewann der Besuch Gömbös' dadurch, dass er als eigenständiges Unterfangen des nationalsozialistischen Regimes durch das ›Außenpolitische Amt‹ ohne Wissen des Außenministeriums verwirklicht wurde, dessen Beamte schließlich nicht einmal zur Teilnahme eingeladen wurden. Über den Besuch und dessen Verlauf wurde in den Tageszeitungen ein Kommuniqué herausgegeben, welches man ausdrücklich als ›Kommuniqué der Nationalsozialistischen Partei‹ bezeichnet und das in dieser Tendenz direkt und protzig das vorsätzliche Ignorieren des Außenministeriums zum Ausdruck bringt, welches, wie schon allgemein offenkundig, allmählich den Boden unter den Füßen verliert, indem es vor vollendete Tatsachen gestellt und dem Diktat des nationalsozialistischen Regimes untergeordnet wird.«[bg/298]

Auch wenn Rosenbergs Racket am Ende selbst in der Konkurrenz unterging und auf lange Sicht nur eine Nebenrolle[299] spielte, zeigte sich in diesen Ereignissen schon die Dynamik der nationalsozialistischen Herrschaft, die weniger auf staatliche Strukturen setzte, sondern sich vielmehr als Bewegung verstand, die das gesamt Volk umfasste und die staatliche Strukturen tendenziell eher auflöste. Auch Franz Neumann arbeitete diese Strukturlosigkeit des Nationalsozialismus in seinen Analysen für das Office of Strategic Services (OSS), dem damaligen US-amerikanischen Geheimdienst, heraus: »The shapelessness of German political institutions constitutes a marked difference between German National Socialism and Italian Fascism. In Italy the monarchy

298 Mastný, Vojtěch (1933): Běžná politická zpráva č. 46, 19. 6. 1933, MÚA, EB I, ič 894a, Karton 197, S. 5.

299 Zu den verschiedenen Rackets in der Außenpolitik und deren turbulente Konkurrenz vgl. Smelser, Ronald N. (1975): The Sudeten Problem 1933–1938. Volkstumspolitik and the Formulation of Nazi Foreign Policy, Middletown.

existed to supply continuity and the Grand Council of Fascism, itself, was the place where the overthrow of Fascism was engineered.«[300]

Beneš entwickelt die Auswirkungen, die diese Zentralität des Volks, und nicht die des Staats im völkischen Pangermanismus, haben, auch im Hinblick auf die Funktion des Rechts in seiner Analyse weiter:

> »Der Begriff eines allgemein gültigen, abstrakten, formalen Rechtes, das vom Volk losgelöst ist und der gesamten Menscheit dient, ist das Produkt eines rationalistischen, individualistischen, abstrakten, analysierenden Denkens, auf die die Gesellschaft der liberalen Demokratie aufgebaut wurde. Der Nationalsozialismus verwirft ein solches Recht als schädlich, unmöglich, und erklärt es als einfach nicht bestehend. [...] Recht ist nur das, was dem Volk, dem deutschen Volk, nützt.«[301]

Auch hier nähert sich Beneš wieder Überlegungen der Kritischen Theorie an, hatte doch Franz Neumann 1937 diese Änderung der Funktion des Rechts ganz ähnlich beschrieben: »Das Recht ist jetzt ein technisches Mittel zur Durchsetzung bestimmter politischer Ziele, ist nur noch Befehl des Souveräns. Insoweit ist die juristische Theorie des autoritären Staates der Dezisionismus, das Recht ist nur ein arcanum dominationis, ist Mittel der Machtstabilisierung.«[302] Um welche bestimmten politischen Ziele es dem Nationalsozialismus ging, erklärt Beneš, auch wenn er hier wieder die Bedeutung des Antisemitismus als einfache ›Ergänzung‹ wohl verkennt:

> »Dieser Rechtsbegriff rechtfertigt die gesetzliche Tätigkeit zu Gunsten der Eugenik und der Verbesserung der Rasse und der Gesetze

300 Neumann, Franz (1944/2013): The Revival of German Political and Constitutional Life under Military Government, in: Laudani, Raffaele (Hg.): Secret Reports on Nazi Germany. The Frankfurt School Contribution to the War Effort, Princeton, S. 415.

301 Beneš, Edvard (1944): Demokratie heute und morgen, S. 201.

302 Neumann, Franz L. (1937/1986): Der Funktionswandel des Gesetzes im Recht der bürgerlichen Gesellschaft, in: Ders.: Demokratischer und autoritärer Staat. Studien zur politischen Theorie, Frankfurt a. M., S. 68.

gegen die Rassenvermischung und daher der Gesetze gegen die Juden. Durch die Rechtstheorie des Nationalsozialismus wie auch durch seinen Rassen-Mystizismus wird der politische Antisemitismus als Ergänzung der allgemeinen Theorie von der vollkommenen arischen Rasse gerechtfertigt.«[303]

Auch wenn die Rolle der ›Ergänzung‹, die dem Antisemitsmus hier zugewiesen wird, noch zu diskutieren ist,[304] so traf Beneš mit seiner Unterscheidung der Rolle des Staats im Faschismus und im Nationalsozialismus doch den Kern der Sache. Diese Unterscheidung konnte nur vor dem Hintergrund der Analyse des Pangermanismus und des besonderen deutschen Begriffs von Volk im Auge behalten werden.

Pangermanismus als Analysekategorie spielte auch in Benešs weiteren Überlegungen und Aktionen eine Rolle. Bis hin zu dem Memorandum an die Alliierten vom 23. November 1944, in dem die Exilregierung der Tschechoslowakischen Republik ihren Standpunkt gegenüber den Sudetendeutschen formuliert und einen Transfer fordert, wird mit dem Pangermanismus argumentiert, warum ein Minderheitenstatus der Deutschen in der wiedererrichteten Republik ein Fehler wäre, hätten doch gerade die Sudetendeutschen den Brennpunkt pangermanischer Bewegungen gebildet:

»The unification of Germany 1871, and at the same time the realisation that in Austria they were losing their privileged position above the non-German nations, led the Germans in the Czech territories to approach closer and closer to Pan-German schemes in the ideas which they favoured. [...] It was particularly the Germans from the Czech territories who formulated the Pan-German programme met with especially marked approval on the part of the German population there, even before the last war.«[305]

303 Beneš, Edvard (1944): Demokratie heute und morgen, S. 201.

304 Vergleiche dazu das Kapitel IV dieser Arbeit.

305 Dokument 441, in: Král, Václav (1964): Die Deutschen in der Tschechoslowakei 1933-1947, Dokumentensammlung, Prag, S. 544.

Diese Einstellung habe sich dann weiter radikalisiert: »Merely for the sake of completeness, it seems desireable to refer to the Henlein movement, in which the Pan-German tendencies of the Germans in Czechoslovakia reached their culmination.«[306] Anders als nach dem Ersten Weltkrieg sieht Beneš jetzt kein ›anderes Deutschland‹ mehr, auf das man bauen könnte, ja er hebt sogar hervor, dass nicht nur konservative und reaktionäre Kreise offen für pangermanische Ideen waren, sondern dass auch die Sozialdemokratie sich für diese begeistern konnte, denn an der ersten nationalistischen Welle nach dem Ersten Weltkrieg seien alle deutschen Parteien beteiligt gewesen: »Their leaders included not only Dr. Lodgman, a German Nationalist, but also Dr. Seliger, head of the Social Democratic Party, and the same demand was made by the Social Democrats in Austria.«[307] Diese Änderung der Sicht Benešs auf Deutschland wird nachvollziehbar, wenn man die Auseinandersetzungen Benešs mit Wenzel Jaksch, dem Vorsitzenden der sudetendeutschen Sozialdemokraten im Exil untersucht, denen das nächste Kapitel sich widmet.

306 Ebd., S. 545.
307 Ebd., S. 544.

# III

## Wenzel Jaksch, Edvard Beneš, das Exil und die Deutschen

### 1 Jaksch, der Demokrat und Beneš, der Chauvinist?

Der 1896 geborene Jaksch kann aufgrund seiner Überlegungen über den ›Volkssozialismus‹ als völkischer Antifaschist bezeichnet werden. Diese zunächst paradox erscheinende Bezeichnung soll im Folgenden näher erläutert werden. In seinen theoretischen Arbeiten spielt das Volk eine große Rolle, das Individuum verschwindet in diesem. Gleichwohl gilt Jaksch vielen Historikern als antifaschistisches Aushängeschild der Sudetendeutschen und später auch der sudetendeutschen Landsmannschaften. Er floh 1938 ins Exil nach England und gründete dort die *Treuegemeinschaft Sudetendeutscher Sozialdemokraten*, in der er als Exilpolitiker aktiv war. Nach Konflikten mit der tschechoslowakischen Exilregierung während des Krieges, die auf den ersten Blick darauf beruht hatten, dass er gegen die immer klarer werdenden Pläne eines Abschubs der deutschen Minderheit aus der tschechoslowakischen Nachkriegsrepublik opponiert hatte, verließ er 1949 England gen Deutschland und wurde eine Führungsfigur der Seligergemeinde, der sozialdemokratischen Gesinnungsgemeinschaft innerhalb der Sudetendeutschen Landsmannschaften.

Vor diesem Hintergrund wird er häufig als demokratischer Antipode Benešs dargestellt, der die ›wahren Werte‹ der multinationalen tschechoslowakischen Republik verteidigt habe. So finden sich zum Beispiel in der von Friedrich Prinz herausgegebenen Sammlung von Dokumenten zum Verhältnis zwischen Beneš und Jaksch und ihren Briefen während des Exils folgende Einschätzungen: »Und gerade unsere Generation wird ohne Mühe zu erkennen vermögen, welcher der beiden Protagonisten im Kampf um das Schicksal der Sudetendeutschen – Wenzel Jaksch oder Edvard Beneš – Demokratie ernst nahm oder nur als routinemäßig verwendetes Deckblatt im Pokerspiel um Expansion und unkontrollierte Macht benutzte.«[1] Beneš wird von Prinz als schon immer »von der eigenen Ideologie des großtschechischen Chauvinismus befangene(r) Politiker«[2] charakterisiert, während Jaksch, dessen Position in »den Erfahrungen der Donaumonarchie« gewurzelt hätte, »wo der Nationalismus die sozialistische Bewegung Schritt für Schritt aufgespalten hatte«[3], diesem nicht verfallen wäre. Vollends untergriffig wird Prinz dann im Schlusssatz, wenn er davon spricht, Benešs Programm habe eine »Endlösung«[4] enthalten, ein Satz, den man nur als projektive Leistung bezeichnen kann. Diese Stilisierung Jakschs als *Patriot und Europäer*[5] – so der Titel einer Sammlung seiner nach 1945 veröffentlichten Schriften –, eines Wegbereiters der europäischen Einigung, für den das »kommende Europa eine ›Partnerschaft freier Völker‹«[6] gewesen sei, machte ihn zu einem idealen Aushängeschild und Beweis dafür, dass ein Abstempeln der Landsmannschaften als ewiggestrige Nationalisten falsch und unbegründet sei. Beneš sei hingegen der Nationalist gewesen, der die Vertreibung aus rein chauvinistischen Gründen vorangetrieben habe.

Der Sache näher kommt schon der Historiker Johann Wolfgang Brügel, der die Haltung Benešs und deren verzerrte Darstellung 1967 folgendermaßen charakterisiert:

> »Heute wird aus naheliegenden Gründen Beneš gern als der ›Träger des intransigenten Nationalstaatsgedankens‹ hingestellt. Beneš mag diese Taktik durch seine Haltung im und nach dem Zweiten Weltkrieg gefördert haben. Das ändert aber nichts daran, daß er mit diesem Schlagwort nichts zu tun hatte und daß seine ganze Tätigkeit bis 1938 der Auffassung

1 Prinz, Friedrich (1973): Einleitung, in: Ders. (Hg.): Wenzel Jaksch – Edvard Beneš. Briefe und Dokumente aus dem Londoner Exil 1939–1943, Köln, S. 8.
2 Ebd., S. 20.
3 Ebd., S. 27.
4 Ebd., S. 44.
5 Jaksch, Wenzel (1967): Wenzel Jaksch. Patriot und Europäer, München.
6 Kern, Karl (1967): Vorwort, in: ebd., S. 18.

entgegenwirkte, die Tschechoslowakei sei ein Nationalstaat oder solle als solcher aufgefaßt werden.«[7]

Für Brügel ist klar, dass diese Verzerrung der Haltung Benešs nach 1945 in Deutschland dem Wunsch geschuldet war, die Verstrickung der Sudetendeutschen in den Nationalsozialismus kleinzureden. Brügel, selbst sudetendeutscher Sozialdemokrat, den man ins Exil zwang, unterstützte die sogenannte Zinnergruppe, die sich im Londoner Exil von der sudetendeutschen sozialdemokratischen Exilgruppe der Treuegemeinschaft wegen deren völkischen und republikfeindlichen Haltung abspaltete. Diese Gruppe kritisierte zwar die völkischen Positionen Jakschs scharf, gleichzeitig hielt sie aber an dem Glauben fest, ein ›anderes Sudetendeutschland‹ existiere in einer nennenswerten Größe, während Beneš hier immer mehr Zweifel kamen, die einerseits von seinen eigenen theoretischen Erwägungen genährt wurden, wie auch andererseits von der Tatsache, dass sogar die ins Exil gezwungenen deutschen Sozialdemokraten sich nicht geeint von völkischen Gedanken zu distanzieren bereit waren. Brügel begründet die Hinwendung Benešs zum Nationalismus mit der Konkurrenz zu den tschechoslowakischen Kommunisten so:

> »Beneš ist zu einem Zeitpunkt zum Chauvinisten geworden oder hat es für angezeigt gehalten, als solcher aufzutreten, als er mit den Kommunisten in Wettbewerb um die Gunst des Volks in der Heimat treten zu müssen glaubte. Das alles sei nicht ausgeführt, um die Haltung, die Beneš damals und später eingenommen hat, zu verteidigen oder zu verniedlichen. Die Tatsache, daß schuldbewußte sudetendeutsche Nationalsozialisten und deren Nachbeter Unwahrheiten über ihn verbreiten, macht ihn nicht immun gegen Kritik, die um so wirkungsvoller sein muß, wenn sie sich auf Fakten statt auf Propagandamärchen zweifelhafter Provenienz stützt.«[8]

7 Brügel, Johann Wolfgang (1967): Tschechen und Deutsche. 1918–1938, München, S. 136.

8 Brügel, Johann Wolfgang (1974): Tschechen und Deutsche. 1939–1946, München, S. 242.

Und Brügel berührt einen wichtigen Punkt, wenn er ex post konstatiert, dass diese Politik nur scheitern konnte, da Beneš, obwohl er mit seinen Überlegungen zum Pangermanismus einen Begriff von totaler Herrschaft im Nationalsozialismus entwickelt hatte, den Aspekt totaler Herrschaft im Stalinismus nur undeutlich sah, so die Politik der Kommunistischen Partei unterschätzte und glaubte, diese ausmanövrieren zu können:

> »Durch die Betonung eines kompromißlosen antideutschen Nationalismus, der in seinem Munde ganz fremd klang, suchte er seine Position im eigenen Lande sowohl nach rechts als auch nach links zu sichern – in völliger Verkennung der Natur der kommunistischen Politik, die er am besten zu verstehen und als einziger meistern zu können glaubte.«[9]

Allerdings zeigt sich bei Brügel, dass dieser wiederum den Massencharakter des Nationalsozialismus unterschätzte und – wie viele andere Sozialdemokraten und Liberale im Exil – nicht wahrhaben wollte, dass die ›Volkgemeinschaft‹ mehr war als eine bloße Propagandaphrase der Nationalsozialisten, da sie in der Form, wie sie Robert Gellately skizziert, Wirklichkeit geworden war:

> »Es war ein charakteristisches Merkmal des Dritten Reichs (durch das es sich zum Beispiel vom faschistischen Italien unterschied), daß das Regime keine Mühe hatte, sich die Kollaboration normaler Bürger zu sichern. Die Menschen kooperierten, wenn es darum ging, den Antisemitismus und die rassistischen Maßnahmen gegen Fremdarbeiter durchzusetzen, und waren mit Denunziationen gewiß nicht zimperlich, wenn es galt, normale Verbrechen anzuzeigen.«[10]

Es ist Brügel zuzustimmen, wenn er darauf beharrt, dass die Wortführer der Sudetendeutschen Landsmannschaften in den 1970ern keinen Grund hatten, sich über den Abschub zu empören, er begibt sich

9 Ebd., S. 243.

10 Gellately, Robert (2002): Hingeschaut und weggesehen. Hitler und sein Volk, München, S. 362.

allerdings auf problematisches Terrain, wenn er von einer neutralen »Bevölkerung Deutschlands« spricht, von der man nicht wüsste, wie diese dazu käme, die Sudetendeutschen zu beherbergen:

> »Den sudetendeutschen Nationalisten war er [Beneš, FR] keine Loyalität schuldig und sie, die die Tschechen teils germanisieren, teils aussiedeln und teils an die Wand stellen wollten, haben kein Recht, sich über irgend etwas zu empören, was Beneš getan hat, auch wenn man den Gedanken ablehnen muß, die Entfernung persönlich schuldiger Menschen aus dem Land nicht zu beanstanden, weil sie nichts besseres verdient haben – als ob es nicht auch darauf ankäme, ob die Bevölkerung Deutschlands solchen fragwürdigen Zuwachs verdient hat!«[11]

Auch gegenüber Beneš spitzt er den Vorwurf zu, dieser habe die demokratischen Deutschen verraten: »Der entscheidende Vorwurf gegen Beneš lautet anders. Er besteht darin, daß Beneš im Zweiten Weltkrieg aus – moralisch verwerflichen und politisch irregeleitetem – Opportunismus mit den demokratischen Deutschen, die er über Bord warf, seine ganze Vergangenheit verriet.«[12] Die Frage bleibt aber offen, ob dieser Umschwung in Benešs Sicht der Dinge auch etwas mit der Herrschaftsform des Nationalsozialismus zu tun hat, die die einfache Unterscheidung zwischen dem unschuldigen, beherrschten Volk und den schuldigen Herrschern und ihren Helfern unmöglich macht. Dem tschechoslowakischen diplomatischen Personal in Berlin dämmerte diese Einsicht schon recht früh. Camill Hoffmann hält in seinem *Politischen Tagebuch* zur Volksabstimmung über die neue Außenpolitik 1933, den Austritt aus dem Völkerbund und die geplante Aufrüstung fest: »Rund 10% wagten ablehnend zu stimmen. Die Nazis sollen selbst entsetzt sein über diesen Grad der Gleichschaltung. Sie haben mit einer Opposition von 25% und mehr gerechnet und fürchten nun, das Ausland würde an Fälschung glauben. Außerdem verlieren sie selbst die Übersicht über Freund und Feind.«[13]

11 Brügel, Johann Wolfgang (1974): Tschechen 1939, S. 242f.

12 Ebd., S. 243.

13 Hoffmann, Camill (1995): Politisches Tagebuch, S. 105.

Eine modernere Version dieses Einwands gegen Beneš findet sich bei Arnold Suppan. Dieser zitiert aus einem tschechischen Sammelband zu den Benešdekreten die Argumente, die heute noch für diese angeführt werden, um sie dann gleich in eckigen Klammern zu kommentieren. Ziel der Dekrete sei »›die Liquidierung des nazistischen und faschistischen Totalitarismus‹ [dieser rechtfertigt natürlich keine Anwendung der Kollektivschuld]«.[14] Anstatt zu fragen, ob die Gleichsetzung von Faschismus und Nationalsozialismus nicht eher das Problem und eingehende Untersuchungen zur Struktur des Nationalsozialismus anzustellen seien, wird dekretiert, dass es ›natürlich‹ keine Kollektivschuld geben kann. Die Tatsache, dass gerade das Thema der Kollektivschuld die stärksten Abwehrmechanismen mobilisiert, frappierte schon das Institut für Sozialforschung 1955 in den Studien zu Schuld und Abwehr in Deutschland. Auch dort wird von einem Teilnehmer, ohne Gründe zu nennen, eine Kollektivschuld einfach abgelehnt. Diese Ablehnung wird folgendermaßen interpretiert:

> »Es ist das jene sei's wirklich sei's vom Sprechenden gesetzte oder fingierte communis opinio, jener Gestus dessen, daß man sich ja darin vorweg und ohne Umstände einig sei, der dazu dient, die eigentliche Besinnung über alles Problematische wegzuschieben. Alles wird mit einem Augenzwinkern als kollektiv vorentschieden behandelt und die Bestätigung des Einverständnisses anstelle der Einsicht in Sachen gerückt. [...] Die Frage der Kollektivschuld ist ein Nervenpunkt von solcher Art, daß wer immer nicht die etablierte Meinung teilt, nach dem Schema vom Vogel, der das eigene Nest beschmutzt, behandelt wird. Das ist vielleicht der Grund dafür, daß über diesen Punkt bei den Diskussionen bei der großen Mehrheit der Teilnehmer Einigkeit zu herrschen scheint.«[15]

14 Suppan, Arnold (2014): Hitler – Beneš – Tito. Konflikt, Krieg und Völkermord in Ostmittel- und Südosteuropa. Teil 2, Wien, S. 1605. Das kommentierte Zitat ist eine Übersetzung aus Jech, Karel (2003): Nemci a Maďaři v dekretech prezidenta republiky, Brno, S. 101.

15 Adorno, Theodor W. (1997): Schuld und Abwehr, S. 190 f.

Gerade in dem eingestreuten ›natürlich‹ Suppans drückt sich diese Tendenz aus. Dass die Kollektivschuldthese in den Nachfolgestaaten des Dritten Reichs zu keiner Zeit populär vertreten wurde, sei an dieser Stelle noch am Rande erwähnt.

Hingegen war die Frage während des Zweiten Weltkriegs Gegenstand einer breiten und scharf geführten Diskussion in England, sowohl zwischen Briten als auch den dorthin Exilierten. Ging es im Krieg gegen die Nationalsozialisten oder die Deutschen?[16] Bevor auf diese Frage und Benešs Position in dieser eingegangen wird, sollen aber zunächst die Gründe der Spaltung der deutsch-tschechoslowakischen Exilsozialdemokratie dargestellt werden. Bereits in den 1930er Jahren kam es zur Herausbildung einer völkischen Strömung innerhalb der deutschen Sozialdemokratie in der Tschechoslowakischen Republik.

16 Vgl. dazu: Später, Jörg (2003): Vansittart, besonders S. 285 ff.

## 2 Die deutschböhmische Sozialdemokratie und der Nationalismus

### A) Frühe nationalistische und völkische Einflüsse

Die Geschichte der deutschen und besonders der österreichischen Sozialdemokratie ist voll von Beispielen, die belegen, dass sich diese Bewegungen nie ganz davon emanzipieren konnten, dass ihre Gründer historisch von der deutschnationalen Strömung beeinflusst waren. Schon bei Friedrich Engels findet man die Einschätzung, die Slawen wären geschichtslose Völker,[17] denen keine eigenständige Staatlichkeit zustünde. Auch wenn diese Einschätzung im Zusammenhang mit der Revolution von 1848 zu sehen ist, und eine konkrete Kritik an panslawischen Strömungen darstellte, prägte sie doch das Geschichtsbild vieler Sozialdemokraten. So schrieb Engels: »Die Tschechen, zu denen wir selbst die Mährer und Slowaken rechnen wollen, obwohl sie sprachlich und geschichtlich verschieden sind, hatten nie eine Geschichte. Seit Karl dem Großen ist Böhmen an Deutschland gekettet. [...] Und diese geschichtlich gar nicht existierende ›Nation‹ macht Ansprüche auf Unabhängigkeit?«[18]

Auch die Tatsache, dass der Mitbegründer der österreichischen Sozialdemokratie, Victor Adler, und ein weiterer wichtiger Proponent der frühen Sozialdemokratie, Engelbert Pernerstorfer, zuvor eng mit dem deutschnationalen Georg Ritter von Schönerer zusammengearbeitet hatten, so beim Verfassen des *Linzer Programms* von 1882, lässt eine Traditionslinie erkennen, die nie wirklich grundlegend kritisiert wurde.[19] Die Kategorie der Nation wurde als gesellschaftlich neutrale Form gesehen, die es durch das Proletariat zu erobern gelte, die aber

17 Für eine detaillierte Kritik an dieser Position vgl. Rosdolsky, Roman (1964): Friedrich Engels und das Problem der ›geschichtslosen‹ Völker, o. O.

18 Engels, Friedrich (1849/1975): Der demokratische Panslawismus, in: MEW 6, Berlin, S. 275.

19 Vgl. Mommsen, Hans (1979): Arbeiterbewegung und Nationale Frage, Göttingen, S. 180 f.

nie problematisiert wurde. Auf dieser Linie argumentierte auch der Cheftheoretiker des Austromarxismus, Otto Bauer:

> »Denn darin besteht ja das *nationale Elend* in der Klassengesellschaft, dass die breiten Massen des arbeitenden Volkes von der nationalen Kulturgemeinschaft fast vollständig ausgeschlossen sind; dass die besitzenden Klassen nicht nur die Sachgüter, die die Arbeiterklasse erzeugt, sondern auch die nationale Kultur, die auf der Arbeit des Proletariats beruht, sich aneignen und der Arbeiterklasse vorenthalten. Man verschleiert den Klassengegensatz, man verhüllt die Ausbeutung der Arbeiter, man beschönigt das Elend der Arbeiterklasse, wenn man den Arbeitern einreden will, sie seien heute schon gute Deutsche. Umgekehrt! Weil die Arbeiter heute gar nicht gute Deutsche sein können, deshalb streben wir nach einer Gesellschaftsverfassung, in der alle Arbeitenden an der nationalen Kultur Anteil haben und dadurch zu einer nationalen Kulturgemeinschaft zusammengeschlossen werden. Die Arbeiter sind nicht gute Deutsche, aber wir kämpfen darum, sie zu guten Deutschen zu machen!«[20]

Besonders in den Jahren vor dem Ersten Weltkrieg verschärfte sich die Situation immer mehr, und auch die deutsche Sozialdemokratie in Österreich setzte vermehrt auf nationale Agitation, was Karl Kautsky als Vertreter der selbst nicht gerade als antinational bekannten SPD zu der Bemerkung veranlasste, die »deutschen Sozialdemokraten« seien »bisher in nationalen Dingen die einzig vernünftigen Leute in Österreich« gewesen, was sich aber ändern würde: »Wenn sie jetzt auch in nationalem Empfinden, d. h. in nationaler Empfindlichkeit machen, dann geht die letzte Spur Vernunft in Österreich flöten.«[21]

Auch auf tschechischer Seite wurde die Nähe der sozialdemokratischen Partei zum Deutschnationalismus bemerkt. In seiner Beschäf-

20 Bauer, Otto (1907): Die Nationalitätenfrage und die Sozialdemokratie, www.marxists.org-/deutsch/archiv/bauer/1907/nationalitaet/31-programm.html, 4.11.2015.

21 Brief Kautsky an Bach, zit. n.: Mommsen, Hans (1979): Arbeiterbewegung, S. 213.

tigung mit der Entwicklung des Sozialismus hebt Beneš schon 1911 hervor: Der »österreichische Sozialismus ist stark nationalistisch, viel nationalistischer als es für sein Streben und Ziel gesund wäre«.[bh/22] Und Masaryk rechnete Karl Renner und Otto Bauer während des Ersten Weltkriegs auch den Pangermanen zu, wenn er auch festhielt, dass diese ihr Ziel auf »klügere und anständigere Weise erreichen wollen.« Aber von der Substanz her »unterscheidet sich das Programm der deutschen Sozialisten Renner und Bauer in der Hauptsache nicht von dem Programme der Pangermanen; Renner akzeptiert Naumanns Zentral-Europa; die von ihm und Bauer vorgeschlagene nationale Autonomie ist nur ein Zugeständnis, damit Österreich-Ungarn und sein deutscher Charakter erhalten bleibe.«[23] Dass das von Bauer und Renner propagierte Personalitätsprinzip, das »die Nation nicht als Gebietskörperschaft, sondern als reinen Personenverband konstituieren«[24], und diesen Verbänden dann eine beschränkte Selbstverwaltung geben will, eine Schlagseite hin zu völkischen Sichtweisen hat, beschreibt auch Hannah Arendt:

> »Daß ein solches Personalitätsprinzip die Gefahr des Völkischen immer besonders ausgesetzt bleibt, ist offenbar. Sobald sich dies Personal-Nationale mit dem nationalen Stolz westlicher Völker messen wollte, stellte sich heraus, daß sie auf kein gemeinsam bebautes und besiedeltes Land, auf keinen Staat, auf keine geschichtliche Leistung weisen konnten, sondern eben nur auf sich selbst – und das hieß im besten Fall auf die Sprache (als ob Sprache selbst schon eine Leistung wäre) und im schlimmsten Fall auf ihre slawische oder germanische oder tschechische oder Gott weiß welche ›Seele‹.«[25]

22 Beneš, Edvard (1911): Stručný nástin vývoje moderního socialismu. Část čtvrtá. Brandýs nad Labem, o. S., zit. n.: Havlíček, František (1991): Eduard Beneš. Člověk, sociolog, politik, Prag, S. 14.

23 Masaryk, Tomáš Garrigue (1991): Das neue Europa. Der slavische Standpunkt, Berlin, S. 97.

24 Bauer, Otto (1907): Nationalitätenfrage.

25 Arendt, Hannah (2003): Elemente, S. 492.

Diese Schlagseite wurde noch dadurch verstärkt, dass es schon Ende des 19. Jahrhunderts in den böhmischen Kronländern vor dem Hintergrund einer extremen nationalistischen und völkischen Agitation zur Gründung von Gesellenvereinen kam, die, in Konkurrenz zu sozialdemokratischen Organisationen stehend, diese, da ja die Nation nie problematisiert worden war, dazu brachten, mit jenen auch in der Frage des Deutschtums um die Arbeiterschaft zu rittern.[26] Besonders die Badeni-Krise von 1897, eine österreichische Krise der Innenpolitik, deren Kern eine Verordnung war, die die Verpflichtung zur Zweisprachigkeit bei Verlautbarungen durch Behörden beziehungsweise die Beantwortung von Eingaben in der gleichen Sprache, in der sie erfolgten, regeln sollte, entfachte eine Welle der Empörung und der deutschnationalen Agitation. Diese führte zu einer weiteren Nationalisierung der gesamten politischen Landschaft. Die mit der Krise »verbundenen nationalen Auseinandersetzungen schwächten das international ausgerichtete Gefüge der Sozialdemokratie eklatant und ließen auf der anderen Seite endgültig eine radikale völkische Arbeiterbewegung mit einer eigenen ideologischen Ausrichtung entstehen [...] Das radikale Alldeutschtum Schönerers fand somit Eingang in die Arbeiterschaft!«[27]

Aber das sollte nicht dazu verführen, den in dieser Formulierung angelegten Gegensatz zwischen der internationalen Sozialdemokratie und den völkischen Bewegungen zu hypostasieren. Zwei Seelen, eine nationalistische und eine rationale, wohnten oft in der Brust einzelner Vertreter der Partei. Josef Seliger, der Führer der sudetendeutschen Sozialdemokratie vor und während des Umbruchs 1918 kann hier als Beispiel dienen. Dieser forderte 1916, gegen die tschechoslowakische Bewegung zur Staatsgründung gewandt:

> »Wie wir für alle Nationen das Selbstbestimmungsrecht fordern, so wollen wir auch jeden Versuch abwehren, der nicht auch dem deutschen Volke auf seinem Boden dasselbe Recht gewährleistet, und wir sind fest entschlossen, einer solchen Lösung entgegenzuwirken, die uns Deutsche

26 Vgl. Wladika, Michael (2005): Hitlers Vätergeneration, S. 357 ff.

27 Ebd., S. 363.

in den Sudetenländern von der Gesamtheit des deutschen Volkes in Österreich loslösen würde.«[28]

Konsequenterweise wurde er dann im kurzlebigen Versuch, ein der Republik Österreich zugehöriges *Land Deutschböhmen* zu gründen, dessen Landeshauptmannstellvertreter unter dem Landeshauptmann Rudolf Lodgmann von Auen, einem völkischen Nationalisten. Allerdings scheinen ihm dabei durchaus auch Zweifel gekommen zu sein, da er im November 1918 einen Aufsatz veröffentlichte, in dem er schrieb, es werde

> »jedes Volk klar sehen [...] wo es steht, wie seine Nachbarn beschaffen sind, wie es sein Verhältnis zu ihnen gestalten muß, und *dann wird sich zeigen, daß auch das Selbstbestimmungsrecht der Völker wie alles in der Welt eine höchst relative Sache ist* [...] Selbständigkeit Deutschböhmens! Hört man das Wort, dann denkt man zunächst natürlich an die Trennung alles dessen, was deutsch ist in Böhmen, vom Tschechischen und an die Vereinigung des losgelösten deutschen Sprachgebietes zu einer geographischen Einheit. *Ein Blick auf die Sprachenkarte Böhmens belehrt uns sofort darüber, daß dies ja gar nicht möglich ist.*«[29]

Hier verkennt Seliger, dass die geographische Grenzziehung auf der Gewalt der Staatlichkeit beruht und nicht auf dem mystischen Selbstbestimmungsrecht der Völker, auch wenn er gerade dadurch sein Gewaltmonopol zu gründen versucht und damit doch noch irgendwie Kenntnis von der Frage nach der Gewalt hat.

Es ist auch kein Zufall, dass die beiden zitierten Quellen von zwei deutschböhmischen Sozialdemokraten in ihren Werken angeführt werden, die jeweils einen anderen Aspekt betonen wollen. Ernst Paul stand dem nationalistischen Flügel näher, Brügel wollte, auch als Kritik an dieser Art der Geschichtsschreibung der sudetendeutschen

28 Rede vom 17.12.1916, zit. n.: Paul, Ernst (o. J.): Josef Seliger. Ein großer Sohn der Sudetendeutschen, Stuttgart, S. 27.

29 Zit. nach Brügel, Johann Wolfgang (1967): Tschechen 1918, S. 51.

Verbände in der Nachkriegszeit, den verständnisbereiten Aspekt hervorheben.

Wie stark auch in sozialdemokratischen Organisationen der 1920er Jahre das völkische Moment war, führte plastisch Karl Kraus vor Augen, als er im Sommer 1924 vom *Neuen Stadttheater* in Teplitz-Schönau (Teplice) gebeten worden war, einer Aufführung der *Letzten Nacht*, einer Szene der *Letzten Tage der Menscheheit* seinen Segen zu geben. Die Erfahrungen, die er hier machte, verarbeitete er zu dem Text *Die Sudeten*[30]. Kraus stimmte der Aufführung zwar zu, nur wurde kurz vor dieser durch die städtische Intendanz, die mit Vertretern der regierenden Parteien besetzt war, der Wunsch herangetragen, ein anderes Stück zu spielen. Das führte zu einem Schlagabtausch zwischen sozialdemokratischen, die diesen Zensurversuch verurteilten, und völkischen Zeitungen, von denen besonders die letzteren Ziele der Krausschen Satire wurden:

> »Wie dem immer auf deutsch sei, mit den Sudetendeutschen in Teplitz gings mir also nicht wesentlich anders als mit den Alpendeutschen in Innsbruck; Erfahrungen mit den Markomannen, Hurmunduren, Brukterern und Tenkterern und anderen bei Tacitus vorkommenden Stämmen stehen noch aus. Daß diese Troglodyten, denen gegenüber eine geistige Polemik wohl am wirksamsten in einem Schaff Wasser über den Kopf ›zum Ausdruck gebracht‹ würde (nicht umgekehrt), daß sie also mehr deutsch wollen als können, ist eine alte Erfahrung.«[31]

Das Stück wurde aufgeführt, aber, und das ist der springende Punkt, es konnte sich eine der völkischen Zeitungen nicht einen Seitenhieb auf die Sozialdemokratie verkneifen: Deren Vertreter in der Intendanz hätte nicht nur nicht die Aufführung des Krausschen Stückes verteidigt, sondern auch die Idee, die Ablehnung in Form eines Wunsches nach einem anderen Stück zu formulieren, sei von diesem gekommen. Kraus kommentierte diesen Umstand folgendermaßen: »Wenn dies so wahr ist wie es schlecht deutsch ist, so wäre der Fall komplett, man

30 Kraus, Karl (1924): Die Sudeten, in: Ders.: Die Fackel, Nr. 657–667, S. 74.
31 Ebd., S. 81.

hätte es tatsächlich mit einem Streich von sieben Teplitzern zu tun und der sozialdemokratisch orientierte hätte als der intelligenteste die Ungeheuerlichkeit erst in Fluß und Form gebracht. Er hätte die Dummheit, die den andern immerhin Parteipflicht ist, freiwillig und subsidiär geleistet.«[32] Diese Situation, in der der Sozialdemokrat so die geschicktere Avantgarde im Eifern gegen, wie eine der völkischen Zeitungen schrieb, »K. Kraus und seine volksfeindliche Gesinnung«[33] war, brachte Kraus zu dem bekannten Stoßseufzer: »Die Sudeten aber sind eine Absperrvorrichtung zum Schutze des Gehirns gegen jede Veränderung in dessen Belangen.«[34]

Diese Episode deutet an, wie sehr die deutschen Sozialdemokraten in der ČSR (DSAP) versucht waren, in Konkurrenz mit den völkischen Parteien, diese rechts zu überholen und die völkischen und nationalen Themenfelder selbst zu besetzen, so als wollten sie ein Paradebeispiel für Kautskys Befürchtung liefern, die Vernunft werde dank der nationalistischen Einstellung »flöten gehen«. Kraus hat diese Tendenz später, wenn auch auf die österreichische Sozialdemokratie gemünzt, folgendermaßen zusammengefasst: »Es gibt – und dies ist leider Gottes die stärkste aller Gegebenheiten, die wir herbeigeführt haben – es gibt Nationalsozialisten: da bleibt uns nichts übrig, als Sozialnationalisten zu werden, und uns zu gebärden, als wären wir die echten.«[35] Dies könnte auch das Motto Wenzel Jakschs gewesen sein.

## B) Die Erste Republik und das Aufkommen des Volkssozialismus

Zunächst aber setzte sich innerhalb der Partei die Ansicht durch, durch die Zusammenarbeit mit der neuen Republik sei mehr zu ge-

32 Ebd., S. 83.

33 Ebd., S. 80.

34 Ebd., S. 85.

35 Kraus, Karl (1993): Hüben und Drüben, in: Ders.: Hüben und Drüben. Aufsätze 1929–1936, Frankfurt a. M., S. 173 f.

winnen, auch wenn eine Regierungsbeteiligung der DSAP erst ab 1929 realisiert wurde. Zuvor, ab 1926, waren aber schon andere deutschböhmische Parteien, der Bund der Landwirte und die Christlich-Soziale Partei, bürgerlichen Regierungen beigetreten und bildeten nur das sogenannte ›aktivistische‹ Lager. Die völkischen Parteien hingegen verhielten sich dem neuen Staat gegenüber ablehnend und blieben bei ihrer ›negativistischen‹ Position.

In den dreißiger Jahren bildete sich um Jaksch und den Parteiintellektuellen Emil Franzel eine ›volksozialistische Strömung‹ innerhalb der Partei, die sich Anregungen vom Nationalrevolutionär Otto Strasser holte, der sich mit Hitler überworfen hatte, nun im tschechoslowakischen Exil weilte und mit dem Jaksch auch eine persönliche Freundschaft verband, wie er 1939 im Vorwort eines Buches Strassers selbst schrieb. Dort ließ er auch deutlich werden, was er an Strasser bewunderte: »Vielleicht liegt der besondere Wert dieses Buches darin, daß es die Arbeit eines Deutschen ist, der aus dem Kriegserlebnis als Sozialist und Nationalist hervorgegangen ist, ohne dann später diese Gesinnung in den Dienst eines ungeistigen und zutiefst amoralischen Cäsarentums zu stellen, wie so viele andere.«[36] Die Kritik Jakschs richtete sich also nur gegen den diktatorischen Charakter des Nationalsozialismus, Hitler sei mehr ein Usurpator, der die an sich unproblematische Verbindung von Nation und Sozialismus missbrauche. In der Schrift selber will Strasser Masaryk für seine völkische Europakonzeption einspannen. Das gelingt aber nur, indem Strasser konsequent alles, was Masaryk an der Aufklärung für positiv befindet und die starke Rolle, die dem Individuum zukommt, ausblendet. Darüber hinaus verleugnet Strasser den Antisemitismus, der auch die ›nationalsozialistische Linke‹ auszeichnete, war doch in den von ihm selbst verfassten *14 Thesen der Deutschen Revolution* zu lesen: »Im besonderen gilt dieser Kampf dem Judentum, das im Verein mit den überstaatlichen Mächten der Freimaurerei und des Ultramontanismus teils aus Artzwang, teils aus Willen das Leben

36 Jaksch, Wenzel (1939): Vorwort, in: Strasser, Otto: Europa von morgen. Das Ziel Masaryks, Zürich, S. 9.

der deutschen Seele zerstört.«[37] Jaksch scheint sich an solchen offen antisemitischen Äußerungen nicht gestoßen zu haben, als er 1939 das Vorwort schrieb.

Emil Franzel stand Strasser vielleicht nicht persönlich, aber ideologisch noch näher. In seinem Buch *Abendländische Revolution*[38], das im gleichen Verlag wie Jakschs Hauptwerk erschien, glorifiziert er die ständische Verfassung des Mittelalters und stellt sie als Lösungsvorschlag für die sozialen Probleme der Moderne dar. Das Buch lässt sich in die Strömung der konservativen Revolution einordnen. Franzel verließ dann auch konsequenterweise 1937 die DSAP und sympathisierte mit der völkischen Bewegung.[39] Jaksch blieb in der Partei und schaffte den Aufstieg.

Die Hinwendung zum ›Volkssozialismus‹ stellte sich für viele DSAP-Parteimitglieder auch als Antwort auf die stärker werdende Henleinbewegung dar. Im Vorfeld der Wahlen 1935, die der DSAP große Verluste und der SdP einen großen Durchbruch bescheren sollten, bemerkte Karl Rybnicky, ein Vertreter der *Sozialistischen Aktion*, des Sammelbeckens innerhalb der Partei für den ›Volkssozialismus‹ bei einer Reise durch die deutschböhmischen Gebiete: »Was ich da zu sehen und zu hören bekam war für mich geradezu niederschmetternd. Überall ein massenhaftes Überwechseln der Parteimitglieder zur Henleinfront. Auf meine Fragen, wie solches nur weitergehen soll, wußte keiner eine Antwort zu geben, und da begann ich schon damals zu überlegen, wie lange denn überhaupt noch diese Gebiete der Partei verbleiben werden.«[40] Die Lösung, die der ›volkssozialistischen‹ Opposition in der Partei vorschwebte, war nun, durch eine Betonung des Nationalismus und durch eine eigene Volkstumspolitik der SdP das Wasser abzugraben.

37 Die 14 Thesen der Deutschen Revolution, in: Kühnl, Reinhard (1966) Die nationalsozialistische Linke 1925–1930, Meisenheim a. G., S. 288.

38 Franzel, Emil (1936): Abendländische Revolution. Geist und Schicksal Europas, Bratislava.

39 Vgl. zu den Details Brügel, Johann Wolfgang (1967): Tschechen 1918, S. 342.

40 Zit. nach: Bachstein, Martin K. (1974): Wenzel Jaksch und die sudetendeutsche Sozialdemokratie, München, S. 75.

Noch bevor Jaksch 1938 sich in der Wahl zum Parteivorsitz durchsetzte, und mit ihm die volkssozialistische Linie, hatte er schon beim Parteitag 1935 in seiner Rede festgehalten, dass die Fixierung auf die Arbeiterklasse ein Fehler wäre, und dass der »Sozialismus in der Tschechoslowakei [...] nicht von der Bauernschaft und vom Mittelstand isoliert werden« könne, es ginge dagegen um die »Erarbeitung neuer Formen, in denen die drei Millionen Deutschen in der Tschechoslowakei wirtschaftlich, kulturell und politisch weiterleben können.«[41] Das Volk sollte also das Proletariat als revolutionäres Subjekt ablösen. Um das Volk aber hinter sich zu scharen, so Jaksch, brauche es eine Theorie der Massenpropaganda, denn es klaffe »eine Lücke in unserer Theorie und das ist die Anwendung des sozialistischen Wissens auf die Psychologie der Völker.«[42]

Um diese Lücke zu schließen, hatte sich Jaksch nach dem Parteitag 1935, wie er selbst rückblickend schreibt, »für einige Wochen in das Böhmerwalddörfchen Chimitz-Tetton [sic, richtig ist Chinitz-Tettau, FR] zurückgezogen«, um – schon an der Sprache zeigt sich Jakschs Hang zum völkischen, mit der Heimat und dem Ursprung verbundenen Denken – »in der Waldestiefe zwischen Rachel und Lusen meine Gedanken zu ordnen und zu Papier zu bringen.«[43] Das Ergebnis war das Buch *Volk und Arbeiter*[44].

41 Protokoll der Verhandlungen des zehnten Parteitages der DSAP, zit. n.: Bachstein, Martin K. (1973): Der Volkssozialismus in Böhmen: Nationaler Sozialismus gegen Hitler, in: Bohemia 14, S. 354.

42 Ebd.

43 Jaksch, Wenzel (1967): Unser Weg nach Godesberg, in: Ders.: Wenzel Jaksch, S. 78.

44 Jaksch, Wenzel (1936): Volk und Arbeiter. Deutschlands europäische Sendung, Bratislava.

# 3 Jakschs *Volk und Arbeiter*: Volkssozialismus und Nationalismus

Jaksch beginnt seine Schrift mit einem Panorama der zeitgenössischen Welt: Technische Umwälzungen und politische Entwicklungen würden die »dritte Sozialistengeneration seit Marx«[45] vor ganz neue Aufgaben stellen. Denn mit all den Umwälzungen »ändert sich auch die politische Waffentechnik. Alle Möglichkeiten, Menschen zu beeinflußen, zu gewinnen und zu beherrschen sind einer Revolution unterworfen.«[46] Hier deutet sich auch schon das Ziel des Buches an: der sozialistischen Bewegung diese neuen Mittel zur Verfügung zu stellen, um die Massen in ihrem Sinne zu gewinnen. Jaksch nimmt zur ›Masse‹ ein rein instrumentelles Verhältnis ein und macht daraus auch keinen Hehl: Keine Kritik der Gesellschaft soll geleistet werden, sondern auf ein »verändertes Weltbild, auf ein anderes Zeitbild des Menschen ist der sozialistische Ideengehalt zu projizieren.«[47] Den Massen soll Orientierung gegeben werden, intellektuell seien sie nicht ansprechbar, denn es bestimmten »Affekt und Gefühl die Marschrichtung der Massen.«[48] Darin sieht Jaksch nun nicht ein Problem, sondern den Ansporn, es solle den »in der kapitalistischen Krisenzone lebenden Völkern« ein neues »Ordnungsprinzip«[49] auferlegt werden. Das Fehlen eines Ordnungsprinzips mache sich der siegreiche Faschismus zu Nutze: »Der Kapitalismus hatte nicht mehr, der Sozialismus besaß noch nicht die Kraft, das aus den Fugen geratene Völkerdasein in Ordnung zu bringen. Da schob sich der Faschismus als Ordnungsmacht ein.«[50] Für Jaksch sind die Völker die eigentlichen Subjekte der Geschichte, die nur von jeweils verschiedenen Ordnungsprinzipien überzeugt werden. Aber der

45 Ebd., S. 7.
46 Ebd., S. 8.
47 Ebd.
48 Ebd.
49 Ebd.
50 Ebd., S. 11.

Faschismus (unter den er auch den Nationalsozialismus subsumiert, um den es ihm aber hauptsächlich geht) steht für ihn vor einem schweren Problem: Er sei durch »nationalrevolutionären Mythos und durch antikapitalistische Gefühlsrevolten emporgetragen«[51] worden, einmal an der Macht, könne er diese »Überwindung des Kapitalismus« nicht liefern, nur eine »Militarisierung der kapitalistischen Ausbeutungsmethoden«[52], der Lack sei also ab: »Immer schwieriger wird es für die nationalsozialistischen Machthaber, die Fiktion ihrer Ordnungsmission aufrecht zu erhalten.«[53] Eine genaue Analyse des Nationalsozialismus, die bei seinem Sturz hilfreich sein soll, wird so überflüssig, denn dieser habe bereits abgewirtschaftet. Dem Volk sei nun eine Neuorientierung anzubieten: »Die Kulisse des faschistischen Ordnungsbetriebes muß weggeräumt werden und ein neuer Ordnungsbegriff ist im Bewußtsein der Volksmassen aufzurichten.«[54] Überhaupt stellt Jaksch in Abrede, dass eine Analyse des Nationalsozialismus notwendig sei; er will zwar am Marxismus festhalten, dieser aber habe »(s)eine analytische Aufgabe [...] vollendet, nun beginnt die synthetische; nun hat er als verbindende Kraft zu wirken.«[55] Anstatt also über die Gründe nachzudenken, warum der Nationalsozialismus Erfolge erzielt, gehe es darum, ihm die Hegemonie zu entreißen, und das Volk, das bei Jaksch eine völlig unproblematische Kategorie ist, wieder auf einen sozialistischen Kurs zu bringen. Er definiert die Aufgabe, der er sich stellt, folgendermaßen:

> Der »freiheitliche Sozialismus hat ohne Hintergedanken und Einschränkungen die Pflicht zu erfüllen, die sozialistische Idee auf das ganze weite Feld des werktätigen Volksdaseins zu streuen und jene Kräfte zusammenzuschweißen, die nicht nur den Faschismus machtmäßig ablösen, sondern an seine Stelle ein Werk setzen können, wie es der

51 Ebd.
52 Ebd., S. 12.
53 Ebd.
54 Ebd., S. 13.
55 Ebd.

größte deutsche Dichter sehnend ahnte: Solch ein Gewimmel möcht' ich seh'n / Auf freiem Grund mit freiem Volke steh'n.«[56]

Jaksch verhält sich recht widersprüchlich: Einerseits meint er, eine Analyse könne nicht die Aufgabe der neuen Zeit sein, da ja die Synthese im Vordergrund stehen sollte, gleichzeitig fordert er, da es ihm ja auch um eine »Erneuerung [...] der historischen Perspektive«[57] der Arbeiterbewegung geht, eine »wenn auch nur grob umrissene Vorstellung von den weltpolitischen und europäischen Nachkriegsvorgängen«, weil nur so die »Aufhellung der deutschen Problematik«[58] möglich sei. Er unterstreicht den Ersten Weltkrieg als epochemachendes Erlebnis, bleibt dann aber bei der Analyse recht oberflächlich, selbst bei der Frage nach dem Kriegsgrund und wer dafür verantwortlich gemacht werden könne:

> »War der Weltkrieg ein Zusammenstoß zwischen Panslawismus und Pangermanismus, ein Behauptungskampf der westlichen Demokratien, eine Durchbruchsschlacht der jungen Völkerschaften gegen die Erstarrung halbabsolutistischer Zustände diesseits des Rheins? Wer waren die Angreifer, wer zog das Schwert zur Verteidigung? Wer zog auf Eroberung aus, wer kämpfte in Notwehr? Soviel Parteiungen, soviel Meinungen und darin spiegelt sich die geistig-seelische Entfremdung der beteiligten Völker und die politische Zerrissenheit Europas.«[59]

Hier macht es sich Jaksch sehr einfach, beziehungsweise steckt hinter dieser Pseudokonkretheit, die einerseits von sich behauptet, alte Deutungen mit aktuelleren zu überwinden, gleichzeitig aber dann ins Unverbindliche abgleitet, eine klare Tendenz. Denn würde er sich in der Kriegsschuldfrage festlegen, dann hätte man zwischen zwei Optionen zu wählen: Entweder müsste man die Nachkriegsverträge bejahen, was Jaksch wegen seiner Volksverbundenheit nicht zulassen

56 Ebd., S. 14.
57 Ebd., S. 16.
58 Ebd.
59 Ebd., S. 17.

darf, da er sich dann die Argumentationsbasis für die Autonomie der Sudetendeutschen entziehen würde, und so auch nicht die Volkssehnsüchte in seine Politik integrieren könnte. Würde er Versailles aber ablehnen, dann entzöge er der Tschechoslowakischen Republik ihre (nicht nur) juristische Grundlage, was ihm in diesem Zusammenhang noch nicht opportun erschien. Er wird aber an späterer Stelle im Buch deutlicher darauf zu sprechen kommen.

Wohin man blickt, bei Jaksch basiert alles auf dem Volk. Seine Kritik am Nationalsozialismus besteht darin, ihm vorzuwerfen, dieser habe das Verhältnis von Nation und Sozialismus zerrissen: »Im Grunde geht das innerdeutsche Gegenwartsringen um die Rangordnung zweier Begriffe, welche die herrschende Partei sinnverwirrend wohl in ihrer Namensgebung verbunden, doch in ihrer Praxis tief auseinandergeklüftet hat: des Nationalen und des Sozialen.«[60] Diese Verbindung wiederherzustellen und wirklich glaubwürdig zu vertreten, das ist das Anliegen Jakschs.

In seinen Versuchen, den Nationalsozialismus auf den Begriff zu bringen, spricht Jaksch nur von einer Verschwörung des Militärs, der Junker und Großkapitalisten, die die Masse hinters Licht geführt hätten: »Hitlers historische Leistung bleibt es, der militaristisch-junkerlich-schwerindustriellen Verschwörung gegen die Republik das plebejische Fußvolk zugeführt zu haben.«[61] Die Mobilisierungskraft des Nationalismus sei anzuerkennen, und Jaksch möchte sich diese für sozialrevolutionäre Aufgaben als Vorbild nehmen. Denn gerade in der Nationalisierung der Arbeiter während des Ersten Weltkriegs, im Aufgehen der Arbeiterbewegung im Staat sieht er ein Aktivum, kein Problem: »Das Kriegserlebnis hatte dem proletarischen Selbstbewußtsein einen neuen Auftrieb ermöglicht. Sowohl an der Front wie in den Munitionsfabriken war dem Arbeiter seine Bedeutung für die Nation bewußt geworden. Von großem Verantwortungsgefühl für Staat und Volk beseelt, sprang er angesichts der furchtbaren militärischen Niederlage in die Bresche.«[62] In diesem Zusammenhang

60 Ebd., S. 31.
61 Ebd., S. 70.
62 Ebd., S. 56 f.

verteidigt Jaksch das Bündnis der deutschen Sozialdemokratie mit den protofaschistischen Freikorps aus der Überzeugung heraus, diese hätten eine Zerstörung der nationalen Einheit verhindert:

> »Die Entrüstung über republikanische Regierungen, welche die Bildung illegaler Wehrformationen zuließen, beruht auf krasser Unkenntnis der Vorgänge. Gegen die Freischaren Korfantys [Wojciech, ein polnischer Politiker, der Oberschlesien auch mit Gewalt zu Polen bringen wollte, FR] und gegen die rheinischen Separatisten – auch ein Kapitel aus dem Schuldbuch des französischen Generalstabs – nützen eben pazifistische Bekenntnisse nichts.«[63]

Jaksch weiß genau, welche fatale Rolle die Freikorps für die Weimarer Republik spielten: »Heute kann man ermessen, wie viele Giftstachel durch die Existenz der verschiedenen Freikorps und durch den Machthunger einer befehlsgewohnten Offizierskaste in den Körper der Weimarer Republik getrieben worden sind.«[64] Für ihn ist jedoch die Einheit aller von Deutschland für sich reklamierten Territorien wichtiger als der Gedanke an die Weimarer Republik. Insofern klingt bei Jaksch hier der Pangermanismus an.

So kann Jaksch in seinem theoretischen Hauptwerk die zeitgenössischen Probleme des deutschen Volks als Volk nicht ignorieren, es geht ihm darum, die vermeintlich rationalen Elemente des Nationalsozialismus vor deren Übertreibung zu retten. Hier bezieht er dann auch Position gegen Versailles:

> »Freilich können die Grenzziehungen von Versailles, insbesondere dort, wo sie aus dem Reichsboden deutsche Volksteile herausschnitten nicht das letzte Wort der Geschichte sein. Darin liegt ja der unerhörte taktische Vorteil der nationalsozialistischen Machthaber, daß sie ihre innere Versklavungspolitik und ihre verrückten Eroberungspläne à la Rosenberg als Kampf gegen die Versailler Diktate volkstümlich zu tarnen vermögen. Um so mehr muß die antihitlerische Opposition einen festen

63 Ebd., S. 61.
64 Ebd.

Standpunkt zu den Hauptfragen der deutschen Außenpolitik finden. Sie kann weder an der Anschlußfrage, noch am Korridorproblem, noch an der Frage der deutschen Minderheiten vorbeigehen, will sie nicht einen wichtigen Frontabschnitt des Ringens um die Seele der Nation unbesetzt lassen.«[65]

Es geht ihm also in erster Linie um das deutsche Volk, das in all diesen Fragen legitime Interessen hätte, in Fragen, die alle gleichzeitig Lebensfragen der Republik berührten, in deren Abgeordnetenhaus er saß. Jaksch will, und das unterscheidet ihn seiner Ansicht nach von Hitler, aber keine gewaltsame Lösung dieser Probleme. Das Denken in reinen Machtkategorien kritisiert er, und glaubt, hier in einem großen Gegensatz zum Nationalsozialismus zu stehen. Er irrt, wie Franz Neumann zeigt, denn dieser wies darauf hin, dass die völkerrechtlichen Lösungen, die auch Jaksch vorschlägt, ebenso von Nationalsozialisten vorgeschlagen wurden: »Zur Überraschung all derer, die meinen, die nationalsozialistische politische Theorie sei einfach ein staatlicher Absolutismus, hat der Nationalsozialismus zahlreiche Beiträge zum Völkerrecht geleistet.«[66] Dabei wird auf völkerrechtlicher Ebene der einzelne Souverän einer Staatengemeinschaft untergeordnet und die liberale, rein formelle Gleichheit der Staaten durch eine inhaltliche ersetzt, die jedem Staat einen angemessenen Lebensraum geben solle.[67] Auch bei Jaksch schlummern unter den formellen Regeln die ursprünglicheren Volkskräfte, die, wie auch er gegen Frankreich ausführt, mächtiger seien: »Frankreich macht jetzt die Erfahrung, daß die lebendigen Kräfte des Völkerdaseins stärker sind, als papierene Diktate.«[68] Hier allerdings zeigt sich, dass Jaksch dann die Konsequenz seiner Überlegung nicht bedenkt: Denn wie soll Stärke zwischen Staaten repräsentiert werden, wenn nicht in Form von Macht und Gewalt?

65 Ebd., S. 33.

66 Neumann, Franz L. (1998): Behemoth, S. 192.

67 Vgl. ebd., S. 194.

68 Jaksch, Wenzel (1936): Volk, S. 43.

Unter dem Blickwinkel des deutschen Volks propagiert Jaksch auch eine Neuordnung Europas, die auf einen scheinbar natürlichen und konkreten Wirtschaftsraum hinausläuft. Allerdings verschwindet auch hier die Frage der Souveränität der einzelnen Staaten:

> »Danzig, Korridor und Memelfrage drängen nach einer Neuregelung, die nicht mehr mit brutaler Einseitigkeit auf Kosten der deutschen Volksinteressen gehen kann. [...] Gerechtigkeit muß es auch im Völkerleben geben, nur dürfen alte Wunden nicht um den Preis neuer Wunden beseitigt werden. [...] Nachdem der Prozeß der Nationalstaatenbildung in großen Zügen abgeschlossen ist, scheint nun die auf Ausweitung der Wirtschaftsräume gerichtete Gegentendenz wieder für eine Geschichtsperiode zu Wort zu kommen. Das stellt besonders die kleinen Nationen vor die Aufgabe, die natürliche Begrenzung ihrer Souveränität zu erkennen.«[69]

Hier zeigt sich die Problematik, die die Ablehnung einer formalen Gleichheit unter den Souveränen hat. Denn nur durch diese Formalität, in der auch Recht und Gerechtigkeit getrennt sind, wird das Minimum an Rationalität ermöglicht, auch zwischen den Staaten. Wird diese Gleichheit aber nicht nur formal genommen, versucht man sie, wie bei Jaksch, mit Inhalten zu füllen, so wie ökonomischen oder anderen ›Volksinteressen‹, dann geht dieses Mindestmaß an Rationalität verloren, Recht und Moral werden vermischt und der konservative, aber schützende Sinn jeder internationalen Ordnung aufgelöst. Neumann argumentiert an einigen Fällen, die auch Jaksch ins Visier nimmt, diese Problematik: »Vielleicht hätte man Deutschland die Wiederaufrüstung, Militarisierung des Rheinlandes und Besetzung des polnischen Korridors sowie Danzigs gestatten sollen. Das ist hier aber nicht die Frage. Die Rechtfertigung dieser Akte durch das Völkerrecht macht das Recht zur nackten Hure der Politik.«[70]

Durch die Argumentation, dass kleinere Staaten über eine natürliche Kapazitätsgrenze verfügten, wird klargemacht, dass sie nicht

69 Ebd., S. 45.

70 Neumann, Franz L. (1998): Behemoth, S. 195.

gleichberechtigt neben den größeren Staaten bestehen könnten. Die damit verbundene Forderung Jakschs nach ›Gerechtigkeit‹ ist als Drohung zu verstehen: »Wollen sie ihre politische Selbstständigkeit behaupten, dann müssen sie wirtschaftlich in höhere Einheiten aufgehen. Wo die Erkenntnis nicht den Willen der Geschichte zu erfüllen vermag, beginnt die Funktion der Gewalt.«[71] Wo hier der Unterschied zum klassischen Imperialismus liegen soll, den Jaksch an anderer Stelle ablehnt, lässt sich nur schwer erschließen.

Auch in Jakschs Bemerkungen über das Minderheitenrecht wird klar, dass sein ganzes Denken vom Volk bestimmt ist. Er fordert: »Auch das tschechisch-deutsche Zusammenleben im böhmisch-mährischen Raum harrt noch einer positiven Sinngebung und organischen Gestaltung. Entweder wird ein wirklicher Minderheitenschutz geschaffen, der von Volk zu Volk verbürgt und durch besondere Schiedsgerichte gesichert ist, oder Europa wird weiter von eiternden Wunden bedeckt bleiben, die zur nationalistischen Vergiftung seines ganzen Körpers führen.«[72] Auch hier fällt zunächst einmal auf, dass Jaksch von überhistorischen Räumen redet, nicht von der konkreten Souveränität der Tschechoslowakischen Republik. Außerdem zeigt sich in der Wendung, die Minderheitenverträge sollten von ›Volk zu Volk‹ verbürgt werden, wer für ihn wirklich geschichtsmächtiges Subjekt ist: Nicht der Staat, nicht das Individuum, nicht die Klasse, sondern einzig und allein das Volk. Gleichzeitig deklassiert er den existierenden Minderheitenschutz in der Tschechoslowakischen Republik, der auf der Basis einer liberalen Staatsdefinition beruhte, als nicht ›wirklichen‹ Minderheitenschutz. Einen zentralen Unterschied zwischen dem liberalen, durch internationale Verträge gesicherten Minderheitenschutz und den ›Volksgruppenrechten‹, die Jaksch implizit fordert, arbeitete wiederum Franz Neumann heraus: Der internationale Minderheitenschutz sei »individualistisch, insofern er Minderheiten nicht als rechtliche Einheit, sondern nur die individuellen Rechte der Gruppenmitglieder anerkennt«, wohingegen die »Volksgruppen-

71 Jaksch, Wenzel (1936): Volk, S. 45.
72 Ebd., S. 44.

rechte« »die Gruppe als Einheit, nicht aber individuelle Rechte der Gruppenmitglieder«[73] anerkennen.

Interessant ist noch Jakschs kurze Skizze seines Plans der »Erneuerung des deutschen Staatsbegriffes«[74], die er als Teil der »sozialrevolutionären Aufgabe« sieht. Auch hier begreift er abermals den Nationalsozialismus als Ausgangspunkt, macht das aber nur in der Form, dass er ihn als »Machtstaat«[75], als einfache Diktatur über das Volk, das von diesem geknechtet wird, sieht: »Soweit ist seit dem Fall der Weimarer Republik Klarheit geschaffen worden, daß der Machtstaatsgedanke in der wahnwitzigen Ausprägung, die ihm der Nationalsozialismus gab, zur Verkümmerung des sozialen und kulturellen Lebens der Nation führt und das Ende aller Bürgerfreiheiten bedeutet.«[76] Gegen diesen Machtstaat will er nun eine »Staatsmaschinerie des Übergangs und der Umschaltung zwischen zwei Gesellschaftsordnungen«[77] entwerfen, die ihm aber unter der Hand zum Wiedergänger des nationalsozialistischen Staates wird: »Es geht darum, in sozialrevolutionärer Neugestaltung des Reichs jene zweckmäßigste Form der inneren Staatsgliederung zu finden, die in ihrer Funktion das Obsiegen der wirtschaftlich-sozialen Volksinteressen über alle egoistischen Gruppeninteressen ermöglicht.«[78] Er will quasi eine echte Volksgemeinschaft, von der die Nationalsozialisten immer nur fantasiert hätten, realisieren: »Gegen die Atomisierung der Nation durch die faschistische ›Volkgemeinschaft‹ erhebt sich echtes Einheitssehnen der schaffenden Menschen.«[79] Wo genau der Unterschied sein soll, wird aber nicht klar gemacht. Später schreibt Jaksch auch wörtlich von der »echten Volksgemeinschaft«[80], die es zu errichten gelte.

73 Neumann, Franz L. (1998): Behemoth, S. 205.
74 Jaksch, Wenzel: Volk, S. 90.
75 Ebd., S. 91.
76 Ebd.
77 Ebd., S. 92.
78 Ebd., S. 93.
79 Ebd.
80 Ebd., S. 128.

Dieses Neuerschaffen des Volks soll »ohne mißverstandene Liberalität [...] die Quellen feudalreaktionärer Volksvergiftung und kapitalistischer Volkszersplitterung [...] verschütten.«[81] Es ist hier interessant zu sehen, dass das, was Jaksch als Kritik des Nationalsozialismus formuliert, schon innerhalb der nationalsozialistischen Bewegung diskutiert wurde. Neumann zeichnet diese Diskussion nach: War kurz nach der Machtübernahme noch die Rede vom totalitären Staat, der am Beispiel des italienischen faschistischen Staats orientiert war und von Carl Schmitt nur oberflächlich ›germanisiert‹ wurde[82], der mit dem diktatorischen ›Machtstaat‹ Jakschs korrespondieren würde, kam es ab 1934 zu einer ideologischen Kehrtwende. Neumann verweist auf Alfred Rosenberg, der den Staat dem überwundenen Liberalismus zuordnete, und für den Nationalsozialismus ein neues Verhältnis zum Staat forderte, und diesen der Bewegung und dem Volk unterordnete:

> »Die Revolution des 30. Januar 1933 ist nun nicht etwa die Fortsetzung des absolutistischen Staates, wieder mit einem neuen Vorzeichen, sondern der Staat wird hier zu Volk und Volkstum in eine andere Beziehung gesetzt. [...] Was sich in dem vergangenen Jahr vollzogen hat [...], ist nicht die sogenannte Totalität des Staates, sondern die Totalität der nationalsozialistischen Bewegung. Der Staat ist nicht mehr etwas, was neben dem Volk und neben der Bewegung, sei es als mechanischer Apparat, sei es als herrschendes Instrument, bestehen soll, sondern Werkzeug der nationalsozialistischen Weltanschauung.«[83]

Da lassen sich bei Jaksch beträchtliche Parallelen finden, wenn er zum Beispiel meint: »Der Zwang der Geschichte gebietet es, ein sozialrevolutionäres Deutschland anzustreben und zu formen als Instrument höherer Schicksalsgestaltung des schaffenden Volkes und seiner Einigung im brüderlichen Geiste des Sozialismus.«[84]

81 Ebd.

82 Vgl. Neumann, Franz L. (1998): Behemoth, S. 77.

83 Rosenberg, Alfred (1936): Gestaltung und Idee. Blut und Ehre, München, zit. n.: Neumann, Franz L. (1998), Behemoth, S. 91.

84 Jaksch, Wenzel (1936): Volk, S. 93f.

Berührungsängste mit den nationalen Revolutionären hatte Jaksch, wie sich schon bei seiner Freundschaft zu Otto Strasser zeigte, zu keinem Zeitpunkt. Jaksch hielt auch eine ›Linksentwicklung‹ des Nationalsozialismus, also eine von seiner Warte zu begrüßende antikapitalistische Wendung desselben, zeitweise für möglich, allerdings sei mit dem 30. Juni 1934, der Entscheidung Hitlers für die Wehrmacht und gegen die SA und den Strasser-Flügel der Partei, »alle Brücken zu einer Linksentwicklung des Nationalsozialismus verbrannt.«[85] Davor hielt er sie noch für möglich. Und so diskutiert er, an Überlegungen des ›linken‹ Flügels des Nationalsozialismus anknüpfend, in einem Kapitel über das »Bündnisproblem im deutschen Freiheitskampf«[86] die Möglichkeiten, wie eine breite sozialrevolutionäre Front zustande kommen könnte. Hier geht er zunächst gegen die marxistische Orthodoxie der Sozialdemokratie vor, knüpft bei Ferdinand Lassalle an, und kommt zum Schluss, dass die Partei zur Volkspartei werden müsse und den Anspruch einer Klientelpartei aufzugeben habe. »Sie muß mit ihrer Geistigkeit das erweiterte Gefechtsfeld umfassen, Gehirn und Sprachrohr aller vom Kapitalismus bedrängter Volksschichten werden.«[87] Besonders Bauern und Angestellte hat er dabei im Blick. Schließlich sieht er auch in der deutschen jugendlichen Intelligenz ein revolutionäres Potential: »Man würde darin fehlgehen, den SA- oder SS-Sadisten zum Urbild der heutigen deutschen Jugendgeneration zu erheben. Hinter den lärmenden Rekruten der Hakenkreuzlerei tritt schon wieder die besinnliche Jugend Deutschlands zu neuem Einsatz an.«[88] Da er offenbar keine zeitgenössischen Beispiele zur Hand hat, führt er pikanterweise als Vorbild eine Szene im Zuge der Gründung eines Wiener Arbeiterbildungsvereins 1867 an, als es »(g) roßen Jubel erregte [...], als Student Magnik (Präses der Olympia)«[89] das Wort ergriff. Gerade die Wiener Burschenschaft Olympia, die schon zu Jakschs Zeiten eine der prominentesten rechtsextremen

85 Ebd., S. 71.
86 Ebd., S. 95.
87 Ebd., S. 113.
88 Ebd., S. 114.
89 Ebd., S. 115.

Burschenschaften war,[90] dient als Exempel, wie auch Rückgriffe auf Argumente des Nationalrevolutionärs Arthur Moeller van den Bruck,[91] der ein ähnliches Querfrontbündnis vorschlug. All diese möglichen Bündnisse lassen Jaksch darauf hoffen, dass der »deutsche Arbeitersozialismus [...] als Volkssozialismus neu [...] erstehen und [...] siegen werde.«[92]

Der Nationalsozialismus wird von Jaksch 1936 als fast schon überwundenes Problem betrachtet. Er sei zwar ein autoritärerer Staat, aber auch nicht mehr. Der dem Nationalsozialismus immanente Antisemitismus wird nicht einmal erwähnt, und das, obwohl zumindest die Nürnberger Gesetze schon mehrere Jahre in Kraft waren. Jakschs ›Volkssozialismus‹ wird insgesamt, obwohl antifaschistisch intendiert, dadurch, dass er dem Horizont völkischen Denkens verhaftet bleibt, ein Nachäffen des Nationalsozialismus, der allerdings einzelne Momente und Motive dieses Denkens konsequenter weitertreibt.

Jaksch setzte sich im März 1938 gegen Ludwig Czech, der einen orthodoxen Marxismus vertrat, auf dem Parteitag der DSAP durch und übernahm so das Ruder. Czech trat mit den Worten zurück, er könne mit »jener Richtung, die Genosse Jaksch als Volkssozialismus vertritt, nicht übereinstimmen.«[93] Hier liegen die Grundlagen der Spaltung der deutsch-tschechoslowakischen Sozialdemokratie im Exil.

Bevor es zur Krise im September, zum Münchner Diktat und zur Flucht ins Exil kam, entwickelte sich im Frühling und Sommer 1938 eine verhängnisvolle Dynamik, die auch weite Teile der deutschböhmischen Bevölkerung, die bis jetzt noch nicht dem völkischen Gedankengut verfallen waren, diesem zuführten. Zunächst gab es in zwei der aktivistischen Parteien, dem Bund der Landwirte und den Christlichsozialen, parteiinterne Revolten, die Gegner des ak-

90 Vgl. Stellungnahme des Dokumentationsarchivs des österreichischen Widerstands, www.cdn1.vol.at/2008/10/olympia_doew.pdf, 8.11.2015.

91 Vgl. Jaksch, Wenzel (1936): Volk, S. 115.

92 Ebd., S. 117.

93 Sozialdemokrat, Prag, 27.3.1938, zit. n.: Jauernig, Edmund (1968): Sozialdemokratie und Revanchismus. Zur Geschichte und Politik Wenzel Jakschs und der Seliger-Gemeinde, Berlin, S. 81.

tivistischen Kurses an die Macht brachten und die Parteien in der Sudetendeutschen Partei aufgehen ließen. Auch innerhalb der DSAP wurde das Klima zunehmend völkischer. So kann die Kreisleitung der SdP von Karlový Vary (Karlsbad) im April berichten: »Die Reihen der DSAP lichten sich ebenfalls. Bei einer Wahl ist mit einer Abnahme von 40 bis 50 % zu rechnen.«[94] Aus Šumperk (Mährisch Schönberg) berichtet der Kreisleiter:

> »In der Papierfabrik ›Heinrichstal‹, einem bis jetzt gänzlich roten Betrieb, der 590 Arbeiter beschäftigt, finden am 10. April Betriebsausschußwahlen statt. Ich habe mich entschlossen eine Liste der DAG [Deutsche Arbeitergewerkschaft, die gewerkschaftliche Organisation der SdP, FR] auflegen zu lassen und glaube durch eine geschickte Auswahl der Kandidaten 2/3 der roten Arbeiterschaft zu erfassen.«[95]

Aber auch auf höherer Ebene streckte die SdP Fühler zur DSAP aus, um eine geschlossene ›Volksgemeinschaft‹ zu bilden. So trat der SdP-Abgeordnete Ernst Kundt an den SdP-Aktivisten Josef Pfitzner heran, Professor an der Deutschen Universität Prag und später, in der Zeit des Protektorats, Primator (Oberbürgermeister) Prags, ihn bittend, ein Gespräch mit Wenzel Jaksch zu organisieren. Pfitzner wurde angesprochen, da er mit Emil Franzel befreundet war, der schon Ende 1937 die Konsequenz aus seinen ›volkssozialistischen‹ Überlegungen gezogen hatte und aus der DSAP ausgetreten war, aber immer noch persönliche Verbindungen mit Jaksch unterhielt. Jaksch bat darum, zunächst ein Gespräch zwischen Franzel, Pfitzner und ihm zu organisieren. Von diesem Gespräch, das am 2. April 1938 stattfand, ist das Gedächtnisprotokoll Pfitzners, das für den Gebrauch Henleins bestimmt war, erhalten, das ein bezeichnendes Licht auf die Nähe zwischen den Positionen Jakschs und denen der SdP wirft. Jaksch brüstete sich laut Pfitzner sogar mit dieser Nähe: »Es seien auch SdP-Arbeiter in seinen [Jakschs, FR] Versammlungen gewesen, die nachher erklärt hätten, er habe ohnedies all das gesagt, was auch sie für richtig halten und daß

94 Dokument 104a, in: Král, Václav (1964): Die Deutschen, S. 166.
95 Dokument 104b, in: ebd., S. 167.

er in der SdP Führer der Arbeit werden müsse und daß diesem dann Konrad [Henlein, FR] in allen Arbeiterfragen freie Hand zu lassen habe.«[96] Ob es richtig ist, dass, wie Pfitzner und Franzel vermuteten, Jaksch »damit gewisse persönlich Wünsche zum Ausdruck bringen wollte«[97], ob es Selbstüberschätzung Jakschs, oder ob das taktisches Geplänkel in dieser Diskussion war, ist schwer zu beurteilen. Als ihn Pfitzner darauf hinweist, dass er doch selbst in »seinem Buch ›Volk und Arbeiter‹ [...] für die Verbindung des nationalen und des sozialen eingetreten sei, daß der völkische Gedanke nicht erst seit dem Jahre 1933 datiere, sondern Jahrhundertkraft sei, der sich auch der sudetendeutsche Arbeiter, der kein Proletarier im gewöhnlichen Sinne des Wortes sei, sondern ein stark entwickeltes Heimatbewußtsein in sich trage«[98] nicht entziehen könne, widerspricht Jaksch zwar nicht, als ihm Pfitzner aber die Zusammenarbeit mit dem Hinweis auf die Kooperation von Seliger und von Lodgman von Auen nach dem Ersten Weltkrieg schmackhaft machen will, reagiert er mit dem Hinweis, »daß immerhin ein Unterschied zwischen der einstigen Partei Lodgmanns und der totalitären SdP bestehe.«[99] Wenn man sich an Jakschs Ausführungen in *Volk und Arbeiter* von der zu errichtenden »echten Volksgemeinschaft«[100] erinnert, ist das allerdings auch kein schlagender Einwand. Pfitzner repliziert dann auch in diesem Sinne: »Ich erklärte ihm, daß das sogenannte Totalitätsstreben nichts anderes als die folgerichtige Auswirkung des nationalen Gedankens sei, daß das Streben und die Fähigkeit in sich trage, ein ganzes Volk bis in seine letzten Tiefen zu erfassen.«[101]

Jaksch positioniert sich in keinem Moment des Gesprächs gegen die Forderungen der SdP und des Dritten Reichs, er warnt nur davor, »daß die SdP und das ganze deutsche Volk in ihren Zielen kein Maß mehr kennen, daß wir unsere [aus Pfitzners Sicht der SdP, FR] Leute

96 Dokument 106, in: ebd., S. 169.
97 Ebd.
98 Ebd., S. 169 f.
99 Ebd., S. 170.
100 Jaksch, Wenzel (1936): Volk, S. 128.
101 Dokument 106, in: Král, Václav (1964): Die Deutschen, S. 170.

nicht mehr in der Hand hätten, daß unsere Leute der Gesamtentwicklung schon einige Schritte voraus seien, woraus dann schwere, bewaffnete Auseinandersetzungen mit anderen Völkern entstehen könnten.«[102] Jaksch sieht also keinen Unterschied in den Zielen, hält allerdings die DSAP für diejenige Partei, die »die Rolle spielen müsse, das Übermaß deutscher Forderungen hintanzuhalten wenn ein Krieg vermieden werden soll.«[103]

Wie wenig Unterschiede es im völkischen Gedankengut gab, zeigt auch die Reaktion Pfitzners, als Jaksch auf »seinen Volkssozialismus zu sprechen«[104] kam: »Er schwärmte geradezu für den tiefen und vollen Inhalt, den das Wort Volk umschließe, das er deswegen gewählt habe, um das von den Intellektuellen erfundene und gebrachte Wort national zu vermeiden, das ja überdies aus dem Westen importiert worden sei und zu stark an den westeuropäischen Nationsbegriff gemahne.«[105]

In dieser Darlegung wird sehr viel von dem, was in dem Kapitel über den Staatsbegriff Benešs ausgeführt wurde,[106] noch einmal auf den Punkt gebracht. Der westliche Nationsbegriff, der auf das Individuum nicht verzichten kann, wird gegen den Volksbegriff, in dem das Individuum im Kollektiv untergeht, ausgespielt. Jener Begriff wird außerdem als importiert gebrandmarkt, was seiner universalistischen Stoßrichtung entgegensteht. Die Nation als Organisation der ›Freiheit, Gleichheit und Brüderlichkeit‹, die für alle Menschen gelten soll, wird so kulturrelativistisch auf die Organisationsform des Westens zurückgestutzt, gegenüber der es auch andere, wie eben den völkischen Organismus gäbe. Auch die Ranküne gegen Intellektuelle, die sich hier zeigt, ist damit verbunden: Steht doch der Geist, der mit diesen in Verbindung gebracht wird, immer schon für das grenzüberschreitende und universalistische Moment, das nicht zulassen darf, wer Heimat und Boden idealisieren will.

102 Ebd., S. 171.
103 Ebd.
104 Ebd.
105 Ebd.
106 Siehe dazu das Kapitel I der vorliegenden Arbeit.

Pfitzner kommentiert Jakschs Ausführungen dementsprechend: »Aus diesen Erklärungen geht übrigens eindeutig hervor, daß dieser Ausdruck Volkssozialismus nur ein anderes Wort für Nationalsozialismus darstellt. Ich stelle fest, daß die mehr theoretischen Erörterungen über die nationale Frage zu weitgehender Übereinstimmung führten.«[107] Das Gespräch mit Kundt wurde jedenfalls fixiert, ob es stattfand und welchen Inhalt es hatte, ist unbekannt.

Interessant ist dieses Gedächtnisprotokoll auch, da es – affirmierend – den Antisemitismus in der DSAP thematisiert. Denn als Jaksch gegangen war, bereiteten Franzel und Pfitzner das Gespräch nach und Franzel berichtete von seiner Einschätzung der DSAP und seinen Versuchen, seine Kontakte zu nutzen, um im Sinne der SdP zu intervenieren. Pfitzner berichtet Henlein:

> »So sagte er [Franzel, FR] mir, daß er J. [Jaksch, FR] nach dem letzten sozialdemokratischen Parteitag [an dem Jaksch zum Obmann gewählt worden war, FR] eine Denkschrift überreicht habe, in der er zu den Ergebnissen kritisch Stellung genommen habe. Er habe ihm vorgehalten, daß im Parteivorstande wider alles Erwarten der arischen Gefolgschaft sich nichts geändert habe. Die Juden hätten nach wie vor ihre Stellungen behalten und nur J. als Aushängeschild benützt.«[108]

Es scheint also, dass die DSAP gegenüber dem Antisemitismus keineswegs immun war, und die Tatsache, dass Czech Jude war, auch eine Rolle in seiner Absetzung gespielt hatte. Das Thema kam in der Diskussion um die Abspaltung der Zinnergruppe im Exil wieder auf und wird dort behandelt werden.

Ein bezeichnendes Licht auf Jakschs verharmlosendes Verständnis des Nationalsozialismus zeigt auch seine Reaktion, als das Gedächtnisprotokoll Pfitzners an die Öffentlichkeit geriet. Einerseits habe er nur die Stärke des Flügels der SdP erkunden wollen, der nicht den Anschluss, sondern Autonomie wolle, andererseits habe er damals »einen Teil der physischen wie psychischen Exzesse fanatischer Mitglieder

107 Ebd.
108 Ebd.

der SdP gegenüber standhaften deutschen Sozialdemokraten einfach dem Umstand zugeschrieben [...], daß es sich bei den SdP-Leuten kaum um Nationalsozialisten, sondern nur um ›wildgewordene Österreicher‹ gehandelt habe, deren Verhalten gegenüber DSAP-Anhängern unpolitische Motive gehabt habe.«[109]

109 Bachstein, Martin K. (1974): Wenzel Jaksch, S. 151.

## 4 Richard Löwenthals Kritik am Volkssozialismus

Nach dem Krieg, genauer gesagt 1963, beklagte sich Jaksch darüber, dass er wegen seiner Ausführungen in *Volk und Arbeiter* einer scharfen Kritik ausgesetzt gewesen war und auch immer noch sei: »Der damals im Gegensatz zu einem klassenmäßig gebundenen ›Arbeitersozialismus‹ verwandte Begriff des ›Volkssozialismus‹ wird mir heute von den Ostblockpropagandisten gerne vorgeworfen und so ausgelegt, als ob er eine Konzession an den Nationalsozialismus gewesen wäre. Auch in England diente er deutschen Werkzeugen des Dr. Benesch als Argument, mich als Halbnazi hinzustellen.«[110] Allerdings verschweigt er dabei, dass schon kurz nach dem Erscheinen seiner Schrift *Volk und Arbeiter* Kritik an seinem Kurs laut wurde, die kein Blatt vor den Mund nahm. Es waren nicht hauptsächlich von Beneš angeblich instrumentalisierte Deutsche, wie Jaksch seine Kritiker im Londoner Exil abqualifizierte, sondern aus Deutschland geflohene Sozialdemokraten, die bis 1938 Zuflucht in der Tschechoslowakei fanden. Zudem zeichnen zwei Aufsätze in ihrer Kritik am Volkssozialismus auch schon Positionen vor, die in den im Londoner Exil geführten Diskussionen über die Frage der Existenz eines ›anderen Deutschland‹ eine Rolle spielten.

Der erste Aufsatz stammt von Richard Löwenthal (unter dem Pseudonym Paul Sering), einem Vertreter der Gruppe *Neu Beginnen*, die sich schon Ende der zwanziger Jahre von der SPD abgespalten hatte und im Exil neben der SoPaDe, der Exil-SPD, eine Rolle spielte und erschien unter dem Titel *Was ist der Volkssozialismus?* in der Exilpublikation *Zeitschrift für Sozialismus* in der Tschechoslowakei. Implizit erhebt auch Löwenthal schon den Vorwurf, Jaksch sei ein »Halbnazi«. Denn er verweist zunächst einmal darauf, dass das »fertige Vorbild« aller volkssozialistischen Strömungen innerhalb der Sozialdemokratie »die Gruppe oppositioneller Nationalsozialisten um Otto Strasser«[111] sei.

110 Jaksch, Wenzel (1967): Unser Weg nach Godesberg, in: Ders.: Wenzel Jaksch, S. 79.

111 Sering, Paul (d. i. Löwenthal, Richard) (1936): Was ist der Volkssozialismus?, in: Zeitschrift für Sozialismus, Jg. 3, Nummer 36. Zitiert wird hier

Gleichzeitig stimmt Löwenthal der Strömung zunächst zu, dass die durch den Sieg des Nationalsozialismus veränderte Lage seitens des Sozialismus neu bewertet werden müsse, hält aber am Internationalismus und der Wichtigkeit der Kategorie Klasse fest. Da diese beiden Punkte von den Volkssozialisten preisgegeben würden, beurteilt er diese Tendenz als »Einbruch einer politischen Ideologie des Gegners in unsere Reihen«.[112] Bei aller, auch recht hellsichtiger Kritik, stimmt Löwenthal aber mit der kritisierten Strömung darin überein, dass die revolutionäre Bewegung um die Leitung der Nation zu kämpfen habe, allerdings meint er im Gegensatz zum Volkssozialismus, »daß auch dieser Kampf um die Führung der Nation nur zum Sieg der Sozialisten führen kann, wenn er als rücksichtsloser Klassenkampf ausgetragen wird.«[113] Löwenthal vertritt damit das Konzept einer Volksfront, die als Bündnis der revolutionären Arbeiterklasse mit anderen Klassen sich nicht nur gegen den Faschismus stelle, sondern auch den Aufbau des Sozialismus einleite:

> »Wie aber, wenn die Arbeiterklasse die im ökonomischen Kampf gewonnene Kraft und die durch diesen Kampf verschärfte Krise zu entscheidenden Schlägen gegen das kapitalistische Eigentum nutzt, das Kapital die Abwälzung der Lasten auf die Mittelschichten verhindert, im Bündnis mit ihnen die Herrschaft des Kapitalismus stürzt? Nur dann wird der Nation ein Weg zum Sozialismus eröffnet; nur so zeigt sich, daß *Klasseninteresse und nationales Interesse zusammenfallen.* Dies eben ist die marxistische Vorstellung vom Klassenkampf um die Führung der Nation.«[114]

Dann wäre unter der Führung der Arbeiterklasse auch eine wirklich antifaschistische Außenpolitik möglich, die sich hauptsächlich in einem positiven Verhältnis zur Sowjetunion zeigen würde. Dass die Vertreter des Volkssozialismus einem Bündnis mit dieser ablehnend

nach der Reprintausgabe von 1970, hier S. 1105 ff.
112 Ebd., S. 1106.
113 Ebd., S. 1113.
114 Ebd., S. 1114.

gegenüberstehen, ist sein Hauptkritikpunkt. Gleichzeitig stimmt er wieder mit ihnen überein, dass auch die sozialistische Opposition ein nationales Programm anbieten müsse. Eine inhaltliche Kritik am deutschen Nationalismus lehnt Löwenthal ab, er stimmt Sollmann [115]zu, dass dieser »umgekehrte Nationalismus so vieler Emigranten«[116] den Zusammenhang zwischen (richtig verstandenem) Nationalismus und Sozialismus nicht erkennen lässt und man sich so ins politische Abseits manövriert. Hier zeichnet sich schon die Konfliktlinie ab, die die Diskussion um Deutschland auch im Londoner Exil bestimmen wird. *Neu Beginnen*, mit ihm Löwenthal und die meisten anderen sozialistischen Gruppen gingen, ganz auf der traditionellen Linie der Partei davon aus, dass der Nationalismus, nur richtig verstanden und von allen reaktionären Inhalten gereinigt, der Hebel für eine Massenopposition in Deutschland sei. Dass Löwenthal hier nicht im Detail ausführt, was denn ein linkes nationales Programm ausmache, ist dabei bezeichnend. Würde er ganz konkret wie Jaksch zum Beispiel die Frage nach dem polnischen Korridor stellen, würde er in große Schwierigkeiten kommen, die These vom Zusammenfallen von nationalem und sozialistischem Interesse aufrechtzuerhalten.

So konzentriert sich Löwenthals Kritik aber darauf, bei den einzelnen Volkssozialisten die reaktionären Elemente ihrer Darlegungen aufzuzeigen und sie von den positiven, sozialistisch verwertbaren Elementen zu trennen. Auch hier wird ihm dabei der deutsche Nationalismus zu einem leeren Gefäß, das nicht genau untersucht wird und von dem er annimmt, es könne mit beliebigem Inhalt gefüllt werden. Allerdings selbst bei dieser Art von Kritik, die die prinzipielle Frage der Nation gar nicht ins Auge fasst, sondern nur deren reaktionäre Elemente, wird Löwenthal bei Jaksch nicht zu knapp fündig, den er als »Hauptträger des Volkssozialismus in der Sozialdemokratie«[117] sieht. So kritisiert er Jakschs Begriff von Ökonomie, der hauptsächlich eine

115 Wilhelm Sollmann war ein Vertreter des rechten Flügels der deutschen Sozialdemokratie.

116 Ebd., S. 1113.

117 Ebd., S. 1115.

»Bevölkerungs- und Raumlehre«[118] sei, also mit der Marxschen Kritik der politischen Ökonomie nichts zu tun hat, dessen romantische Vorstellung vom Bauerntum, das Jaksch als Kleinproduzenten bestehen lassen will, da die »gesamteuropäische Bauernschaft [...] niemals der mit dem Mähdrescher arbeitenden, rationalisierten, überseeischen Landwirtschaft geopfert werden«[119] dürfe. Jakschs Vorstellung sei ein »Bauernsozialismus, ein Sozialismus, der die Erhaltung der Bauernschaft für ewige Zeiten als selbständigen Wert proklamiert, der hier dem ›liberalen‹ Arbeitersozialismus gegenübergestellt wird!«[120] Allerdings geht Löwenthal nicht näher auf das regressive und barbarische Potential dieses Antimodernismus ein.

Auch bei dem Europakonzept Jakschs will Löwenthal wieder die reaktionären von den richtigen Seiten trennen. Er lobt Jakschs Betonung der Notwendigkeit einer europäischen Föderation, deren Schwergewicht auf Deutschland liegt:

> »Die Stellung Deutschlands in Europa spielt in seinem Buch mit Recht eine große Rolle; die Lösung der Probleme des sozialistischen Aufbaus kann sicher nicht für ein isoliertes Deutschland allein gelingen. Umgekehrt hat Deutschland für die europäische Entwicklung eine Schlüsselstellung; von hier aus kann der entscheidende Antrieb für die Überwindung des Chaos nationalistischer Gegensätze, für ökonomische und kulturelle Zusammenarbeit in einer freien Föderation der europäischen Nationen ausgehen.«[121]

Jakschs Anspruch, die kleinen Nationen müssten in dieser Föderation die »natürliche Begrenzung ihrer Souveränität«[122] anerkennen, bleibt dabei unerwähnt. Allerdings kritisiert Löwenthal, dass bei Jaksch oft »Etappenziele in selbständige Werte«[123] verwandelt wer-

118 Ebd., S. 1117.
119 Ebd.
120 Ebd., S. 1118.
121 Ebd.
122 Jaksch, Wenzel (1936): Volk, S. 45.
123 Sering, Paul (1936): Volkssozialismus, S. 1118.

den. Jaksch entwickle zudem einen »Europa-Nationalismus«, der sich »ökonomisch in jenen Bemerkungen über europäische Bauern und Textilarbeiter (äußert); er äußert sich kulturell in der betonten Abwehr eines Amerikanismus, über den nur die vagsten Vorstellungen bestehen, und in der ständigen Hervorhebung der Fremdartigkeit der sowjetrussischen Entwicklung.«[124] Auch hier geht Löwenthal aber nicht auf den ideologischen Gehalt dieser Vorstellungen ein, er schätzt nur die Konsequenzen eines solchen europäischen Nationalismus als konterrevolutionär ein: »Der Europa-Nationalist, der, wie Jaksch in eben diesem Kapitel, das Hauptunglück des Krieges in den innereuropäischen Kämpfen zum Vorteil außereuropäischer Mächte sieht, wird versuchen, die unvermeidliche Frontenbildung durch Kompromisse zu überbrücken und damit die Front der Antifaschisten verwirren und schwächen.«[125]

Mit Jakschs Versuch, die nationalsozialistische Linke ins Boot zu holen, hat Löwenthal an sich ebenfalls kein Problem. Löwenthal bezeichnet sie als »kritische junge Generation des Nationalsozialismus«, und meint, dass am »Idealismus und der Opferbereitschaft dieser jungen Menschen, an dem Wert, den sie für jede revolutionäre Bewegung darstellen können, [...] kein Zweifel«[126] bestehen könne. Allerdings würden die Volkssozialisten deren Gewicht im Nationalsozialismus überbewerten, außerdem würde Jaksch nicht »die Gewinnung dieser wertvollen Menschen« betreiben, »die einem unklaren Gefühlssozialismus nachhängen«, diese gar nicht »für die klare sozialistische Zielsetzung der Arbeiterbewegung, sondern eine ›neue Geistesfront‹, das heißt ein *ideologisches Kompromiß* [sic] *mit ihrer Unklarheit*«[127] begeistern wollen. Prinzipiell sieht Löwenthal also hier Anknüpfungspunkte, allerdings sei das Hauptaugenmerk auf die Massen zu legen, denn das »Gewicht gab der nationalsozialistischen Bewegung [...] nicht der Idealismus der Wenigen, sondern die materialistische Verzweiflung der Millionen, die in einer Änderung der Staatsform die letzte Hoffnung

124 Ebd.
125 Ebd., S. 1119.
126 Ebd.
127 Ebd., S. 1119 f.

für die Sicherung ihrer persönlichen Existenz sahen.«[128] Warum diese Massen sich allerdings dem Nationalsozialismus zuwandten, und nicht, da ja der Grund angeblich nur die »Sicherung ihrer Existenz« war, den Sozialdemokraten oder den Kommunisten, wird nicht diskutiert.

Löwenthal kommt nach seiner Analyse zwar zu einem vernichtenden Urteil über den Volkssozialismus Jakschs, dieser sei »in der Sozialdemokratie [...] eine Bewegung der ideologischen Anpassung an den siegreichen Faschismus, verkleidet als Anpassung an die Bedürfnisse der Gegenwart«,[129] gleichzeitig aber, da er wie dieser die Nation grundsätzlich positiv fasst, findet er am Ende doch zu versöhnlichen Tönen:

> »Wir wollen in einer so schwerwiegenden Frage niemandem Unrecht tun. Jemand, den wir als unseren Gegner in prinzipiellen Fragen erkannt haben, ist darum noch lange kein Agent des Faschismus. [...] *Aber es ist unsere Pflicht, auf die Elemente seiner Ideologie hinzuweisen, die ihn dahin führen können*, und ihn aufzufordern, sich klar zu werden über die Konsequenzen dessen, was er vertritt.«[130]

Löwenthal sieht sie also als potentielle Bündnispartner, die vor ihrer eigenen Ideologie gerettet werden müssen, und unterscheidet recht genau, wie weit diese Anpassung in den diversen Strömungen innerhalb der Sozialdemokratie geht, wie bestimmend die Ideologie des Volksozialismus für diese ist:

> »In Artikeln von Wilhelm Sollmann klingt sie an, in dem Buche des sudetendeutschen Sozialdemokraten Jaksch wird sie als Programm der Umwandlung des Arbeitersozialismus in den Volkssozialismus formuliert; Emil Franzel gelangt in seinem Buch zu einer geschichts- und kulturphilosophischen Begründung der vollen Preisgabe der Position der Arbeiterbewegung.«[131]

128 Ebd., S. 1120.
129 Ebd., S. 1129 f.
130 Ebd., S. 1135.
131 Ebd.

## 5 Curt Geyers Kritik am Volkssozialismus

Die Entwicklung Emil Franzels, eines der zentralen Vertreter des Volkssozialismus, vom sozialdemokratischen Querdenker zum konservativen Revolutionär und später zum Verbindungsmann zwischen Sozialdemokratie und den Nationalsozialisten, hatte schon früher für Diskussion gesorgt.

Ein paar Monate bevor Löwenthals umfassende Kritik der gesamten volkssozialistischen Strömung in der *Zeitschrift für den Sozialismus* erschien, hatte auch ein Vertreter der SoPaDe in Prag, Curt Geyer, unter dem Pseudonym Max Klinger in der Zeitung *Neuer Vorwärts*, deren Chefredakteur er war, einen Artikel veröffentlicht, in dem er eine Kritik an Emil Franzels Buch *Abendländische Revolution* vornimmt. Darüber hinaus kritisiert er den Volkssozialismus als Strömung und untersucht dessen Verhältnis zur Sozialdemokratie. Geyers Stoßrichtung ist eine andere als Löwenthals. Er kritisiert die Vorstellung der Nation überhaupt, in der er eine »Kapitulation vor der Konter-Revolution«[132] sieht, wie auch der Titel des Artikels lautet: »Dabei wird aus der Erkenntnis, daß der Nationalsozialismus eine geschichtliche Tatsache ist, vor der die sozialistische Politik die Augen nicht verschließen kann, unversehens eine Anerkennung und Übernahme des Nationalismus.«[133] Anders als Löwenthal versucht sich Geyer nicht daran, den Nationalismus vom taktischen Standpunkt der Revolution aus einzuordnen und für diese nutzbar zu machen, sondern er betreibt Ursachenforschung. Er fragt sich, was zur Niederlage der Sozialdemokratie in der Weimarer Republik und zum Aufstieg des Nationalsozialismus geführt habe. So sieht er Franzels Buch in einer Linie mit Oswald Spengler und anderen konservativen Denkern, die dem Nationalsozialismus den Boden bereitet hätten. Franzels Buch sei »Geist vom Geiste jenes falschen Prophetentums, das das geisti-

132 Klinger, Max (d. i. Geyer, Curt) (1936): Kapitulation vor der Konter-Revolution, in: Neuer Vorwärts. 17. 5. 1936, Nr. 153 Beilage, bereitgestellt von der DNB, Deutsches Exilarchiv 1933–1945, Frankfurt a. M., o. S.

133 Ebd.

ge Vorläuferstadium des Dritten Reiches in der deutschen Republik ausgezeichnet hat«.[134]

Geyer kritisiert an der SPD, dass sie sich dem nationalen Interesse unterworfen und das Ideal der staatlichen Lenkung, wie es durch die Organisation der Wirtschaft im Ersten Weltkrieg sich durchsetzte, internalisiert habe:

> »Aus der Tatsache der Organisation an sich war auch im sozialistischen Lager ein gewisser ›Formalsozialismus‹ hervorgewachsen, ein Glaube, daß Organisation überhaupt, sei es auf wirtschaftlichen, politischem oder sozialen Gebiete, schon die Entwicklung zum Sozialismus manifestiere und fördere. Daß ›Kriegsozialismus‹ nicht Sozialismus ist, Waffen- und Munitionsbeschaffungsämter und Kriegsgesellschaften nicht Ausprägungen der sozialistischen Idee, das hat der Sozialismus in der Nachkriegszeit immer aufs neue gegenüber der konterrevolutionären Literatur nachweisen müssen, die den Formalsozialismus für ihre Zwecke gebrauchen wollte, und das ist heute noch eine der wesentlichen Aufgaben der sozialistischen Aufklärungsarbeit gegenüber den Versuchen des Nationalsozialismus, die dem Volke einreden wollen, daß in Ordnung, Zucht und militärischer Disziplin das Ganze des Sozialismus beschlossen sei.«[135]

Eine Kritik am Kriegssozialismus und der Begeisterung auch der Sozialdemokratie für die angeblichen Möglichkeiten, die jener dieser geboten habe, die auch Jaksch trifft, der ja betont hatte, wie wichtig der Erste Weltkrieg für das Selbstbewusstsein der Arbeiter innerhalb der Nation gewesen sei. Und Geyer wusste auch, dass dieser Kampf innerhalb der Sozialdemokratie noch nicht vorbei ist, sei doch der »Formalsozialismus, das dem ›nationalen‹ oder ›deutschen Sozialismus‹ oder ›Volkssozialismus‹ von heute zugrundeliegende pseudosozialistische Gedankenelement«.[136]

Geyer erkennt den Nationalismus als eigenständige Ideologie an, sieht ihn im Gegensatz zu Löwenthal nicht als mit dem richtigen

134 Ebd.
135 Ebd.
136 Ebd.

Inhalt zu füllendes Gefäß und beschreibt als zweites wichtiges Element des Volkssozialismus den Irrationalismus, der sich von dem aufklärerisch-bürgerlichen Erbe abwendet: »Der wesentlichste Faktor der bürgerlichen Kultur, alles, was im Menschheitsglauben des europäischen Humanismus Vernunftglaube ist, das Erbe der antiken Philosophie, wird verdammt als unvereinbar mit der aus Blut und Boden erwachsenden völkischen Kultur.«[137] Diese Gemengelage aus Irrationalismus und völkischer Ideologie bei Franzel ließe sich für alles Mögliche verwenden, so Geyer, »sowohl Pan-Germanismus ohne Hitler, als auch Habsburger Monarchie, autoritäre Diktatur so gut wie deutsches Kaisertum«, allerdings, und das wird Geyers zentraler Kritikpunkt, vertrüge sich ›die Freiheit‹ damit nicht und er verweist auf den autoritären Gehalt der ganzen Strömung, die sich gegen das Individuum und die Freiheit wendet:

> »Das Buch, das eine Umwertung der sozialistischen Werte bezweckt, stellt an die Spitze seiner neuen Werteordnung die Gebundenheit. Auf die Frage, wie die Spannung zwischen Autorität und persönlicher Freiheit gelöst werden soll, kennt es nur eine Antwort: den Hinweis auf die angebliche Herkunft der sozialistischen Idee aus der Werteordnung der germanischen Kriegerhorde: ›Ordnung, Zucht, militärische Disziplin!‹«[138]

Auch, dass Geyer den Pangermanismus als eigenständige ideologische Kraft erkennt und ablehnt, also nicht nationale ›Bedürfnisse‹ ernst nimmt, unterscheidet ihn sowohl von Löwenthal als auch von Jaksch und lässt Parallelen zu Beneš erkennen.

Geyers Freiheitsemphase, sein Festhalten an der Aufklärung, seine Kritik am Nationalismus und seine Verteidigung des Individuums, wie auch die Tatsache, dass er nicht taktieren und in den Volkssozialisten verlorene Söhne erblicken will, lassen seine Kritik am Volkssozialismus schneidender und radikaler als die Löwenthals werden, und so beschließt er seinen Artikel:

137 Ebd.
138 Ebd.

»Es wäre lächerlich, wenn man den Sozialisten empfehlen wollte, den Kampf um die Freiheit gegen die nationalsozialistische Diktatur zu führen mit Verfluchungen des Liberalismus, mit der Verleugnung aller bürgerlichen geistig-politischen Freiheitskämpfe, auf deren Schultern wir stehen, kurzum, mit einem Fluche gegen die Freiheit. An der Spitze unserer sozialistischen Weltordnung steht noch die Freiheit!«[139]

In diesen beiden Kritiken und den unterschiedlichen Positionen, die darin eingenommen werden, zeigen sich schon die Bruchlinien, entlang derer dann im Exil in London die deutschen Sozialisten sich endgültig in verschiedene Gruppen aufspalten sollten: Die Mehrheit, zu der auch Löwenthal und die Gruppe *Neu Beginnen* gehörte, stellte sich gegen die Gruppe *Fight for Freedom*[140], um Walter Loeb, zu der auch Curt Geyer stieß, der wegen der unüberwindlichen Differenzen der Positionen auch die SoPaDe verließ. Der Kern der Auseinandersetzung war die Frage, ob es ein ›anderes Deutschland‹ gebe, eine Frage, die zutiefst mit der Frage nach dem Wesenskern des Nationalsozialismus verbunden ist. *Fight for Freedom* bezweifelte das, sie sahen keinen nennenswerten Widerstand und gingen, beeinflusst von den Positionen Lord Robert Vansittarts, davon aus, dass der Nationalsozialismus nicht durch eine interne Revolution beseitigt werden würde, da der Nationalismus wirklich eine Volksgemeinschaft geschaffen, die Sozialdemokratie im Kampf gegen diesen versagt und innerhalb der Arbeiterbewegung die nationale und staatshörige Lassallsche Tradition über die liberalere Marxsche gesiegt habe.

Dagegen wollten die anderen Gruppen, unter denen auch die sudetendeutsche Treuegemeinschaft Jakschs zählte, weiter die nationale Karte spielen und den Nationalsozialismus nicht als Volksbewegung, sondern nur als Verschwörung einiger Weniger zu begreifen. Vor diesem Hintergrund spielte sich auch der Konflikt zwischen Jaksch und Beneš im Londoner Exil ab. Beneš stand in – wenn auch nur

139 Ebd.

140 Vgl. dazu: Geyer, Curt / Loeb, Walter et al. (2009): Fight for Freedom. Die Legende vom »anderen Deutschland«. Herausgegeben von Jan Gerber und Anja Worm, Freiburg i. Br.

losem – Kontakt mit *Fight for Freedom*, seine Erfahrungen, die er mit der Mehrheit der sudetendeutschen Sozialdemokraten machte, entsprechen aber denen, die die *Fight for Freedom*-Gruppe, meist selbst Dissidenten der Sozialdemokratie, mit deren Mehrheit machten.

# 6 Die Positionen von Jaksch und Beneš zu Beginn des Exils

Der Kern der Auseinandersetzung zwischen Jaksch und Beneš im Exil ist in deren verschiedenen Staatskonzeptionen zu suchen. Beneš, der im Exil zunächst darum kämpfte, mit seinem Nationalausschuss als Exilregierung anerkannt zu werden und dann weiter um die Aufhebung des Münchner Diktats rang, ging stets davon aus, die Tschechoslowakische Republik in ihrer Vor-Münchner Form müsse die gemeinsame Plattform für alle Exilgruppen sein. Jaksch und die Exilsozialdemokraten, von denen sich aber bald eine Gruppe genau wegen dieser Haltung abspaltete, waren anderer Ansicht. Sie wollten auf der Basis von München mit Beneš in Verhandlungen treten, sich alle Optionen offenhalten beziehungsweise aufgrund dieser Basis Zugeständnisse nationaler Art von Beneš erreichen. Da dieser Zugeständnisse dieser Art kategorisch ausschloss, kam es zum Konflikt, der auch dazu führte, dass sich die Position der Exilregierung in der Frage des Abschubs radikalisierte, weil sich die Einsicht immer mehr durchsetzen konnte, wie tief die nationalistischen Einstellungen selbst in den antifaschistischen Kreisen reichten, und dass die Exilregierung auf Seiten der größten böhmischdeutschen antifaschistischen Gruppe, der Exilsozialdemokratie, keinen geschlossen auftretenden Partner fand.

Die Schwierigkeiten der Arbeit einer Exilregierung und die Prinzipien, mit denen er diese meistern wollte, reflektierte Beneš rückblickend in einem undatierten Entwurf für eine Rede zu diesem Thema, die aber dem Inhalt nach um 1940 entstanden sein muss. Beneš beginnt mit dem Problem der Einheit einer Exilregierung, die keine einfache Sache sei, da sich jede politische Emigration »vorwiegend aus den Reihen der Führer zusammensetzt, deren Hauptkader und Massen zu Hause sind. Ihre Arbeit ist deshalb vorwiegend die Arbeit markanter Persönlichkeiten, von Individuen, von denen jedes einzelne eine ziemlich ausgeprägte politische Linie verfolgt.«[bi/141] Auch die Unsi-

141 Beneš, Edvard (o. J.): Probleme der politischen Emigration, EB IV/1, 263, k. 101, S. 1.

cherheit, was passieren wird, die Sorge um Freunde und Familie und die fremde Umgebung sorgen dafür, dass die Aufgabe schwierig ist: »Unter solchen Umständen in der Umgebung der Emigration Ruhe, Ordnung, Disziplin und vertrauensvolle und loyale Zusammenarbeit aufrechtzuerhalten, ist beinahe eine übermenschliche Aufgabe, besonders, wenn es da keine eigenen Behörden gibt, keine öffentliche Meinung, die aus der lenkenden Kraft der Volksmassen kommt etc. etc.«[bj/142] Auch die besondere Situation des tschechoslowakischen Exils habe diese Probleme noch mehr verschärft, da ein demokratischer Staat in kürzester Frist »ohne eigene Schuld von einem auf den anderen Tag in die Hände einer Diktatur der Gangster gefallen«[bk/143] sei. Um diese Probleme zu bewältigen, entwarf Beneš Leitlinien nach denen er im Exil handeln wollte und die er folgendermaßen zusammenfasste: »a. Die Erste Republik (die Republik vor München) besteht im legalen und politischen Kern fort und wir müssen uns alle bedingungslos auf ein Programm der rechtlichen Kontinuität der Republik einigen.«[bl/144] Schon dieser Punkt stieß auf Probleme bei Jaksch, der sich den Spielraum, dem ihm die Angliederung des Sudetenlands ans Deutsche Reich zu geben schien, zunächst überhaupt nicht, und dann nur sehr zögerlich nehmen lassen wollte.

Benešs zweiter Punkt beinhaltet, allen persönlichen Zwist, auch Streit über die Vergangenheit und die Verantwortung für München auszuklammern, um sich auf eine einzige Aufgabe konzentrieren zu können: »Den Kampf gegen Hitlerdeutschland.«[bm/145] Genauso sollten, so der dritte Punkt, auch Fragen der zukünftigen Politik auf später verschoben werden: »Wir im Exil haben nur eine einzige Aufgabe – dem Volk wieder die Freiheit und der Republik erneut die rechtliche und politische Existenz zu sichern. Wir können deshalb offensichtlich im Exil nichts präjudizieren, denn wir im Ausland können definitiv keine konstitutionellen Fragen der zukünftigen Republik entscheiden, wie zum Beispiel über die Stellung der Slowakei, der Deutschen und

142 Ebd.
143 Ebd., S. 2.
144 Ebd., S. 3.
145 Ebd.

der Karpato-Ukraine. [...] Unser einziges Programm, das uns einen kann und einen muss, ist der Kampf gegen Hitler nach Außen und die Erneuerung der Republik im Geiste Masaryks Demokratismus nach Innen.«[bn/146] Diese Einschränkungen sollten, umgekehrt, eine breite Plattform ermöglichen, auf der sich Repräsentanten aller politischen Strömungen und Bevölkerungsgruppen zusammenfinden könnten, um die Sache der Republik zu verteidigen, wie sich Beneš viertens auch ausdrücklich wünschte: »Ich wünschte mir eine einhellige Zusammenarbeit aller bezeichnender politischer Faktoren und Persönlichkeiten in der Emigration und wollte so alle Parteien und alle Nationen der Republik versammeln, aber nur auf der oben angeführten, allgemeinen politischen Basis, ohne alle parteiliche Organisation und Streit.«[bo/147] Schließlich dürften fünftens die Ämter und Positionen nur vorläufig und für die Exilzeit angenommen werden, und sollten im Moment des Sieges der demokratischen Entscheidung der tschechoslowakischen Bevölkerung anheimgestellt werden.

Dieses Programm war natürlich sehr ambitioniert, und man kann diskutieren, wieweit sich Beneš selbst an jeden einzelnen der Punkte gehalten hat, besonders was die Frage angeht, keine weitreichenden Entscheidungen im Exil zu treffen. Gleichzeitig ist aber klar, dass er zunächst davon ausging, auch die antifaschistischen Deutschen für die Exilregierung beziehungsweise für den zunächst gegründeten Nationalausschuss gewinnen zu können. Zu diesem Zeitpunkt machte Beneš auch noch einen klaren Unterschied zwischen Nationalsozialisten und Deutschen. In *Demokratie heute und morgen*, das hauptsächlich in der Zeit zwischen seinem Gang ins Exil und der Wiederaufnahme seiner politischen Tätigkeit entstand, finden sich noch Wendungen, die von der Vorstellung eines ›anderen Deutschlands‹ Zeugnis ablegen: »Es gab vor dem Krieg zwei Deutschland, das Deutschland des Kaisers und Ludendorffs, und das Deutschland von Herder und Goethe – genauso wie es heute zwei Deutschland gibt, das Deutschland von Hitler und Goebbels und das Deutschland von Thomas Mann. Kann man hoffen, daß letzten Endes das Deutschland der klassischen Literatur

146 Ebd., S. 3 f.
147 Ebd., S. 3.

und des Humanismus neuerdings über das andere Deutschland siegen wird?«[148] Auch wenn die letzte Frage es in der Schwebe lässt, welcher Teil sich stärker erweisen wird, scheint Beneš zu diesem Zeitpunkt, wie schon nach dem Ersten Weltkrieg, eine klare Trennung der beiden Teile noch möglich.

Und zunächst war es auch so, dass Beneš für diese Politik Partner auf der deutschböhmischen Seite hatte. Als bei Kriegsausbruch im September 1939 eine Delegation der DSAP (allerdings ohne Jaksch) bei ihm vorstellig wurde, und sie ihm eine Erklärung überreichten, in der sie die Ungültigkeit des Münchner Diktats und ihre Treue zur Republik betonten, antwortete Beneš auch noch ganz im Sinne einer Trennung von Nationalsozialisten und ›normalen‹ Deutschen, wobei er darauf hinwies, dass diese Trennung mit Taten verbunden sein muss, namentlich dem Eintreten in die tschechoslowakische Exilarmee, die gerade im Entstehen war: »Wenn Sudetendeutsche in der (tschechoslowakischen) Armee kämpfen, ist das sehr wertvoll. Das tschechische Volk wird dann zwischen den nazistischen Peinigern und den demokratischen Deutschen unterscheiden können.«[149] Selbst Jaksch hatte bei früheren Treffen mit Beneš resümiert: »Als positiver Teil unserer Aussprache wäre noch zu erwähnen, daß Beneš auf eine strikte Unterscheidung zwischen dem nationalsozialistischen Regime und dem deutschen Volk allergrößten Wert legt. Er hat das auch bei den Vorträgen in Amerika so praktiziert.«[150] Allerdings zeichnet sich in diesem Resümee auch schon die Position Jakschs im Exil ab, sein Festhalten an dem Münchner Diktat. Er schreibt an Siegfried Taub, einen Genossen: »Ich entnahm aus dem Gespräch, daß Beneš von allen möglichen deutschen Oppositionsgruppen die Türen eingerannt werden, die die tschechische Bundesgenossenschaft durch den Vorverkauf der Sudetendeutschen eintauschen wollen. Auch der Artikel *Geyers* im ›Neuen Vorwärts‹

148 Beneš, Edvard (1944): Demokratie heute und morgen, S. 46.

149 Gedächtnisprotokoll Robert Wieners über die Unterredung, zit. n.: Brügel, Johann Wolfgang (1974): Tschechen 1939, S. 17.

150 Brief Jaksch an Siegfried Taub, 4. 8. 1939, in: Prinz, Friedrich (1973) (Hg.): Jaksch – Beneš. Briefe und Dokumente aus dem Londoner Exil 1939–1943, S. 81.

wurde von ihm ausdrücklich zitiert.«[151] Der schon oben als Kritiker des Volkssozialismus erwähnte Geyer hatte nämlich im Exilorgan der SoPaDe eine Lanze für die volle Wiederherstellung der Tschechoslowakischen Republik gebrochen und jeglichen Versuchen, die diplomatischen Erfolge des Nationalsozialismus retten zu wollen, eine Absage erteilt. Die Deutschen dürften »deshalb keinen Zweifel darüber lassen, daß die volle Wiedergutmachung des der tschechoslowakischen Republik geschehenen Unrechts ein Teil seiner eigenen Ziele im Kampf um die Freiheit ist. Die Wiederherstellung der Tschechoslowakei [...] bedeutet nicht die Wiederherstellung auf den Status nach München ohne Sudetenland, sondern die Aufhebung der Münchner Grenzen.«[152] Diese Überlegung Geyers, die aus seiner kritischen Haltung gegenüber dem Volkssozialismus und dem Nationalismus überhaupt entsprang, konnte Jaksch schon gar nicht mehr anders denn als bloßes taktisches Manöver und Verrat an den Sudetendeutschen deuten.

Das Treffen zu Kriegsbeginn zwischen böhmisch-deutscher Exilsozialdemokratie und Beneš fand allerdings statt, als Jaksch gerade in Schweden war. Auf der Reise dorthin erläuterte Jaksch seinen Standpunkt einem Begleiter, der den Inhalt dieser Gespräche aber an den Kreis um Beneš weiterleitete. Unter dem Titel *Warnt Beneš vor Jaksch* berichtet der anonyme Informant, Jaksch habe sich mit seinen guten Verbindungen zum britischen Außenministerium gebrüstet, das seinen Vorschlägen folgen würde. Von einer Rücknahme des Münchner Abkommens könne keine Rede sein: Jaksch »wird für die Sudetendeutschen den vierten Punkt des (Karlsbader) Programms der Henleinmänner fordern.«[bp/153] Dieser vierte Punkt sah den Aufbau einer autonomen Verwaltung für die Deutschen in der Tschechoslowakischen Republik vor. Der Informant berichtet weiter, dass Jaksch von seiner gleich zu behandelnden Schrift zur Zukunft Europas geredet hätte und weist darauf hin, dass ein kürzlich erschienener Artikel Otto Strassers durch dieselbe inspiriert worden wäre.

151 Ebd.

152 Geyer, Curt (1939): Die Zukunft der Tschechoslowakei, in: Neuer Vorwärts. 16.7.1939, zit. n.: Bachstein, Martin K. (1974): Wenzel Jaksch, S. 203.

153 NN (1939): Varujte Beneše před Jakschem, NM, NAD 105, ič 463, Karton 47, S. 1.

Nach seiner Rückkehr nach England erklärte Jaksch das Treffen mit Beneš zu einer Privataktion der Beteiligten, die nicht im offiziellen Auftrag der DSAP gehandelt hätten und auch in der Frage des Eintritts der Parteimitglieder in die tschechoslowakische Exilarmee nahm er bald eine ablehnende Haltung ein, da er diesen Schritt mit nationalen Zugeständnissen verbunden wissen wollte. So schrieb er in einem Rundschreiben an die Mitglieder der DSAP, die mittlerweile in *Treuegemeinschaft sudetendeutscher Sozialdemokraten* umbenannt worden war: »Solange die staatsrechtliche Zukunft des Sudetengebiets nicht in einer Weise geklärt ist, die wir vor den arbeitenden Massen zu Hause mit Erfolg vertreten können, ist es der Leitung der Treuegemeinschaft unmöglich, einen allgemeinen Appell zum Eintritt in die tschechoslowakische Armee zu erlassen.«[154]

Der tieferliegende Grund für diese Einschätzung war, dass Jaksch eigene Pläne für die Zukunft des Sudetenlandes wälzte, und die hatten mit einer Kontinuität der Tschechoslowakischen Republik wenig zu tun. Im Frühjahr 1939 entwarf er in seiner schon erwähnten Schrift *Was kommt nach Hitler*[155] seine Überlegungen zu den »Möglichkeiten und Voraussetzungen einer demokratischen Föderalisierung Zentraleuropas«[156], wie der Untertitel des Textes lautet. Der Kerngedanke des Textes ist, auf den Ergebnissen Münchens aufbauend, und die großraumpolitischen Konzeptionen, die Jaksch schon in *Volk und Arbeiter* entwickelte weitertreibend, eine zentraleuropäische Föderation bilden zu wollen. Dieses Vorhaben stand natürlich in direktem Gegensatz zum Plan Benešs, den Fortbestand der Republik zu garantieren.

Für Jaksch sind nicht nur Nationalsozialismus und italienischer Faschismus auswechselbare gesellschaftliche Phänomene, er verallgemeinert die Gründe für ihr Entstehen auch zu gesamtgesell-

154 Rundschreiben Treuegemeinschaft sudetendeutscher Sozialdemokraten vom 9. 19. 1939, zit. n.: Brügel, Johann Wolfgang (1974): Tschechen 1939, S. 18.

155 Jaksch, Wenzel (1939/1973): Was kommt nach Hitler?, in: Prinz, Friedrich (1973) (Hg.): Jaksch – Beneš, S. 55 ff.

156 Ebd., S. 55.

schaftlichen: »In Deutschland wie in Italien sind Krankheitskeime zum offenen Ausbruch gekommen, die ebenso in anderen Völkern latent wirksam sind.«[157] Warum sie aber gerade dort zum Ausbruch gekommen sind, versucht Jaksch erst später zu beantworten. Weiter hält Jaksch auch das Ausmaß, in dem die nationalsozialistische beziehungsweise faschistische Ideologie die Bevölkerung ergriffen hat, für gering. Die Bevölkerung sei nur oberflächlich von der Ideologie berührt worden, es gäbe eine breite und aktive Widerstandsbewegung, die Rede davon, dass das Volk vereint hinter der Führung stehe, sei nur ein Trick, auf den man nicht hineinfallen dürfe: »Es wäre von höchstem machtpolitischen Interesse, dem französischen und dem englischen Volk möglichst drastisch vor Augen zu führen, daß die angebliche ›ideologische Geschlossenheit‹ etwa des deutschen Volkes ein *leerer Bluff* ist, daß ferner Hitler und Mussolini in jeder kritischen Situation mit starken inneren Gegenkräften zu rechnen haben.«[158] Besonders für Deutschland war das eine Fehleinschätzung, die sich Jaksch aber auch später nie als solche eingestand, im Gegenteil, dieser Glaube an eine starke Opposition im Reich wurde zu einem zentralen Pfeiler seiner Aktionen im Exil.

Wie schon in *Volk und Arbeiter* plante er mehr für die Zeit nach Hitler, der ihm dank einer angeblich starken Opposition schon fast überwunden schien, auch wenn seit jener Schrift schon drei weitere Jahre vergangen waren, in denen sich kein nennenswerter Widerstand geregt hatte. »Die oppositionellen Strömungen in Deutschland gehen *quer durch alle Volksschichten* und machen auch vor den Kadern der jüngeren Jahrgänge nicht halt. Freilich steht der politische Einfluß der Nazis auf die deutsche Jugend in ursächlichem Zusammenhang mit den außenpolitischen Erfolgen oder Mißerfolgen des Regimes.«[159] Worin genau der Wert einer Opposition besteht, die bei außenpolitischen Erfolgen des Regimes bereits verstummt, ist fraglich. Hier deutet sich schon das Problem an, dass Jaksch grundlegende Kategorien wie Volk und Raum mit der nationalsozialistischen Ideologie teilt, für

157 Ebd., S. 57.
158 Ebd., S. 59.
159 Ebd., S. 62.

ihn also Kritik keine grundsätzliche an diesen Kategorien sein kann, sondern sich nur an der erfolgreichen oder weniger erfolgreichen Umsetzung dieser Kategorien abarbeiten kann. Gleichzeitig leugnet er immer wieder, wie sehr diese Kategorien das Denken der Deutschen durchdrangen, und wie sehr diese eine dynamische Ideologie bildeten:

> »Die Tiefenwirkung der sozialimperialistischen *Großraumpropaganda* der Nazis wird allgemein überschätzt. Oberflächliche ausländische Besucher kommen in diesem Punkte fast ausnahmslos zu Fehlschlüssen, weil sie nicht verstehen, wie hochentwickelt die Kunst der *politischen Mimikry* in einem Lande ist, in welchem jedes unbedachte Wort mit der Gefahr des Foltertodes verbunden ist. Nur ganz naiven Westeuropäern kann man glaubhaft machen, daß auch die Masse der einfachen deutschen Menschen nach Neuland in der Ukraine lechzt.«[160]

Wie sehr es umgekehrt eine Illusion war, das für bloße Mimikry zu halten, wie sehr der ausländische Besucher, auf den Jaksch herabblickt, recht behalten hat, als er sah, dass weite Teile der deutschen Bevölkerung vom Gut im Osten fasziniert waren, arbeitete der Historiker Götz Aly heraus, als er bei der Rede zur Verleihung des Heinrich-Mann-Preises unterstrich, dass der soziale Aspekt des Nationalsozialismus

> »nicht zum Vorteil von Junkern und Monopolisten geplant (worden war), sondern als konkrete Utopie für einfache Deutsche. Ihre Kinder spielten 1942 ›Wehrbauer im Schwarzerdegebiet‹, deutsche Soldatenbräute träumten zu Hunderttausenden von Rittergütern in der Ukraine und der brave Soldat Heinrich Böll, der gewiss kein williger Vollstrecker gewesen ist, schrieb noch am 31. Dezember 1943 aus dem Lazarett an seine Eltern: ›Ich sehne mich sehr nach dem Rhein, nach Deutschland, und doch denke ich oft an die Möglichkeit eines kolonialen Daseins hier im Osten nach einem gewonnenen Krieg.‹«[161]

160 Ebd.

161 Aly, Götz (2002): Hitlers Volksstaat. Anmerkungen zum Klassencharakter des Nationalsozialismus. Rede zur Verleihung des Heinrich-Mann-Preises

Bei der Ursachenforschung, warum der Nationalsozialismus in Deutschland an die Macht kam, stellt sich Jaksch wieder auf einen nationalistischen Standpunkt: Der Vertrag von Versailles trage die Hauptschuld daran, wie er auch schon in *Volk und Arbeiter* ausführte. Nicht innenpolitische Entwicklungen oder ein problematisches, völkisches Staatsverständnis sind für Jaksch das Problem, der dieses Staatsverständnis ja teilt, sondern der Anstoß zur Katastrophe kam von außen. Der Vertrag habe versucht, eine »*europäische Lösung gegen das deutsche Volk* zu oktroyieren.«[162] Hitler habe dann die berechtigte Empörung gegen den Vertrag nur instrumentalisiert, und sein »Nimbus beruht auf dem Verdienst, die Ordnung von Versailles wie ein Kartenhaus zum Einsturz gebracht zu haben.«[163]

Da Jaksch aber einerseits Hitlergegner ist, andererseits dessen außenpolitische Ergebnisse bewundert, drängt sich ihm die Frage auf: »Inwieweit sind die Achsenpolitiker als Vollstrecker historischer Notwendigkeiten aufgetreten, an welchem Punkte ihrer Außenpolitik liegt die Grenze zwischen Revisionismus und Imperialismus?«[164] Denn dass eine Revision des Vertrags von Versailles notwendig war, ist für ihn keine Frage, und es sieht in klassischer völkischer Manier Deutschland in der Defensive, von Feinden umringt und in Notwehr handeln:

> »Neben den Staatsproblemen in Deutschland (des Altreichs) existiert eine *gesamtdeutsche Frage* in Europa. Diese gesamtdeutsche Frage wurde durch das System von Versailles noch in geringerem Maße berücksichtigt, als es zuvor der Fall war. [...] In den Sudetengebieten und in den Grenzprovinzen Polens waren die deutschen Volksgruppen der *sozialen Expansionskraft jüngerer Völker* ausgeliefert. [...] Jedes große Volk würde auf einen solchen Zustand durch verschärfte nationalistische Strömungen reagieren.«[165]

der Akademie der Künste, www.perlentaucher.de/essay/hitlers-volksstaat.html, 28. 11. 2015.

162 Jaksch, Wenzel (1939/1973): Was kommt nach Hitler?, S. 67.

163 Ebd.

164 Ebd.

165 Ebd.

Diese Radikalisierung wird von Jaksch aber wieder nicht als Problem gesehen, das man durch Kritik und Aufklärung bekämpfen könnte, indem man auf die gewonnenen demokratischen Freiheiten in der Republik hinweist, wie das später andere Sozialdemokraten taten, sondern er sieht sie als Naturgesetz an, dem man sich beugen müsse. Er erkennt zwar, dass der »Nationalsozialismus [...] überwiegend ein Werk von Auslandsdeutschen«[166] war, womit er auf die ideologischen Wurzeln des Nationalsozialismus in der grenzdeutschen völkischen Bewegung hinweist, aber nicht einmal das bringt ihn dazu, eine kritische Distanz zum Volksbegriff zu gewinnen. Im Gegenteil, dieser ist ihm so in Fleisch und Blut übergegangen, dass er damit auch den fehlenden Widerstand gegen den Nationalsozialismus entschuldigt: »Dadurch wurde ein Zustand herbeigeführt, daß viele innenpolitische Gegner des Nationalsozialismus nolens volens dessen Außenpolitik bejahten.«[167] Diese Annahme zeigt, dass Jaksch in anderen Kategorien als denen des völkischen Pangermanismus gar nicht mehr denken konnte, weil sie ihm so bestimmend schien, dass man ganz automatisch – nolens volens – in diese zurückfällt.

In diesem Sinne untermauert Jaksch auch seine Position, nicht von den Ergebnissen Münchens abzurücken. Er bedient sich dabei einer seltsamen Logik. Da im »Sudetenland [...] auch Massen von Nazigegnern den Anschluß gewollt« hätten, und diese Zustimmung seitens Englands und Frankreichs als »Vorwand benutzt« worden sei, »um gewissermaßen den naturrechtlichen Anspruch auf großdeutsche Einigung zu akzeptieren und solcherart den Verrat von München ›demokratisch‹ zu begründen«, hätten die »im Sudetenland so eklatant verratenen antihitlerischen Deutschen [...] keine Ursache, die Argumentation der ›Münchner‹ nachträglich zu revidieren und ihrerseits auf die Geltendmachung des Selbstbestimmungsrechts der Deutschen zu verzichten.«[168] Weil das Selbstbestimmungsrecht für eine schlechte Sache benutzt worden wäre, dürfe man also keinesfalls darauf verzichten.

166 Ebd.
167 Ebd.
168 Ebd., S. 68.

Jaksch versichert zwar, dass dieser »prinzipielle Standpunkt [...] allerdings die deutsche Opposition nicht der politischen Aufgabe (enthebt), eine Formulierung der deutschen Frage zu entwickeln, welche auch die Lebensrechte aller Nachbarvölker in vollem Umfang respektiert«.[169] Wie diese Formel aussehen soll, verrät er nicht und es ist auch fraglich, ob sich eine solche finden lässt, denn auch die wirtschaftliche Durchdringung weiter Teile Ost- und Südosteuropas durch Deutschland bewertet Jaksch prinzipiell positiv: »Die *Ablehnung jeder Form von Imperialismus* durch die deutschen Freiheitskräfte soll außer jedem Zweifel stehen. Unabhängig davon ist jedoch das Problem des wirtschaftlichen Großraums zu sehen.«[170] Letzterer ist für ihn gänzlich unproblematisch, für ihn war die »deutsche Wirtschaftsexpansion in Südosteuropa fast widerstandslos«[171] Er unterschlägt, dass diese Widerstandslosigkeit erst durch einen massiven Einsatz an politischem Druck hergestellt werden konnte.

Klaus Thörner hat in einer umfangreichen Studie die deutschen Pläne für Südosteuropa von 1840 bis 1945 untersucht, und kommt für den behandelten Zeitraum zu etwas anderen Schlüssen:

> »Doch wie in der Regierungszeit Bismarcks konzentrierte die deutsche Wirtschaft hinter der Fassade politischen Desinteresses ihre Bestrebungen in bedeutendem Maße auf die Balkanhalbinsel. In den Jahren von 1919 bis 1931 versuchte die deutsche Politik, sich trotz der Einschränkungen der Friedensverträge alle Optionen einer verstärkten wirtschaftlichen und politischen Anbindung und Unterordnung Südosteuropas offen zu halten. Zu diesem Zweck blockierte die Deutsche Gruppe des Mitteleuropäischen Wirtschaftstages alle Initiativen zur Gründung einer das Deutsche Reich ausschließenden Donauföderation ost- und südosteuropäischer Staaten; zu diesem Zweck entstanden in dieser Periode diverse Mittel- und Südosteuropainstitute, und zu diesem Zweck initiierten Regierung und Deutschtumsverbände unter

169 Ebd.
170 Ebd.
171 Ebd.

Instrumentalisierung der ›volksdeutschen‹ Minderheiten in Ost- und Südosteuropa eine inoffizielle Außenpolitik.«[172]

Die von Jaksch proklamierte Widerstandslosigkeit wurde also durch intensive Lobbyarbeit und Druck erst hergestellt, und er kommt auf die für einen bekennenden Marxisten doch interessante Idee, kapitalistische Wirtschaft und Herrschaft ließen sich säuberlich trennen, sodass man »jede Form des Imperialismus« ablehnen, die ökonomische Durchdringung aber begrüßen könne. Er ist bei dem, was er beschreibt, den deutschen Großraumraumplänen des von Thörner genannten *Mitteleuropäischen Wirtschaftstages*, einer zentralen Planungsstelle vor und während des Nationalsozialismus für die internationale Strategie des deutschen Kapitals, gar nicht so weit entfernt. Denn auch dieser ging nicht automatisch von einer militärischen Besetzung der Gebiete, die dem wirtschaftlichen Großraum einverleibt werden sollten, aus, wie Alfred Sohn-Rethel, der zeitweise als Sekretär für den *Mitteleuropäischen Wirtschaftstag* arbeitete, bemerkte: »Nicht daß man die Donau- und Balkanländer erobern und politisch annektieren wollte, aber sie sollten unter den Einfluß und in die tatsächliche Botmäßigkeit des Reiches gebracht werden, so daß man nach Bedarf über ihre Rohstoffe, Ernten, Energiequellen, Transportmittel, die Post und die Verwaltungseinrichtungen bestimmen und verführen könnte, ihre Produktionseinrichtungen und ihre Anbaupolitik lenken könnte.«[173] Die ökonomische Macht Deutschlands würde diese Staaten wie von selbst ins Orbit desselben zwingen. Eine Idee, die auch in einer Denkschrift der *Gesellschaft für europäische Wirtschaftsplanung und Großraumwirtschaft*, einer anderen Lobbygruppe innerhalb des Nationalsozialismus, propagiert wurde: »Wir müßen grundsätzlich immer nur von Europa sprechen, denn die deutsche Führung ergibt

172 Thörner, Klaus (2008): »Der ganze Südosten ist unser Hinterland«. Deutsche Südosteuropapläne von 1840 bis 1945, Freiburg i. Br., S. 537.

173 Sohn-Rethel, Alfred (2016): Industrie und Nationalsozialismus, in: Ders.: Die deutsche Wirtschaftspolitik im Übergang zum Nazifaschismus. Analysen 1932–1948 und ergänzende Texte, Freiburg i. Br., S. 289.

sich ganz von selbst aus dem politischen, kulturellen, technischen Schwergewicht Deutschlands und seiner geographischen Lage.«[174]

Diese Ideen zu einer Neuordnung Europas, die aus der Feder Werner Daitz' stammen, entwickelte dieser 1943 zu einer ›Europa-Charta‹, in der er den Ideen Jakschs sehr nahe kam. Daitz malte sich nun einen auf den Völkern basierenden »europäischen Sozialismus« aus, der vor allem gegenüber »art- und raumfremden Mächten«[175] sich zu verteidigen weiß. Auch versucht er die Machtfrage, die Herrschaft Deutschlands über Europa, als eine Naturtatsache hinzustellen, womit politische Verhältnisse naturalisiert werden:

> »Auf die Gemeinschaft der europäischen Völker, die europäische Völkerfamilie, bezogen, ergibt sich hieraus, daß jedes Volk in der europäischen Völkerfamilie so viel Anteil an der Gesamtführung haben wird, wie seine politische, wirtschaftliche und kulturelle Leistung für sich und Europa [...] im Planetensystem der Völkerfamilie ausmacht. Ja, wie im Sonnensystem um die größeren Planeten oft ein oder mehrere Monde kreisen und mit diesen zusammen die Gesamtordnung des Sonnensystems eingehen – so bedeutet es auch keine Vergewaltigung innerhalb der europäischen Völkerfamilie, wenn hier oder da kleine Völker gleichsam um ein größeres Volk kreisen und mit diesem zusammen in die Gesamtordnung der Völkerfamilie eintreten.«[176]

Auch die beiden Punkte, in denen Jaksch einen Unterschied zwischen der nationalsozialistischen Außenpolitik und dem »spontanen Revisionismus«[177] ausmachen will, gehen ins Leere. Erstens, so Jaksch, habe der Nationalsozialismus die Grenzen dieses Revisionismus über-

174 Dokument 102, Denkschrift Werner Daitz vom 31. Mai 1940, in: Schumann, Wolfgang / Nestler, Ludwig (Hg.) (1975): Weltherrschaft im Visier. Dokumente zu den Europa- und Weltherrschaftsplänen des deutschen Imperialismus von der Jahrhundertwende bis Mai 1945, Berlin, S. 259.

175 Dokument 152, aus der »Europa-Charta« von Werner Daitz vom September 1944, in: ebd., S. 371.

176 Ebd., S. 372.

177 Jaksch, Wenzel (1939/1973): Was kommt nach Hitler?, S. 68.

schritten, »indem sie die Erfolge ihrer Südosteuropapolitik als Basis eines kontinentalen Hegemonieanspruchs und als Sprungbrett phantastischer Weltaufteilungspläne benutzte«.[178] Das war aber keine Idee der Nationalsozialisten, denn spätestens seit der Zeit der Bagdadbahn war der deutsche Drang nach Südosten mit einem Hegemonieanspruch und tendenziell mit zumindest einer beherrschenden Stellung am Weltmarkt verbunden gewesen.[179] Und auch wenn Jaksch den Hegemonieanspruch weit von sich weist, und in einer Föderation das Gegenmittel gegen diesen sieht, so lässt sich das Machtproblem nicht so einfach eskamotieren: Denn auch sein erster Gedanke bezüglich der Leitung dieser Föderation würde, obwohl Jaksch das nicht ausspricht, natürlich Deutschland (noch dazu um Österreich und die Auslandsdeutschen erweitert) bevorzugen. Er denkt an »eine Versammlung von Delegierten der Mitgliedsstaaten, welche nach einem zwischen Volkszahl und Beitragsleistung der beteiligten Länder liegenden Schlüssel gewählt wird«.[180] In dieser Versammlung würde das ökonomisch und durch die Bevölkerungszahl starke Deutschland eine dominierende Position erlangen.

Der zweite Punkt, in dem Jaksch den Unterschied zwischen dem angeblich nicht zu vermeidenden Revisionismus und der Politik des Nationalsozialismus sieht, liegt darin, dass letztere »aus der Not der Abdrängung Deutschlands von der Weltwirtschaft eine autarkische Tugend machte, damit also eine selbstverschuldete Isolierung des Reiches von den großen überseeischen Märkten und Rohstoffgebieten herbeiführte.«[181] Hier ist nicht ganz klar, was Jaksch will. Er kritisiert die Autarkiepolitik nicht etwa, weil sie der Kriegsvorbereitung dient, sondern deswegen, weil sie nicht stark genug in der internationalen Konkurrenz steht, was ein merkwürdiger Standpunkt für einen Marxisten ist, noch dazu, weil er das Positive an dem deutschen Vorstoß in die Wirtschaft des Balkans darin sieht, dass die Wirtschaftsexpansion

178 Ebd.

179 Zu der genauen Geschichte dieses Drangs, der bis ins 19. Jhdt. zurückreicht, vgl. wieder Thörner, Klaus (2008): Südosten.

180 Jaksch, Wenzel (1939/1973): Was kommt nach Hitler?, S. 78.

181 Ebd.

auf »Völker« gestoßen sei, »die sich ebenfalls vom Tisch der Weltwirtschaft abgedrängt fühlten«[182] und die in der Zusammenarbeit mit Deutschland eine Chance sehen würden, denn Deutschland habe »Anziehungskraft als größter Konsument des Festlandes.«[183] Was es für diese peripheren Volkswirtschaften heißen würde, mit überseeischer Konkurrenz zu Rande kommen zu müssen, thematisiert Jaksch nicht. Man kann hier an Richard Löwenthals Kritik an Jakschs »europäischen Nationalismus« erinnern, denn der eigentliche Grund, warum dieser die Autarkiepolitik kritisiert, ist die »Erhaltung der europäischen Position in der Weltwirtschaft und in der Weltpolitik«[184], die er als eines der Ziele seines Entwurfs nennt.

In seiner Analyse der Situation zeigt sich also, dass Jaksch politisch von völkischen Kategorien ausgeht und in wirtschaftlichen Fragen sich de facto kaum von der deutschen Hegemoniepolitik unterscheidet. Das ist bei seinen Plänen für die projektierte Föderation nicht anders. Abgesehen davon, dass die Planung einer solchen Föderation 1939, zu dem Zeitpunkt also, als der Nationalsozialismus fest im Sattel saß, etwas Großspuriges hat, bewegt sich Jakschs Plan auch wieder im Horizont völkischen und großdeutschen Denkens. Das erste Problem wischt Jaksch mit einem Handstreich vom Tisch, indem er einfach eine Annahme setzt; den »im zweiten Teil erstatteten Neuordnungsvorschlägen liegt die Annahme zugrunde, daß durch Krieg oder Revolution die imperialistisch-militaristische Spitze der deutschen Nachkriegsentwicklung abgebrochen wird, ohne daß grenzenlose Zerstörung jede politische Planung aussichtslos macht.«[185] Der Nachkriegsentwicklung soll nur die Spitze abgebrochen werden, die tieferliegenden wirtschaftlichen Dynamiken, die dazu geführt haben, bleiben bestehen, sind aber für Jaksch kein Problem, da sie ja die positive Seite des Revisionismus von Versailles sind.

Nach einem offenbar für Deutschland verlorenen Krieg soll also die Neuordnung Europas einsetzen, und zwar indem zunächst die

182 Ebd.

183 Ebd.

184 Ebd., S. 69.

185 Ebd.

»Deutschen [...] als Beitrag zur Neuordnung des Kontinents das Opfer bringen (sollen), in dem freiwilligen Verzicht auf militärische Gewaltanwendung gegen Nachbarn voranzugehen.«[186] Dass dies nach einem verlorenen Krieg ein recht seltsames Opfer ist, scheint Jaksch nicht in den Sinn zu kommen. Gleichzeitig soll, so Jaksch weiter, Großdeutschland nicht zerschlagen werden:

> »Darum wenden wir uns auch entschieden gegen ein Wiederaufleben des dualistischen Prinzips, welches etwa die Deutschen Österreichs oder sogar Bayerns einer Donaukombination zuschlagen möchte, nur zu dem Zwecke, den machtpolitischen Faktor Großdeutschland durch neuerlich einseitige Anwendung des Selbstbestimmungsrechts zu zerstören.«[187]

Hier streift Jaksch zumindest einmal das Problem, dass ein ›vereinigtes Deutschland‹ einen Machtfaktor darstellt. Dieses Problem verwischt er aber sogleich wieder, wenn er davon spricht, dass es in der neuen Föderation darum gehe, »den Rahmen der höheren Gemeinschaftsinteressen so abzustecken, daß innerhalb dieses Rahmens die Anwendung des Selbstbestimmungsrechts nicht mehr in Konflikt mit den wirtschaftlichen und Bedürfnissen der Völker gerät und keine Gefahr für die Einheit Europas bedeutet.«[188] Damit scheint der Machtfaktor gleich wieder eskamotiert, das Problem der politökonomischen Schwerkraft Deutschlands scheint zu verschwinden. Denn der neue Staatenbund habe die »primäre Aufgabe [...] die Unterordnung des Selbstbestimmungsrechts aller Mitglieder unter das Gemeinschaftsprinzip«[189] sicherzustellen. Sobald er aber konkreter wird, macht Jaksch wieder klar, dass dieses Gemeinschaftsprinzip nicht eine Teilung Deutschlands beinhalten kann, um den Nachbarn Sicherheit zu gewähren. Denn das Selbstbestimmungsrecht der Deutschen würde über diesem Interesse stehen, beziehungsweise mit diesem ident sein: »Ohne die Gewaltstreiche Hitlers nachträglich moralisch sanktionieren zu wollen, reklamie-

186 Ebd., S. 70.
187 Ebd., S. 75.
188 Ebd.
189 Ebd.

ren wir unter Respektierung der europäischen Gemeinschaftsinteressen auch das Selbstbestimmungsrecht aller Teile des Deutschen Volkes, soweit sie historisch-politische Individualitäten und nicht versprengte Minoritäten darstellen.«[190] Die Wendung über die Respektierung der Gemeinschaftsinteressen bleibt allerdings eine leere Phrase, denn kaum drei Absätze später, nachdem Jaksch darauf hingewiesen hat, dass die Teilnahme an diesem Projekt freiwillig ist, stellt er denen, die eventuell nicht mitmachen wollen, die Rute ins Fenster: »Alle an dem Problem interessierten Völker müssen sich indessen bewußt sein, daß bei Ablehnung des föderalistischen Gemeinschaftsprinzips eine ganze Serie von Grenzfragen mit friedlichen Mitteln unlösbar bleibt und je nach dem Wandel der europäischen Konstellationen der waffenmäßigen Austragung überlassen wird.«[191] Wenn die anderen nicht einsehen wollen, dass die deutsche Selbstbestimmung das Gemeinschaftsinteresse ist, dann waren sie gewarnt. Nur so weit reicht also der vorher als Opfer angepriesene Gewaltverzicht.

Als Mittel zur Beilegung von Grenzfragen kam für Jaksch auch »ein organisierter Bevölkerungsaustausch«[192] in Frage. Weniger verklausuliert formulierte den Hegemonieanspruch übrigens drei Jahre später der Staatssekretär beim Reichsprotektor, Karl Hermann Frank: »Da Europa ohne die Tschechen, die Tschechen aber in Zukunft nicht mehr ohne ein starkes Deutsches Reich leben können, müssen sieben Millionen Tschechen den unbedingten Vorrang von 85 Millionen deutscher Menschen anerkennen und ihre partikulären Interessen dem Reichinteresse unterordnen.«[193]

Jaksch fordert für »die Sudetendeutschen [...] das Recht, in freier Entscheidung zu bestimmen, ob sie als autonomer Sektor innerhalb der historischen Provinzen Böhmen-Mähren, also in engerem Staatsverband mit den Tschechen, oder als deutsche Reichsprovinz der Föderation angehören wollen.«[194] In dieser Wendung kommt die

190 Ebd.
191 Ebd.
192 Ebd., S. 76.
193 Frank, Karl Hermann (1942): Böhmen und Mähren im Reich, Prag, S. 40.
194 Jaksch, Wenzel (1939/1973): Was kommt nach Hitler?, S. 75.

Tschechoslowakische Republik auch in den Nachkriegsplänen Jakschs gar nicht mehr vor.

Schließlich scheint Jaksch auch aufgefallen zu sein, dass diese Planung dem »machtpolitischen Faktor Großdeutschland« eine hegemoniale Stellung einräumen würde, sieht er sich doch genötigt, präventiv gegen diesen Vorwurf zu argumentieren: »Es könnte der Verdacht auftauchen, daß unter der Konstruktion einer innereuropäischen Föderation versucht wird, den alldeutschen Plan einer deutschen Vorherrschaft über Mitteleuropa in scheinbar harmloser Form zu verwirklichen. [...] Am besten wird das Schreckgespenst des ›Pangermanismus‹ durch eine innere Föderalisierung Deutschlands selbst zu bannen sein. Eine deutsche Politik, die entschlossen ist, seriöse Beiträge zur Neuordnung Europas zu liefern, hat im Inneren Deutschlands alle strukturellen und ideologischen Wurzeln der preußisch-deutschen Gewaltmethoden zu beseitigen. Vom Standpunkt eines europäisch orientierten Deutschtums ist die Vernichtung Preußens einer Aufteilung Deutschlands vorzuziehen.«[195] Schon die Verniedlichung des Pangermanismus als »Schreckgespenst«, das ja mehr ein Popanz der anderen Staaten wäre als eine reale Bedrohung, zeugt angesichts der Tatsache, dass ein Jahr vor der Niederschrift dieses Plans die Karte Europas im großen Maßstab durch ihn verändert wurde, von einer eklatanten Unterschätzung des Problems.

Auch die Zerschlagung Preußens, die Jaksch als Lösung sieht, würde an der Situation nichts ändern. Der autoritäre preußische Staat, die dominierende Stellung Preußens innerhalb Deutschlands und die preußische militaristische Tradition waren zwar ein wichtiger Nährboden für die Entstehung des Nationalsozialismus, allerdings greift eine Kritik zu kurz, die im Preußentum den Kern desselben sieht. Denn wenn auch zu Beginn des Regimes Hitler versuchte, die alten Eliten zu gewinnen, was symbolisch und propagandistisch 1933 mit dem »Tag von Potsdam« geschah, als Hitler sich vor Hindenburg, dem Repräsentanten des alten Preußens und der Junker verneigte, so wurden sie durch die Dynamik der nationalsozialistischen Herrschaft an den Rand gedrängt. Auf diesen Prozess wies auch Herbert Marcuse

195 Ebd., S. 76.

hin, als er in einer Studie für das *Office for Strategic Services* (OSS) untersuchte, ob das Fokussieren auf das Preußentum in der psychologischen Kriegsführung erfolgreich sein könnte. Er kam zum Schluss, dass dies nicht der Fall sei, da durch den Nationalsozialismus andere Gruppen einflussreich geworden wären, und die Macht Preußens gebrochen wurde:

> »In the course of these changes, Prussia as a political unit has been dissolved, the Prussian nobility has lost its powerful position, and the forces that make for imperialist aggression are not typically Prussian but are rather the interests of German heavy industry located in Western and Central Germany and in Upper Silesia, (2) the militarists, (3) the nationalistic elements of the middle classes and the intellectuals (4) government leaders trying to harmonize bitter conflicts between the social and economic groups by way of nationalistic aggression.«[196]

Marcuse weist auch darauf hin, dass das, was Jaksch hier als Lösung anpreist, die Zerschlagung Preußens, ja schon vom Nationalsozialismus erledigt worden war: »(T)he transformation of the Reich into a centralized totalitarian state under unified terroristic control led to the abolition of Prussia as a political unit. All Prussian ministries (except the Finance Ministry) have been merged with the Reich ministries. The Prussian provinces have been reduced to *Gaue* on an equal administrative footing with political units all over the Reich.«[197] Die Gleichschaltung 1933 hatte also schon erledigt, was Jaksch 1939 als Projekt für die Zukunft sah, um Ängste im Ausland abzubauen. Wie schon in der Diskussion von Jakschs Kritik am »totalen Staat« des Nationalsozialismus in seinem Buch *Volk und Arbeiter* kritisiert er hier am Nationalsozialismus etwas, was dieser selbst auch als Problem sieht.

196 Marcuse, Herbert (1943/2013): The Significance of Prussian Militarism for Nazi Imperialism: Potential Tensions in United Nations Psychological Warfare, in: Laudani, Raffaele (Hg.): Secret Reports on Nazi Germany, S. 62.

197 Ebd., S. 66.

Von Jakschs Argumenten, die den von ihm selbst aufgebrachten Verdacht, in der Sache sei sein Plan identisch mit pangermanischen Vorstellungen, zerstreuen sollten, bleibt noch die von ihm ins Feld geführte Föderalisierung Deutschlands. Doch auch diese hat einen Haken: Es ist fraglich, ob sie, soll sie nicht auf eine Zerschlagung Deutschlands hinauslaufen, den »machtpolitischen Faktor Großdeutschland« verringern kann. Selbst ein föderaler Staat ist ein Staat mit einer gemeinsamen Regierung und einer koordinierten Außenpolitik.

Ebensowenig zerstreuten Jakschs Taten den Verdacht, er hege völkische Vorstellungen, im Gegenteil. So versuchte er im Februar 1940, nach der Anerkennung des tschechoslowakischen Nationalausschusses, ein eigenes *Sudeten-German Office for Freedom and Homerule* beim britischen *Foreign Office* als Gegengründung zu etablieren. Seine Argumentation, warum er nicht dem tschechoslowakischen Nationalausschuss beitreten wollte, zeigt wieder seine taktierende Haltung, die nur notdürftig die völkischen Grundpositionen kaschiert:

> »Wir befürchten, durch einen Beitritt [...] die Entscheidung über die zukünftige Position der sudetendeutschen Bevölkerung vorwegzunehmen, und möchten andererseits alles vermeiden, was den Eindruck hervorrufen könnte, als würden wir uns die Entscheidung von München und infolgedessen die Eingliederung des Sudetengebietes in Großdeutschland als Grundlage unserer zukünftigen Politik zu eigen machen.«[198]

Auch wenn er Wert darauf legt, nicht als Profiteur von München zu erscheinen, ist die versuchte Gründung aber genau das: Die völkische Argumentation, die Deutschböhmen gehörten nicht in die Tschechoslowakische Republik, die zu München führte, wird dazu benutzt, um selber Politik zu machen und sich weiter im Spiel zu halten. Das *Foreign Office* lehnte dieses Ansinnen trocken »mit der Begründung

198 Jaksch an Roger Makins (Foreign Office) 1. 2. 1940, zit. n.: Brügel, Johann Wolfgang (1974): Tschechen 1939, S. 22.

ab, daß Jaksch nur ein Sechstel der sudetendeutschen Wähler von 1935 vertrete«.[199]

Aus all dem ergibt sich, dass es nicht überraschen kann, dass dieser Plan bei der tschechoslowakischen Exilregierung auf Misstrauen und Ablehnung stieß und den Zweifel nährte, ob die deutschböhmische Sozialdemokratie sicher Bündnispartner für einen antifaschistischen Republikanismus sei und den Eindruck verstärkte, sie sei dem völkischen Nationalismus nicht abhold. Zwar war dieses Memorandum ein Entwurf Jakschs, der einiges über dessen Position aussagt, und der auch von diesem stark propagiert wurde, als allgemeine Position der Partei konnte er sich in dieser Form aber nicht durchsetzen, obwohl die programmatische Erklärung der Partei, die am 10. März 1940 beschlossen wurde, auf dem Memorandum basierte. In dieser Erklärung, die sogenannte Deklaration von Holmhurst, die nach einem kleinen Ort im Süden Londons benannt wurde, wurden die gröbsten pangermanischen Ideen Jakschs ein wenig gedämpft, da es innerparteilichen Widerstand gab. Die Möglichkeit eines Anschlusses an Deutschland findet keine Erwähnung mehr, die Formel, auf die man sich einigen konnte war, dass »(u)nser Bekenntnis zum Selbstbestimmungsrecht die Anerkennung aller wirtschaftlichen und geographischen Verbundenheit des Sudetengebietes mit den historischen Räumen Böhmen und Mähren-Schlesiens in sich«[200] schließe. Gleichzeitig wird das Selbstbestimmungsrecht gefordert und klargestellt, als »ein Teil des sudetendeutschen Volkes haben wir aber vor allem die Interessen unseres Volkes zu vertreten.«[201] So wird das Angebot der Zusammenarbeit mit der tschechoslowakischen Exilregierung mit der Kondition verbunden, über die zukünftige Gestaltung des Staates als gleichberechtigter Partner auf Augenhöhe mit der Regie-

199 Brandes, Detlef (2005): Der Weg zur Vertreibung 1938–1945. Pläne und Entscheidungen zum ›Transfer‹ der Deutschen aus der Tschechoslowakei und aus Polen, München, S. 49.

200 Deklaration der sudetendeutschen Sozialdemokratie vom 10. März 1940 in Holmhurst (London), in: Prinz, Friedrich (1973) (Hg.): Jaksch – Beneš, S. 86.

201 Ebd., S. 87.

rung zu verhandeln. Es sollten »zur gegebenen Zeit die Vertreter der sudetendeutschen Bevölkerung« eingeladen werden, »alle Fragen, betreffend die Grenzen, den Aufbau und den Inhalt des Staates, im Wege freier Vereinbarung zu klären. Nur diese Methode würde für die Verständigungskräfte in der sudetendeutschen Bevölkerung den Boden schaffen, für die Anwendung des Selbstbestimmungsrechtes im Sinne der Wiederherstellung der Staatsgemeinschaft mit dem tschechischen Volke erfolgreich eintreten zu können.«[202] Der neue Staat, so die weitere Forderung, sollte den Sudetendeutschen einen Autonomiestatus geben, mit »zentraler Repräsentanz ihrer Gesamtinteressen, bestehend aus Landesparlament und Landesregierung.«[203] Diese Forderung wird noch mit dem Hinweis garniert, eine »nach dem Föderalprinzip reorganisierte Tschechoslowakei wird auch in der Außenpolitik viel weniger Angriffsfläche bieten«[204], als ob es wirklich fehlende Rechte der deutschen Bevölkerung gewesen wären, die den Angriffen Deutschlands einen Grund gegeben hätten. Allein schon diese Forderung musste mit Benešs Plan, der die Wiederherstellung der Tschechoslowakischen Republik in ihrer alten Form als Schritt im Kampf gegen Hitler als zentrale Aufgabe sah und der ja eine Diskussion über eine Änderung in der Verfassung und des Territoriums der Republik demokratiepolitisch für problematisch hielt, da eine entsprechende Legitimierung dafür nicht gegeben sei, kollidieren.

Ein weiterer Punkt ist noch an dieser Deklaration bemerkenswert, der letzten, die die Partei noch geschlossen, vor der Abspaltung der Kritiker Jakschs abgab: Denn es findet sich in ihr keine Selbstkritik, die die wirklichen Kräfteverhältnisse in der Heimat einschätzt und sich der eigenen Marginalität bewusst wird. Es wird selbstbewusst versichert: »Wir sind uns dessen gewiß, nicht nur für die stärkste demokratische Bewegung des Sudetengebiets zu sprechen, sondern auch die Sache einer starken und wachsenden Opposition zu führen, die in unserer Heimat den Sturz des Naziregimes herbeisehnt und aktiven Anteil an dem Aufbau eines neuen, freien Europas nehmen

202 Ebd.
203 Ebd., S. 88.
204 Ebd.

will.«[205] Hier reproduziert man die Vorstellung, dass die Mehrheit im Lande schweigende Antifaschisten sei. Die letzten greifbaren Wahlergebnisse vom Sommer 1938 für die Kommunalwahlen, bei der die SdP je nach Quelle zwischen 85%[206] und 92,59%[207] der Stimmen in den von Deutschen bewohnten Gebieten einfahren konnte, sprechen zwar dagegen, werden aber sowohl von Jaksch als auch von Brügel, der ja ein Kritiker Jakschs war, rationalisiert. Brügel kommentiert die Wahlergebnisse rückblickend folgendermaßen:

> »Wenn es auch die nationalistische Fanatisierung eines großen Teils der Sudetendeutschen widerspiegelt, die sich an Hitlers Erfolgen berauschten, wäre es trotzdem ungerecht, in jedem Henlein-Wähler einen überzeugten Jünger der nationalsozialistischen Gewaltherrschaft zu sehen, bereit, die ganze Welt mit Krieg zu überziehen und Millionen Juden kaltblütig zu vergasen. Auf der Tagung der Sozialistischen Arbeiter-Internationale hatte Jaksch mit Recht die Anhänger Henleins ›teils aktive, teils verhinderte Unterdrücker und Terroristen‹ genannt, aber das konnte sich nicht auf den Durchschnittswähler beziehen, der damals aus welchen Gründen auch immer für die nun offen nationalsozialistisch auftretende SdP stimmte.«[208]

Selbst wenn also Menschen eine offen nationalsozialistische Partei wählen, werden dahinter ganz andere Motive vermutet, als das, dass für sie das nationalsozialistische Programm, großdeutscher und völkischer Nationalismus, attraktiv ist. Anhand dieser Bruchlinie, die durch die Frage, ob die Wahlentscheidung für den Nationalsozialismus und das damit verbundene Bekenntnis zu seinen Zielen weiter Bevölkerungskreise ernst zu nehmen oder als Zeichen für irgendein dahinterliegendes – meist unklares – Motiv gesehen werden soll, ging dann auch die Spaltung innerhalb der deutschen sozialdemokratischen

205 Ebd., S. 85.

206 Hoffmann, Camill (1995): Politisches Tagebuch, S. 200.

207 Rönnefarth, Helmuth K. (1961): Die Sudetenkrise in der internationalen Politik, S. 303.

208 Brügel, Johann Wolfgang (1967): Tschechen 1918, S. 429 f.

Bewegung insgesamt vor sich, wovon später noch zu sprechen sein wird.[209] Auch innerhalb der deutschböhmischen Bewegung kam es zu einer Spaltung, als eine Minderheit den volkssozialistischen Kurs Jakschs nicht mehr mittragen wollte. Darin liegt auch einer der Gründe, warum die Holmhurster Deklaration »toter Buchstabe (blieb). Es wurde kein einziges Mal versucht, auf ihrer Grundlage irgendwelche Verhandlungen zu führen.«[210]

209 Siehe hierzu das Kapitel III der vorliegenden Arbeit.
210 Brügel, Johann Wolfgang (1974): Tschechen 1939, S. 16.

# 7 Die Abspaltung der Zinnergruppe

## A) Die Kritik an Jaksch im Exil

Ein Grund, warum die Deklaration von Holmhurst nie wirklich als Verhandlungsgrundlage dienen konnte, war also der, dass sie ein letzter Versuch war, einen Bruch innerhalb der deutschböhmischen Exilsozialdemokratie zu kitten. Der Konflikt schwelte schon seitdem die Frage aufgeworfen worden war, ob sich Sozialdemokraten im Exil freiwillig zur tschechoslowakischen Exilarmee melden sollten, was etliche Parteimitglieder auch spontan taten. Jaksch hingegen war auch hier zwiespältig, er erließ keinen Aufruf, in die Armee einzutreten, weil er diesen Schritt mit einer Anerkennung der Republik vor München gleichsetzte, und er dafür Zugeständnisse der Exilregierung erwartete. Er wolle aber Einzelnen den Eintritt in die tschechoslowakische Armee nicht untersagen, wenn auch eine Meldung in die britische Armee der bessere Weg sei.[211] Dagegen rieten republikstreue Sozialdemokraten informell dazu, in die sich formierende Armee der Republik einzutreten und, falls man schon von der britischen Armee rekrutiert worden war, sich in die tschechoslowakischen Einheiten versetzen zu lassen. Vertreter der Gewerkschaftsbewegung, unter ihnen Josef Zinner, um den sich die Opposition zu Jakschs Kurs sammelte, sandten eine eigene Resolution an Beneš, in der sie die Treue zur Republik betonten: Sie erblickten »in der Niederwerfung des Hitlersystems und in der ihr folgenden Wiederherstellung der selbständigen Tschechoslovakischen Republik eines der wichtigsten Friedensziele der Demokratie«.[212]

Als Jaksch von diesen Aktivitäten Wind bekam, kündigte er eine Parteisäuberung an:

> »Demgegenüber haben wir in England die beschämende Erscheinung, daß einige Leute auf Kosten des Ansehens der Partei und hinter unserem

211 Vgl. ebd., S. 18.

212 Zinner et al. an Beneš, 3.9.1939, MÚA, EB II, ič 2006, Karton 371.

Rücken direkt als Werbeagenten einseitiger, tschechischer Interessen tätig sind. Mit einer raffinierten Flüsterpropaganda werden jene Genossen, die sich zur engl. Armee gemeldet habe, unter Druck gesetzt. [...] Diese Erscheinungen sind ein Zeichen dafür, daß die schon längst fällige Säuberung unserer Englandgruppe sobald als möglich u. z. mit eiserner Hand durchgeführt werden muß.«[213]

Die ersten Parteiausschlüsse waren schon vorher erfolgt, sie trafen Max Koutnik und weitere zehn Parteimitglieder, die in öffentlichen Stellungnahmen zum Eintritt in die tschechoslowakische Armee aufriefen. Allerdings, und hier gewann der Konflikt eine neue Dimension, verblieb Koutnik im *Landesausschuss der freien deutschen Gewerkschaft aus der ČSR in England*, was den Streit dann auch noch entlang der Frage, wieviel Einfluss die Partei auf die Gewerkschaft nehmen sollte, ablaufen ließ, wenn sich auch im Parteivorstand um Fritz Kessler, Irene Kirpal, Franz Kögler und Robert Wiener eine Gruppe gebildet hatte, deren Mehrheit dem Kurs von Jaksch opponierte, allerdings noch nicht mit ihm brechen wollte.[214] Auch später, Anfang 1940 wurden noch einmal 14 Personen aus der Partei ausgeschlossen, die öffentlich für einen Aufruf Edvard Benešs Stellung bezogen, der Armee beizutreten.[215]

Schließlich kochte der Konflikt, der durch die Deklaration von Holmhurst zunächst kalmiert schien, im April 1940 wieder hoch. In der ersten Nummer der *Gewerkschaftlichen Mitteilungen* wurde die Vorsprache bei Beneš als Berichtspunkt erwähnt. Diesen Anlass nutzte Jaksch, um an Zinner einen offenen Brief zu richten, den er in Kopie auch an andere Parteimitglieder schickte. Im Anschreiben an diese unterstrich er, er sehe sich veranlasst, »rechtzeitig allen Treibereien entgegenzutreten, welche neuerdings Unsicherheit, Verwirrung und Zwietracht in unsere Reihen hineintragen könnten. Wir lassen auch unsere Verhandlungsposition nicht dadurch untergraben, dass immer wieder nach aussen hin der Anschein von Uneinigkeit in unseren Reihen erweckt wird. Mit dem Theater um Koutnik muss einmal Schluss

213 Brandes, Detlef (2005): Weg zur Vertreibung, S. 54.
214 Vgl. ebd., S. 45.
215 Vgl. Bachstein, Martin K. (1974): Wenzel Jaksch, S. 221.

sein.«[216] Jaksch berief sich auch darauf, die Teile der Gewerkschaftsbewegung, die im schwedischen Exil saßen, auf seiner Seite zu haben. Inhaltlich führte er dann im Brief drei Punkte gegen Zinner, den er als Hauptverantwortlichen ausmachte, ins Feld: Erstens werde eben die Vorsprache bei Beneš falsch dargestellt. Denn die Gewerkschaft hatte geschrieben, diese »Vorsprache sollte veranschaulichen, dass die Gewerkschaftsvertreter eines Sinnes mit dem gleichen Schritt der Partei vor Kriegsausbruch sind und für ihre positive Einstellung zur CSR [sic] auf dem Boden der Vormünchner Republik einen Beweis liefern.« Jaksch wandte ein, dass »in der Zwischenzeit vollständig klargestellt worden« sei, »dass es sich damals nicht um einen ›Schritt der Partei‹ sondern um eine Aktion einiger Funktionäre handelte, die dafür weder eine Vollmacht, noch die nachträgliche Zustimmung der verantwortlichen Parteiinstanzen aufweisen können.«[217]

Zweitens stieß sich Jaksch an einer Wendung in einer ebenfalls in den Mitteilungen erschienenen *Erklärung des Landesausschusses der deutschen freien Gewerkschaften aus der CSR in England.* Dort reflektierte der Gewerkschaftsausschuss das Verhältnis von Partei und Gewerkschaft. Sie hielten zwar fest, dass die »gewerkschaftlichen Funktionäre [...] nach wie vor den Grundsatz der einheitlichen Zusammenarbeit der freien Gewerkschaft und der Sozialdemokratischen Partei« vertreten. Allerdings ließen sie eine Einschränkung folgen:

> »Dieser Grundsatz beruht auf der natürlichen bei seiner Aufstellung selbstverständlichen Voraussetzung, dass die prinzipielle Richtung der Führung der Gewerkschaften und der Führung der Partei identisch ist. Die Vertrauensmänner der Gewerkschaften stellen hiemit ausdrücklich fest, dass sie an den Grundsätzen der Sozialdemokratischen Arbeiterbewegung unabänderlich festhalten und vor allem jede nationalistische Verschleierung wirtschaftlicher und sozialer Tatsachen auf das Entschiedenste ablehnen.«[218]

216 Anschreiben Jaksch, 7.5.1940, MÚA, EB II, ič 2006, Karton 371.
217 Jaksch an Zinner, 7.5.1940, MÚA, EB II, ič 2006, Karton 371, S. 1.
218 Gewerkschaftliche Mitteilungen 1, April 1940, MÚA, EB II, ič 2006, Karton 371, S. 4.

Das war natürlich eine Spitze gegen Jakschs ›Volkssozialismus‹. Dieser verstand das auch als solche und reagierte dementsprechend. Er beklagte, alle diese Fragen seien doch schon am 10. März 1940, mit der Holmhurster Deklaration geklärt worden, bei diesem Satz müsse nun »jeder Uneingeweihte daraus eine nachträgliche Polemik gegen die Parteideklaration herauslesen.«[219] Außerdem sei es eine »Illoyalität«[220], solche Erklärungen zu veröffentlichen, ohne die Partei dies wissen zu lassen. Drittens griff Jaksch noch die Legitimation Max Koutniks, der aus der Partei ausgeschlossen worden war und Josef Lenks an, als Vertreter im Gewerkschaftsausschuss zu sitzen. Insgesamt warf Jaksch Zinner vor, eine »politische Nebenstelle aufzuziehen, die ihre Aufgaben darin erblickt, die einstimmig gefassten Beschlüsse des Parteivorstandes zu umgehen.«[221]

Zinner antwortete ebenfalls mit einem Rundschreiben, in dem er die verschiedenen Punkte Jakschs aufnahm. Zunächst kritisierte er die Form des Rundschreibens, die Jaksch gewählt hatte:

> »Diese Art einem alten Vertrauensmann und Mitglied des Parteivorstandes eine Stellungnahme zu einer gewerkschaftlichen Mitteilung und noch dazu eine Stellungnahme, die auf Vermutungen und Irrtümern beruht, zu übermitteln, zeigt den völligen Bruch mit der bisherigen Tradition sowohl im Verkehr unter Parteigenossen, als auch im Verkehr des Vorsitzenden der deutschen sozialdemokratischen Arbeiterpartei aus der ČSR zwischen ihm und der gewerkschaftlichen Vertretung.«[222]

Zinner vermutete, wie das Zitat Jakschs, in dem er von einer Säuberung der Englandgruppe schrieb, bestätigt, andere Motive hinter diesem Vorgehen als ihn, Zinner, auf etwaige Probleme aufmerksam zu machen: »Um dies geht es jedoch nach der Wahl Deines Mittels nicht.«[223] Dann versuchte er, die Vorwürfe Jakschs zu entkräften. Sein

219 Jaksch an Zinner, 7. 5. 1940, MÚA, EB II, ič 2006, Karton 371, S. 2.
220 Ebd.
221 Ebd., S. 4.
222 Zinner an Jaksch, 20. 5. 1940, MÚA, EB II, ič 2006, Karton 371, S. 1.
223 Ebd.

Hauptargument war das, dass die Berichte, die Jaksch beanstandete, eben genau das seien, Berichte über vergangene Vorgänge, die keine Wertung beinhalten würden. Auch konnte Zinner die Behauptung Jakschs, dieser habe die schwedische Exilgruppe hinter sich, widerlegen, da Zinner mit dieser ebenfalls in Kontakt stand. Zu der Spitze gegen den Nationalismus in der Erklärung des Gewerkschaftsausschusses erläuterte er, dass diese erstens in einem generellen Zusammenhang einer Diskussion des Verhältnisses zwischen Partei und Gewerkschaft zu sehen sei, zweitens vor der Holmhurster Deklaration beschlossen worden sei und drittens auch als Berichtspunkt in den Mitteilungen vorkäme. Gleichzeitig erinnert Zinner Jaksch daran, dass der Hauptgrund für die explizite Stellungnahme gegen den Nationalismus in einigen in Parteikreisen zirkulierenden Thesen (der dem Volkssozialismus nahestehenden Strömung) zu finden sei, die den Titel *Einige Grundprinzipien in Sachen ČSR und Sudetenland* trüge. Aus diesen Thesen zitiert Zinner nun: »Es wird notwendig sein, auch den Rahmen und das Fundament der Partei so umzugestalten, dass sie als *deutsche sozialistische Volkspartei* auftreten kann und alle Schichten der Sudetendeutschen Volksgruppe zu erfassen mag.«[224] Zinner besteht darauf, dass diese »Grundprinzipien [...] aber wohl geeignet (sind) bei jedem von uns die schwersten Bedenken auszulösen und den schärfsten Widerspruch herauszufordern. Unsere Stellungnahme hiezu war gewiss berechtigt, einwandfrei und rücksichtsvoll. Du weisst also genau auf welche Ursache der Wortlaut unserer Erklärung zurückzuführen ist und legst trotzdem der Publizierung eine andere Absicht zugrunde.«[225] Auch dass die Gewerkschaftserklärung die Deklaration untergraben habe, verneint Zinner: Schließlich sei erstere ja vor der zweiten beschlossen worden, auch sei der Inhalt ein anderer: Die Deklaration befasse sich mit staatsrechtlichen Fragen, die Erklärung »hingegen befasst sich nur mit Fragen die die Arbeiterklasse berühren, der Wirtschaftspolitik und der Sozialpolitik, ohne die staatsrechtliche Frage auch nur mit einem Wort zu behandeln.«[226] In

224 Ebd., S. 4.
225 Ebd., S: 5.
226 Ebd.

der Sache Koutnik et al. weist Zinner schlicht auf die Unabhängigkeit der Gewerkschaften von der Partei hin.

Die Verteidigung läuft also darauf hinaus, dass Zinner zeigen will, dass nicht die Gewerkschaft und seine Gruppe spalten wollen, sondern dass sich Jaksch von der Tradition der Sozialdemokratie entfernt hat. Der Brief blieb unbeantwortet, da Jaksch in einem Schreiben an den Parteivorstand meinte, viele Parteimitglieder würden es als »Kretinismus empfinden, angesichts eines halben Weltuntergangs Zeit und Papier für Wortklaubereien zu verschwenden.«[227] Die Diskussion über den Nationalismus wurde so nicht weitergeführt. Allerdings ging das Tauziehen zwischen Partei und Gewerkschaft weiter und gipfelte darin, dass Jaksch Anfang September 1940 von allen Gewerkschaftsmitgliedern verlangte, eine Treueerklärung zugunsten der Partei zu unterschreiben.[228]

Schon den Sommer über hatte allerdings auch Zinner den Kontakt mit tschechoslowakischen Exilsozialdemokraten gesucht, die auch in der Exilregierung vertreten waren, um von internationaler Seite her den Druck zu konterkarieren, den Jaksch auf die Gewerkschaft im Ringen um Einfluss ausübte.[229] Die Exilregierung war schon seit den internen Diskussionen der deutschböhmischen Sozialdemokratie über die Vorsprache bei Beneš und die damit verbundene Problematik informiert, und blieb so auf dem Laufenden. Auch bildeten sich tschechoslowakische Sozialdemokraten ihr Urteil über Jaksch. Josef Bělina, der später mit der Gruppe *Fight for Freedom* zusammenarbeiten sollte, nahm sich kein Blatt vor den Mund und bezeichnete Jaksch, als sich dieser bei Hubert Ripka, einem Vertreter der Exilregierung, darüber beschwerte, Zinner werde von dieser gegen ihn eingesetzt, als »pangermanistischen Agenten Otto Strassers und Tschechenfeind«.[230]

Schließlich kam es im Herbst 1940 zum endgültigen Bruch, der von der tschechoslowakischen Seite unterstützt wurde.[231] Am 18. Oktober

227 Jaksch an den Parteivorstand, 27.7.1940, zit. n.: Brandes, Detlef (2005): Weg zur Vertreibung, S. 93.

228 Vgl. ebd.

229 Vgl. Zinner an Němec, 9.8.1940, MÚA, EB II, ič 2006, Karton 371.

230 Brandes, Detlef (2005): Weg zur Vertreibung, S. 93.

231 Vgl. ebd., S. 94.

wurde ein von 24 Mitgliedern unterschriebener Aufruf publiziert, in dem die Gründe für die Parteispaltung dargelegt werden, verbunden mit dem Aufruf, sich den Unterzeichneten anzuschließen. Diese hätten mit »wachsender Sorge [...] die Entwicklung verfolgt, welche die Partei unter der Führung von Wenzel Jaksch genommen hat.«[232] Diese Entwicklung wird zunächst an der Umbenennung der *Deutschen Sozialdemokratischen Arbeiterpartei* in *Sudetendeutsche Sozialdemokratie*[233] festgemacht: »Das Wort ›Arbeiter‹ ist durch den völkisch betonten Landstrich, dem ersten Worte des Henleinschen Parteinamens, ersetzt worden.«[234] Aber nicht nur im Namen, überhaupt habe sich unter Jaksch die Ausrichtung der Partei prinzipiell geändert:

> »Das Gleiche gilt von der Sprache der Publikationen der Parteiführung. Es ist nicht die Sprache des internationalen Sozialismus, dessen Geist unsere Arbeiterbewegung erfüllte, es ist vielmehr jene Sprache, die einem rückschrittlichen, provinziellen Nationalismus eigen ist, der seine Wurzeln im sogenannten ›Volkssozialismus‹ hat, zu dessen verschwommener, kleinbürgerlicher Ideologie die Partei zurückzuführen Wenzel Jaksch bestrebt ist. Die Verleugnung marxistischer Grundsätze, die Duldung antisemitischer Strömungen, die öffentlich bekundete Verbundenheit des Parteivorsitzenden mit einem Otto Strasser, der keineswegs als einfaches Mitglied, sondern als ein Vorkämpfer aus der Hitlerbewegung hervorging, sind nur so zu erklären.«[235]

Die Zinnergruppe brach also endgültig mit der Jakschen Sympathie für völkische Strömungen. Auch der Hinweis auf die Duldung antisemitischer Strömungen ist erwähnenswert: Einerseits waren damit wahrscheinlich die Verbindungen Jakschs zu Strasser gemeint, dessen »deutsche Revolution« ja immer zugleich eine antisemitische war. Außerdem erinnerte die Zinnergruppe später in einem Rundschreiben an die Umstände der Ablösung von Jakschs Vorgänger als Parteiob-

232 Aufruf der Zinnergruppe, MÚA, EB II, ič 2006, Karton 371, S. 1.
233 Ebd.
234 Ebd.
235 Ebd.

mann, Ludwig Czech. Bei dieser hätten »Jakschs Vertrauensleute [...] unter Berufung auf Dr. Hodža die ›Entfernung des Juden Czech‹ gefordert.«[236] Milan Hodža, der Ministerpräsident der Tschechoslowakischen Republik in den Jahren vor München, und Vertreter der Agrarierpartei versuchte im Februar 1938 die Deutschen mit antisemitischen Zugeständnissen zu beruhigen. Diese wollten, um die sudetendeutsche Einheitsfront zu komplettieren, die restlichen deutschen Regierungsmitglieder zum Rücktritt zwingen. Der deutsche Gesandte Eisenlohr berichtete über ein entsprechendes Gespräch: »Zur Frage der Regierungsumbildung teilte er [Hodža, FR] mir mit, daß er die Aktivisten jetzt noch nicht ausbooten könne, doch sollte wenigstens der jüdische sozialdemokratische Gesundheitsminister Czech durch den Jungaktivisten Jaksch von der gleichen Fraktion ersetzt werden dessen Persönlichkeit sich ja seines Wissens auch bei der SdP eines gewissen Ansehens erfreue.«[237] Diesen antisemitischen Kuhhandel, der wenig überraschend erfolglos blieb, da die SdP auf dem Ausscheiden der DSAP aus der Regierung bestand, machten sich offenbar die Parteigänger Jakschs zunutze, um den schon von Franzel beschriebenen Antisemitismus innerhalb der DSAP zu mobilisieren. Auch wenn die Zinnergruppe keine klaren Beispiele nannte, ist es doch verfehlt, wie der Historiker Martin Bachstein von »zum Teil lächerliche(n) Vorwürfe(n)«[238] zu sprechen. Immerhin ist es Bachstein selber, der Jaksch in einer Schrift von 1934, die »den Einfluß Otto Strassers zumindest vermuten«[239] lässt, mit der Forderung nach einer »Abgrenzung der sozialistischen Bewegung auch von der vorsintflutlichen Rückständigkeit des jüdischen Klerikalismus«[240] zitiert. Jaksch habe das zwar »weder früher noch später jemals wiederholt«[241], aber trotzdem ist der Antisemitismus, der hinter dem klerikalen Austrofaschismus das Judentum wittert, unverkennbar.

236 Bachstein, Martin K. (1974): Wenzel Jaksch, S. 137.
237 Dokument 90, in: Král, Václav (1964): Die Deutschen, S. 154.
238 Bachstein, Martin K. (1974): Wenzel Jaksch, S. 230.
239 Ebd., S. 69.
240 Jaksch, Wenzel (1934): Was wird aus Österreich?, Bodenbach, zit. n.: ebd.
241 Bachstein, Martin K. (1974): Wenzel Jaksch, S. 69.

So ist die Sicht Bachsteins zu kritisieren, der die Spaltung als »politischen Racheakt einer kleinen Gruppe von Leuten, die Jaksch noch immer nicht verziehen hatten, daß er im Frühjahr 1938 den ideenlosen Ludwig Czech als Parteiführer abgelöst hatte«[242], hinzustellen versucht. Die Vorwürfe gegen Jaksch zielen alle auf inhaltliche Differenzen ab.

Und diese wurden recht deutlich formuliert, auch, um zu zeigen, dass die Jakschfraktion keineswegs die gesamte deutsch-tschechische Exilsozialdemokratie vertrete. So richtete Max Koutnik einen Brief an die Exilregierung, in dem er von einer Abstimmung unter den deutschsprachigen Soldaten berichtete, die zu 70 Prozent die Zinnerfraktion unterstützen würden. Sie sähen sich aber genötigt, diesen Brief zu schreiben, da gewisse »Vorgänge, Aktionen und Kundgebungen eines Teiles unserer deutschen Landsleute [...] in tschechoslovakischen und englischen Kreisen den Anschein erweckt (haben), als ob die gesamte deutsche sozialdemokratische Emigration aus der ČSR Anhängerin von Gedankengängen geworden wäre, welchen man früher nur in nationalsozialistischen Kreisen begegnete.«[243]

Und diese Vorwürfe kamen auch nicht nur aus der Zinnerfraktion. So berichtete Jaromír Smutný, der Sekretär Benešs, im August 1940 über einen Brief eines nicht genannten, aber in der Schweiz lebenden Deutschböhmen: »Sie wissen, ich befasse mich nicht mit Politik, aber andere Sudetendeutsche, die mehr darüber wissen, schütteln den Kopf über Jaksch, wenn sie hören, dass er mit Deutschland koketiert [sic]. Juden und Nichtjuden hier sind einer Ansicht darüber.«[244]

In diesem Sinne betont der Aufruf der Zinnergruppe auch die Treue zur Vormünchner Republik: »Wir sind und bleiben Mitglieder der Deutschen sozialdemokratischen Arbeiterpartei in der Tschechoslovakischen Republik, als die wir nach der Münchner Entscheidung, die ungeschehen zu machen eines der wichtigsten Kriegsziele der britischen Arbeiterpartei darstellt, aus dem Lande gingen.«[245] Hier

242 Ebd., S. 230.

243 Brief Koutnik an Beneš, 15. 11. 1940, NM, NAD 105, ič 470, Karton 48, S. 1.

244 Brief N.N. an Smutný, NM, NAD 105, ič 470, Karton 48, S. 1.

245 Aufruf der Zinnergruppe, S. 1.

zeigt sich auch, dass sich die Zinnergruppe, was die Kriegsziele anging, an der Labourparty orientierte. Das ist insofern wichtig, als dies ein großer Diskussionspunkt zwischen weiten Teilen der deutschen Exilsozialdemokratie, in der die Stimmen, die sich gegen eine Entwaffnung Deutschlands stellten, nie verstummten, und der Gruppe *Fight for Freedom* war.

Besonders eine Zusammenarbeit und das Ausschlachten der Ergebnisse der nationalsozialistischen Eroberungspolitik für eigene Ziele stießen auf Ablehnung:

> »In dieser unserer Haltung kennen wir keine Halbheiten, keine Zwiespältigkeiten, keine Konzessionen an das Denken der angeblich ›gemässigten Nazi‹, wie es dem Parteivorsitzenden beliebt, der sich dadurch in Widerspruch setzt zur Haltung und den Beschlüssen der Partei in der Heimat, in Widerspruch auch zur Sozialdemokratischen Partei Deutschlands, welche von Anbeginn kein Schwanken und kein Zögern in der Verwerfung aller Absichten kannte, sich hitlerische Eroberungen für den Aufbau eines neuen Deutschland zu Nutze zu machen.«[246]

Die Zinnergruppe bezog sich dabei auf den schon erwähnten Artikel Curt Geyers in dem Organ der Exil-SPD *Neuer Vorwärts*, in dem dieser klar formuliert hatte, dass die »Wiederherstellung der Tschechoslowakei [...] nicht die Wiederherstellung auf den Status nach München ohne Sudetenland, sondern die Aufhebung der Münchner Grenzen (bedeutet).«[247] In diesem Artikel konnte Jaksch ja nur ein taktisches Manöver sehen, durch das die Exilsozialdemokratie auf Kosten der Sudetendeutschen bei Beneš »die Türen eingerannt werden«,[248] während Geyer und die Zinnergruppe darin eine wichtige inhaltliche Stellungnahmen erblickten.

246 Ebd.

247 Geyer, Curt (1939): Die Zukunft der Tschechoslowakei, in: Neuer Vorwärts, 16.7.1939, zit. n.: Bachstein, Martin K. (1974): Wenzel Jaksch, S. 203.

248 Brief Jaksch an Siegfried Taub, 4.8.1939, in: Prinz, Friedrich (1973) (Hg.): Jaksch – Beneš, S. 81.

Ebenso in der Frage des Beitritts zur tschechoslowakischen Armee stellte die Zinnergruppe klar: »Unsere Freunde dienen in der tschechoslowakischen Armee. Sie kämpfen als Freiwillige auf den Schlachtfeldern Frankreichs in der Überzeugung, Alles [sic] einsetzen zu müssen für die Befreiung der Welt vom Hitlerfaschismus und für die Befreiung der gemeinsamen Heimat vom gemeinsamen Feind.«[249]

Bei all diesen Unterschieden zu dem Kurs Jakschs und der klaren Kritik an dessen Positionen teilte die Zinnergruppe allerdings mit diesem die Illusion über ihren Rückhalt in Partei und Bevölkerung. In den folgenden Worten kann auch Zweckoptimismus mitschwingen, der für einen Aufruf notwendig ist, allerdings wurde doch sehr sicher formuliert, dass es für die Positionen der Zinnergruppe einen Adressaten gäbe:

> »Wir sind überzeugt, dass unserer Freunde in der Heimat weiter den Auffassungen folgen, die sie ihre Partei, die Deutsche sozialdemokratische Arbeiterpartei in der Tschechoslowakischen Republik, gelehrt hat und dass sie daher im Gedanken an ihre Befreiung alles tun, was in ihrer Kraft liegt, um dem Hitlersystem Widerstand entgegenzusetzen. An uns liegt es, diesen ihren Willen in der Emigration zu vollstrecken.«[250]

Dabei war schon die Unterstützung in der Emigration selbst enden wollend. Die Spaltung gelang nur teilweise, die Mehrheit der Exilpartei blieb auf der Seite Jakschs. Es gibt in der Literatur ein wenig Verwirrung über die Zahlen, aber ungefähr ein Drittel der Parteimitglieder im Exil, 336 Personen, schlossen sich der Abspaltung an, der Rest (740 Personen) blieb bei Jaksch.[251] Brandes meint, die abweichende Zahl von 140 Mitgliedern der Zinnergruppe bei Brügel sei darauf zurückzuführen, dass Brandes‹ Quelle »die Familienmitglieder mitzählt«.[252] Allerdings scheint die höhere Zahl zu stimmen, denn

249 Aufruf der Zinnergruppe, S. 2.
250 Ebd.
251 Vgl. Brandes, Detlef (2005): Weg zur Vertreibung, S. 96.
252 Ebd.

Brügel schreibt, um genau zu sein: »Einige hundert Parteimitglieder folgten diesem Aufruf, und ihnen schlossen sich die etwa 140 Parteimitglieder an, die schon im Februar 1940 aus der ›Treuegemeinschaft‹ ausgetreten waren.«[253] Also scheint Brügel bei den einigen hundert Parteimitgliedern zu übertreiben, aber wenn man für diese 200 annimmt, kommt man mit den 140 vorher ausgetretenen ungefähr auf 336 Personen. Insgesamt blieb die Zinnergruppe aber auf alle Fälle in der Minderheitenposition.

So stellte sich die Situation auch für Beneš dar, als er im November 1940 an die Widerstandsorganisationen im Protektorat berichtete. Beneš beschrieb die Situation der Exilregierung, die gerade um die Aufhebung des Münchner Diktats kämpfte und dass, um eine stabile Nachkriegsrepublik zu sichern, der Abschub von ca. einer Millionen Deutscher notwendig sei. Er warnte: »Wir dürfen uns keinen unmöglichen Hoffnungen hingeben, daß man 3 Millionen Deutsche ausmerzen oder ausweisen könnte, wie es so manche Leute bei uns naiverweise glauben.«[254] Allerdings sei die Ausweisung von eben ungefähr einer Million möglich. Um die historischen Grenzen zu erhalten, sei es also

> »unser Wunsch [...], wieder Deutsche in der Republik zu haben. [...] Aus diesem Grunde habe ich gleich von Beginn an mit den Deutschen Verbindung angeknüpft und stehe mit ihnen in Verhandlungen. [...] Ich bereite sie auf die Aussiedlung mindestens einer Million wie auch auf die Notwendigkeit eines tschechischen Lebensraumes vor. [...] Sie selbst sind untereinander nicht einig, besitzen im Grunde keinen klaren politischen Plan und kehren zu den alten Formeln einer Föderalisation und Autonomie des Sudetenlandes zurück. Sie befürchten, zu Hause könnten sich Massaker ereignen, und sind sich dessen bewußt, daß der Großteil der Deutschen im Sudetengebiet immer noch sehr nazistisch gesinnt ist. Aus diesen Gründen bekennen sie sich durch Jakschs Mund nur halb zur Republik und warten ab, wie sich die Dinge später entwickeln und

253 Brügel, Johann Wolfgang (1974): Tschechen 1939, S. 39.
254 Bericht Beneš vom 18. November 1940 an den tschechischen Widerstand in der Heimat, in: Prinz, Friedrich (1973) (Hg.): Jaksch – Beneš, S. 95.

> welche Hoffnungen ihnen aus den Ereignissen erwachsen werden. Der geringere Teil von ihnen ist bedingungslos republikanisch gesinnt.«[255]

Für Beneš zeichnete sich also ab, dass er auf deutscher Seite keinen geschlossen auftretenden, der Republik die Treue haltenden Partner haben würde. Er ging allerdings davon aus, dass die deutschen Exilpolitiker sich zumindest keinen Illusionen über die Geschlossenheit der sudetendeutschen Bevölkerung in Sachen Volksgemeinschaft hingeben würden.

Bei Jaksch, der sich als Vertreter der Volksgruppe verstand, war so eine Hoffnung grundlos, aber auch bei der Zinnergruppe hielten sich solche Illusionen hartnäckig. Ein Gespräch, das Zinner und Lenk mit Prokop Drtina, einem engen Mitarbeiter Benešs, führten, zeigt einerseits, wie tief die Gräben zwischen der Zinnergruppe und der Treuegemeinschaft waren und wie scharf die Kritik der ersteren an letzterer war. Es zeigt aber auch, welche Illusionen die Zinnergruppe über das Widerstandspotential unter den Deutschen im Protektorat hegten. Dieses Gespräch fand Mitte September 1941 statt und es ist in einem Protokoll Drtinas dokumentiert. In diesem unterstreicht er zunächst, dass Zinner ihm versichert habe, die Gründe der Spaltung seien keine persönlichen Querelen oder Machtspielchen gewesen, sondern inhaltlicher Natur.[256] Zinner habe auch darauf hingewiesen, dass niemand das Recht habe, sich im Exil als Vertreter »irgendeiner sudetendeutschen Nation« aufzuspielen. Zinner könne und wolle nur als »Vertreter der deutschen Arbeiterschaft in der Tschechoslowakei auftreten.«[bq/257] Zinner kritisierte besonders die nationale und großdeutsche Ausrichtung Jakschs und berichtete von dessen Plänen, die er in einem Memorandum, wahrscheinlich ist von der Schrift *Was kommt nach Hitler* die Rede, vor dem Kriegsausbruch niedergelegt habe. In diesen Plänen wäre klargeworden, dass

255 Ebd., S. 96 f.

256 Vgl. Drtina, Prokop (1941): Záznam o rozhovoru Dra. Drtiny s pp. Zinnerem a Lenkem, EB II, 2006, k. 371, S. 1.

257 Ebd.

»Jaksch selber und sein nähester Umkreis in der Emigration ihr Konzept der Deutschen Sozialdemokratischen Arbeiterpartei in der Tschechoslowakei verlassen und ein ausgesprochen großdeutsches Konzept angenommen hätte. In diesem Memorandum wies Jaksch sogar darauf hin, dass nicht nur das sogenannte Sudetenland, sondern auch die baltischen Staaten nach dem Krieg an Deutschland angeschlossen werden und er entfaltete so ein ausgesprochen großdeutsches Programm.«[br/258]

Zinner warnte sogar davor, sich von Aussagen Jakschs, die sich gegen ein großdeutsches Programm richteten, nicht täuschen zu lassen: »Seit dieser Zeit sei bei Jaksch ideologisch keine Entwicklung aufgetreten. Wenn irgendwer das Gegenteil behaupten wolle, finde er zwar vielleicht einige Aussprüche Jakschs, aber sie [Zinner und Lenk, FR] wüßten, dass das alles nur Täuschungsmanöver nach Außen sind, die irreführen, aber in Wirklichkeit habe Jaksch seine großdeutschen Ansichten nicht mehr geändert.«[bs/259]

In seiner harschen Kritik geißelt Zinner auch den Einfluss, den Otto Strasser auf Jaksch hatte, und vergleicht Jaksch sogar mit Henlein. Ein Vergleich, zu dem allerdings schon der Nationalsozialist Pfitzner nach seinem Gespräch mit Jaksch gekommen war:

»Zinner weiß, dass Jaksch von Strasser ausgewählt wurde, um mit ihm Großdeutschland zu errichten, und dass er bereit sei, diese Rolle zu spielen. Er wolle den neuen Henlein spielen. Gemäß der Zinnerschen Meinung können sich das die tschechoslowakischen Deutschen nicht noch einmal erlauben. [...] Jaksch sei im Ausland zum Nationalismus übergegangen, sein Volkssozialismus sei nichts Anderes als Nationalsozialismus.«[bt/260]

Schließlich warfen Zinner und Lenk Jaksch noch vor, in seinen Redebeiträgen im BBC nationalistische Hoffnungen unter den Deutschen

258 Ebd.
259 Ebd., S. 2.
260 Ebd.

im Sudetengau und im Protektorat zu schüren und damit immer noch, trotz aller Beteuerungen, treu zur Republik zu stehen, eine Auflösung derselben zumindest nicht ausschließen würde:

> »Lenk fragte mich, ob ich den Wortlaut der Jakschen Reden kenne, die dieser im deutschen Programm des BBC halte und seiner letzten Rundfunkrede, in der er über die Atlantikcharta gesprochen habe. In dieser Rede habe Jaksch wörtlich folgende Formulierung benutzt: ›Diese Deklaration gibt den Grenzland-Deutschen noch einmal die Möglichkeit ihr Schisksal [sic] selbst zu bestimmen‹.[bu/261]

Jaksch bezog sich hierbei auf Punkt 2 des im August 1941 zwischen den USA und Großbritannien beschlossenen Dokuments, in dem zu lesen war, dass die Regierungen »keine territorialen Veränderungen (wünschten), die nicht im Einklang mit dem Willen der betreffenden Völker stehen.«[262] Dies wurde von Jaksch so ausgelegt, dass in Sachen Sudetenland alles noch offen sei – was begründeter Weise das Misstrauen auf tschechoslowakischer Seite weckte, Jaksch verhalte sich nur taktisch, wenn er sich für die Republik aussprach. Dieses Misstrauen hegten auch Zinner und Jaksch, besonders vor dem Hintergrund, dass Konrad Henlein am 4. März vor der Wiener Verwaltungsakademie eine Rede gehalten hatte, in der er sich und die SdP für das Meistern des schwierigen Tarnungsmanövers gelobt hatte, gegenüber der Republik und dem Ausland nicht als nationalsozialistische Bewegung zu gelten. Der zentrale Satz dieses Bekenntnisses lautet: »Wir wußten, daß wir nur siegen konnten, wenn es uns gelang, aus den 3 ½ Millionen Sudetendeutschen 3 ½ Millionen Nationalsozialisten zu machen, und mußten doch zunächst nach außen hin, um das Zugreifen der tschechischen Behörden und die Auflösung hintanzuhalten, unsere Zugehörigkeit zum Nationalsozialismus ableugnen.«[263] Dies im Hinterkopf, urteilten Lenk und Zinner folgendermaßen über Jaksch,

261 Ebd., S. 2 f. – Das Zitat im Zitat ist im Original auf Deutsch.

262 Text der *Atlantik Charta*, www.potsdamer-konferenz.de/dokumente/atlantik_charta.php, 4. 2. 2016.

263 Zit. nach Brügel, Johann Wolfgang (1967): Tschechen 1918, S. 257.

wobei allerdings auch schon die Überschätzung der eigenen Position beziehungsweise des eigenen Rückhalts in der deutschböhmischen Bevölkerung anklingt:

> »Wir brauchten nicht zu interpretieren, sagte Zinner weiter, denn es genüge einfach, wenn wir Ihnen [das heißt Drtina, FR] nicht das vorlegen, was Jaksch in der Emigration sagte, sondern das, was er schrieb. Das ist im Wesen dasselbe, was Henlein wollte, es ist dasselbe, was Henlein am 4. März in Wien sagte. Wir können unter diesen Umständen nicht mit Jaksch gehen, und Zinner wiederholte erneut, dass sich das die deutschen Menschen nicht mehr leisten könnten. Jaksch sei ein ›politisch toter Mann, ohne dass er selbst weisst‹ [sic].«[bv/264]

Zinner, als »alter Gewerkschafter«, wie er sich selbst bezeichnete, ging davon aus, dass nach dem Krieg eine soziale Revolution käme, die auch die nationale Frage lösen würde, auf alle Fälle hätten völkische Vorstellungen keinen Rückhalt in der Arbeiterschaft: »Die deutschen Bergarbeiter, ›meine Bergarbeiter‹, wie Zinner sagte, könnten nach diesem Krieg keinem National-Volkssozialismus dienen.«[bw/265] Überhaupt wähnte Zinner die Mehrheit der Arbeiterschaft auf seiner Seite. Dass im Exil die Zinnergruppe nur eine Minderheit vertrete, sei ein Missverständnis, die Arbeiterschaft zu Hause sei nur falsch informiert, was sich aber leicht aufklären ließe:

> »Es sei Sache der Tschechen, ob sie Jaksch als passenden Partner betrachten würden, aber es sei doch klar, dass, sobald wir nach Hause zurückgekehrt sind, wir den Arbeitern sagen werden, wie uns Jaksch in England wegen des Marxismus ausgelacht hat und wir werden auch unseren tschechischen Genossen sagen, wie er uns drohte, dass er uns vor irgendein Volksgericht stellen würde, weil wir treu auf dem Boden der Republik gestanden haben.«[bx/266]

264 Drtina, Prokop (1941): Záznam, S. 3. – Zitat im Original auf Deutsch.
265 Ebd.
266 Ebd.

## B) Die Volksgemeinschaft im Gau Sudetenland

Soweit die Einschätzung der deutschen sozialdemokratischen Opposition aus dem Exil. Wie aber sah die Situation in den Gebieten der Tschechoslowakischen Republik wirklich aus? Für den Gau Sudetenland gibt es eine umfangreiche Studie[267] von Volker Zimmermann, auf die hier zurückgegriffen werden soll. Dieser geht zwar davon aus, dass »(d)ie von der tschechoslowakischen Forschung in der Vergangenheit aufgestellte Behauptung, die meisten Sudetendeutschen hätten sich damit [der Begeisterung über den Anschluss an das Dritte Reich, FR] als überzeugte Nationalsozialisten erwiesen [...] unzutreffend«[268] sei. Allerdings unterlaufen seine materialen Beschreibungen diese These. Sie kann nur durch seinen engen Begriff des Nationalsozialismus erhoben werden, der so tut, als ließen sich Volksgemeinschaft und Nationalsozialismus fein säuberlich trennen. So beschreibt und unterstreicht Zimmermann die Begeisterung breiter Massen im Gau für die Volksgemeinschaft, einem der Kernelemente der nationalsozialistischen Ideologie, ohne daraus Konsequenzen für seine Beurteilung der Situation zu ziehen. Genauso konsequenzlos verweist er auf die Tatsache, dass der ›Mustergau‹ Sudetenland, gemessen an seiner Bevölkerung, der mitgliederstärkste der NSDAP war.

Zimmermann hebt auch den Dissens innerhalb der Sudetendeutschen hervor, stellt ihn allerdings in ein Verhältnis mit den überzogenen Erwartungen an Anschluss und Volksgemeinschaft:

> »Es wäre verfehlt, alle Sudetendeutschen bezüglich des Anschlusses an das Reich undifferenziert als Opfer eines ›Verlustgeschäfts‹ zu bezeichnen. Die Hoffnungen waren aber wegen der Propaganda der SdP und des Reiches vor dem Anschluß so überzogen, daß wahre Wunder erwartet wurden und die Enttäuschungen umso schwerer wogen.«[269]

267 Zimmermann, Volker (1999): Die Sudetendeutschen im NS-Staat. Politik und Stimmung der Bevölkerung im Reichsgau Sudetenland (1938–1945), Essen.

268 Ebd., S. 437.

269 Ebd., S. 440.

Dies führte, wie auch in anderen dem Reich einverleibten Gebieten,[270] zu vielen kleinen Klagen über die Kirchenpolitik des Nationalsozialismus, über die Vorherrschaft von Reichsdeutschen sowie über andere reale und vermeintliche Benachteiligungen, aber überall galt: »Partielle Unzufriedenheit machte eben aus einem sudetendeutschen ›Volksgenossen‹ noch lange keinen Regimegegner.«[271] Es habe einen »Grundkonsens« gegeben, der sich im Begriff der Volksgemeinschaft und in der Akzeptanz völkischer Gedanken zeigte: »Viele Sudetendeutsche zogen ganz offensichtlich eine noch so unvollkommene deutsche ›Volksgemeinschaft‹ einer tschechischen Herrschaft vor und hofften auf eine Verbesserung der Zustände nach einem deutschen Sieg.«[272] Gerade die Tatsache, dass auch von sozialdemokratischer und kommunistischer Seite lange Zeit die nationale Karte gespielt worden war, marginalisierte das Widerstandspotential:

> »Anhand des Vergleichs der Widerstandtätigkeit beider Nationalitäten läßt sich nämlich feststellen, daß tschechische NS-Gegner aufgrund ihrer Motivation eines nationalen Befreiungskampfes auf einen viel größeren Rückhalt in der Bevölkerung hoffen durften als sudetendeutsche Sozialdemokraten und Kommunisten. Dies war der entscheidende Unterschied, der die Lage der sudetendeutschen Regimegegner so hoffnungslos machte.«[273]

In einer genaueren Betrachtung der Einschätzung des nationalsozialistischen Apparates der Arbeiterbewegung im Reichsgau Sudetenland weist Zimmermann noch einmal darauf hin, dass von dieser Seite der Nationalsozialismus nur wenige Probleme zu befürchten hatte. Vor dem Hintergrund von nur »200 Verhaftungen linksgerichteter Gegner« im Jahr 1940 schreibt Zimmermann: »Das Resümee der Gestapoleitung Reichenberg vom 24. Januar 1941 erscheint angesichts einer

270 Vgl. z. B. Bukey, Evan Burr (2001): Hitlers Österreich. Eine Bewegung und ein Volk, Hamburg und Wien.

271 Zimmermann, Volker (1999): Die Sudetendeutschen, S. 441.

272 Ebd., S. 443.

273 Ebd.

solch niedrigen Zahl verständlich: Trotz der schwierigen sozialen und wirtschaftlichen Lage seien im Gau seit ›Kriegsausbruch […] neue Ansätze einer staatsfeindlichen Wühlarbeit seitens linksgerichter Kreise nicht festgestellt‹ worden.«[274] Besonders die Sozialdemokraten, auf die Zinner seine Hoffnungen setzte, werden in diesem Bericht als pflegeleicht beschrieben: »Die ehemaligen Marxisten verhalten sich durchwegs loyal oder arbeiten positiv am Aufbau des Staates mit«, was Zimmermann damit kommentiert, dass die »Taktik, ehemalige Gegner in die ›Volksgemeinschaft‹ zu integrieren, […] sich für das NS-Regime auszuzahlen«[275] schien. Es ist nicht abwegig anzunehmen, dass die Linie des Volkssozialismus genau diesem Einbau vorgearbeitet hatte, und dass sie viel weitere Kreise erfasste, als das Zinner wahrhaben wollte.

Auch die Erinnerungen Lorenz Knorrs, eines deutschen Sozialdemokraten aus Cheb (Eger), der in Verbindung mit dem Exil stand, sprechen eine deutliche Sprache. Als das Exil im Jahr 1943 wissen wollte, wie die Stimmung nach der Niederlage von Stalingrad sei, holte Knorr von verschiedenen Kontakten aus dem ganzen Reichsgebiet Berichte ein. Den Bericht aus Cheb, der davon spricht, dass »Fanatismus und Durchhalteparolen noch sehr stark« seien und »(k)ein Ansatz für größeren Widerstand vorhanden« sei, kommentiert Knorr so:

> »Dieser Bericht bestätigte in seiner Kürze, was ich nach legalen und nicht genehmigten Aufenthalten in Eger feststellte: der mit Abstand größte Prozentsatz an Mitgliedern der NSDAP im ›Sudetengau‹ wirkt sich auch ideologisch und in der Unterstützung der NS-Führung aus. In deren Reichsgauen, aus denen ich Informationen besaß und die einen viel geringeren Prozentsatz an NSDAP-Mitgliedern verzeichneten, war die ›Führer-Begeisterung‹ wesentlich geringer. In keinem anderen Reichsgau war die Verblendung so groß wie südlich des Sudeten-Gebirgszugs beziehungsweise in den deutsch besiedelten Gebieten der zerschlagenen ČSR.«[276]

274 Ebd., S. 409.

275 Ebd.

276 Knorr, Lorenz (2008): Gegen Hitler und Henlein. Antifaschistischer Widerstand unter den Sudeten und in der Wehrmacht, Köln, S. 191.

Auch ein Besuch in dem Betrieb, in dem Knorr vor seiner Mobilmachung in die Wehrmacht gearbeitet hatte, bestätigt diesen Eindruck. Neben überzeugten Nationalsozialisten in der Betriebsleitung und unter den Meistern, die sich als Teile eines »Herrenvolk(s)« fühlen, die dafür, die »verdammten Sklavenvölker im Osten« niederzuwerfen auch einige Opfer in Kauf zu nehmen bereit sind, stößt Knorr nur auf Apathie: »Einige Arbeitskollegen, meist alte Gewerkschafter und ehemalige Sozialdemokraten, äußerten sich höchst zurückhaltend: nichts von deutschem Siegesglaube, aber auch nichts von Gegenwehr oder gar aktivem Widerstand.«[277]

Ein Dokument, das eindrucksvoll zeigt, wie sehr die sudetendeutsche Volksgemeinschaft die NS-Politik bis zur Vernichtung mittrug, sind schließlich die Aufnahmen von Sam Fuller, die unter dem Titel *Falkenau – The Impossible*[278] veröffentlicht wurden. In dieser Dokumentation zeigt und kommentiert der später berühmte Regisseur Fuller Aufnahmen, die er als Soldat bei der Befreiung des KZ Falkenau (Sokolov) drehte, an der er als junger Soldat der 1. Infanteriedivision der US-Army, der *Big Red One*, teilnahm. Er beschreibt dabei den Schock, den er empfand, denn das KZ, in dem sich die Leichen stapelten, war nur wenige hundert Meter vom Stadtrand entfernt. In der Stadt wollte aber niemand das KZ oder die Leichen bemerkt haben. Fuller dokumentiert dann die Lektion, die sein Vorgesetzter, Captain Kimbal R. Richmond, in eigener Verantwortung den Bewohnern der Stadt erteilte: Die Honoratioren und andere Bewohner der Stadt, die nichts von dem KZ bemerkt haben wollten, mussten die nackten Leichen im KZ bergen, ankleiden und durch den Ort zum Friedhof zu einem anständigen Begräbnis bringen. Die gleichgültige Reaktion der Bewohner des Ortes auf diese Lektion wird deutlich, als ein amerikanischer Offizier maulaffenfeilhaltende Einwohner, die den Leichenzug beobachten, anfahren muss, doch den Toten die Ehre zu erweisen und den Hut abzunehmen.

277 Ebd., S. 191f.

278 www.youtube.com/watch?v=pY3BlffquaU, 5.2.2016.

## C) Mit der Volksgemeinschaft gegen Hitler: Jaksch und der Widerstand

Wie real die Volksgemeinschaft war und wie wenig die Vorstellungen von den widerständigen Massen, die von beiden Fraktionen der Exilsozialdemokratie – wenn auch in unterschiedlichem Ausmaß – gehegt wurden, zutrafen, zeigte sich auch in den Plänen Jakschs, die er im Laufe des Kriegs entwickelte, als nach dem Bruch mit dem tschechoslowakischen Exil die Pläne zum Abschub der Sudetendeutschen nach dem Krieg weitere Konturen gewannen und er als Exilpolitiker seine Felle davonschwimmen sah. Im Frühjahr 1944 wurden zwei kleine Gruppen, eine von Fallschirmspringern, die andere sollte über den Landweg über Dänemark einsickern, in den Reichsgau Sudetenland entsandt. Über den genauen Auftrag gab es lange Diskussionen in der Geschichtsschreibung, aber der schon erwähnte, Jaksch eher wohlwollend gesonnene Historiker Bachstein zog aus ausführlichen Gesprächen mit Vertretern der Sudetendeutschen nach dem Krieg folgenden Schluss:

> »Es ist aber wahrscheinlich, daß sie versuchen sollten, führende Männer aus der Heimat, unter ihnen Dr. Rudolf Lodgmann v. Auen, den bekannten deutschböhmischen Politiker und kurzzeitigen Landeshauptmann, den katholischen Bischof von Leitmeritz, Dr. Anton Alois Weber, sowie den nationalsozialistischen Regierungspräsidenten Hans Krebs und den früheren Aussiger Bürgermeister Leopold Pölzl, zur Flucht ins neutrale Ausland zu bewegen, wo diese in Zusammenarbeit mit Londoner Sozialdemokraten einen sudetendeutschen Föderativausschuß als Gegenpol zur tschechoslowakischen Auslandsregierung ins Leben rufen sollten.«[279]

Jaksch wäre also bereit gewesen, mit von ihm als gemäßigt angesehenen Nationalsozialisten zu paktieren.

Die Idee, man könne bei den sudetendeutschen Nationalsozialisten Verbündete für den Kampf gegen Hitler finden, lässt sich auch bei Otto Strasser finden. Und diese Übereinstimmung kann wohl

279 Bachstein, Martin K. (1974): Wenzel Jaksch, S. 283.

als weiterer Beleg für den Einfluss des letzteren auf Jaksch gedeutet werden. Strasser bediente sich dabei schon im Exil des auch nach dem Krieg beliebten Tricks, Kämpfe zwischen verschiedenen Gruppen innerhalb der NSDAP als Widerstand gegen den Nationalsozialismus zurechtzubiegen. So publizierte er 1941 in einer kanadischen Zeitschrift (in der übrigens auch Beneš publizierte) seine Version der Geschichte. Er konstruiert einen ursprünglich demokratischen Nationalsozialismus, der von Hitler usurpiert worden wäre: »Into an existing party whose program was laid down in ›25 points‹, whose structure and essence was wholly democratic [...] there entered a first-rate propaganda expert, who was backed up not only by the finances, but also by the weapons of the most powerful *Reichswehr* officer in Bavaria.«[280] Namentlich nennt er gerade »Knirsch, Krebs and Jung«, die diesem ›echten‹ Nationalsozialismus angegehört und mit dem – ebenfalls angeblich oppositionellen – »Strasser Circle«[281] zusammengearbeitet haben. Schon die Erwähnung Jungs, von dem ja schon die Rede war, sollte ein Hinweis sein, wie weit es mit der angeblichen Demokratie dieses Flügels her ist, von dem Kunststück, die Verteidigung des Programms der NSDAP, das unter anderem Juden von der Staatsbürgerschaft ausschloss als antifaschistischen Akt zu drapieren, ganz zu schweigen. Ähnliche Überlegungen und das vollständige Ignorieren des Antisemitismus dürften aber auch Jaksch zu seinem Plan motiviert haben.

Dem Jakschkritiker Brügel ist wohl zuzustimmen, wenn er auf den Wahnwitz, auch hinsichtlich der rein praktischen Durchführbarkeit der von Jaksch geplanten Aktion hinweist und meint: »Wäre aber dererlei möglich gewesen, hätte dieses Abenteuer nicht nur mit der Internierung von Krebs und Konsorten, sondern auch aller Organisatoren dieser Aktion in England geendet«.[282]

Brügel beschreibt die weiteren Ziele dieser Aktion näher und wie sie – wenig überraschend – von Grund auf scheiterten. Denn neben

280 Strasser, Otto (1941): Nazism. It's [sic] Origin, Activity and Doom, in: The Dalhousie Review, Vol. XXI, No. 3, S. 275.

281 Ebd.

282 Brügel, Johann Wolfgang (1974): Tschechen 1939, S. 138.

dem Ziel, eine sudetendeutsche Exilregierung unter Beteiligung der Nationalsozialisten zu gründen, ging es auch darum, Anschluss an den imaginierten breiten Widerstand im Reichsgau zu finden und diesen auf das Kriegsende vorzubereiten. Allerdings stand die Aktion von Anfang an unter keinem guten Stern. Die zwei über den Landweg geschickten Agenten wurden von der Gestapo verhaftet, bevor sie dänischen Boden betraten, überlebten aber die Haft.[283] Von den drei Fallschirmspringern überlebte nur einer, Albert Exler. Es gelang ihm sogar, mit einigen alten Genossen, unter ihnen ein Franz Winkler, in Děčín (Tetschen-Bodenbach) Kontakt aufzunehmen, die ihn nicht verrieten, ja es kam sogar zu einer Diskussion unter diesen, an die sich ein Teilnehmer erinnert:

> »Es war in dieser Besprechung, daß Exler erklärte: ›Jaksch schickt mich, um euch zu sagen, daß, wenn die amerikanische Armee hier einmarschiert, ihr die Macht übernehmen müßt.‹ Winkler sagte dazu: ›Wie stellt sich Jaksch das vor? Wir haben nicht einmal genug verläßliche Genossen übrig, um eine Stadtvertretung zusammenzubringen.‹, worauf Exler meinte: ›Ihr müßt das mit den oppositionellen Nationalsozialisten zusammen machen‹. Es wurde ihm bedeutet, daß es gar keine solchen Nationalsozialisten gibt. Exler hatte darauf keine plausible Antwort.«[284]

Schließlich wurde Exler dringend geraten, den Reichsgau zu verlassen. Er setzte sich nach Wien ab, wo er gefangengenommen wurde, das Kriegsende rettete ihm schließlich das Leben.

Aus dieser Episode lässt sich ablesen, wie tief die Hoffnung bei Jaksch auf einen ›oppositionellen‹ Flügel innerhalb der NSDAP war. Diese Hoffnung speiste sich einerseits aus seinen Kontakten mit Otto Strasser, der ja auch den ›sozialrevolutionären‹ Flügel der Partei vertrat, bei dem Jakschs Volkssozialismus Anleihen genommen hatte, sowie daraus, dass es innerhalb der SdP tatsächlich zwei Flügel gegeben hatte, die sich bis aufs Blut bekämpften, einen eher an der ständischen

283 Vgl. zu den Einzelheiten und den Namen: ebd., S. 137.
284 Ebd., S. 138.

Lehre von Othmar Spann orientierten Kameradschaftsbund und den an der reichsdeutschen NSDAP orientierten ›Aufbruchkreis‹.[285] Der schwere Irrtum Jakschs war allerdings, diese Konflikte als wirkliche Widersprüche zu interpretieren.

Diese Gefahr läuft auch Ronald Smelser, der Autor des Standardwerks *The Sudeten Problem 1933-1938*[286] mit seinem Versuch, die beiden Strömungen ganz klar zu trennen und die eine, den berlinfreundlichen Aufbruchskreis als »Nazis« und die Anhänger Spanns als »traditionalists« [287] und konservative Revolutionäre zu bezeichnen, wobei letztere schließlich von ersteren überrollt worden wären. Erhellend ist dabei übrigens, wie Smelser den von Jaksch als gemäßigt angesehenen Hans Krebs einordnet: »One of the key figures in the radical NS camp was Hans Krebs, former DNSAP leader who had fled to the Reich in October of 1933.«[288] Smelsers Analyse weist aber folgenden Mangel auf: Er weiß zwar um die gemeinsame Herkunft beider Bewegungen aus dem pangermanischen und völkischen Milieu, aber er zieht keine Konsequenz daraus, er unterstellt ihnen trotz dieser Gemeinsamkeit »radically different goals«.[289] Die Traditionalisten hätten mehr die einzelnen Volksgruppen im Auge, was theoretisch auch der Loyalität zu einem anderen Staat, der die völkischen Befindlichkeiten respektierte, nicht widersprechen müsse. Dagegen stellt er die Konzeption des Naziflügels so dar:

> »The most critical distinction between the Nazi conception of what ethnic German relations should be and that of men like Steinacher [Hans Steinacher war der wohl prominenteste Vertreter des Spannflügels, FR] lay in the fact that the interest of the Nazis in the Volk was at all times etatist in nature; that is, it emphasized the Reich or core staat (*Kernstaat*), rather than the individual ethnic groups.«[290]

285 Vgl. Zimmermann, Volker (1999): Die Sudetendeutschen, S. 42ff.
286 Smelser, Ronald N. (1975): The Sudeten Problem.
287 Ebd, S. 17.
288 Ebd., S. 86.
289 Ebd.
290 Ebd.

Allerdings ist dieser Etatismus ein ganz besonderer, der dann auch die beiden Gruppen verschmelzen ließ. Franz Neumann beschreibt die polykratische Struktur des Nationalsozialismus ja nicht umsonst folgendermaßen: »Doch unserer Auffassung zufolge ergibt sich, daß es mehr als fragwürdig ist, Deutschland als Staat zu bezeichnen. Viel eher handelt es sich um eine Bande, deren Anführer ständig gezwungen sind, sich nach Streitigkeiten wieder zu vertragen.«[291] Die einzelnen Rackets innerhalb der SdP und später der NSDAP im Sudetenland sind dafür ein gutes Beispiel: Trotz der Streitigkeiten, die durchaus einige prominente Vertreter des Kameradschaftsbundes ins Gefängnis oder in Lager brachten (und so eine Basis für die Nachkriegsmär von ›Widerständlern‹ innerhalb der SdP legten) stand das einigende Band, der völkische Gedanke, nie zu Diskussion. Rückblickend erscheint es eher so, dass Jaksch mit dem Volkssozialismus in diese Händel einsteigen wollte und die Einheit des Volkes über alles andere stellte. Anders ist es kaum zu erklären, wie man 1944, als die Folgen der nationalsozialistischen Herrschaft, besonders als die Shoah schon bekannt war, auf die Idee kommen konnte, mit Nationalsozialisten eine Auslandsregierung zu bilden.

Aber auch bei Brügel, der ja die Marginalisierung der Deutschböhmen, die nicht der völkischen Ideologie anhingen, beklagt, hält sich hartnäckig die in seiner schon oben beschriebenen Vorstellung, dass Beneš die demokratischen Deutschen verraten habe. Obwohl er und andere Quellen deutlich zeigen, wie die Volksgemeinschaft sich durchsetzte, hält er daran noch fest. Beneš selbst begann aber bald, im Laufe des Jahres 1941, seine früher getroffene Unterscheidung zwischen dem Deutschland Hitlers und dem Deutschland Thomas Manns zu kritisieren. Diese Überlegungen stehen vor dem Hintergrund einer breiteren Diskussion, die in England und auch im Exil geführt wurde.

291 Neumann, Franz L. (1998): Behemoth, S. 554.

# 8 Die Nazis oder die Deutschen?

## A) Beneš und der Vansittartismus

Nicht zuletzt die Erfahrungen mit den Exilsozialdemokraten brachten Beneš dazu, sein Bild ›der Deutschen‹ zu ändern. Zugleich entspann sich auch in England innerhalb der Labour Party und auch im deutschen Exil eine Debatte über den deutschen Nationalismus, und wie die Verstrickung der Deutschen in den Nationalsozialismus zu fassen sei, deren Verständnis für Benešs Position unabdingbar ist.

Eine zentrale Rolle in dieser Diskussion spielte Sir Robert Vansittart, vor dem Krieg Untersekretär im Foreign Office bis 1937, ehe er auf einen eher repräsentativen Beratungsposten abgeschoben wurde, den er bis 1941 innehatte. Ein Grund für diesen Wechsel war seine Kritik der Appeasement-Politik. Nach 1941 setzte er sich mit publizistischen Mitteln für einen Sicherheitsfrieden ein, das heißt einen Frieden, der nicht auf ein geläutertes Deutschland hoffte, sondern diesem eine Rückkehr zur Machtpolitik verunmöglichen sollte. Anders als das oft dargestellt wird, vertrat Vansittart keinen ›umgekehrten Rassismus‹ gegen die Deutschen, wie beispielsweise Jörg Später hervorhebt:

> »Entgegen seines Rufs behauptete Vansittart keineswegs, dass alle Deutschen Nazis seien. Aber sein gedanklicher Ausgangspunkt war, dass es sich bei den Nationalsozialisten eben um Deutsche handelte. Er sah darin ein logisches Ergebnis deutscher Geschichte: ›Nazism is not an aberration but an outcome‹.«[292]

Die Gründe für dieses Ergebnis seien in der deutschen politischen Kultur zu finden, in einem Mangel an Demokratie: »Germany's achievements in the arts and sciences have no connection with politics. In the political sphere Germany has *never* been civilized in the full Western sense, despite a veneer that has twice worn thin before disappearing

292 Später, Jörg (2003): Vansittart, S. 242.

altogether.«[293] Das sei allerdings durchaus durch eine Umerziehung und die Einrichtung westlicher Standards zu ändern: »The way to true democracy is a long one, and no one must be impatient for quick arrival. There will be many setbacks and more difficulties to overcome, but there is no inherent reason why the Germans should not eventually learn the meaning of ›liberty, fraternity, equality‹. They have never yet begun to master the notion, because wilder notions have always mastered them.«[294] Die wichtigsten dieser wilden Ideen, die die Deutschen beherrschten, seien Pangermanismus, Nationalismus und Militarismus. Diese Ideen, so lassen sich Vansittarts Ideen zusammenfassen, hätten Besitz von der deutschen Gesellschaft ergriffen, sowohl von der Rechten als auch von der Linken: »The German Right is beyond redemption. [...] The German Left is better, but not much better, than the Right.«[295] Vansittart versuchte, die Lehren aus der Einsicht zu ziehen, dass schon im und auch nach dem Ersten Weltkrieg der Nationalismus in Deutschland ein Massenphänomen war, das auch die Opposition ergriffen hatte: »The Social Democrats were the strongest party, about thirty per cent of the electorate, and they went to war with the utmost solidarity and enthusiasm.«[296] Auch nach 1918 sei die Sozialdemokratie nicht vom nationalen Schulterschluss abgewichen, sondern habe unter Friedrich Ebert die Militärkaste gerettet.[297] Deshalb misstraute er auch dem überwiegenden Teil des deutschen sozialdemokratischen Exils, der die Friedensbedingungen für Deutschland nach dem Zweiten Weltkrieg möglichst milde gestalten wollte, und der sich gegen eine Entwaffnung Deutschlands stellte sowie teilweise, wie bei Jaksch gesehen, mit dem Hinweis auf die Atlantic Charter auf das Selbstbestimmungsrecht der deutschen Minderheiten im Ausland pochte.

Vor dem Hintergrund dieser Diskussion, wie das Verhältnis von Deutschen und Nazis zu bestimmen sei, griff Beneš im November 1941

293 Vansittart, Robert (2014): Bones of Contention, Milton Keynes, S. 44.
294 Ebd., S. 68.
295 Ebd., S. 47.
296 Ebd., S. 20.
297 Vgl. ebd., S. 100.

in einer Rede an der Universität Glasgow das Thema auf: »The question has been asked, therefore, whether we should not distinguish between the war against Nazism and the war against Germany. You know that this question is now often the subject of disillusions and even quarrels in this country and I will tell you quite frankly my opinion regarding it.«[298] Zunächst diskutiert Beneš die Frage der kollektiven Verantwortung. Diese ist für ihn auch in einem diktatorischen Staat gegeben, denn »its subjects as a collectivity tolerate, suffer and obey their Government.«[299] Dieses zunächst sehr apodiktisch klingende Urteil unterstützt Beneš dann mit einem Gedankenexperiment, was die Folgen eines Umsturzes in Deutschland wären:

> »Suppose, when the inevitable day of reckoning comes, the old Government and the old régime disappear and a new Government announce that only the prominent members of the former régime were, in fact responsible for what has happened. Suppose the new Government announced that the old offenders had been deprived not only of their powers, but of their lives, and that now everything was in order again. Can one possible [sic] accept this nation without any international ethic?«[300]

Hier nimmt Beneš nicht nur eine beliebte Strategie der Schuldabwehr nach 1945 vorweg, die mit dem Hinweis auf die Nationalsozialisten die Frage der Verantwortung vom Tisch wischen zu können meinte. Er kritisiert auch den Opportunismus, der dem autoritären Charakter eigen ist:

> »I do not mean that in this war we should pursue a policy of vengeance and destruction. I do not say that all Germans are bad. I say that there are bad Germans and good Germans too. That there are Germans who are

298 Beneš, Edvard (2005): The War of 1939. Two Addresses of the Czechoslovak President at the Edinburgh and the Glasgow University, 5th and 7th November 1941, Prag, S. 44.
299 Ebd.
300 Ebd., S. 45.

European and human and others who are fundamentally anti-European and anti-human, but that Germans – all Germans have an incredibly strong inclination to pass from the one camp to the other as soon as political circumstances make the transition advantageous.«[301]

Die Trennung zwischen kulturellem und militaristischem Deutschland, die schon bei seiner Einschätzung des Deutschlands in Zeiten des Ersten Weltkriegs problematisch war, konnte jetzt, unter dem Eindruck der aktuellen Entwicklungen, nicht mehr aufrechterhalten werden.

In einem etwas größeren Rahmen entwickelte Beneš zu dieser Zeit diesen Gedanken auch in seinem Buch *The Fall and Rise of a Nation: Czechoslovakia 1938-1941*[302], das dann allerdings wegen Bedenken des Foreign Office über die im Buch enthaltene scharfe Kritik an der Appeasementpolitik nicht erschien.

Dort versucht er zunächst den Nationalsozialismus historisch und geschichtsphilosophisch einzuordnen: »For two thousand years the West has fought for the idea of human dignity; for the ideas of the decent and cultured man; for what is described as modern human culture and civilisation.«[303] Dieser Kampf wird also mit dem Ziel einer modernen Gesellschaft geführt, in der der Einzelne in Würde leben kann. Diese beruht für Beneš auf drei Voraussetzungen: Erstens muss das Individuum respektiert werden, was auch »full respect for his freedom of thought, his freedom of belief and religion and his allegiance to his own language and national culture«[304] beinhalten muss. Dann muss zweitens, um vernünftige Kommunikation möglich zu machen, akzeptiert werden, dass es eine Wahrheit gibt, die durch rationale Mittel erkennbar ist: »Secondly, the modern man and citizen must know and believe in truth, and he must respect modern science as the expression of objectivity,

301 Ebd.

302 Beneš, Edvard (2004): The Fall and Rise of a Nation: Czechoslovakia 1938–1941, New York.

303 Ebd., S. 172.

304 Ebd.

tolerance and truth.«[305] Schließlich müssten Verträge eingehalten werden: »Thirdly, he must honour and respect his pledged word, fulfil his engagements, respect agreements and treaties and he must base his entire private and public life on respect for freely accepted laws within the State and for international treaties which have been freely negotiated with other states.«[306] Hier zeigt sich wieder, dass Beneš die Ideale der bürgerlichen Revolution und der Moderne noch ernst nimmt, denn was er hier ausführt, lässt sich als persönliche Freiheit, Vernunft und Vertragstreue zusammenfassen, zentrale Themen dieser Revolution. Beneš verweist auch wieder darauf, dass diese Ideen besonders in den »democratic institutions which are maintained in Great Britain and the United States and [...] in Western Europe before the German attack«[307] hochgehalten werden beziehungsweise wurden.

Der Nationalsozialismus hingegen würde alle diese modernen Grundsätze missachten und mit Füßen treten, und das habe auch Folgen für die Haltung der Bevölkerung. Beneš kritisiert weniger, dass die Deutschen alle überzeugte Nationalsozialisten gewesen wären, sondern dass der Großteil der Deutschen lethargisch gewesen sei.

> »The great part of the German nation has today no beliefs. It is completely sceptical and nihilist. It is composed of people who are demoralised and irresolute, without faith and without ideals. [...] No one can envisage the moral conditions of post-war Germany, though I hope that some German citizens will have retained their freedom of thought, so that they can help in the rebuilding of a future, post-war Germany.«[308]

Auch wenn dieses Bedauern eines Mangels an Idealen eine konservative Schlagseite hat und an ein Beklagen des Kulturverfalls erinnert, steht es bei Beneš doch in dem Kontext einer Moderne, die ihren Schwung verloren habe. Zu diesem Zeitpunkt, 1941, urteilt Beneš also

305 Ebd.
306 Ebd., S. 172.
307 Ebd.
308 Ebd., S. 174.

noch relativ milde und hofft, wenn er auch schon weit skeptischer ist als noch ein Jahr zuvor. Er verweist auch wieder auf die »absurd racial theory«, die in Deutschland verbreitet werde, aber auch hier hält er in erster Linie das »régime« für den Hauptverantwortlichen. Ferner verweist er auf den Antisemitismus, denn dieser sei eine direkte Folge der Rassentheorie: »In its [der Rassentheorie, FR] name it outrages in incredible degree human dignity by persecuting the Semitic race.«[309]

Zusammenfassend betont Beneš noch den Epochenbruch, den der Nationalsozialismus bedeutet. War schon der Erste Weltkrieg von Masaryk und Beneš als Kampf von Demokratie und Freiheit gegen Monarchismus und Unterdrückung interpretiert worden, so würde der neue Zyklus von Kämpfen, die sich gerade entwickeln, diese Auseinandersetzung auf die Spitze treiben, wenn auch der Nationalsozialismus auf dem Pangermanismus des Kaiserreichs aufbauen würde: »The Nazi régime was not content with reviving and grossly exaggerating the political Imperialism of Monarchist Germany. It created something which is by its nature an absolute denial of the three basic ideas and is a thorough-going reversion to ancient barbarism.«[310] Das spitzt er später noch einmal zu:

> »Wagner's Götterdämmerung – the twilight and end of the Gods – has become reality in present-day Germany. In the moral sense Nazism means the end of the civilisation of the twentieth century: such is the so-called ›New European Order‹ to be established after the war by a victorious Germany. [...] And that is why we are fighting.«[311]

Denn für Beneš war klar, dass der erste Schritt, um dieser Situation abzuhelfen, die militärische Niederlage Deutschlands sei: »Incidentally, the real and complete military defeat of Germany would help in this object.«[312]

309 Ebd.
310 Ebd., S. 173.
311 Ebd., S. 175.
312 Ebd., S. 174.

An diese Überlegungen, die eher im Regime die treibende Kraft sehen, schließt Beneš dann aber seine Bemerkungen aus der Glasgower Rede an: Auch die ›anständigen‹ Deutschen würden, wenn die Umstände günstig wären, sehr schnell in das Lager des Nationalsozialismus wechseln. Die Gründe für diese Haltung und diesen Opportunismus der deutschen Bevölkerung suchte Beneš in einer frühen Version der Sonderwegstheorie, die den Nationalsozialismus aus einer spezifischen historischen Entwicklung zu erklären versucht, die eng mit der ausgebliebenen bürgerlichen Revolution verknüpft ist, wie auch mit der Entwicklung des Pangermanismus:

> »And, above all, Nazism has not existed merely since the last war. [...] From the time of Frederick the Great, when the struggle for political and democratic liberties began in Europe, the German people have never lived freely. They have never carried out a real political revolution. They have not had the political education or the political life which would have led the greater number, as in France, Great Britain or the United States, to democracy, to freedom, to tolerance, to respect for other nations, especially for neighbouring and smaller nations.«[313]

Und hier liege auch der Grund, warum nicht nur das nationalsozialistische Regime die Schuld trägt, sei es doch nicht im luftleeren Raum entstanden, sondern vor dem Hintergrund einer spezifischen Geschichte, die in der deutschen Nation eine ebenso spezifische Mentalität hervorgebracht habe: »The German nation has been educated politically far more by the theories of Prussian generals, Junkers and a few nationalistic pan-German philosophers and politicians than by men with the spirit of Lessing, Herder, Goethe, Schiller, Beethoven, Mozart, Heine or Thomas Mann.«[314]

Das alles gelte es im Auge zu behalten und zu bekämpfen, um nicht nur den Krieg, sondern auch einen langfristigen Frieden zu gewinnen: »We must know clearly what to do if we are to prevent Germany's lack of education from seeking violent expression in a war every

313 Ebd., S. 177.
314 Ebd.

ten or twenty years.«[315] Dazu sei eine tiefgreifende Umerziehung notwendig, und hierbei betont er besonders die Rolle der deutschen Armee, deren Position in der Gesellschaft zu brechen sei und der man einen plötzlichen Kurswechsel nicht abnehmen dürfe:

> »We must uproot every vestige of the Nazi theory. Otherwise we shall still be confronted with the German military machine; for the German Army, though it will support Hitler as long as possible, will get rid of him when it has decided that a German peace and the preservation of her present conquests can be purchased at the price of sacrificing Hitler and his régime. But the German Army is today Nazist too. As soon as it suits the Generals they will declare that they are anti-Nazi. And they will return to their previous theories and policy as soon as it will be useful for their aims.«[316]

Trotz dieser Analyse blieb Beneš noch lange ambivalent und war weit davon entfernt, jeden einzelnen Deutschen entschieden zu kritisieren, nur wurde in seiner Sicht die Gruppe der demokratischen Deutschen immer kleiner: Noch im November 1942, kurz vor dem endgültigen Bruch mit Jaksch, meinte er in einer Rede vor dem Staatsrat, nachdem er auf die weitreichende Kollaboration der Deutschen hingewiesen hatte:

> »Trotzdem vertrete ich den Gedanken der Zusammenarbeit mit unseren demokratischen und treuen Deutschen hier im Exil aus einigen Gründen. Zunächst deswegen, weil irgendein *Teil unserer Deutschen* ob nun größer oder kleiner, *nach dem Krieg in der Republik bleibt.* Jeder Pangermanismus und jeder Nazismus muß unter ihnen definitiv und erbarmungslos vernichtet werden. Dieser Krieg gibt uns das Recht darauf. Und je mehr Deutsche mit uns aufrichtig zusammenarbeiten werden, desto besser für sie und desto besser für uns.«[317]

315 Ebd.
316 Ebd., S. 178.
317 Brügel, Johann Wolfgang (1974): Tschechen 1939, S. 52.

Allerdings begann Beneš auch, an dieser Trennung zu zweifeln. So steuerte er zu einer 1942 erscheinenden Textsammlung, in der der ehemalige Professor an der Universität Kalkutta, Nagendranath Gangulee, der mittlerweile beim BBC arbeitete, Aussprüche und Textpassagen von Nationalsozialisten und deren intellektuellen Zuarbeitern sammelte, um diese Bewegung unter dem Titel *The Mind and Face of Nazi Germany*[318] zu beschreiben, ein Vorwort bei. Der Klappentext stellt das Buch offen in eine Traditionslinie mit dem Wirken Lord Vansittarts, die Aufgabe des Buches wird folgendermaßen beschrieben:

> »It will serve a useful purpose in showing clearly and beyond question what the Nazi dogmas and practices are and it will also prove a good antidote to any Poor-old-friendly-Germans-misled-by-gangsters‹ attitude. This book shows how Nazi doctrines have been bred into the very bones of the German people and, as one literary critic has said, it makes an interesting supplement to works like Lord Vansittart's *Black Record.*«[319]

Und auch Gangulee kritisiert in seinen einleitenden Bemerkungen die These, die Deutschen seien verführt worden:

> »Even at the outbreak of the war, it was declared that the Allies were fighting the Nazi régime and not the German nation which had only been misled by Adolf Hitler and his Party. All this connotes a superficial understanding of the forces which dominate Nazi Germany. The truth is, a new period of Armageddon has descended upon Europe, which is rooted not merely in conflicting political and economic interests, but in a positive revolt against Reason, Enlightenment and Cultural values of mankind.«[320]

Die Erkenntnis, dass mit dem Nationalsozialismus eine regressive Massenbewegung neuen Typs die geschichtliche Bühne betreten hat,

318 Gangulee, Nagendranath (1942): The Mind and Face of Nazi Germany, London.

319 Ebd., Klappentext.

320 Ebd., S. XII.

ringt bei Gangulee mit einer Interpretation, der Nationalsozialismus sei eine Neuauflage des Preußentums, und er versucht, die Verbindung der beiden näher zu bestimmen:

> »The cult of violence is the basic ideology which should dispense with all others, and its adoption can alone create a militant nation. This view, which is the quintessence of Prussianism, is in full accord with the meaning and purpose of National Socialism. If the Nazi Party found its strength in the spirit of Prussianism, the exponents of that spirit found in the methods of the Party an effective means of leading the German people to accept blind submission to authority.«[321]

Diese Sicht auf die Arbeitsteilung zwischen Preußentum und Nationalsozialismus, verbunden mit dem Wissen über die massenhafte Zustimmung zu demselben führt Gangulee zu Einsichten, die an den im gleichen Jahr erschienenen *Behemoth* Franz Neumanns erinnern. Auch Gangulee konstatiert, dass der Nationalsozialismus seltsam unsystematisch ist und von einer Theorie oder einem Gebäude von fixen Doktrinen eigentlich keine Rede mehr sein kann, ja er geht sogar insofern über Neumann hinaus, als dieser in der Erstausgabe des *Behemoth* den Antisemitismus außen vor lässt, und diesem erst in der erweiterten Auflage von 1944 ein Kapitel widmet. Gangulee sieht schon 1941 einen Zusammenhang zwischen der Strukturlosigkeit und dem Antisemitismus:

> »Thus the National-Socialist Germany is not concerned solely with any kind of rational basis for establishing social order or a political system. [...] The state laws must conform to the ideal of preserving and maintaining ›the racial characteristics‹ of the entire German people (*Volkstum*). [...] Thus racial myth which is made ›the dogma of a religious creed‹ is conceived in order to foster an emotional psychosis, a natural outcome of which has been anti-semitism.«[322]

321 Ebd.
322 Ebd., S. XII.

Hier wurde schon sehr früh klar formuliert, dass der antisemitische Wahn notwendig mit der Volkstumsideologie verbunden ist. Mit dem Hinweis auf die psychische Ebene untermauert Gangulee auch seine These, dass man eben von den Deutschen, und nicht nur von den Nazis sprechen sollte, und dass auf Widerstand im Land nicht zu hoffen sei:

> »Through the process of mass-hypnosis of propaganda, the German people were kept in a state of anæsthesia. All this made rational criticism impossible and thus within a short period of less than a decade, Oswald Spengler's thesis – that intellectualism is a ›weed on the pavement‹, that the will for possession and power has always been the real dynamic force in history, that justice, happiness, peace are dreams of bankrupt intellect – became the philosophy of the German people. Everything was directed to a single end – war.«[323]

Gangulee sieht also im Antisemitismus das zentrale Moment, das die Einheit in der Volksgemeinschaft stiftet, eine Einsicht, die er viel deutlicher fasst als Beneš, dessen Sicht auf den Antisemitismus später behandelt wird.

Beneš bleibt in seinem kurzen Vorwort zurückhaltender, er empfiehlt zwar dem Leser das Buch als »valuable contribution towards the enlightenment of the popular reader«, es sei »worthy of careful study«,[324] bleibt aber uneindeutig, was das Verhältnis von Nationalsozialisten und Deutschen angeht. Er wiederholt seine schon erwähnten Standpunkte vom Zusammenhang von Pangermanismus und Nationalsozialismus, und unterstreicht noch einmal, wie wichtig es gewesen wäre, die Ideologie der Nationalsozialisten ernst zu nehmen: »Europe to its cost, has under-estimated the menace hidden in the ideology of the followers of Nazism.«[325] Nur einmal schimmert in der Rede von einer deutschen Mentalität durch, wie schwer es sei, eine Trennlinie zwischen Nazis und Deutschen zu ziehen: »Nazis here

323 Ebd., S. XIV.

324 Beneš, Edvard (1942): Foreword, in: Gangulee, N.: The Mind and Face, S. X.

325 Ebd., S. IX.

present their guiding principles, desires and interests which testifies to the depth of decay of German mentality.«[326] Hier taucht wieder die Einsicht auf, dass das ›andere Deutschland‹, auf das Beneš ja immer wieder verwiesen hatte, in der allgemeinen Mentalität nicht mehr auszumachen war.

## B) Der Kontakt zur Gruppe *Fight for Freedom*

Eine ähnliche Entwicklung hatten auch die Unterzeichner des Gründungsmanifests der Gruppe *Fight for Freedom* hinter sich, als sie sich 1942 von der Mehrheitssozialdemokratie im Exil abspalteten, da sie sich zu folgender Erkenntnis durchgerungen hatten: »Der Kampf gegen den Nationalismus in der deutschen Arbeiterbewegung muß von vorn begonnen werden.«[327]

Curt Geyer, einem der Unterzeichner dieses Manifests, waren schon früher Zweifel an einer rein ökonomistischen Erklärung dessen gekommen, was in Deutschland geschah, und er versuchte, den deutschen Nationalismus als eigenständige historische Kraft zu fassen und dabei auch gängige Argumente der Exilsozialdemokratie zu kritisieren, wie sie besonders in den Schriften Otto Bauers formuliert wurden. So schrieb Geyer in seiner programmatischen, gegen Bauer gerichteten Schrift *Die Partei der Freiheit* 1939:

> »Die Entwicklung der inneren Verhältnisse im Dritten Reich fordert gebieterisch eine Revision dieser theoretischen Sätze über Staatsordnung, Staatsmacht und Machtverhältnisse der Klassen. Diese Revision brauchte an sich noch nicht einmal die Verwerfung der materialistischen Geschichtsauffassung zu bedeuten – aber ihre Notwendigkeit sollte auch

326 Ebd., S. X.

327 Bieligk, Fritz / Geyer Curt et al. (1942/2009): Der Kampf gegen den Nationalismus in der deutschen Arbeiterbewegung muß von vorn begonnen werden. Erklärung der »Fight for Freedom«-Gruppe vom 2. März 1942, in: Geyer, Curt / Loeb, Walter et al.: (2009): Fight for Freedom, S. 65.

denen klar sein, die an den Prinzipien der materialistischen Geschichtsauffassung trotz aller Erfahrungen festzuhalten wünschen. [...] Bei solcher Revision geht es nicht mehr darum, zu prüfen, ob der ruhige Fluss der wirtschaftsgeschichtlichen Entwicklung und die Selbstbewegung der kapitalistischen Wirtschaft die Prognosen der Theorie bestätigt haben, sondern heute sieht sich die Theorie einem vollkommenen Umsturz aller Verhältnisse gegenüber – und die Ereignisse und ihre Ergebnisse lassen sich nun einmal nicht so in das Prokrustesbett der älteren Theorie pressen, wie Otto Bauer es versucht hat. Wo sind in dieser Lehre der Platz und das Gewicht des deutschen Nationalismus, wo die Wirkungen des Krieges und die Kriegsfolgen, wo die Rückwirkungen der Kriegsfolgen auf die politische Bewusstseinsbildung und die inneren Machtverhältnisse der Staaten, wo ist die Rolle der politischen Parteien?«[328]

Geyer weist im Gegensatz zu Bauer darauf hin, dass bei ihm, der hier auch stellvertretend für andere Sozialdemokraten steht, der Nationalismus keinesfalls kritisiert wird, sondern sogar ein Eigenleben führt:

»Wenn Otto Bauer ein Problem berührt, das über diese rein ökonomische Theorie hinausgeht, so wird sofort die Zusammenhangslosigkeit seiner sonstigen politischen Stellungnahme mit der materialistischen Geschichtsauffassung und der rein ökonomistischen Klassentheorie klar. In einem Abschnitt über den Sozialmonarchismus spricht er von der landesverräterischen Utopie derer, die nicht unbedingt an der Existenz eines deutschen Einheitsstaates festhalten wollen. Da wird der Monismus – oder sollen wir sagen Monotheismus? – der strengen Theorie plötzlich durchbrochen durch eine Stellungnahme, die nicht mehr aus zu Ideologie gewordenem Klasseninteresse ableitbar ist.«[329]

Trotzdem hielt Geyer das Problem noch für längere Zeit durch Aufklärung bei den Massen und Diskussion innerhalb der Partei für lösbar. 1940, immer noch im Pariser Exil, appellierte Geyer, zusammen mit

328 Geyer, Curt (1939): Die Partei der Freiheit, Paris, S. 53f.
329 Ebd., S. 54.

dem Rest des Vorstandes der SoPaDe, der deutschen Exilsozialdemokratie, noch an das ›andere Deutschland‹:

> »Zeigt dem polnischen und dem tschechoslowakischen Volke, dass ihr euch nicht als ihre Feinde fühlt, sondern als ihre Verbündete im Kampfe um die Freiheit Polens, der Tschechoslowakei und Deutschlands. In der Hand des deutschen Volkes liegt es, dass der Weg zum wahren Frieden, zur Versöhnung der befreiten Völker nicht versperrt wird durch die Verbrechen Hitlers.«[330]

Geyer und eine kleine Gruppe anderer Sozialdemokraten und Exilanten unter der Führung von Walter Loeb, zogen nun 1942 die Konsequenz aus dieser Argumentation, als sie sich eingestehen mussten, dass das deutsche Volk nicht daran dachte, sich von den Verbrechen Hitlers zu distanzieren. Da die restliche Exilsozialdemokratie sich diese Tatsache nicht eingestehen wollte und weiter auf das ›andere Deutschland‹ setzte, kam es schließlich zum Bruch und Geyer schied aus dem Parteivorstand aus. Die Gruppe näherte sich den Positionen Vansittarts an, während die anderen linken deutschen Splittergruppen, wie *Neu Beginnen*, sich wieder unter dem Banner des ›Antivansittartismus‹ an die Partei annäherten, indem sie sich ein Bild von Vansittarts Argumentation zurechtlegten, das gar nicht erst die Frage aufkommen ließ, ob an der Kritik am deutschen Nationalismus nicht doch etwas dran sein könnte.

An dieser Stelle sei noch einmal an die verschiedenen Stoßrichtungen erinnert, die die Kritik Richard Löwenthals, der der Gruppe *Neu Beginnen* angehörte und diejenige Geyers am Jakschen Volkssozialismus einschlugen. Während der eine, Löwenthal, eher in eine traditionsmarxistische Richtung ging, und den Volkssozialismus nur unter einem revolutionstaktischen Blickwinkel betrachtete, der auf die Frage, auf welcher Seite der Barrikade man denn im Zweifelsfall stünde, hinauslief, versuchte Geyer die antiindividualistischen Wurzeln der volkssozialistischen Ideologie zu kritisieren. Die sudetendeutsche

330 Vogel, Hans et al. (1940): Macht euch nicht mitschuldig!, in: Neuer Vorwärts. 4. 2. 1940, zit. n.: Später, Jörg (2003): Vansittart, S. 321.

Sozialdemokratie blieb dann auch für *Fight for Freedom* immer wieder ein Objekt der Kritik, da sich hier prototypisch die Ablehnung des Individuums und das Eindringen völkischer Gedanken zeigen ließ. So führen Geyer und Loeb in ihrer Abrechnung mit britischen Verteidigern des ›anderen Deutschlands‹ die Schrift Emil Franzels an, um zu zeigen, wie wenig Freiheit der deutschen Linken bedeutete:

> »Auf die gleiche Weise, geblendet vom Hitlersystem, schrieb 1936 einer der führenden deutschen Sozialdemokraten des Sudetenlands ein Pamphlet mit dem Titel ›Abendländische Revolution‹, in dem er die Schaffung von ›Autorität, Ordnung und Disziplin‹ zum Ziel des Sozialismus erklärte. Und was ist mit persönlicher Freiheit? Sie wurde zu einem wunderschönen Traum, der der harten Notwendigkeit und den Anforderungen des Systems der Planwirtschaft weichen mußte. [...] Besteht Freiheit im Sozialismus darin, zu begehren, was das System der Planwirtschaft verlangt?«[331]

In ihrer Gründungserklärung kam *Fight for Freedom* immer wieder auf die besondere Verbreitung des Nationalismus in Deutschland allgemein und der Sozialdemokratie im Besonderen zurück, und näherte sich so Positionen von Beneš an, der ja auch schon früh auf dieses Problem hingewiesen hatte. Die zentralen Stellen der Gründungserklärung heben genau diese Punkte hervor und wachsen zu einer Generalabrechnung mit der Politik der Sozialdemokratie zusammen:

> »Die Unterzeichner sind, gestützt auf ihre Kenntnis der geschichtlichen Vorgänge, ihre eigene politische Tätigkeit und die Erfahrungen über das Verhalten des deutschen Volkes seit Beginn dieses Krieges folgender Anschauung: daß der deutsche aggressive Nationalismus die mächtigste politische Kraft im deutschen Volke darstellt, daß er schon vor 1914 und heute erst recht alle gesellschaftlichen Klassen und politischen Parteien erfaßt hat; [...] daß die Sozialdemokratische Partei im

331 Geyer, Curt / Loeb, Walter (1942/2009): Gollancz in German Wonderland. Die kommende deutsche Revolution, in: Geyer, Curt / Loeb, Walter et al.: (2009): Fight for Freedom, S. 81.

November 1918 keine Revolution gegen den deutschen Nationalismus, nach dem Zeugnis ihrer Führer überhaupt keine Revolution wollte; [...] daß die Sozialdemokratische Partei und die Leitung des Allgemeinen Deutschen Gewerkschaftsbundes eine nationalistische Propaganda gegen den Versailler Vertrag geführt haben, und zwar umso lauter, je energischer die Rechtsparteien den Versailler Vertrag zur psychologischen Vorbereitung des Revanchekriegs benutzt haben; daß Hitler nicht ein Zufall ist, sondern daß er von der größten Massenbewegung der deutschen Geschichte in die Macht getragen worden ist, und daß seine Regierung eine Mehrheit in Volk und Parlament hatte; [...] daß der Krieg in Deutschland unterstützt wird von einer überragenden Mehrheit des deutschen Volkes.«[332]

Aus all dem zog *Fight for Freedom* folgenden Schluß, der auch zur Leitlinie ihres politischen Handelns im Exil werden sollte und die sie bei den anderen deutschen Exilgruppen höchst unbeliebt werden ließ:

»Die Unterzeichner halten es für ihre Pflicht, vor Illusionen zu warnen, die von einem Teil der politischen Emigration in England und in Amerika verbreitet werden. Es ist eine Täuschung, wenn behauptet wird, daß Massen des deutschen Volkes nur auf die Niederlage warten, um sich revolutionär für Frieden und Demokratie zu erheben, daß es wirksame illegale Organisationen in Deutschland gäbe, die für die Niederlage Deutschlands und eine Revolution arbeiten, daß die Reste der sozialdemokratischen Partei oder sozialistischen Gruppen in Deutschland sichere Garanten gegen den deutschen Nationalismus seien.«[333]

Gerade für die Wichtigkeit der letzten Warnung bieten ja die Pläne Jakschs für die Zusammenarbeit mit ›gemäßigten‹ Nationalsozialisten genug Anschauungsmaterial. Die Positionen der *Fight for Freedom*-Gruppe wurden, nach längeren Konflikten und Diskussionen, während des Krieges auch in der britischen Labour Party und in interna-

332 Bieligk, Fritz; Geyer Curt et al. (1942/2009): Der Kampf gegen den Nationalismus, S. 65 f.

333 Ebd., S. 66.

tionalen sozialistischen Zusammenschlüssen rezipiert, so auch in der Sozialistischen Arbeiter-Internationale, deren amtierender Präsident der Belgische Sozialist Camille Huysmans war. Jaksch war die Nähe der *Fight for Freedom*-Gruppe zur Labour Party und ihre internationale Vernetzung verständlicherweise Anathema und er ging in die Offensive, indem er Huysmans damals vorwarf, »als Bürgermeister in Antwerpen ›im Dritten Reich Freundschaftsbesuche‹ geleistet und mit ›Nazibonzen‹ getafelt zu haben. In London habe er ›Gauleiter-Methoden in die internationale Arbeiterbewegung‹ hineingetragen.«[334] Auch im Rückblick nach dem Krieg fiel Jakschs Urteil über die Gruppe entsprechend gallig aus:

> »Nach kurzem Aufenthalt in London schwenkte aber Huysman [sic] in die allgemeine Linie der alliierten Kriegspolitik ein. Der Krieg wurde nicht länger als eine Auseinandersetzung zwischen Demokratie und Faschismus angesehen, sondern als ein Waffengang zwischen eroberungssüchtigen Deutschen und ihren friedfertigen Nachbarn. In Zuge dieser Entwicklung kam es zu einer engen Zusammenarbeit zwischen dem zum Deutschenhasser gewandelten konservativen Lord Vansittart und einer Gruppe alliierter Sozialisten um Huysman [sic] und Gillies [dem internationalen Sekretär der Labour Party, FR]. Diese ›Fight for Freedom‹ (›Kampf für die Freiheit‹) getaufte Aktion bediente sich auch der willfährigen Federn einiger Emigranten, um einen ›harten Frieden‹ gegen alle Deutschen vorzubereiten. Erbittert rangen die guten und bösen Geister um die Gestaltung des Friedens. [...] Der eine trat furchtlos in öffentlichen Versammlungen für die unterdrückte deutsche Arbeiterbewegung ein, der andere benützte jeden Anlaß, um die exilierten Wortführer der reichsdeutschen wie der sudetendeutschen Sozialdemokratie an der Erfüllung ihrer Aufgaben zu hindern.«[335]

Bemerkenswert an dieser Darstellung ist nicht nur, dass Jaksch es vermeidet, auf die inhaltliche Kritik von *Fight for Freedom* auch nur

334 Später, Jörg (2003): Vansittart, S. 399.

335 Jaksch, Wenzel (1990): Europas Weg nach Potsdam. Schuld und Schicksal im Donauraum, München, S. 377.

oberflächlich einzugehen, sondern auch, dass er die wirkliche Situation verkehrt: Nicht Loeb und die Seinen mussten in seiner Sicht aus eigener Einsicht und Initiative gegen das Bild vom ›anderen Deutschland‹ vorgehen, sondern sie werden zu Hand- beziehungsweise Kopflangern ausländischer Interessen degradiert und hauptsächlich als Störenfriede wahrgenommen.

Dabei war es gerade Loeb, der zunächst den Kontakt zu Beneš suchte. In einem Brief von Anfang November 1941, also noch vor der Gründung von *Fight for Freedom*, dem ein persönliches Treffen vorausgegangen sein musste, übermittelte er Beneš einen Leserbrief, den er als Reaktion auf einen Artikel Robert Wieners, eines Vertreters der Treuegemeinschaft, an die Redaktion der Zeitung *Der Sozialdemokrat* geschrieben hatte. Wiener hatte im Zusammenhang einer Buchbesprechung folgendes geschrieben: »Denn wenn das deutsche Volk sich gegen Hitler erheben soll, so muss es davon mehr als blossen Waffenstillstand erwarten können.«[336] In diesem Satz steckte schon der gesamte Problemkomplex, den Loeb (und auch Beneš) an der deutschen Sozialdemokratie kritisierte, nämlich sich einen Beitrag im Kampf gegen Deutschland möglichst teuer in Form von Zugeständnissen an den deutschen Nationalismus abkaufen zu lassen. Loeb reagierte dementsprechend:

> »Was also muss das deutsche Volk mehr erwarten können, wenn es sich gegen Hitler erheben soll? Meiner Ansicht nach ist die Zeit vorbei in der man solange wie nur möglich Festlegungen vermeidet und weiter lavieren kann, um eine grundsätzliche Position zu halten und seine Aktivität je nach dem Wechsel der Situation einzurichten. Wenn Herr Dr. Robert Wiener diese Politik zu verfolgen versucht, dann darf er nicht erstaunt sein, dass man darauf hinweist. Diejenigen, denen Europas Sicherheit über dem deutschen Größenwahn steht, werden davon auf keinen Fall Abstand nehmen.«[337]

336 Beilage Brief Loeb an Beneš, 1.11.1941, MÚA, EB II, ič 3940, Karton 463, o. S.

337 Ebd.

Darüber hinaus legte Loeb dem Brief an Beneš noch ein Memorandum bei, in dem er die »Ihnen vorgetragenen Ideen mit der Bitte« überreichte, »sie als die private Auffassung eines politischen Menschen zu betrachten, der aus der Vergangenheit gelernt hat« und schloss den Brief nicht ohne »Dank für die freundliche Aufnahme auszusprechen und mit der Versicherung [...] jederzeit zu Ihrer und Ihrer Regierung Verfügung«[338] zu stehen.

In diesem Memorandum arbeitet Loeb heraus, welche »geistigen Auffassungen« zentral seien, »neben der immer vorhandenen Expansionsabsicht und dem Drängen zur Beherrschung der Märkte«[339] um den neuen Krieg und die deutsche Gesellschaft zu verstehen. Loeb entwickelt dann Gedanken, die auch für die spätere Theoriebildung von *Fight for Freedom* zentral wurden, und sich auch in ähnlicher Form bei Beneš wiederfinden. Zunächst einmal haben »(w)eder Bürger noch Arbeiter [...] jemals in Deutschland ein sogenanntes Bürgerbewußtsein gehabt.«[340] Dies habe sich besonders nach 1918 als fatal für das Schicksal der Republik erwiesen:

> »Der Arbeiter, der rein äußerlich an dem Geschick der Republik großen Anteil nahm, wurde durch das ihm anerzogene Untertanenbewußtsein zur gleichen Zeit dadurch korrumpiert, dass die Propaganda der anderen es den regierenden Arbeitern klarmachte, dass ohne Beherrschung bestimmter Formen der nachgeordnete Funktionär der Arbeiterbewegung sich lächerlich mache. Einer der entscheidenden psychologischen Schläge gegen das neue Regime war eine Veröffentlichung in der Illustrierten Zeitung in Berlin, die Ebert (den Reichspräsidenten) und Noske (den Reichswehrminister) in Badehosen darstellte.«[341]

338 Brief Loeb an Beneš, 1.11.1941, MÚA, EB II, ič 3940, Karton 463, o. S.

339 Loeb, Walter (1941): Memorandum für seine Exzellenz den Herrn Präsidenten der Tschechoslowakischen Republik Dr. Eduard Benes, MÚA, EB II, ič 3940, Karton 463, S. 1.

340 Ebd.

341 Ebd.

Diese zunächst banal wirkende Begebenheit habe allerdings schwerwiegende Folgen gehabt: »Auf diesem Boden geistiger Verwirrung – Drängen nicht nach Macht, sondern nach ›als zugehörig und gleichstehend betrachtet zu werden‹ – war die Propaganda des Dolchstoßes, gegen Versailles, gegen die Franzosen, gegen den Bolschewismus, schließlich gegen die Plutokratie für die Nationalisten eine gegebene Folge.«[342]

Der Mangel an nicht-autoritären Charakteren, der zu einem Konformitätsdrang in die Nation führte, sei also das Problem gewesen. Die Arbeiter hätten nur versucht, in die Nation aufgenommen zu werden. Loeb spannt hier einen Bogen von der Situation im Ersten Weltkrieg, in der »die Mehrheits-Sozialdemokraten und die Gewerkschaften mit fliegenden Fahnen mit dem Großen Hauptquartier gingen«[343] hin zu der sozialpartnerschaftlichen Arbeitsteilung durch das Stinnes-Legien-Abkommen 1918, das ja von der Idee lebte, Kapital und Arbeit unter dem Dach der Nation zum höheren Ruhme letzterer zusammenzuspannen. Auch hier macht Loeb wieder auf das psychologische Bedürfnis der Arbeiter aufmerksam, dazuzugehören, denn »die ganze Arbeiterbewegung war stolz darauf, dass die Hugo Stinnes Linie einen Dampfer ›Karl Legien‹ taufen ließ – Warum? Das war eben die äußere Anerkennung auf die man Wert legte.«[344] Dieser Wunsch, Teil der Nation zu sein, habe dann im Detail ausbuchstabiert dazu geführt, dass die Arbeiterbewegung schließlich auch gegenüber Hitler kapituliert habe:

> »Von diesem Schritt der Arbeitsgemeinschaft bis zu Leiparts[345] Erklärung nach der Wahl von 1933, dass die Gewerkschaften bereit seien, sich von der Sozialdemokratischen Partei zu trennen, dass sie den Beweis ihrer Existenzberechtigung durch die Haltung ihrer Mitglieder im letz-

342 Ebd.
343 Ebd.
344 Ebd.
345 Theodor Leipart war in den 1920er und 1930er Jahren Vorsitzender des Allgemeinen Deutschen Gewerkschaftsbundes.

ten Kriege erbracht hätten und dem Verhandlungsersuchen Leiparts an Hitler, ist alles eine konsequente Folge.«[346]

Loeb zieht aber noch eine weitere Folgerung aus dieser Entwicklung: Die Trennung in unterdrückte Arbeiterklasse und unterdrückende Nazis führe in die Irre, denn der Nationalismus habe eben von der Arbeiterbewegung Besitz ergriffen: »In welch riesenhaftem Umfange dies geschehen ist, beweist die Haltung des deutschen Volkes im jetzigen Krieg und alle Argumente bezüglich Terror schlagen fehl. So wie Lasalle den Richtern von Berlin wegen ihres Verhaltens in [sic] 1848 entgegenrief: ›Meine Herren – eine ganze Stadt ist nicht feige‹, so kann man heute sagen: ›Eine ganze Nation ist nicht feige‹, oder aber sie ist es deshalb nicht, weil sie mit dem Ziel übereinstimmt, das die Führung anstrebt.«[347] Dieses Memorandum erreichte Benešs Schreibtisch eine Woche vor seiner Rede in Glasgow, in der auch er zum ersten Mal in Frage stellte, ob denn die Trennung in gute Deutsche und böse Nazis überhaupt möglich sei. So scheint es eher umgekehrt gewesen zu sein, als es Jaksch darstellte: Es war nicht Loeb der Agent fremder Interessen, sondern wenn, dann ließ sich Beneš von diesen Überlegungen beeinflussen, wenn nicht, was ja auch durchaus möglich ist, diese Gedanken parallel entstanden. Darüber hinaus sind die Lösungsvorschläge, die Loeb vorbringt, um einiges radikaler als die Benešs. Hatte dieser in dem Buch *Demokratie heute und morgen* noch vorsichtig formuliert, dass es »nach diesem Krieg vielleicht auch notwendig sein« wird, »Bevölkerungsumsiedlungen in bedeutend größerem Maße als nach dem letzten Krieg vorzunehmen«[348], so schlug Loeb gleich unter anderem die »Entvölkerung Deutschlands«[349] vor. Damit war aber in keinem der beiden Fälle eine Ausrottungspolitik gemeint, wie das oft unterstellt wird – aus Benešs Überlegungen, zu denen er bemerkte, diese Umsiedlungen müssten »in humanitärer

346 Ebd.

347 Ebd., S. 2.

348 Beneš, Edvard (1944): Demokratie heute und morgen, S. 248.

349 Loeb, Walter (1941): Memorandum Beneš, S. 3.

Form, gut organisiert und international finanziert«[350] durchgeführt werden, wurde in der *Sudetendeutschen Zeitung* nach dem Krieg ein »hinterhältiger ›Friedensplan‹ des Teufels«[351] gezimmert. Auch hinter Loebs Vorschlägen steckte hauptsächlich die Frage, was mit der Bevölkerung eines entmilitarisierten und nur mit begrenzten industriellen Kapazitäten ausgestatteten Deutschlands geschehen solle: »Deutschland muss, da es seine industrialisierte Bevölkerung nicht auf das Land innerhalb Deutschlands zurückbringen kann, – außerdem ist die Landwirtschaft intensiviert und bedarf minderer Arbeitskräfte – Möglichkeit zur Emigration gegeben werden. Ich schätze diese Emigranten auf ca. 7-10 Millionen Menschen, Österreich und die Sudetendeutschen Gebiete eingeschlossen.«[352]

Loeb sah in Beneš also einen Partner, bei dem er auch inhaltlich auf Zustimmung hoffen konnte. Und in einer rückblickenden Beschreibung der Situation bezieht Beneš ja auch klar in diesem Sinne Position. Dieser beschreibt in einer Schilderung der Situation innerhalb des deutsch-tschechoslowakischen sozialdemokratischen Exils auch die des deutschen Exils, als er von einem Treffen mit Jaksch 1939 schreibt, den er als neutralen Berichterstatter auftreten lässt und dessen eigene Zugehörigkeit zu einem der politischen Lager außen vor lässt:

> »Er berichtete, dass es in der deutschen Emigration in England zwei gleich starke Lager gibt: fünfzig Prozent für Großdeutschland, fünfzig Prozent für eine Erneuerung der Tschechoslowakei in den Grenzen vor ›München‹. Angeblich wirkten die Pläne im Reich wie in Österreich stark auf die Deutschen in der Tschechoslowakei ein. Bei den Deutschen selbst, im Reich wie in Österreich, gibt es freilich einen ähnlichen Streit. Auch bei ihnen existieren zwei Lager, die beide mit einem baldigen Krieg rechnen. Die einen erwarten eine rasche Niederlage des Dritten Reichs und im besten Fall eine Neuauflage des Weimarer Deutschland, die anderen rechnen jedoch mit einer machtvollen großdeutschen Revolution (diesem Lager neigen vor allem die österreichischen Sozialdemokraten

350 Beneš, Edvard (1944): Demokratie heute und morgen, S. 248.
351 Sudetendeutsche Zeitung, Jg. 1, Folge 12, 23 6. 1951.
352 Loeb, Walter (1941): Memorandum Beneš, S. 3.

zu) und planen im Einklang damit eine Neuordnung Europas, i. e. die Geltendmachung aller großdeutschen Ziele.«[353]

Nach der Gründung von *Fight for Freedom* und des mit der Gruppe verbundenen Verlags schickte Loeb Beneš immer wieder Exemplare der Neuerscheinungen wie auch Memoranden, die zur Selbstverständigung und Analyse, nicht aber zur Veröffentlichung gedacht waren. So fragte Loeb am 16. Juli 1942 bei Jaromír Smutný, dem Sekretär Benešs, nach, ob der Präsident denn das signierte Exemplar des Pamphlets *Gollancz in German Wonderland* erhalten hätte.[354] In diesem Buch griffen Loeb und Geyer in der Person Victor Gollancz diejenige Strömung der britischen Linken an, die den deutschen Nationalismus und die Bildung der Volksgemeinschaft nicht ernst nehmen wollten und sich Illusionen darüber hingaben, wie die Situation in Deutschland und auch im Exil aussehe:

> »Es ist eine ungeheuerliche Lüge, dem britischen Volk weiszumachen, es müßte nur einen Teil des Volkes bekämpfen! Das britische Volk muß nicht weniger als die vereinigten Kräfte des gesamten deutschen Volkes bekämpfen und besiegen. Niemand soll sich von der Tatsache täuschen lassen, daß wir jetzt unsere Stimmen in England zu Gunsten eines alliierten Sieges erheben. Wir sind nur wenige Einzelne. Wir haben Freunde in Deutschland, die wie wir denken. Aber auch sie sind nur Einzelne. Die überwältigende Mehrheit des deutschen Volkes führt Krieg und kämpft mit Entschlossenheit für einen deutschen Sieg. [...] Und Deutschlands Soldaten haben bereitwillig gekämpft, um dessen Erfolg zu sichern (Stalin hat diese Tatsache erkannt); die Männer und Frauen Deutschlands haben hart in Munitionsfabriken gearbeitet; Kleinbauern und Landarbeiter haben Felder gepflügt; Arbeitsarmeen haben Befestigungen und Straßen gebaut; Eisenbahner haben die Züge gefahren; und die Matrosen haben die Schiffe bemannt. *Jede Hand ist durch kollektive*

353 Beneš, Edvard (1947/2002): Die Aussiedlung der Deutschen aus der Tschechoslowakei, in: Coudenhove-Kalergi, Barbara / Rathkolb, Oliver (Hg.): Die Beneš-Dekrete, Wien, S. 19.

354 Brief Loeb an Smutný, 16.7.1942, MÚA, EB II, ič 3940, Karton 463, o. S.

*Komplizenschaft besudelt*, durch Handlungen oder durch Unterwerfung, durch Schweigen oder durch Vergebung und freilich durch Einverständnis. Wo sind Mr. Gollanczs Beweise für das Gegenteil?«[355]

Dieser Text spiegelte ähnliche Erfahrungen und Überlegungen wider, wie Beneš sie wenige Monate zuvor in Glasgow formuliert hatte und mit denen er sich im Kontakt mit Jaksch immer wieder konfrontiert sah. So ist es nicht verwunderlich, dass seine Antwort an Loeb positiv, wenn auch etwas formal ausfiel:

»I am writing this to thank you and your colleague for the copy of ›Gollancz in German Wonderland‹ which you have kindly presented to me. I could not yet read it. But I have looked through it with much interest and I have the impression that you have thrown a great deal of light upon several issues which were obscure to the people of this country and made a very useful contribution to this most important discussion.«[356]

Loeb hatte wirklich noch einiges zu dieser Diskussion beizutragen. Als nächstes schickte er über den Staatssekretär im Außenministerium der Tschechoslowakischen Republik, Hubert Ripka, das ins Englische übersetzte Memorandum *Der kommende Weltkrieg*, das aus Diskussionen der sozialdemokratischen Splittergruppen *Neu Beginnen*, der *Sozialistischen Arbeiterpartei* (SAP) und den österreichischen *Revolutionären Sozialisten* schon in Paris 1939 entstanden war, und das auch das Dokument war, auf das sich Beneš bei seiner Kritik an der deutschen Sozialdemokratie stützte, von der weiter oben die Rede war. Dieses Memorandum, in dem davon ausgegangen wurde, dass der Weltkrieg in eine soziale Revolution münden würde, deren Erfolg sich in Deutschland entscheide, und in der man als sozialistische Partei eine zweite Front aufmachen müsse – nicht nur gegen den Faschismus sei zu kämpfen, sondern auch gegen den westlichen Im-

355 Geyer, Curt; Loeb, Walter (1942/2009): Gollancz in German Wonderland, S. 72f.

356 Briefentwurf Beneš an Loeb, 16.7.1942, MÚA, EB II, ič 3940, Karton 463, o. S.

perialismus – wurde von Loeb herangezogen, um zu zeigen, dass die sozialdemokratischen Exilpolitiker, auf deren Seite sich mittlerweile die Splittergruppen geschlagen hatten, sehr zweifelhafte Partner im Kampf gegen den Nationalsozialismus seien.

In einer kurzen Einleitung von *Fight for Freedom* wurde genau auf diese Elemente des Memorandums hingewiesen. Da die Forderungen und Vorstellungen, die in dem Memorandum erhoben wurden, teilweise so jenseitig waren, dass sie fast schon nach einer Diffamierungskampagne klangen, versicherte Loeb im Begleitschreiben an Ripka, das Dokument sei echt: »I have heard that there are some doubts of the authenticity of this document. We are in the position [sic] of the original and if you desire we could let you have photostat copies of the front page and also other pages.«[357] Jörg Später argumentiert in seiner Studie zwar, dass Loebs »Kritik an *Der kommende Weltkrieg* [...] überzogen (war) und [...] eine demagogische Schlagseite«[358] hatte, sein Urteil über den Text fällt aber auch nicht gerade schmeichelhaft aus, wenn er das Hauptargument des Textes mit folgenden Worten kommentiert:

> »Deutschland komme dabei in der Frage von Revolution oder Konterrevolution, im Guten wie im Schlechten eine Schlüsselposition zu. Nicht am deutschen Wesen, aber im Kampf um das deutsche Wesen sollte nach dieser Sicht die Welt genesen. ›Just as Facist Germany is the center of world reaction, so the Socialist Revolution in Germany will be the next decisive link in chain of World Revolution. In Germany, the most highly industrialized country in the old world, the development of the productive forces and of social contradictions has long placed Socialism on the agenda of history.‹ Diese dialektischen Scherze, die in der Logik deutscher Hegemonie nichts Beanstandenswertes erblickten und welche die Ängste vor ihr als vernachlässigbar behandelten, mündeten im Lobgesang der ›revolutionären Massen‹ und der ›freiheitsliebenden Sozialrevolutionäre‹: ›Thanks to their general educational and cultural level, and, in part, to their democratic traditions, the majority of the

357 Brief Loeb an Ripka, 27.8.1942, MÚA, EB II, ič 3940, Karton 463, o. S.
358 Später, Jörg (2003): Vansittart, S. 364.

German working class and of the German intelligenzia have never adopted the ideology of fascist totalitarianism.‹ Die ›Neu-Beginner‹ waren nicht unbedingt Nationalisten, sicher keine Imperialisten, die Europa knechten wollten, aber sie waren eingebildete deutsche Sozialisten, für die Deutschland der Nabel der Welt war, das Brennglas der Weltgeschichte, mit der üblesten Reaktion und der besten Arbeiterbewegung, die sich gegenseitig bedingten.«[359]

Es stellt sich allerdings die Frage, ob nicht dieses Urteil über das Memorandum und dessen Verfasser noch zu milde ist. Denn nicht nur in den Ohren derer, denen gerade praktisch in Europa vor Augen geführt wurde, wie eine deutsche Hegemonie aussieht, und die gerade schockiert feststellen mussten, dass es keinen nennenswerten Widerstand in Deutschland gab, müssen mehrere Wendungen in dem Memorandum äußerst bedrohlich geklungen haben. Denn die nationale Einheit Deutschlands war den Verfassern des Memorandums von größter Wichtigkeit und wurde konsequent vertreten:

> »The second international task of the German Revolution will be the defence of its own territory and the defence of the national unity of Germany. [...] We do not accept the situation created by Fascism, and we declare categorically that the right of self-determination up to and including the right to break away will be granted to all German territories annexed by Hitler. However, with equal determination we demand for them the right to remain of their own free will with the new revolutionary Germany if they so wish. In practice this is important for Austria, in particular where the Revolutionary Socialists have already adopted this attitude, and it applies above all, of course, to any plans to dismember the territory of the old German Reich.«[360]

Wie Später bei diesen Forderungen zu dem Urteil kommt, die Autoren seien »nicht unbedingt Nationalisten«, ist nicht ganz nachvollziehbar, bestehen sie doch auf der unverbrüchlichen Einheit des

359 Ebd., S. 365.
360 N.N.: The Coming World War, MÚA, EB II, ič 3940, Karton 463, S. 12.

Großdeutschen Reichs, denn mit freiwilligen Abspaltungen war realistischerweise nach Jahren der nationalistischen Indoktrination nicht zu rechnen.

Außerdem tauchen in dem Text, wieder in Verbindung mit dem Selbstbestimmungsrecht der Völker, Passagen auf, die den Vertrag von Versailles kritisieren, wie es auch in rechten Kreisen gang und gäbe war: »In practice the solution fathered by the Versailles Treaty proved not democratic but imperialist. The new little States were created, and could exist only as part of an imperialist coalition intended to hold down Germany, and only by themselves practising national oppression, whilst at the same time their separate national existences disorganized the economic division of labour between industrial and agricultural Europe.«[361] Der deutsche Nationalismus wird so als ein Notwehrakt gegen eine imperialistische Aggression dargestellt. Gerade für Beneš, der nicht nur bei den Verhandlungen zu den Friedensverträgen dabei war, sondern der auch wusste, dass diese Rede von der nationalen Unterdrückung viel zur internationalen Delegitimierung der Tschechoslowakischen Republik beigetragen hatte, waren diese Stellen ein Schlag ins Gesicht.

In den Bemerkungen von *Fight for Freedom* zu der Stelle, in der sich das Memorandum zur deutschen nationalen Einheit bekennt, werden die Konsequenzen einer solchen Forderung auf den Punkt gebracht:

> »Soviet Germany will thus regard it as an impermissible imperialist intervention if Austria is again separated from Germany against the will of the Austrian Revolutionary Socialists; it will wage war against a return of the Sudeten territory to Czechoslovakia, and it will regard this war also as a defensive war against imperialist intervention. Seing [sic] that not only the Sudeten Nazis, but also the Sudeten social-democratic leaders are Pan-German, there is no doubt that Soviet Germany would have the excuse for this ›revolutionary war‹.«[362]

361 Ebd., S. 14.
362 Ebd., S. 3.

Aber nicht nur in direkter Kommunikation bekam Beneš Informationen über die Gruppe, auch über andere Kanäle hielt er sich über die Entwicklungen in den verschiedenen Exilfraktionen und ihre Ansichten über Deutschland auf dem Laufenden. Da die Regierung der Tschechoslowakischen Republik in Großbritannien seit Juli 1941 voll anerkannt war, konnte er auch auf Berichte der verschiedenen Ministerien und des diplomatischen Korps zurückgreifen.

Im September 1942 erreicht Beneš ein kurzer Bericht über ein Gespräch des tschechoslowakischen Botschafters in London, Maximilián Lobkowicz, mit Loeb. Lobkowicz wies auf die Verbindung von Loeb zu Vansittart hin und legte dar, wie jener Beneš über den grünen Klee gelobt haben soll: »Bei einer Gelegenheit äußerte sich Loeb außergewöhnlich lobend über unseren Präsidenten, er bezeichnete ihn als einzigen Politiker europäischen Formats und verkündete, wenn er einen Präsidenten der Vereinigten Staaten Europas wählen müßte, wüßte er keinen anderen Kandidaten als Dr. Beneš.«[by/363] Gleichzeitig betonte der Botschafter, dass das Lager um Loeb und Vansittart von der deutschen und deutschböhmischen Mehrheitssozialdemokratie im Exil wenig hielt, und sogar dafür gesorgt hatte, dass die Rundfunkansprachen Jakschs im BBC eingestellt worden waren:

> »Über den Abgeordneten Jaksch fällt er [Loeb, FR] hingegen ein vernichtendes Urteil. [...] Besonders vertraulich möchte ich hier bemerken, dass sich Lord V. den Verdienst anrechnet, dass dem Abgeordneten Jaksch auf eine Aktion des F[oreign] O[Office] hin es verunmöglicht wurde, im hiesigen deutschen Rundfunk Ansprachen zu senden. Ich denke, dass diese Intervention des Lords V. eine direkte Folge des Einflusses ist, den auf ihn in diesen Sachen Loeb hat. Dagegen bin ich mir sicher, dass er unseren Präsidenten nicht so beurteilt, wie Loeb sich mir gegenüber über ihn geäußert hat.«[bz/364]

Die in der Literatur immer wieder auftauchende Vermutung, das Verbot der Radioansprachen gehe auf Machinationen der tschecho-

363 Bericht Lobkowicz, 23.9.1942, MÚA, EB II, ič 3940, Karton 463, o. S.
364 Ebd.

slowakischen Exilregierung zurück, scheint also so nicht haltbar. Martin Bachstein, ein Vertreter dieser Vermutung, beschreibt die Situation so:

> »Die tschechoslowakische Auslandsregierung hatte aber erkannt, daß der Rundfunk zu einem beträchtlichen Propagandamittel der sudetendeutschen Sozialdemokraten zu werden drohte. Mitglieder des Staatsrats versuchten deshalb, der Treuegemeinschaft auch diese Möglichkeit der politischen Verbindung mit der Heimat zu entziehen, indem sie indirekt auf englische Stellen einwirkten – mit dem Ziel, Jaksch den Zugang zum BBC sperren zu lassen.«[365]

Das war aber gar nicht nötig, da Lord Vansittart ja schon in diese Richtung wirkte. Rückblickend schrieb dieser über die britischen Radiosendungen und deren Wirkung auf die Deutschen:

> »Time and again, in our broadcasting in German, we exonerated the German people – even the German Army, God forgive us! – and put down all crime to a coterie. [...] Indeed, throughout the whole of this latest and greatest outbreak of German homicidal mania we tended to address the German nation as a reasonable being, and that is a deep-seated misjudgement of German character.«[366]

Genau dieser Versuch, an das ›andere Sudetendeutschland‹, das vernünftig wäre, zu appellieren, zeichnete auch Jakschs Ansprachen aus. In diesem Versuch taucht dann auch schon das Motiv auf, dass die Masse ja unschuldig sei, welches die Funktion der Volksgemeinschaft völlig ignoriert, wie auch die Ambivalenz Jakschs gegenüber dem Münchener Abkommen in diesen Reden zu Tage tritt, weshalb ein kurzer Blick auf eine dieser Ansprachen angezeigt ist. So meinte Jaksch im November 1941 zum Allerseelentag: »Mit dem wieder befreiten tschechischen Volke werden die Sudetendeutschen in dieser

365 Bachstein, Martin K. (1974): Wenzel Jaksch, S. 279.
366 Vansittart, Robert (2014): Bones, S. 35.

oder jener Form zusammenleben müssen.«[367] Hier lässt sich Jaksch alle Optionen offen, eine Festlegung auf ein Wiedererstehen der Tschechoslowakischen Republik findet nicht statt. Er fährt fort:

> »Darum muß schon heute vorgebaut werden, daß nicht Unschuldige für die Verbrechen der Schuldigen zu leiden haben. Wir tun auf diesem Gebiete unsere Pflicht, aber ohne Unterstützung der Heimat kann diese schwere Aufgabe nicht gelöst werden [...] Sagt Euch los von den Männern mit den blutigen Händen! Sagt Euch los durch jede mögliche Form des geheimen Widerstandes. Verweigert der nationalsozialistischen Politik der Selbstausrottung Gefolgschaft, wo immer Ihr nur könnt.«[368]

Jaksch sieht in erster Linie die Sudetendeutschen als Opfer, denen »Selbstausrottung« droht, und hofft auf Widerstand, eine Hoffnung, an der, selbst nachdem sie sich als illusorisch erwiesen haben wird, er weiter festhalten wird, wie sich an den späteren Plänen mit Fallschirmspringern zeigte.

## C) Der Bruch mit Jaksch

Jakschs Weigerung, sich einzugestehen, dass die Volksgemeinschaft doch mehr war als eine bloße Phrase und von einem ›anderen (Sudeten)deutschland‹ zu träumen, war gleichzeitig ein wunder Punkt, der, wenn er berührt wurde, zu heftigen Reaktionen führte. Das Phänomen einer Deutung des Nationalsozialismus als einer ›Besetzung Deutschlands‹ durch die Nazis erkannte schon George L. Mosse recht deutlich, der, wenn er auch allgemein vom Faschismus spricht, doch stets Deutschland beschreibt:

367 Jaksch, Wenzel (1941): Rundfunkmanuskript »All Souls Day« vom 1. November 1941, zit. n.: Bachstein, Martin K. (1974): Wenzel Jaksch, S. 278.
368 Ebd.

»Für Leute, die sich für Liberale oder der Linken zugehörig hielten, stellte der Faschismus oft eine Verirrung der Geschichte dar, eine ›Besetzung‹ des Landes durch eine barbarische Minderheit. Die würden gefangen gehalten und, wenn man sie ihr eigenes Schicksal bestimmen ließe, entweder zu einem erneuerten Liberalismus oder zu sozialistischen Idealen zurückkehren. Eine solche Vorstellung vom Faschismus war besonders unter jenen weit verbreitet, die als Gegner des faschistischen Regimes zur Auswanderung gezwungen waren.«[369]

Das Eingeständnis, nur Repräsentant einer kleinen Minderheit zu sein, wäre Exilpolitikern, gerade von ehemaligen Massenparteien, ja auch einem Eingeständnis des eigenen Versagens gleichgekommen. Die Gruppe *Fight for Freedom* hatte das in ihrer Schlussfolgerung, man müsse »den Kampf gegen den Nationalismus in der deutschen Arbeiterbewegung von vorn beginnen«[370] in gewisser Weise getan, Jaksch, der Vertreter des Konzepts des Volkssozialismus konnte damit nichts anfangen. Jeder Hinweis darauf, dass im Reichsgau Sudetenland keine revolutionären Massen auf ihr Stichwort warteten, mit denen man es sich aber gleichzeitig durch einen zu wenig nationalen Kurs nicht verscherzen dürfe, musste bekämpft werden.

So kam es zu einem Briefwechsel zwischen Jaksch und mehreren, auch hochrangigen Vertretern des tschechoslowakischen Exils, mit denen Jaksch freundschaftliche Beziehungen pflegte, über ein Buch von Sheila Grant Duff. In dieser Schrift mit dem Titel *A German Protectorate* fand Jaksch eine Stelle, die ihn, verbunden mit dem Wissen, dass Grant Duff im Vorwort eben diesen Vertretern des Exils für deren Information und Rat dankte, dazu brachte, von den Information- und Ratspendenden eine Stellungnahme einzufordern. Die Stelle, die Jakschs Missfallen erregte, zitierte und erläuterte dieser in dem Brief. Zuerst führt er folgendes Zitat an:

369 Mosse, George L. (1975/1993): Die Nationalisierung der Massen. Politische Symbolik und Massenbewegungen von den Befreiungskriegen bis zum Dritten Reich, Frankfurt a. M., S. 12.

370 Bieligk, Fritz; Geyer Curt et al. (1942/2009): Der Kampf gegen den Nationalismus, S. 66.

»The way in which *all* prominent Sudeten Germans, Nazis and Activists alike, climbed on to the Nazi band-wagon and trumpeted their racial superiority in one of the most farreachingly disastrous developments in the Czech-German situation. Even many Sudeten German ›democrats‹ who went abroad pursued in their relations with the Czechs an unclear and opportunist policy which bodes ill for the future collaboration in that area.«[371]

Jaksch geht in seiner Interpretation nicht auf den Vorwurf selbst ein, sondern führt die Opfer der eigenen Partei ins Feld: »Ich kann die Bitterkeit meines Gefühles nicht beschreiben, wenn ich sehe, daß die Kämpfer aus unserer R. W. [der Republikanischen Wehr, der Wehrorganisation der DSAP, FR] und die besten unserer Funktionäre auf einem ›Nazi band-wagon‹ in die Konzentrationslager geschafft wurden«[372], so als ob die Opfer der Sozialdemokratie direkt die Tatsache widerlegten, dass sich die überwiegende Mehrheit der Deutschen schon vor München von der Tschechoslowakischen Republik abgewandt hatte und die Minderheit, die das bis München nicht getan hatte, dieser gegenüber mit dem Pochen auf München eine zumindest zweideutige Rolle einnahm.

Jaksch verschweigt auch den Kontext des Zitats. Denn Grant Duffs Kritik ist an eine Analyse der Herrschaft, wie sie im Protektorat ausgeübt wurde, gebunden. Grant Duff beschreibt dabei genau den Mechanismus, mit dem die Volksgemeinschaft besonders bei sich als ›Grenzdeutschen‹ verstehenden Gruppen geschmiedet wird. Jeder noch so kleine Nazi habe zunächst noch jemanden unter sich, der Gehorsam nach oben würde so also durch Macht nach unten kompensiert: »The hold which the Nazi régime undoubtedly has over the vast majority of the German people comes in large part from the fact that it combines the principle of absolute dictatorship with a system of nu-

371 Grant Duff, Sheila (1942): A German Protectorate. The Czechs under Nazi Rule, London, S. 163 f.

372 Brief Jaksch an Hubert Ripka, Ladislav Feierabend, Prokop Drtina, Julius Fürth, František Moravec, Josef Bartík, Kopie an Edvard Beneš, 5. 6. 1942, in: Prinz, Friedrich (1973) (Hg.): Jaksch – Beneš, S. 118.

merous petty tyrants.«[373] Grant Duff sieht also das Herrschaftssystem nicht als monolithischen Block, der von oben auf dem Volk lastet und dieses nur unterdrückt, sondern macht auch deutlich, wie jeder dieser »petty tyrants« einen persönlichen Nutzen aus den Verhältnissen zieht: »Though each Nazi is in a position of complete subordination towards his immediate superior, there are few who do not, in some sphere or other, possess subordinates from whom they can exact the same subservience.«[374] Besonders hebt Grant Duff an der Situation im Protektorat hervor, dass hier mit den Tschechen noch eine große Gruppe vorhanden war, die als minderwertig angesehen wurde und auch durch Gesetze so definiert war, auf die man also in jedem Fall hinuntersehen und im gegebenen Fall auch hinuntertreten konnte: »All Germans in the Protectorate, quite irrespective of their place in the Nazi hierarchy, enjoy immediate superiority over all Czechs in virtue to their citizenship of the German Reich, from which the Czechs are excluded.«[375] Die Taktik der Nazis, gerade im Sudetenland den Parteieintritt, der im Altreich schon strenger reglementiert war, zu vereinfachen, verstärke noch die Sogwirkung: »In this way, not only were the unreliable elements among the Sudeten Germans tracked down, but they were also bribed away from their previous attitude of collaboration with the Czechs by the promise of superior authority and the certainty of a privileged status.«[376] Und Grant Duff weist auch darauf hin, dass dieser Drang nach der privilegierten Stellung gerade durch die traditionell starke völkische Strömung bei ›Grenzlanddeutschen‹ auf fruchtbaren Boden fiel und die Opposition dagegen schwächte: »Sudeten Germans were quickly weaned from the policy of ›Activism‹ [der aktiven Teilnahme am politischen Leben der Tschechoslowakischen Republik, FR] by the resumption, in a still more intensified form, of the old mentality of German and Hungarian mastership on which the old Austrian-Hungarian Empire founded.«[377]

373 Grant Duff, Sheila (1942): A German Protectorate, S. 162.
374 Ebd.
375 Ebd.
376 Ebd.
377 Ebd.

Erst vor dem Hintergrund dieser Analyse, die versucht, die Struktur und einige Mechanismen der Volksgemeinschaft herauszuarbeiten, fällt dann der für Jaksch so empörende Satz. Dabei verschweigt Jaksch auch, welchen Ausgang die Analyse Grant Duffs nimmt, denn so hätte ihn die Wiedergabe der weiteren Argumentation in eine schwierige Lage gebracht. Grant Duff weist auch auf die Möglichkeiten des Widerstands von deutscher Seite hin, und unterstreicht an einem Beispiel, dass dieser möglich gewesen wäre, aber eben nur in Einzelfällen geleistet wurde. Sie berichtet von dem Fall Johann Lindenthals, der einem Agitator der Partei, der das Volk zur Gemeinschaft formen wollte, nur beschied, er solle verschwinden. Das brachte ihn vor Gericht: »At his trial, Lindenthal boldly declared that he had always lived on good terms with the Czechs. The German authorities put him down as ›zwar Deutscher aber bekennt sich nicht zum Deutschtum‹, which is another way of saying ›German, but not Nazi‹. He was condemned to a comparatively short term of imprisonment and set free.«[378] Gerade an der Milde des Urteils macht Grant Duff ihr Argument fest, dass ein solches Handeln nur vereinzelt vorkam, und die Partei es sich leisten konnte, nicht zu drakonisch vorzugehen:

> »The very leniency with which Lindenthal was treated unfortunately suggests that there was not a large number of people who hindered Nazi rule by behaving in this way. Moreover, judging from the numbers of Sudeten Germans who joined the Nazi Party and became active cogs in the machine which held down the Czechs, the number of Lindenthals was undoubtedly small.«[379]

Grant Duff will mit ihrer Analyse und dem Beispiel also zeigen, dass die Herrschaft im Protektorat auf einer über weite Strecken willigen und mobilisierten deutschen Bevölkerung beruhte, die erst durch ihre aktive, massenhafte Teilnahme an der Herrschaft die Volksgemeinschaft am Laufen hielt. Die Seltenheit, mit der widerständige Gesten

378 Ebd., S. 164.
379 Ebd.

gesetzt wurden, beweist, wie tief die Idee des deutschen Herrenmenschentums internalisiert war.

Wo, wie hier bei Jaksch ein wunder Punkt getroffen wird, wird oft die Ehre ins Feld geführt, die derjenige, der Unangenehmes ausspricht, angeblich verletzen würde, und genau das machte auch Jaksch, als er sich in seinem Brief klagend an seine Adressaten wandte: »Es geht mir nicht um die persönliche Beleidigung, es geht um die Ehre unserer Bewegung. Auch wenn wir politische Auseinandersetzungen haben, lassen Sie uns wenigstens diese Ehre und tragen Sie nicht zu derartig unerhörten Versuchen bei, uns auch noch das Letzte zu nehmen, was uns geblieben ist.«[380] Jaksch schließt den Brief mit der Androhung weiterer Schritte, sollte keine Stellungnahme erfolgen: »Ich erwarte, daß Sie einen klaren Standpunkt zu den Angelegenheiten einnehmen, die ich berührt habe, und ich werde keine weiteren Schritte unternehmen, bevor ich diesen Standpunkt nicht kenne.«[381]

Die so Angesprochenen, Prokop Drtina, der Sekretär Benešs und Hubert Ripa, Staatssekretär im Außenministerium der Exilregierung, antworteten, wenn auch nicht ganz in dem Sinn, wie Jaksch sich das vorgestellt hatte. Drtina widersprach in seinem Brief auf mehreren Ebenen. Erstens sei er überrascht, dass er für ein Buch, das er nicht geschrieben habe, haftbar gemacht werde:

> »Ich habe oft und in verschiedenen Büchern gesehen, daß die Autoren diesem oder jenem für eine Information [...] ihren Dank abstatten, aber ich habe niemals davon gehört, daß die Autoren die Verantwortung für das, was sie niedergeschrieben haben, auf den übertragen, der ihnen bei der Beschaffung des erforderlichen Materials zur Hand ging. Verzeihen Sie deshalb, wenn ich es rundweg sage, daß mir Ihr Vorgehen von der formalen Seite her geradezu kurios erscheint.«[382]

Aber auch inhaltlich fühle er sich nicht zuständig, da er zwar mit Grant Duff gesprochen habe, aber nicht über die deutsche Sozialde-

380 Brief Jaksch an Hubert Ripka, Ladislav Feierabend et al., in: ebd., S. 118.
381 Ebd.
382 Brief Prokop Drtina an Wenzel Jaksch, 8.6.1942, in: ebd., S. 119.

mokratie, sondern »über Präsident *Hácha*[383] und dessen Vorgehen, über den Widerstand unserer Leute zu Hause«[384] und ähnliche Themen. Schließlich versucht Drtina Jaksch noch klarzumachen, wie dessen Brief auf einen Vertreter der nationalen Gleichberechtigung in der Tschechoslowakei angesichts der Situation im Protektorat wirken muss. Drtina verweist auf seine eigene lange Geschichte als Brückenbauer hin zu den Deutschen, eine Geschichte, die Jaksch bekannt sein musste, war er in Diskussionen in der Zwischenkriegszeit doch oft Drtinas Gesprächspartner gewesen, und er unterstreicht auch, noch im Mai dieses Jahres in einer Radioansprache an das tschechoslowakische Publikum darauf bestanden zu haben, »daß es auch anständige Deutsche gibt und daß sie an alledem unmittelbar menschlich leiden wie wir – und vielleicht deshalb, weil sie Deutsche sind, noch mehr als wir.«[385] Weiter betont er auch, wie schwer es sei, diesen Standpunkt angesichts der Opfer, die das Naziregime fordert, zu vertreten. Zwar hofft Drtina weiter auf eine Verständigung, er erspart Jaksch aber nicht, auf die Konsequenzen von dessen Politik hinzuweisen:

> »Ich schreibe Ihnen, Herr Abgeordneter, direkt und offen auf Ihren Brief. Und ich kann es bei dieser Gelegenheit nicht unterlassen, zu betonen: Wenn ich bei meinen Grundsätzen bleibe, so bedeutet dies nicht, daß ich nach all den Ereignissen, die geschehen sind, das gleiche Vertrauen habe, daß das deutsche Volk in seiner Mehrheit heute fähig ist, einen Weg zur humanitären Demokratie und dadurch auch zu einer gerechten Lösung der nationalen Frage zu finden. Neben den grauenvollen Erfahrungen, die wir gemacht haben, bestärkt mich in dieser Erkenntnis auch der Weg, den Ihre Politik, Herr Abgeordneter, hier in der Emigration eingeschlagen hat und den sie – wenn ich mich nicht irre – bisher weiter beschreitet.«[386]

383 Emil Hácha war der von den Deutschen abhängige Kopf der autonomen Restverwaltung im Protektorat.

384 Ebd.

385 Ebd.

386 Ebd.

Selbst tschechoslowakische Vertreter des Verständigungskurses, die ihre Augen nicht ganz vor den Realitäten im Protektorat verschlossen, kritisierten Jaksch also für dessen Politik, die von unterdrückten deutschen Volksmassen ausging.

Dieser Briefwechsel, die ganze ›Affäre Duff‹, wird manchmal von Historikern, und nicht nur zu Unrecht, herangezogen, um die Entfremdung zwischen dem sudetendeutschen und dem tschechoslowakischen Exil herauszustreichen. Allerdings unterschlagen diese Interpretationen wichtige Details. So meint Arnold Suppan über den Briefwechsel: »Die Antworten von Drtina und Ripka ließen den radikalen politischen Klimawechsel seit Lidice[387] erkennen, der sich bald in der britischen Distanzierung vom Münchner Abkommen und der grundsätzlichen Zustimmung zum ›Transfer‹ der Sudetendeutschen niederschlug.«[388] Indem er die Schuld an diesem Klimawechsel Lidice zuschreibt, also einer Tat, die nichts mit den Sozialdemokraten im Exil zu tun hatte, nimmt Suppan die Politik Jakschs aus der Kritik. Dieser scheint ein Opfer, ein Kollateralschaden der Untaten der Nationalsozialisten geworden zu sein, wie auch der Unfähigkeit oder des Unwillens des tschechoslowakischen Exils, zwischen diesen Untaten und dem deutschböhmischen Exil zu differenzieren. Es ist zwar so, dass Drtina seinem Brief ein Postscriptum anfügt, in dem er auf Lidice Bezug nimmt: »Die Absendung des Briefes hat sich etwas verzögert. Und so sehe ich nach den gestrigen Berichten über Lidice mit Bedauern, daß die Kluft zwischen dem tschechischen und deutschen Volk in der Tschechoslowakei wiederum vertieft worden ist.«[389] Lidice war aber daher nicht der Grund, warum Drtina Zweifel

387 Die beiden Dörfer Lidice und Ležáky waren als Vergeltungsmaßnahmen für das Attentat auf Reinhard Heydrich durch tschechoslowakische Fallschirmspringer dem Erdboden gleichgemacht worden, die Bewohner wurden entweder gleich ermordet oder deportiert. Als ›germanisierungsfähig‹ eingestufte Kinder wurden an deutsche Familien gegeben, alle anderen wurden ermordet. Die Massaker wurden maßgeblich von Einheiten der deutschen Ordnungspolizei verübt.

388 Suppan, Arnold (2014): Hitler – Beneš – Tito, S. 1233.

389 Brief Prokop Drtina an Wenzel Jaksch 8. 6. 1942, in: Prinz, Friedrich (1973) (Hg.): Jaksch – Beneš, S. 121.

kamen, diese bestanden schon vorher und wurden durch Lidice nur bestärkt, hervorgerufen waren sie unter anderem von Jakschs republikfeindlicher Haltung.

Bei der Antwort Hubert Ripkas an Jaksch, von der gleich zu sprechen sein wird, ist es Martin K. Bachstein, der Jaksch als Opfer der Umstände zeichnet, indem er Ripkas Argument so abtut: »Diese Bemerkungen, die als Antwort auf einen sachlich nicht unbegründeten Einwand gegen eine historisch-politische Darstellung erfolgten, beweisen, daß die politischen Möglichkeiten der sudetendeutschen Sozialdemokratie gegenüber der tschechoslowakischen Auslandsführung erschöpft waren.«[390] Allerdings verwehrt Bachstein jede Auskunft darüber, worin denn der »sachlich nicht unbegründete Einwand« Jakschs bestanden habe – in dem Brief, mit dem Jaksch den Stein ins Rollen brachte, ist, außer dem Hinweis auf die Opfer und die Ehre der Bewegung, ein solcher Einwand nicht zu finden. Und gerade eine sachliche Auseinandersetzung hätte die Analyse der Volksgemeinschaft, in die der inkriminierte Satz eingebettet ist, nicht verschweigen dürfen.

Was aber hatte Ripka geantwortet? Neben einem ähnlichen Hinweis wie dem Drtinas, dass er nicht für den Inhalt des Buches Grant Duffs verantwortlich gemacht werden könne, stellte er sich inhaltlich voll hinter dessen Aussage und kritisiert seinen langjährigen Freund:

»Obwohl ich mit Miß Grant Duff überhaupt nicht darüber diskutiert habe, was sie über die ›sudetendeutschen‹ Demokraten schreiben will oder schreiben wird, habe ich keine Ursache, es nicht offen zu verkünden, daß ich völlig mit dem übereinstimme, was ich nach dem Erscheinen ihres Buches in ihm gelesen habe und was Dich zu Deinen Protesten geführt hat; ich stimme diesem Satz in ihrem Buch, den ich erst las, als das Buch erschien, und der Dich zu Deinen Protesten veranlaßt hat, völlig zu«,[391] wobei er sich auf den Satz über das Verhalten des sudetendeutschen Exils bezog, das eine »unclear and opportunist policy« gegenüber der tschechoslowakischen Exilregie-

390 Bachstein, Martin K. (1974): Wenzel Jaksch, S. 263.

391 Brief Hubert Ripka an Wenzel Jaksch, 16.6.1942, in: Prinz, Friedrich (1973) (Hg.): Jaksch - Beneš, S. 123.

rung verfolgt hätte. Ripka fährt fort: »Insoweit, als die Autorin Dich und Deine Gruppe im Sinne hatte – Du bekennst Dich wenigstens jetzt selbst dazu –, so muß ich sagen, daß sie recht hat.«[392] Gegen diese ihm unverständliche Politik im Exil stellt Ripka das Verhalten Jakschs vor 1938 und weist auf den Unterschied hin. Er, Ripka, sehe sich mit Hinweis auf die gemeinsamen Aktionen 1938 als »einen berufenen Zeugen, um darzulegen, daß wir in Wenzel Jaksch, wie er seit 1939 in der Emigration erscheint, nicht den Wenzel Jaksch vom Jahre 1938 wiedererkennen, der sich damals tapfer gegen den Nazismus und Henleinismus schlug und der treu an der Seite der tschechoslowakischen Demokraten im Kampf für die Erhaltung einer unabhängigen tschechoslowakischen Republik stand.«[393] Allerdings, so müßte man ergänzen, waren selbst da schon mit der Durchsetzung der volkssozialistischen Linie die Weichen in eine problematische Richtung gestellt. Die Sichtweise Ripkas hat aber auf alle Fälle mehr sachlichen Gehalt als die Beschwerde Jakschs.

Selbst innerhalb der Treuegemeinschaft regte sich im Herbst 1942 noch einmal Widerstand gegen die Linie Jakschs und dessen Politik, auf keinen Fall die nationalen Gefühle der Sudetendeutschen im Gau und im Protektorat zu verletzen. Egon Schwelb, ein hochrangiger Funktionär der Treuegemeinschaft, der mittlerweile im sogenannten Rechtsrat saß, einer Art Höchstgericht der Exilregierung, kritisierte Jaksch auf der zweiten Landeskonferenz der England-Gruppe der Treuegemeinschaft. Schwelb wies darauf hin, dass die derzeitige Politik in eine Sackgasse führe und plädierte für eine enge Zusammenarbeit mit der tschechoslowakischen Exilregierung, ohne diese an Bedingungen zu knüpfen, schon allein, weil das Pochen auf den Minderheitenstatus keinen Erfolg mehr verspreche:

> »Kann man nach den Erfahrungen Westeuropas mit Henlein erwarten, daß ein Appell zum Schutz einer Minderheit, oder wie auch immer man das in der Nachkriegsordnung bezeichnen mag, auch nur einen Hund hinter dem Ofen hervorlocken wird? *Kann irgend jemand glauben,*

392 Ebd.
393 Ebd., S. 124.

*irgendein Völkerbund oder was sonst an seine Stelle treten mag, werden nach diesem Kriege, nach allem was geschehen ist, von Warschau über Belgrad und Coventry zu Lidice, willens sein, sich mit Beschwerden über Staatslieferungen, Briefträgerposten und Straßentafeln zu befassen?*«[394]

Dann buchstabiert Schwelb noch aus, was dies bezüglich des Verhältnisses zur Bevölkerung im Land heißen müsste:

»Es mag sein, daß ein Teil der heimischen Bevölkerung, die ja seit Jahren von jeder objektiven Information darüber, was in der Welt vorgeht, abgeschnitten ist, gegen eine allzu enge Kooperation mit der tschechoslowakischen Regierung Bedenken hat. Es mag sein, daß das unpopulär ist und daß es selbst bei einem Teil des Funktionärskaders nicht auf Begeisterung stoßen würde. Staatsmännische Größe erfordert aber, diese Unpopularität in Kauf zu nehmen, wenn es die historische Mission der Bewegung erfordert. [...] Die Bewegung [...] kann nicht übersehen [...], daß die Masse der deutschen Bevölkerung unseres Landes mitschuldig und mitverantwortlich ist.«[395]

In einer bedingungslosen Zusammenarbeit sah Schwelb auch die beste Möglichkeit, etwas gegen die Transferpläne der tschechoslowakischen Regierung zu bewirken, die langsam, mit dem Verlauf des Krieges, Gestalt annahmen. Schwelb vertrat also eine ähnliche Taktik, wie die, die auch Beneš angewandt hätte. Dieser soll, nach dem endgültigen Bruch mit Jaksch, auf die Frage Jan Masaryks, was er denn an Jakschs Stelle getan hätte, folgendes geantwortet haben:

»Von Anfang an hätte ich offen erklärt, daß ich tschechoslowakischer Bürger bin und hätte mit den anderen mich positiv politisch verhalten, hätte geholfen und vorerst keine Garantien verlangt [...] Und dann wäre ich nach dem Krieg mit Forderungen gekommen. Dann hätte ich der

394 NN (o. J.): Protokoll der 2. Landeskonferenz der England-Gruppe der Treuegemeinschaft sudetendeutscher Sozialdemokraten, London, zit. n.: ebd., S. 267.

395 Ebd.

Regierung Schwierigkeiten bereitet, mich um Rechte für meine Genossen beworben, aber stets als loyaler Tschechoslowake. Dann hätten sie gesehen, wie ich viel mehr erreicht hätte, als Jaksch mit seiner heutigen Politik erreicht hat.«[396]

Allerdings hätte das Bekenntnis zur tschechoslowakischen Staatsbürgerschaft das Spielen der nationalen Karte in der Heimat verunmöglicht. Und so erntete Schwelb mit seiner Rede eine harsche Kritik Jakschs: »Wenn wir uns bedingungslos zu Füßen [der Exilregierung] legen, würde das nur die Kapitulation der Emigration bedeuten, und zur Folge haben, daß sich die Menschen daheim andere Wortführer aussuchen, die mehr Charakter haben als wir haben.«[397] Hier wird die Motivation klar ausgesprochen: Agiere man nicht nationalistisch genug, würden sich die Massen von einem abwenden. Und taktische Erwägungen, wie denn ein Ziel zu erreichen sei, werden in eine Charakterfrage verwandelt. Schwelb setzte sich mit seinen Positionen auf der Landeskonferenz nicht durch. Im Gegenteil, die Position Jakschs, weiterhin die Kontinuität der Republik nicht anzuerkennen, wurde in Beschlüsse gegossen. Dementsprechend stolz schrieb Jaksch an seinen Genossen und Verbündeten Ernst Paul[398] in Schweden, wie Bachstein berichtet:

»Voller Stolz berichtete er [Jaksch, FR] nach Schweden, die Tagung habe ihm ›eine gewisse Genugtuung bereitet‹ und sei in einer ›Orgie von Parteipatriotismus‹ ausgeklungen. Die ›deutsch-böhmischen Löwen‹ hätten durch ihr ›Knurren‹ verhindert, dass sich eine ›rassische

396 Aufzeichnung Smutný vom 26.4.1943, Dokumenty Bd. 2, Nr. 273, zit. n.: ebd., S. 219.

397 NN (o. J.): Protokoll der 2. Landeskonferenz der England-Gruppe der Treuegemeinschaft sudetendeutscher Sozialdemokraten, London, zit. n.: Bachstein, Martin K. (1974): Wenzel Jaksch, S. 267.

398 Vor dem Münchner Diktat war Paul ein hochrangiger Funktionär in der DSAP, unter anderem der Kommandant der Republikanischen Wehr. Das Diktat überraschte ihn während eines Aufenthalts in Schweden, wo er im Exil blieb und eine zentrale Rolle in der Organisation des sozialdemokratischen Exils einnahm.

> Scheidung‹ vollzogen hätte. Ungeachtet der eindringlichen Mahnungen Schwelbs und des alles anderen als eindeutigen Verlaufs der Diskussion schrieb Jaksch befriedigt an Ernst Paul, ›es hätte nicht besser verlaufen können.‹«[399]

Ob die dunkle Wendung von der »rassischen Scheidung« eine antisemitische Spitze gegen Schwelb war, der aus einer jüdischen Familie kam, lässt sich nicht so einfach rekonstruieren. Undenkbar ist es allerdings nicht, beklagte sich doch schon Zinner über die »Duldung antisemitischer Strömungen«[400] durch Jaksch.

Auf alle Fälle war mit dieser Landeskonferenz aber klargeworden, dass diejenigen Kräfte, die den völkischen Positionen Jakschs kritisch gegenüberstanden und für eine Zusammenarbeit auf der Basis der Tschechoslowakischen Republik eintraten, in der Partei endgültig an den Rand gedrängt worden waren. Auf diese Situation reagierte Beneš, dem die Resolutionen der Konferenz zugeschickt worden waren, mit einer grundsätzlichen Stellungnahme gegenüber Jaksch im Dezember 1942. In dieser warf Beneš Jaksch im Kern vor, sich nie eindeutig für die Tschechoslowakische Republik positioniert zu haben, was sich besonders in der Frage des Eintritts in die Armee gezeigt hätte. Zunächst analysiert er aber die Situation vor München und lobt in diesem Zusammenhang auch die Haltung der deutschen Sozialdemokratie:

> »Wie überall auf der Welt gab es bei uns eine Krise und einen Kampf zwischen Demokratie, Faschismus und Kommunismus, und es zeigten sich dieselben Begleiterscheinungen wie anderswo. Doch blieb die Linke bei uns stets Herr der Lage, und ihre Anhänger hielten die Position bis München. Bei euch war es schlimmer, denn auch unsere deutsche Bevölkerung verfiel in ihrer großen Mehrheit dem Faschismus. [...] Die Verdienste der deutschen Sozialdemokraten, die sich mit uns tapfer bis an das Ende gehalten haben, obwohl durch ausländische Einflüsse und

399 Bachstein, Martin K. (1974): Wenzel Jaksch, S. 269.
400 Aufruf der Zinnergruppe, S. 1.

durch den Druck der Ereignisse versucht wurde, sie aus der Regierungsmehrheit auszuschließen, will ich gerne anerkennen.«[401]

Ferner weist Beneš auf sein Programm im Exil hin und auf die Versuche, das deutsche Exil dafür zu gewinnen:

»Seit unseren ersten Gesprächen im Jahre 1939 habe ich Ihnen sowie allen Tschechen und Slowaken gegenüber die Kontinuität der Republik vertreten, das heißt die Notwendigkeit eine gemeinsamen Vorgehens von uns allen, ohne Unterschied der Partei- oder Volkszugehörigkeit; eines gemeinsamen Arbeitens aller an dem Widerruf von München; eines vorbehaltlosen und bedingungslosen Bekenntnisses zur Republik. [...] Ich wollte unsere gesamte Widerstandsaktion gemeinsam mit den deutschen Demokraten im Exil organisieren. [...] Das ganze Jahr 1939 hindurch bis 1940 haben Sie mir darauf geantwortet, Sie könnten das nicht tun, Ihre Parteimitglieder würden es nicht akzeptieren. Diese verlangten hinsichtlich der zukünftigen Organisation der Republik und der Stellung der Deutschen in ihr eine verbindliche Zusage.«[402]

Diese habe Beneš aber gar nicht geben können, da eine solche Zusage das Mandat der Exilregierung, die eben nur für die Wiederherstellung der Republik kämpfte, überschritten hätte. Auch ähnliche Wünsche seitens mancher slowakischer Gruppierungen habe er immer ausgeschlagen. Aber genau das Bekenntnis zur Republik, das dann von den slowakischen Gruppen doch gekommen sei, habe seitens Jaksch gefehlt: »Ich betrachte es aber als Ihren Kardinalfehler, daß Sie an Ihre Leute Aufforderungen ergehen ließen, sich in die britische Armee zu melden. Mit anderen Worten: Sie haben sich nicht bedingungslos und ohne Vorbehalt zur Republik bekannt.«[403] Diese Positionierung habe sich, trotz aller Proteste auch innerhalb der sozialdemokratischen Partei, nicht geändert, die Entschließungen der Landeskonferenz würden

401 Brief Edvard Beneš an Wenzel Jaksch, 2. 12. 1942, in: Prinz, Friedrich (1973) (Hg.): Jaksch – Beneš, S. 129 f.

402 Ebd., S. 132.

403 Ebd., S. 134.

dies bestätigen. Beneš verweist auch auf eine Reihe von Äußerungen Jakschs und anderer führender deutschböhmischer Sozialdemokraten, die seine Argumentation, dass es diesen mehr um das eigene, völkisch verstandene Kollektiv als um die Republik gegangen sei, untermauern.

## D) Weiterer Kontakt zu *Fight for Freedom*

Dieser Bruch mit Jaksch war für Beneš aber keineswegs gleichbedeutend mit einem Bruch mit dem deutschen Exil. Seine Kontakte zu denjenigen Deutschen, die die Situation in Deutschland und in den besetzten Gebieten klarer einschätzten, wurden aufrechterhalten. Und auch in seinen öffentlichen Äußerungen argumentierte er keineswegs blind deutschfeindlich, wie ihm manchmal vorgeworfen wird. Er blieb bei seinem Standpunkt, den er im November 1942 vor dem Staatsrat erläutert hatte. Dort führte er aus, dass alle Bürger der Republik, seien sie deutsch, tschechisch oder slowakisch, sich als solche zu verantworten hätten:

> »The loyal German democrats who remained with us and who have been with us during the war, are and will be considered as full and equal citizens of the liberated Republic and as such they must and will be reckoned and dealt with. It is a simple, though horrible fact that the Germans, who in our country have gone over to Nazism and who became traitors even before Munich, and who during the war have participated directly or indirectly in the murdering and plundering by the Gestapo, in the violent terror and in the anti-cultural domination of our people, amount to many hundreds of thousands. I want to be objective to all; I do not want vengeance, I want justice. I have said publicly already on several occasions that justice is more than *vengeance* – and this, in my view, is the literal truth. Our experience with our Nazi Germans is so bad that if every guilty German receives what is in justice due to him there can be satisfied the most justly and deeply wounded feelings of every Czechoslovak patriot. But this presupposes that also the criminals amongst the Czechs and Slovaks will get what is due to

> them after the war. I shall defend no criminal whether he be a Czech, a Slovak or a Carpartho-Russian, and therefore I shall defend no guilty German either.«[404]

Beneš wiederholte auch seine Position, dass er für eine Zusammenarbeit immer offen sei, wenn es auf der anderen Seite keine pangermanistischen Tendenzen gebe, er stellte aber auch klar, dass genau dieser Punkt nun entscheidend für das sei, was nach dem Krieg geschehen werde:

> »I shall defend, however, in spite of this, the idea of collaboration with our democratic and loyal Germans here in exile, and this for a number of reasons. First of all, because a certain number of our Germans, greater or smaller, will remain in the Republic after the war. All pan-Germanism and all Nazism must be destroyed amongst them implacably. This gives us the right to this. And the more individual Germans there are who sincerely collaborate with us in this matter, *the better will it be for them, and better will it be for us.* Anybody amongst us who opposes any sort of collaboration with our democratic Germans is causing great difficulties for us even to-day in respect of the peace negotiations. [...] What will be finally done by us in respect of minority questions after the war will be dictated partly by the general conditions at home, the psychology of our people at the moment of liberation, partly by the action of our Germans themselves here in exile and at home, previous to and during the war, and finally by the condition and the power of the Allies at the time when Germany falls.«[405]

Mit den Kritikern des Pangermanismus von *Fight for Freedom* wurden auch nach dem Bruch mit Jaksch Kontakte aufrechterhalten. Am 18. Dezember 1942 veranstaltete die Gruppe Loebs eine Konferenz im Londoner Hotel Savoy mit dem Titel *Germany's Thirty Years‹*

404 Beneš, Edvard (1942): The Way to Victory. Message of President Benes to the Czechoslovak State Council at the inaugural meeting of the third session on November 21th 1942, London, S. 26.

405 Ebd., S. 26 f.

*War*, an der tschechoslowakische Offizielle und Sozialdemokraten teilnahmen, und über die Beneš Anfang 1943 berichtet wurde. Neben Loeb, Huysmans und dem Labourabgeordneten James Walker nahmen für die Tschechoslowakei der »chargé d'Affaires Rat Dr. Erban, der Gesandte Kobr und der Leiter der tschechoslowakischen Sektion der Labour Exchange Bělina«[ca/406] teil. Letzterer sprach für die Tschechoslowakei zum Thema ›Planung nach dem Krieg‹ und vertrat dabei ganz die Linie der *Fight for Freedom*-Gruppe: Er führte aus, »dass dieser Krieg notwendigerweise beendet wird ohne jegliches Appeasement gegenüber Deutschen, Japanern und Italienern, und ohne Verhandlungen mit Quislingen. Den Deutschen muss gezeigt werden, dass sie geschlagen sind. Diesmal muss Deutschland militärisch besetzt und unter Kontrolle abgerüstet werden. Auch die Industrie muss abgerüstet werden.«[cb/407] Ein weiterer Labourabgeordneter, der anwesend war, John Parker, ging auch auf die Rolle der deutschen Minderheit in der Tschechoslowakei und deren Zukunft ein: Zwar dürfe das Problem nicht durch einen Zwangstransfer gelöst werden, aber es sei klar: »Vor Hitler haben wir in der Tschechoslowakei kein sudetendeutsches Problem gehabt. Das ist eine Erfindung Hitlers, damit er die Tschechoslowakei auslöschen kann. Nach dem Krieg dürfen sich die Deutschen in der Tschechoslowakischen Republik nicht wieder separieren wie eine Minderheit und Minderheitenrechte reklamieren. Dadurch würde sich der Geist der deutschen Volksgruppe erhalten.«[cc/408] Dies war klarerweise auch eine Kritik an der Position Jakschs, wie sie ja auch schon parteiintern Schwelb in ähnlicher Weise geführt hatte.

Aber auch in anderen Berichten über die Gruppe, die Beneš erreichten, zeigt sich, dass dessen Analyse des Nationalsozialismus mit der der oppositionellen Sozialdemokraten in weiten Strecken übereinstimmte. Im Februar 1943 lag ein Bericht über eine Schrift der Gruppe, einer Deklaration zum zehnten Jahrestag der Machtübernahme des Nationalsozialismus, auf dem Schreibtisch des Präsidenten. In diesem,

406 Bericht über Vortrag Fight for Freedom, 5.1.1943, MÚA, EB II, ič 3940, Karton 463, S. 1.

407 Ebd.

408 Ebd.

als Punktation ausgeführten Bericht wird besonders deutlich, wie klar die Gruppe einen Begriff der Volksgemeinschaft, wie ihn auch Beneš versuchte zu entwickeln, sich erarbeitet hatte. Der Bericht zeichnet die wichtigsten Schritte der Gründung der Volksgemeinschaft nach, wie sie in der Deklaration angeführt werden, und verweist auf deren Geschichte:

> »3. Die Deutsche Republik verzichtete auf einen Kampf und kapitulierte schändlich. Am 23. März 1933 stimmten zwei Drittel der Volksvertreter für eine Vollmacht Hitlers. Damit gewann Hitler das Recht, Gesetze ohne Mitwirkung des Parlaments oder des Reichspräsidenten zu erlassen oder zu ändern. Die deutschen Bünde der Gewerkschaftsorganisationen schalteten sich im Mai 1933 gleich. Am 17. Mai 1933 billigte der Reichstag einstimmig die Hitlersche Außenpolitik. 4. Die Ursache dieses selbstmörderischen Standpunkts der Mehrheit der deutschen politischen Parteien ist die nationale und militaristische Entwicklung des deutschen Volkes, welche sich klar bei jeder Gelegenheit in den letzten 80 Jahren abzeichnete. Hitler kam nach oben durch die größte Volksbewegung in der deutschen Geschichte. 5. Hitlers Gewalttaten wurden mit der Zustimmung der Mehrheit des deutschen Volkes durchgeführt. 6. Die bis jetzt immer noch unerschütterte Mehrheit für das Hitlerregime zeigt sich in der fanatischen Bereitschaft der deutschen Soldaten, ihr Leben an der Front zu lassen. Davon zeugen übereinstimmend alle Berichte russischer Reporter. Der zweite Beweis ist das Schweigen des deutschen Volkes gegenüber den Verbrechen, die an den geknechteten Nationen und den Juden verübt werden.«[cd/409]

Diesen Argumenten stimmte Beneš besonders in Äußerungen zum Kriegsende vollinhaltlich zu. Und auch die Publikationstätigkeit der *Fight for Freedom*-Gruppe kam ihm entgegen. Diese begann ab Jänner 1943, den Fokus weg von einer Analyse des Nationalsozialismus in Deutschland, hin zu einer Analyse des Mechanismus der deutschen Außenpolitik zu legen, und der Rolle, die darin die deutschen Min-

409 Bericht über eine Kundmachung der Gruppe Fight For Freedom, 10. 2. 1943, MÚA, EB II, ič 3940, Karton 463, S. 1.

derheiten im Ausland spielten. Eine der ersten Broschüren setzte sich mit der deutschen Minderheit in der Tschechoslowakei auseinander. Loeb ließ es sich nicht nehmen, Beneš ein Exemplar mit besten Empfehlungen zukommen zu lassen und in der Nachricht auch gleich die Problematik der Broschüre anzureißen. Er schrieb an den »Dear Mr. President«:

> »It is with the greatest pleasure that I herewith beg to hand you the pamphlet which we are just bringing out and which has been written by one of our cooperators, one of the very few we could find within the so-called Social-Democratic Sudeten Germans. I am really happy that within all the nationalistic agitation we could find a man who had the courage to write the truth, and I hope, dear Mr. President, that it will serve the purpose of clarifying the clouded issue which so much contributed to the downfall of European civilisation.«[410]

Beneš dankte Loeb nicht nur ein paar Tage später für die Zusendung, er werde es »with interest as the subject thereof deserves«[411] lesen, er bat auch seinen Sekretär Smutný, weitere fünf Exemplare zu bestellen. Diese übermittelte der Verlag der Gruppe mit folgendem Hinweis: »In view of the large order received from your Government we are sending these pamphlets without invoice.«[412] Die Beziehungen zwischen der *Fight for Freedom*-Gruppe und der tschechoslowakischen Exilregierung litten also keineswegs unter einer angeblichen wüsten Nationalisierung letzterer.

Worum ging es nun in dieser Broschüre? Ihr Autor war der deutschböhmische Sozialdemokrat Franz Kögler, der aus dem alten Parteiflügel Ludwig Czechs kommend mit der Zinner-Fraktion sympathisierte, und sie trug als Titel die schlichte Frage: *Oppressed*

410 Brief Walter Loeb an Edvard Beneš, 19.4.1943, MÚA, EB II, ič 3940, Karton 463, o. S.

411 Brief Edvard Beneš an Walter Loeb, 28.4.1943, MÚA, EB II, ič 3940, Karton 463, o. S.

412 Brief Walter Loeb an Jaromír Smutný, 4.5.1943, MÚA, EB II, ič 3940, Karton 463, o. S.

*Minority?*«[413] Kögler zieht darin gegen die Mär von den Sudetendeutschen als unterdrückter Minderheit in der Tschechoslowakischen Republik ins Feld. Er bestreitet zwar nicht, dass es aufgrund nationalistischer Strömungen seit 1918 immer wieder zu Problemen und Konflikten gekommen sei, besteht aber darauf, dass diese, besonders durch die Haltung Masaryks, Benešs und der linken Parteien lösbar gewesen seien. Der Republik streut Kögler Rosen, wenn er über ihre Gründung schreibt und diese mit dem »desire to play the role of *Herrenvolk*«[414] auf deutscher, besonders auf bürgerlicher deutscher Seite kontrastiert:

> »The political development of Czechs was totally different. In their case there were strong democratic tendencies among the bourgeois as well as among the masses of the people. T. G. Masaryk was the leading representative of these tendencies, and he afterwards became the founder of the Czechoslovakian Republic. The profession of faith in political democracy contained in the Washington Declaration[415] drafted by Masaryk was no concession to the impulse of the moment, but a logical development of the traditional democratic outlook of the Czech people, and just for this reason democratic ideas won the upper hand over those Czech tendencies which were opposed to equal rights for all nationalities in the new political order, and desirous of establishing the predominant power and influence of the Czech people.«[416]

Fehler seien bei der Staatsgründung auf beiden Seiten zwar gemacht worden, wobei Kögler sich übrigens positiv auf Analysen von Sheila Grant Duff bezieht, aber er hebt hervor, dass die aktivistischen Kräfte, besonders die der Sozialdemokratie, die an der Republik mitarbeiten wollten und in ihr die beste Grundlage auch für eine bessere soziale Entwicklung sahen, bald die Überhand bekamen:

413 Koegler, Franz (1943): Oppressed Minority?, London.
414 Ebd., S. 13.
415 Die Washingtoner Erklärung war das Gründungsdokument und die Unabhängigkeitserklärung der Tschechoslowakischen Republik.
416 Ebd.

»The German-speaking bourgeois placed the national problem in the foreground, whereas the German-speaking workers considered that progress towards Socialism and the extension of municipial democracy, social legislation and working-class rights were more important, though they never underestimated the importance of the national question, particularly in the matter of general education and the school system. [...] They were drawn to the Czechoslovakian Republic by their fundamentally democratic outlook, by their opposition to the Habsburgs, and by the fact that a democratic Republic offered increased opportunities for the improvement of the economic and social position of the working class.«[417]

Besonders die Errungenschaften der kommunalen Selbstverwaltung, im Wohnungsbau, im Sozialversicherungswesen, in der medizinischen Versorgung und ähnlichen Gebieten, die Kögler im Detail und, da er an deren Durchsetzung teilweise selbst beteiligt war, mit einem gewissen Stolz beschreibt, nehmen breiten Raum in der Broschüre ein. Auch Kögler sieht das Hauptproblem in einem »growth of pan-Germanism«[418], der zu einem totalen Verlust jeglicher politischen Urteilskraft auf deutscher Seite geführt und damit den Aufstieg des Nationalsozialismus beflügelt habe. Hier ist bemerkenswert, dass er an dieser Stelle aufhört, die deutsche Bevölkerung in Klassen einzuteilen, er betrachtet diese Entwicklung also nicht mehr vor dem Hintergrund des Klassenbegriffs:

»The German population in Czechoslovakia lost all sense of proportion, flung cool judgement to the winds, and ran after the Nazis like a flock of sheep. They lost all power of distinguishing between cause and effect, with the result that the way to certain destruction seemed to them the way of salvation. In the election of 1935 the Nazi Party polled 1.2 million votes. [...] Soon after this victory, the Nazi Party in Czechoslovakia openly adopted an irredentist attitude, and began to act treasonably to prepare the ›Sudeten-German position‹ for storming by Hitler. It was

417 Ebd., S. 21 f.
418 Ebd., S. 20.

> taken by Hitler in September and October 1938, and, after Spain and Austria, European Democracy lost a third position, for with the loss of the German districts of Czechoslovakia, the fate of the Republic itself was sealed. [...] Pan-Germanism, which Henlein had declared a threat to peace in his London lecture in 1935, celebrated its greatest triumph, which was in no small measure due to his own activity.«[419]

Bemerkenswert ist wiederum, dass Kögler den Grund für diese Entwicklung eben nicht nur in der Aktivität Henleins sieht, sondern in der traditionell autoritären Ausrichtung der deutschböhmischen Gesellschaft, wobei er wieder klassenübergreifend argumentiert:

> »The majority of the German-speaking population had no inner relations with Democracy; they saw only the mechanical working of the party system, and it seemed to offer no likelihood of success for their political desires and aims. They had no democratic confidence in themselves, and they cherished no desire for intellectual freedom which is the vital source of all Democracy. This was why they were able to accept Hitlerism so rapidly as their political ideal, why they were so enthusiastic at the idea of a strong leadership, at the sight of growing German militarism and the development of an all-powerful German State. [...] (T)hey much preferred to be on the side of those they believed were going to dominate the world rather than on the side of the democratic peoples who were, they thought, so soon to be crushed.«[420]

Kögler beschreibt hier eine ähnliche autoritäre Disposition, wie sie auch Adorno im Nachkriegsdeutschland diagnostizierte.

> »Soviel wird man sagen können, daß das System politischer Demokratie zwar in Deutschland als das akzeptiert wird, was in Amerika a working proposition heißt, als ein Funktionierendes, das bis jetzt Prosperität gestattete oder gar förderte. Aber Demokratie hat nicht derart sich eingebürgert, daß sie die Menschen wirklich als ihre eigene Sache

419 Ebd., S. 26 f.
420 Ebd., S. 82 f.

> erfahren, sich selbst als Subjekte der politischen Prozesse wissen. Sie wird als ein System unter anderen empfunden, so wie wenn man auf einer Musterkarte die Wahl hätte zwischen Kommunismus, Demokratie, Faschismus, Monarchie; nicht aber als identisch mit dem Volk selber, als Ausdruck seiner Mündigkeit.«[421]

Durch die Krise Ende der zwanziger Jahre hatte die Demokratie in den Augen vieler Sudetendeutschen nicht einmal den Vorteil, Prosperität geschaffen zu haben. Kögler versucht in seinem Pamphlet genau an die Möglichkeit zu erinnern, dass die demokratische Tschechoslowakische Republik hierfür zumindest einen guten Ausgangspunkt bot. Dementsprechend kritisiert er gegen Ende seiner Ausführung auch die Position Jakschs scharf:

> »And what about the future? ›The Sudeten-German problem is an European problem […] The Sudeten-German problem can only be solved by the coming peace conference […] The national minority of three million Sudeten Germans is the biggest in Europe; it is bigger than the population of Denmark and Norway.‹ These are the slogans of those ›Sudeten Germans‹ who are living abroad today and who tell us that, whilst they never recognized Munich, a return of the Czechoslovak Republic to the pre-Munich position is unthinkable. They declare that the national problem and the question of full equality for Germans in the coming Czechoslovakia demand a settlement before the creation of the third Republic. As far as they are concerned, their attitude depends largely on the given situation – or on the position adopted by the Czechoslovakian Government. With this sort of weather-vane policy, these ›Sudeten Germans‹ have deprived themselves of all political credit.«[422]

Kögler vollzog also alle Argumente Benešs nach, und sein Urteil über die Deutschen fiel sogar stellenweise noch schärfer aus als das des

421 Adorno, Theodor W. (1997): Was bedeutet: Aufarbeitung der Vergangenheit, in: Ders.: Kulturkritik und Gesellschaft II, AGS 10.2, Frankfurt a. M., S. 559.

422 Koegler, Franz (1943): Oppressed Minority?, S. 83.

Präsidenten, der aber auch mehr und mehr dazu überging, das ›andere Deutschland‹ als die Sache einiger Weniger anzusehen, nicht aber als eine, auf dem man seine Politik stützen könnte.

Wenzel Jaksch hatte für diese Sicht der Dinge nur Verachtung übrig. So erwähnt er Köglers Broschüre in einer Fußnote seines Buches *Europas Weg nach Potsdam*, aber er streift die Argumentation desselben nur, beziehungsweise stellt sie etwas verzerrt dar: Köglers Büchlein trage einen »suggestiven Titel«,[423] und er zeige »den englischen Lesern einen rosigen Ausblick«, denn: »Irgendwelche vertraglichen Sicherungen der Rechte der Sudetendeutschen – so schrieb Kögler – seien nicht erforderlich. Die Völker der Tschechoslowakei würden nach Wiedererlangung ihrer Freiheit zu einem friedlichen Zusammenleben zurückkehren.«[424] Dass es gerade seine, Jakschs intransigente Haltung der Republik gegenüber war, die der tschechoslowakischen Exilregierung vor Augen führte, keinen geeinten Partner mehr auf deutscher Seite zu haben, ignoriert er, wie er auch in der Position von *Fight for Freedom* nur Verrat am Volk sehen kann: »Zu diesem Pamphlet eines Renegaten hatte die dem Vansittart-Flügel angehörende Frauensekretärin der Labour Party, Mary Sutherland, ein passendes Vorwort geschrieben. Dort wurde das Problem von 3,3 Millionen Menschen im Herzen Europas wie folgt vereinfacht: ›Die Wahrheit ist, daß die ganze Idee von den ›Sudetendeutschen‹ ein Schwindel ist.‹«[425] Hier zitiert Jaksch aber wieder einmal manipulativ, denn wenn man die Stelle im Kontext betrachtet, will Sutherland keineswegs die Existenz von deutschsprechenden Menschen in dem Gebiet der Tschechoslowakischen Republik leugnen, sie wendet sich nur dagegen, dass immer noch Stimmen zu hören seien, die das »Sudetendeutsche Problem« als das größte Problem bei der Erstellung der Nachkriegsordnung ansehen würden.[426] In diesem Zusammenhang macht sie klar, dass hinter der Rede von den Sudetendeutschen schon

423 Jaksch, Wenzel (1990): Europas Weg, S. 507.

424 Ebd.

425 Ebd.

426 Vgl. Sutherland, Mary E. (1943): Preface, in: Koegler, Franz: Oppressed Minority?, S. 3.

die ganze völkische Weltanschauung steckt und so schreibt sie: »The truth is that the whole ›Sudeten German‹ idea is a fake – a gigantic fake that which Hitler managed to put across a gullible world. To accept this idea is to admit the validity of the theory of Pan-Germanism on which it is based, and by which Germany justifies her claim to hegemony in Europe.«[427] Diese weitere Argumentation verschweigt Jaksch aus verständlichen Gründen, plaudert sie doch die Grundlage seiner Politik im Exil aus.

Eine weitere Studie, die zumindest die indirekte Zusammenarbeit von *Fight for Freedom* und der Tschechoslowakischen Exilregierung anzeigt, und in der sich auch die geänderte Position letzterer gegenüber dem Potential von Partnern auf der Seite der deutschen Exilsozialdemokratie widerspiegelt, erschien 1944 und trug den Titel *Prague and Berlin. 1918-1938.* Diese Broschüre war auch eine der letzten, die die Gruppe herausgab, bevor sie, hauptsächlich wegen persönlicher Differenzen Loebs mit anderen Mitgliedern, zerfiel. Der Autor dieser Broschüre, František Uhlíř, war seit 1935 Abgeordneter im tschechoslowakischen Parlament für die ČSNS, die Partei, deren langjähriges Mitglied auch Beneš gewesen war, und die Broschüre behandelt die deutsch-tschechoslowakischen Beziehungen. Diese seien von 1918 an von mehreren Faktoren bestimmt worden, deren prominenteste der Pangermanismus gewesen sei, der durch die Novemberrevolution nicht besiegt werden konnte, wovon auch deren Scheitern zeuge. Uhlíř verweist auf die Versuche nationalistischer Deutschböhmen 1918, das deutsche Heer dazu zu bringen, durch einen Einmarsch in die Grenzgebiete eine bessere Verhandlungsposition zu erlangen. Dass dies nicht geschah, führt Uhlíř weniger auf den mangelnden Willen des Heeres zurück als auf die mangelnden Mittel.[428] Auch wenn diesen Versuchen kein Erfolg beschieden war, so wurde doch eine Irredentia in den Grenzgebieten versucht, die vor Augen führten, dass der Pangermanismus weiterbestand und auch von Deutschland unterstützt wurde: »All these happenings showed very clearly that the upholders of the Pan-German idea in the Reich still

427 Ebd.

428 Vgl. Uhlíř, František (1944): Prague and Berlin, S. 11.

felt themselves very strong despite the military defeat of Germany and despite the November Revolution of 1918.«[429] Wenn sich diese Tendenzen wegen der weltpolitischen Lage nach 1918 zunächst nur sehr zaghaft ausdrücken konnten, so stellt Uhlíř fest, dass sie doch an zentraler Stelle in vielen Parteiprogrammen enthalten waren, die die Wiedereingliederung der deutschsprachigen Gebiete der Tschechoslowakischen Republik forderten: »From 1918 right up until Hitler took power in 1933 we find this demand included in various forms in the programmes and official utterances of the various parties of the Weimar Republic. In fact, it formed one of the main and permanent planks in the platform of these parties.«[430] Dazu sei noch gekommen, dass in der Presse die Tschechoslowakische Republik als künstliches Konstrukt dargestellt wurde: »The State itself was declared to be an artificial creation incapable of natural life.«[431]

Uhlíř sucht nach den Wurzeln dieser Ablehnung der Tschechoslowakischen Repubik und findet sie im Pangermanismus des 19. Jahrhunderts. Er fasst die Transformation des politischen Klimas mit dem Aufkommen des völkischen Nationalismus und dessen Propagatoren zusammen: »Their fathers had been inclined to Liberalism as the politics of their era; the sons were nationalistic and reactionary in all their political ideas.«[432] Uhlíř erwähnt die Namen Schönerer, K. H. Wolf und Carl Martin Iro und sieht den völkischen Nationalismus als Grundpfeiler ihrer Bewegung, er weist aber auch schon auf den virulenten Antisemitismus dieser Strömung hin, der sich allein durch die Ausschlusspolitik ihrer Vereine zeigte: »Almost all of these associations soon became hotbeds of rabid German nationalism and most of them strictly excluded Jews from membership.«[433] Dieser völkische Nationalismus sei nie wirklich vergangen, auch nach 1918 nicht: »Without a real revolution in Germany, the evil counterrevolutionary forces could not be extirpated, and Democracy in

429 Ebd., S. 12.
430 Ebd., S. 15.
431 Ebd., S. 17.
432 Ebd., S. 19.
433 Ebd., S. 20.

Germany could therefore never be secure.«[434] Schließlich sei der Pangermanismus nach 1918 wieder zurückgekommen, und habe auch bei der deutschsprachigen Bevölkerung der Tschechoslowakischen Republik Widerhall gefunden:

> »This modern Pan-Germanism began its carreer by taking over the Greater-German notions of 1848, which, although they were practically moribund in Germany itself, still have living roots and real influence in German Austria. The resulting movement gained a powerful grip on German political life in general, and naturally it was not without its political repercussions in Bohemia and Moravia, where the political soil was ready to receive it as nowhere else. In view of the exceptionally favourable conditions for its growth, it is not surprising that the Pan-German pestilence seized upon the vast majority of the German-speaking population of Bohemia and Moravia and spread like an epidemic.«[435]

Dies habe sich bei weiten Bevölkerungschichten durch die Glorifizierung der Frontgeneration ausgedrückt:

> »Amongst the Germans a man who had served in the last war had a halo of romanticism around his head, and the ideals for which Pan-Germanism fought in the world war were carefully cherished with the outspoken intention of putting them into practice again at the first favourable opportunity at the point where they had been abandoned by force of circumstances in 1918 after Germany's military defeat.«[436]

Auch einer Spitze gegen das deutsche sozialdemokratische Exil will sich Uhlíř nicht enthalten, das versuchte, das ›andere Deutschland‹ zu propagieren. Er zitiert einen Artikel aus dem *Vorwärts* vom 7. Mai 1925, in dem wahrscheinlich Friedrich Stampfer, der auch im Exil später für seine nationalistischen Positionen bekannt wurde, die vorsichtige Außenpolitik der Tschechoslowakischen Republik und

434 Ebd., S. 27.
435 Ebd., S. 62.
436 Ebd., S. 64.

ihres damaligen Außenministers Beneš gegenüber Deutschland als irrational und verkappten Nationalismus anprangert:

> »M. Beneš is an educated man, and in domestic policies he stands rather to the Left. It is hardly possible that he is suffering from that same fear complex from which even the French peasant is now gradually freeing himself. Dr. Beneš cannot honestly fear an attack on Czechoslovakia from a disarmed Germany, under permanent international arms control, and defencelessly exposed to French air squadrons carrying bombs and poison gas in the event of war. In any case, M. Beneš must know that there are millions of Germans ready to oppose with all their energy any attempt to lead the country into a new European bloodbath. At the same time it is just these opponents of war, the Republicans, the Democrats, the Socialists, the Anti-militarists and the friends of peace, both here and on the Danube, who are the chief pioneers of the Anschluss.«[437]

Bedenken gegenüber einer expansiven Politik werden entweder als Komplex pathologisiert, oder dieser wird überhaupt nur als vorgeschützt angesehen, um Machtpolitik zu betreiben. Gleichzeitig wird das Deutschland nach dem Ersten Weltkrieg als gründlich zivilisiert dargestellt, in dem die Massen eine aggressive Außenpolitik gar nicht erst zulassen würden. Diese Fehleinschätzung Stampfers kommentiert Uhlíř dann ganz im Sinne der *Fight for Freedom*: »It is no surprise that the responsible editor of the *Vorwaerts* at that time is pursuing the same misleading policy of the world now – only this time in America and practically the whole German Socialist emigration with him.«[438] Überhaupt weist der Autor auf ein Grundproblem hin, dass nicht nur die deutsche Sozialdemokratie gehabt hätte, sondern auch die Westmächte: Der Pangermanismus als Ideologie sei nicht ernst genug genommen worden. Weil die Westmächte keine Ahnung davon gehabt hätten, was der Pangermanismus ist, hätten sie auch nicht verstanden, was das Münchner Diktat bedeutete und hätten es so zugelassen.[439]

437 Ebd., S. 48.
438 Ebd.
439 Vgl. ebd., S. 65.

Dagegen sei die Politik Benešs klar gewesen: Einerseits offen für Verständigung, andererseits gegen die Ideologie des Pangermanismus.

In diesem Zusammenhang geht auch Uhlíř der Frage nach, ob und wann sich denn die Politik des Präsidenten gegenüber den Deutschen geändert habe. Er beruft sich auf die Äußerungen Benešs, in denen vom ›anderen Deutschland‹ die Rede ist, das humanistisch gesinnt sei und das sich ja auch durchsetzen könnte. Allerdings kommentiert Uhlíř diese Überlegungen folgendermaßen: »The Nazi metamorphosis of 1933, with all its accompanying horrors, gave the great Czech statesman a clear answer to his question. It showed beyond all doubt that for the moment at least all hope of the Humanist Germany prevailing was gone. It was therefore necessary to be prepared for the harsher alternative.«[440]

## E) Die Frage der Schuld und der Verantwortung bei Beneš und Jaksch

Und in der Tat, Beneš beschäftigte sich schon in der ersten deutschen Ausgabe von *Demokratie heute und morgen*, die 1943 hektographiert im Londoner Exil zirkulierte, mit der Frage, was denn der Nationalsozialismus für die Deutschen moralisch bedeute. Im Rahmen seines Konzepts, Deutschland wieder auf die Grenzen vor 1938 zu reduzieren diskutiert er diese Frage.

> »Diese meine Ansicht entspringt nicht etwa einem Gefühl des Hasses, der Feindschaft oder der Germanophobie. Für mich gelten nur politisch-moralische Gründe. Ich behaupte nicht, dass die Deutschen ein schlechtes Volk sind, oder dass alle Deutschen schlecht sind. Ich behaupte etwas, was nach meiner Meinung viel ernster und weitertragend ist: dass Deutschland als Nation und Staat sich in einer grossen [sic] sittlichen und politischen Dekadenz befindet, in der es vielleicht ganze Generationen bleiben wird, und dass es für diesen furchtbarsten Krieg

440 Ebd., S. 55.

> *voll* verantwortlich ist; dass die Theorie dieses furchtbaren totalitären Krieges in Deutschland und in den nichtnazistischen Kreisen schon vor mehr als 20 Jahren diskutiert und ausgearbeitet wurde und die Deutschen als Nation und Staat für Hitler und Himmler ebenso verantwortlich sind wie die Amerikaner für Lincoln und Rossevelt [sic], die Engländer für Churchill, die Italiener für Mussolini, die Magyaren für Horty, die Tschechoslowaken für Masaryk und die Russen für Lenin und Stalin. Wenn diese These nicht wahr und als solche angenommen werden würde, wäre kein geordnetes und organisiertes internationales Leben mehr möglich. Und einzelne Staaten und Völker müssen die Folgen dieser Verantwortung tragen. Meiner Meinung nach ist das gerecht. Diese Gerechtigkeit braucht allerdings keine Rache, kein Versuch der Vernichtung des Gegners zu sein. Wenn aber nicht einmal nach diesem Kriege der Beweis gegeben würde, dass kein Angriffskrieg mehr ohne Strafe hervorgerufen werden darf und dass man politische Systeme mit nazistischer Moral einfach international nicht mehr dulden wird, so hätte ich überhaupt keine Hoffnung mehr, dass Europa und der Menschheit geholfen werden kann.«[441]

Da das Verbrechen gemeinschaftlich begangen worden war, seien also auch entsprechende Konsequenzen zu ziehen. Der Bruch mit Jaksch und dessen Verhalten vor diesem war für Beneš ein Signal, dass die Konstituierung der Volksgemeinschaft bedeutete, dass die Zahl derjenigen Deutschen, die nicht in völkischen Kategorien dachte, verschwindend gering war.

Diese Überlegungen, für die Beneš bis heute heftig angefeindet wird, entwickelte er in einer Rede nach dem Krieg, anlässlich einer Trauerfeier in Lidice am 10. Juni 1945 weiter. Seine Rede beginnt mit der Frage, wie man das Massaker deuten könne:

> »Lidice und sein Schicksal sind das markanteste Wesensmerkmal der deutschen nazistischen Kultur und des deutschen nazistischen Systems aus der Zeit des Zweiten Weltkriegs. Ich sage deutsches System – dazu

441 Beneš, Edvard (1943): Demokratie heute und morgen, London, MÚA, EB IV/1, ič 212, Karton 52, S. 113.

> das Wort nazistisch hinzufügend – denn ich kann das deutsche Volk als Ganzes nicht vom Komplex des unzivilisierten, barbarischen Phänomens der Morde in Lidice vom Juni des Jahres 1942 trennen.«[ce/442]

Gerade die Tatsache, dass das Massaker von Lidice maßgeblich von ›normalen‹ Einheiten der Ordnungspolizei verübt wurde, zeigt, wie recht Beneš hatte.[443] In diesem Sinne war es wirklich Symbol für das ›deutsche System‹. In anderer Hinsicht müsste man aber diskutieren, ob Lidice wirklich das markanteste Wesensmerkmal des Nationalsozialismus war, und ob sich Beneš hier nicht in die Gefahr begibt, eine Opferkonkurrenz mit der Shoah zu eröffnen. Es zeigt sich aber deutlich, dass die Vorstellung des ›anderen Deutschlands‹ hier mittlerweile gänzlich fehlt. Im Gegenteil, Beneš stellt in dieser Rede weitblickend dar, wie das Nachkriegsdeutschland auf die Beteiligung an Krieg und Shoah reagieren wird, und führt das zunächst wieder am Beispiel Lidice aus:

> »Aber es wird nicht lange dauern, und wir werden diverse, verschieden formulierte und in Systeme ausgearbeitete Entschuldigungen, Ausflüchte und Reinwaschungen von all dem, was die Deutschen so unglaublich unmenschlich begangen haben, hören. Sobald die Welt das vernimmt, mögen diese Fakten unvergessen bleiben: Das, was die Welt bei der Untat von Lidice am meisten verblüffte, war, dass nach dem genau vorbereiteten, kalt abgewogenen und mit dem schlimmsten Zynismus durchgeführten Hinmorden der unschuldigen Bevölkerung von Lidice ein offizielles deutsches Kommuniqué herausgegeben wurde, in dem sich die deutsche Regierung feierlich zu dieser Untat bekannte. In ihm wurde angegeben, dass es sich um Repressalien an eingestandenermaßen unschuldigen Menschen handele und dass gerade dies der Ausdruck des mörderischen und abschreckenden Terrors sei, aus dem sich das deutsche Regime eine gesetzliche Staatsdoktrin schuf, die sie öffentlich

442 Beneš, Edvard (1946): EB národu. Z projevů presidenta republiky v letech 1945–1946, Prag, S. 59.

443 Vgl. Klemp, Stefan (2012): »Rücksichtslos ausgemerzt« – Die Ordnungspolizei und das Massaker von Lidice, Münster.

kundtat und vertrat. Das war nichts Zufälliges, das war ein System, das war die Rechtsmeinung der deutschen Gesellschaft, das war die neue Philosophie der deutschen Nation und des deutschen ›Herrenvolks‹. Und es war auch nichts Geheimes, es war nicht verborgen, es wurde das öffentlich allen Deutschen bekanntgemacht.«cf/444

Die erste Tatsache, an die Beneš erinnern möchte, um den Versuchen der Verdrängung des Nationalsozialismus entgegenzuwirken ist also die Öffentlichkeit, in der sich in diesem Fall das Massaker von Lidice vollzog. Dabei formuliert Beneš sogar noch vorsichtig; sieht man sich die Berichte deutscher Stellen zur Auslöschung Lidices an, könnte man sogar von mehr als einem bloßen Wissen um die Verbrechen sprechen. Volker Zimmermann fasst zusammen:

»Nachdem Heydrich ermordet worden war, erwarteten viele Menschen ein härteres Vorgehen sowohl gegen die Tschechen im Protektorat als auch gegen die im Gau. Im Regierungsbezirk Aussig kam es erneut zu Ausschreitungen. Der Regierungspräsident meldete in seinem Lagebericht für den Juni 1942: › [...] Die deutsche Bevölkerung hat sich an der Mitfahndung nach den Tätern nicht nur sehr rege beteiligt, sie hat nicht nur die scharfen Maßnahmen der deutschen Staatsführung einheitlich als richtig und gut angesehen, sondern sie hat ganz allgemein die *konsequente Verfolgung der reichsfeindlichen Elemente im Protektorat mit wahrer Genugtuung aufgenommen.* [...] Die sudetendeutsche Bevölkerung ist der Meinung, daß den Tschechen noch viel zu viele Freiheiten gewährt werden, die sie nur zum Schaden des Deutschen Reiches ausnützen.‹«[445]

Beneš führt denn auch noch als zweite Tatsache an, dass es beim Wissen um die Verbrechen nicht blieb, sondern beschreibt auch die Beteiligung oder zumindest stille Unterstützung der nationalsozialistischen Verbrechen durch breite Teile der deutschen Bevölkerung. Hier kommt er auf das System der Vernichtungs- und Konzentrationslager zu sprechen:

444 Beneš, Edvard (1946): EB národu, S. 59.
445 Zimmermann, Volker (1999): Die Sudetendeutschen, S. 332.

»Das, was die Welt besonders in Erstaunen versetzte und auch heute versetzt, ist das Faktum, dass auch Buchenwald, Mauthausen, Dachau, Auschwitz, Majdanek, Belsen und alle anderen Konzentrationslager mit ihrem ganzen Apparat und System des bestialischen Folterns und Mordens in Ruhe in den Amtsräumen einzelner Ministerien ausgedacht und vorbereitet wurden, dass sie bewusst und professionell unter der Beteiligung von Fachmännern, Ingenieuren, Ärzten und anderen Wissenschaftlern gebaut wurden, und das vor den Augen fast der ganzen Fachwelt und des politisch denkenden deutschen Volks, dass man fachlich und wissenschaftlich tadellos an der Vorbereitung der deutschen Folterkammern arbeitete und dass man für sie eine ganze Generation der nazistischen Jugend, der Polizei und des Hilfspersonals fachlich vorbereitete; dass an diesen Orten für den Zweck der deutschen Wissenschaft fachliche wissenschaftliche Experimente durch deutsche Wissenschaftler und Ärzte an unglückseligen, inhaftierten und unschuldig verurteilten Menschen organisiert wurden, die von deutschen Kulturträgern auf so unerhörte Weise missbraucht wurden; dass man Gaskammern zur massenhaften Vernichtung von Millionen Leben baute und professionell führte, dass die KZs, die Folterkammern, die Gaskammern, die Todeszüge und all das, was dieses unmenschliche Mordsystem repräsentierte, täglich und ständig – und das für ein paar Jahre – vor den Augen der großen Mehrheit der deutschen Nation stand und dass sich in dieser Nation – außer in zwei, drei Fällen – kein einziger bedeutender verantwortlicher Mensch fand, der den Mut gehabt hätte, all das zu verurteilen, der sich dagegen gestellt und es definitiv verworfen hätte. Tausende und tausende des deutschen Volks sahen dies, ganze Sommer gingen sie um diese Nester des Todes, der Pein und des Sterbens herum, sie wussten davon in gleicher Weise, wie man weiß, wo das Krankenhaus mit der schlimmsten ansteckenden Krankheit ist oder ein Dynamitdepot, das zu explodieren droht, sie redeten darüber in den Familien, auf Treffen, in offiziellen Kommuniqués und drohten damit schamlos allen Gegnern; mit einem Wort, die überwiegende Mehrheit des deutschen Volks tolerierte bis zum letzten Augenblick vor dem endgültigen Fall dieses niederträchtigen Systems dasselbe schweigend, oder stimmte mit ihm direkt überein, wenn es nur half, das ersehnte Ziel zu erreichen: Den Sieg im Krieg.«[cg/446]

446 Beneš, Edvard (1946): EB národu, S. 60.

Beneš frappiert hier ein zentraler Mechanismus der nationalsozialistischen Bewegung: Die völlige Auflösung des bürgerlichen Subjekts, die sich durch die Identifikation mit dem Kriegsziel vollzieht. Solange diese besteht, sind der Tötungs- und Opferbereitschaft keine Grenzen gesetzt. Auf diese Sistierung jeder rationalen Selbsterhaltung, die mit einer Abdichtung gegen Erfahrungen einhergeht, kam auch Hannah Arendt zu sprechen, als sie beschrieb, dass, solange eine solche Bewegung bestehe, »das fanatisierte Mitglied weder von Erfahrung noch von Argumenten zu erreichen [sei]; es hat sich so sehr mit der Bewegung identifiziert, geht den Bewegungsgesetzen so völlig konform, daß es scheint, als sei die Fähigkeit, Erfahrungen zu machen, überhaupt vernichtet, so daß der einzelne selbst gegen Tortur abgedichtet ist und gleichsam nicht mehr dazu kommt, auch nur die Angst vor dem Tod zu empfinden.«[447]

Benešs Versuch, die nationalsozialistische Volksgemeinschaft mit moralischen Kategorien zu fassen, verstellt ihm aber den Blick darauf, dass es gerade die Vernichtung war, die jene im Innersten zusammenhielt. Das Kriegsziel war, anders als das Beneš betrachtet, nicht nur militärisch zu verstehen, sondern betraf auch den Krieg, der gegen das als das Böse schlechthin imaginierte ›Weltjudentum‹ in der Vernichtungsmaschinerie geführt wurde.

Es ist bezeichnend, dass Beneš in seiner Rede selbst dort, wo es um die Shoah geht, nicht ausspricht, dass Juden und Jüdinnen zur Vernichtung bestimmt waren. Diesen Zusammenhang auf den Punkt zu bringen, versäumt Beneš, was auch mit seinem mangelnden Begriff des Antisemitismus und dessen Rolle im Nationalsozialismus zusammenhängt – bei aller ernstgemeinter Ablehnung und praktischer Bekämpfung desselben. Gleichzeitig erlaubt Beneš diese Fassung der Volksgemeinschaft in moralischen Kategorien, hinter denen ja seine gesamte geschichtsphilosophische Konzeption stand, wie auch die Einsicht, dass die Krise eine gesamtgesellschaftliche war, dann doch zu erkennen, dass ein Kollektiv geformt wurde, in dem die Einzelnen aufgehen, wenn er auch nicht genau angeben konnte, worin diese Einheit lag:

447 Arendt, Hannah (2003): Elemente, S. 662f.

»Es war das einfach ein System und ein Regime – es waren nicht Einzelne und es war nicht bloß eine Partei – und leider solidarisierte und identifizierte sich das deutsche Volk in seiner großen Mehrheit mit ihm, sei es ausgesprochener Weise oder stillschweigend. Darin liegt die entsetzliche historische Schuld des deutschen Volks, darin liegt das unauslöschliche und unverzeihliche Vergehen und es wird dies all seinen Geschicken in den nächsten – ich denke, langen – Jahren schlecht bekommen, als Buße für all diese Schuld.«[ch/448]

Aber selbst hier betont Beneš noch, dass es natürlich einzelne Ausnahmen gab – wenn diese auch nur wenige waren: »Ich verallgemeinere hier nicht unvorsichtigerweise; ich weise nur auf einfache Tatsachen hin und sage nur die einfache Wahrheit. Ich weiß, dass es Deutsche gab, Einzelne, die sich dieses Grauens bewusst waren. Es geht aber um die unmittelbare Schuld der vorwiegenden Mehrheit der Deutschen und deshalb sind die Deutschen, als Ganzes, verantwortlich.«[ci/449]

Der reale Geschichtsverlauf widerlegte Benešs historischen Optimismus, der davon ausging, es käme in Deutschland zu einer Buße und einer gründlichen Aufarbeitung der Vergangenheit, die auch heikle Themen wie die völkische Prägung des deutschen Nationalismus nicht außen vorließe und die die nötigen Konsequenzen ziehe. Seine Hoffnung wurde enttäuscht, der Hinweis auf einfache Tatsachen würde die Versuche Deutschlands eindämmen, sich von der historischen Schuld reinzuwaschen.

Im Gegenteil, es war gerade Wenzel Jaksch, auf den in diesem Zusammenhang zum letzten Mal eingegangen werden soll, der jede Auseinandersetzung mit der Schuldfrage und des historischen Sonderwegs Deutschlands ablehnte, was ihm im Nachkriegsdeutschland Popularität und eine politische Karriere bescherte.

Schon in einem Bericht an das tschechoslowakische Innenministerium zeichnen sich Jakschs Politik im Nachkriegsdeutschland und dessen neue Ziele ab. Dieser wollte eine neue Bewegung der Sude-

448 Beneš, Edvard (1946): EB národu, S. 61.
449 Ebd.

tendeutschen in Deutschland innerhalb der SPD formieren. Dieses Unterfangen wurde zwar von der SPD kritisch gesehen, aber wegen wahltaktischer Überlegungen geduldet. Inhaltlich wurden zwar Forderungen nach einem offenen Revisionismus, wie von anderen Parteien gefordert, vermieden, aber das müsse eher als abwartende Taktik gewertet werden, die der unklaren Situation geschuldet sei:

> »Der Möglichkeit, auf die Deutschen auf beruhigende Weise in dem Sinn einzuwirken, dass die gegebene Situation wirklich als endgültige angesehen wird und dass man schon heute beginnt, den Boden für ein zukünftiges freundschaftliches Nachbarschaftsleben der ehemaligen tschechoslowakischen Deutschen mit der neuen Tschechoslowakei zu bereiten, steht Paul [ein enger Mitarbeiter Jakschs, FR] völlig ablehnend gegenüber.«[cj/450]

Jakschs politischer Karriere nach 1945 half ungemein, dass er sich selbst zum Vertreter des ›anderen Deutschland‹ stilisieren konnte. Der Kritiker Wolfgang Pohrt schrieb in einer Polemik zur Funktion des Bildes des ›anderen Deutschlands‹ für die historische Bewusstseinsbildung in postnationalsozialistischen Ländern:

> »Ich behaupte, daß gerade jene Leute aus der bekennenden Kirche oder aus der Sozialdemokratie, die von den Nazis schikaniert worden sind, jene Denkmuster haben konservieren können, die allgemein verbreitet und akzeptiert sein müssen, damit die Nazis Erfolg haben können. Eben der Umstand, daß sie nicht durch Kollaboration mit den Nazis kompromittiert waren, hat es ihnen ermöglicht, wichtige Punkte der Übereinstimmung mit der Nazi-Ideologie zu ignorieren und solche Denkgewohnheiten später zu rehabilitieren.«[451]

450 N. N. (1948): Zpráva o činnosti Jakschovy skupiny podle Ernesta Paula, MÚA, EB III, ič 117, Karton 34, S. 7.

451 Pohrt, Wolfgang (1986): Das »andere Deutschland«. Die antifaschistische Legende als Basis völkischer Kontinuität, in: Ders.: Zeitgeist, Geisterzeit. Kommentare und Essays, Berlin, S. 53.

Pohrt wählt Kurt Schumacher als Beispiel, aber als solches kann genauso gut, wenn nicht in der Frage des Pangermanismus sogar noch besser, auch Wenzel Jaksch dienen. Denn dieser konstruiert sich in seinem wissenschaftlichen Hauptwerk *Europas Weg nach Potsdam* ein bis in die Frankfurter Paulskirche zurückreichendes ›anderes Deutschland‹, das er dann auch von allen Hinweisen auf den schon damals vorhandenen Pangermanismus reinigen muss: »Es ist ein billiges Modeargument geworden, den Vorwurf des Pangermanismus bis in die geheiligten Räume der Paulskirche zurückzuprojizieren und den idealistischen Aufbruch der deutschen Demokratie gleichzusetzen mit dem Ausgangspunkt eines Machtwahns, der ganz Europa unterjochen wollte.«[452] Jaksch wirft seinen ungenannten Opponenten vor, zu projizieren, er selbst verdrängt aber genau den Zusammenhang, in dem die pangermanischen Strömungen mit 1848 und dann weiter bis zum Nationalsozialismus stehen. Für Jaksch aber wird diese Trennung zur Basis für die Nachkriegserfolgsgeschichte Deutschlands: »Es war ein Segen für Europa und für die freie Welt schlechthin, daß die deutsche Demokratie nach 1945 allen propagandistischen Geschichtsklitterungen und Kollektivschuldthesen die Stirn bot und sich zu ihrem eigenen geschichtlichen Auftrag bekannte.«[453] Also ist diesmal, wenn nicht am deutschen Wesen, so doch an der deutschen Abwehr aller Kritik die freie Welt genesen. In gewissen Sinn bleibt die Argumentation, der Vorwurf der Kollektivschuld sei unzulässig, da Einzelne nichts mit den Taten der Nation zu tun hätten, selbst in einem kollektivistischen Denkschema gefangen, da eine absolute Trennung von Individuum und Kollektiv gedacht wird, wobei letzteres der aktive Teil bleibt, ersteres nur willenloses Anhängsel der Gemeinschaft und deren geschichtlichen Auftrags. Gleichzeitig wird dabei die reale Wirkmächtigkeit der Volksgemeinschaft kleingeredet, sie wird als bloßes ideologisches Konstrukt, als bloßer Popanz hingestellt. Diese geradezu klassische Abwehrreaktion beschrieb Adorno, wie viele andere Abwehrmechanismen, in der schon erwähnten Studie *Schuld und Abwehr*:

452 Jaksch, Wenzel (1990): Europas Weg, S. 30.
453 Ebd.

»So sehr der nationalsozialistische Begriff der Volksgemeinschaft ideologisch dazu herhielt, die Menschen über den Charakter der Diktatur zu betrügen, diese bot ihnen doch tatsächlich das Bewußtsein: es wird für uns gesorgt. Der Nationalsozialismus hat mit größtem Geschick den Widerspruch der spätliberalen Gesellschaft für seine Zwecke ausgebeutet, daß auf der einen Seite der Einzelne für sich selbst und sein materielles Schicksal einstehen soll, auf der anderen aber es in der Realität meist kaum vermag. Für den Entzug der Freiheit wurde wenigstens kurzfristige Sekurität gewährt, und die Erinnerung an diese Frist lebt heute noch fort. Versuche, die Naziideologie zu überwinden, die an diesem Tatbestand vorbeigehen und vor allem nicht aus ihm reale Konsequenzen ziehen, verfallen selber der Gefahr des hilflos Ideologischen.«[454]

Um einer Diskussion der Geschichte des deutschen völkischen Nationalismus und dessen Folgen aus dem Weg zu gehen, malt Jaksch ein Bild der Paulskirche, das sie als Symbol des ›anderen Deutschlands‹ erscheinen lässt: »Die zerstörte Paulskirche wurde unter den ersten Gebäuden des halbverwüsteten Frankfurt wiederaufgebaut, natürlich mit tätiger Hilfe anderer westdeutscher Städte, damit die Wiege der deutschen Demokratie zum Symbol der freiheitlich-humanistischen Wiedergeburt Deutschlands werde.«[455] Will man wissen, was Jaksch im Detail unter dieser Wiedergeburt verstand, und wie weit er der ›Gefahr des hilflos Ideologischen‹ verfallen war, so kann man als nur auf den ersten Blick abseitiges, aber in Wirklichkeit bezeichnendes Beispiel seine Rede anlässlich des Sieges der bundesdeutschen Mannschaft bei der Fußballweltmeisterschaft in Bern 1954 untersuchen, die auch vom sozialdemokratischen Pressedienst verbreitet wurde. In dieser Rede, die vor Nationalismus trieft, der sich im ›Wunder von Bern‹ nach 1945 wieder massenhaft manifestierte, wird als wichtigster Punkt des Weltmeistertitels festgehalten, dass er eine nationale Einheit geschaffen hätte:

»Vor allem wurde im Kreise meiner Fraktionskollegen die gesamtdeutsche Bedeutung der Fußballsiege von Basel und Bern unterstrichen. Daß

454 Adorno, Theodor W. (1997): Schuld und Abwehr, S. 267.
455 Ebd.

> sich achtzehn Millionen Deutsche jenseits des Eisernen Vorhangs ehrlich mitgefreut haben, ja, daß in der Verschmelzung der Fußballbegeisterung West- und Mitteldeutschland ein Stück neues Einheitsbewußtseins geformt worden ist, sollte als ein Plus gebucht werden.«[456]

Ganz abgesehen davon, dass in der Rede von der DDR als »Mitteldeutschland« Teile Polens implizit einem imaginierten ›Ostdeutschland‹ zugeschlagen werden, werden Einheit und Gemeinschaft als zentrale Punkte des Politischen angesehen. In diesem zentralen Punkt stimmt er sachlich mit Peco Bauwens[457] überein, den er nur für seinen Mangel an Takt schilt: »Die deutsche Meistermannschaft wird für die nächsten vier Jahre ein Stück Verkörperung des demokratischen Westdeutschlands sein. Vielleicht würde sie gerade deshalb einen taktvolleren rednerischen Begleiter brauchen als den DFB-Präsidenten Dr. Bauwens, dessen Münchner Germanenhuldigung nicht nur vom immer noch mißtrauischen Ausland als eine böse Entgleisung empfunden worden ist.«[458] Bauwens hatte in München, nach der Ankunft der Mannschaft, eine Rede gehalten, bei der sich der Reporter des Bayrischen Rundfunks genötigt sah, die Übertragung abzubrechen, »weil ihm die Semantik von Bauwens zu penetrant an Töne aus dem ›1000-jährigen Reich‹ erinnerte.«[459] In der Rede plauderte Bauwens begeistert aus, was ihn bewegte: Dass nämlich mit diesem Sieg Deutschlands historische Schuld verschwunden sei: »Und es ist nicht so einfach gewesen: so schön die Schweiz ist und so gastfreundlich sie auch ist, so muss doch an uns noch irgendetwas von Schlacken hängen, vielleicht auch verständlich, die noch weggebracht werden müssen.

456 Jaksch, Wenzel (1954/1967): Fußball und deutsche Einheit, in: Ders.: Patriot, S. 133.

457 Peco (Peter Joseph) Bauwens war 1950 bis 1962 Präsident des Deutschen Fußballbundes.

458 Ebd., S. 133 f.

459 Blecking, Diethelm (2015): Die Rede des Fußball-Bund Präsidenten Peco Bauwens am 6. Juli 1954 im Münchner Löwenbräukeller, in: Historical Social Research, Transition (Online Supplement), 27, www.dx.doi.org/10.12759/hsr.trans, 27. 1. 2015, S. 2.

Und wenn es Schlacken gegeben hat und die hat es in der Schweiz gegeben [...] diese Schlacken nicht mehr am Sport und nicht mehr am deutschen Volk sein können, wenn es einer wirklich ehrlich mit uns meint.«[460] Bauwens ließ auch keinen Zweifel daran, dass es ihm nicht wirklich um Fußball ging, sondern um das gesamtdeutsche Erlebnis:

> »Und dann war es noch ein Dank für uns, dieser Vertretung des deutschen Volkes, die ich eben Kulisse nannte, und die zum Teil abends herüberfuhr, teils sogar mit dem Rad von Hamburg herunter, diesen mit allem, was dahinter stand, dem ganzen deutschen Vaterland zu danken dafür, für alles das – wir hatten bald heraus bekommen, dass das nicht alles nur Fussballnarren waren – und nicht nur Fussballbegeisterte, sondern deutsch-Begeisterte waren.«[461]

Diese Rede wird von Jaksch nun zwar sanft getadelt, wobei ebenso das »mißtrauische Ausland« als potentielles Problem angesehen wird, aber inhaltlich wird Bauwens recht gegeben. Jaksch fordert genauso das Gemeinschaftserlebnis: »Man soll nicht gleich den Teufel eines neuen deutschen Fußball-Nationalismus an die Wand malen! Warum sollen nur die demokratischen Engländer das Recht haben, in echter allgemeiner Volksfreude ihrer Königin zuzujubeln? Auch das deutsche Volk braucht das zusammenschmelzende freudige Gemeinschaftserlebnis.«[462]

Hauptsache Gemeinschaft – so lassen sich sowohl Bauwens als auch Jakschs Kernaussage zusammenfassen. Darüber hinaus wird durch den Vergleich mit England eine Normalität eingefordert, die die nicht einmal zehn Jahre zurückliegende deutsche Geschichte vergessen machen soll. In seiner Formulierung deutet Jaksch aber sogar selbst unfreiwillig einen Unterschied an: Die demokratischen Engländer treten als Summe von Individuen auf, das deutsche Volk als Kollektiv.

Und freute sich Bauwens noch über die Mobilisierung der Hamburger Fahrradfahrer, so war Jaksch schon einen Schritt weiter und

460 Ebd., S. 4.
461 Ebd., S. 8.
462 Jaksch, Wenzel (1954/1967): Fußball und deutsche Einheit, S. 134.

sah die Veränderungen in der Funktionsweise der postnationalsozialistischen Volksgemeinschaft, die ihre Gründe in der damals relativ neuen Form des Massenmediums Fernsehen hat: »Im Zeichen der Spielübertragungen durch Rundfunk und Fernsehen wird jede repräsentative Sportveranstaltung zum Volkserlebnis.«[463] Die Vorstellung der Volksgemeinschaft, die sich schon in Jakschs *Volk und Arbeiter* andeutete, konnte so problemlos in die Nachkriegszeit übertragen und dort modernisiert werden.

Jaksch war nicht nur wegen seiner Zugehörigkeit zum ›anderen Deutschland‹ der geeignete Vertreter dieses Kampfs gegen eine Aufarbeitung der Vergangenheit, sondern auch, weil er als Vertreter der Vertriebenenverbände an einem Knotenpunkt der Abwehr der Vergangenen saß.

In seinem Aufsatz *Verzeihen?*[464] aus dem Jahre 1971 unterstreicht der französische Philosoph Vladimir Jankélévitch die Wichtigkeit dieses Knotenpunkts so sehr, dass ihm die ›Sudetendeutschen‹ sogar zur allgemeinen Bezeichnung von Publizisten wird, die, mit dem Ziel einer deutsch-französischen Entspannung und im Sinne einer europäischen Einigung, begannen, die Opfer auf deutscher Seite in den Vordergrund zu rücken: »Es sind nicht die Millionen Vernichteter, die unsere Sudetendeutschen des Pariser Journalismus interessieren, es ist das Los der unglücklichen Deutschen, die von den Slawen aus Preußen und Böhmen vertrieben wurden.«[465]

Die Schuld der Deutschen argumentiert Jankélévitch dabei übrigens ähnlich wie Beneš, mit der Planung der Verbrechen, und mit der massenhaften Beteiligung, nur dass er klar den Antisemitismus im Zentrum der deutschen Ideologie sah:

> »Die Vernichtung der Juden war nicht, wie die Massaker an den Armeniern, ein Auflodern der Gewalttätigkeit. Sie ist schulmäßig begründet, philosophisch erklärt, methodisch vorbereitet, systematisch verübt wor-

463 Ebd.

464 Jankélévitch, Vladimir (2004): Das Verzeihen. Essays zur Moral und Kulturphilosophie, Frankfurt a. M., S. 243 ff.

465 Ebd., S. 274.

den von den pedantischsten Doktrinären, die je existiert haben; sie entspricht einer Vernichtungsintention, die wohlüberlegt und lange gereift ist; sie ist die Anwendung einer dogmatischen Theorie, die noch existiert und sich Antisemitismus nennt. [...] Das peinlich genaue, administrative, wissenschaftliche und metaphysische Massaker an sechs Millionen Juden ist kein Unglück ›an sich‹ oder ein natürlicher Kataklysmus: Es ist ein Verbrechen, für das ein ganzes Volk mehr oder weniger verantwortlich ist, und dieses Volk hat einen Namen, und es gibt keinen Grund, den Namen dieses Volkes nicht zu nennen oder dem seltsamen Schamgefühl nachzugeben, das es heute verbietet, ihn auszusprechen.«[466]

Schon damals sah Jankélévich die Gefahr, dass eine Umkehr von Täter und Opfer drohe, wenn die deutsche Opferrolle betont werde, als er warnte: »Bald werden wir uns unsererseits, was die Deutschen anbelangt, schuldig fühlen und glücklich noch dazu, wenn sie uns zugestehen, daß beide Seiten Schuld tragen.«[467]

Und wirklich: Weniger der plumpen Leugnung der Verbrechen des Nationalsozialismus sollte die Zukunft gehören, wohl aber einer Relativierung, bei der im Nebel eines allgemeinen Nationalismus in Europa überall Fehler gemacht worden seien. Dem wird dann noch der Hinweis hinzugefügt, die Deutschen hätten wenigstens die Größe, dies zuzugeben, die Opfer, in diesem Fall die Tschechen, hingegen hätten noch Nachholbedarf. So fordert zum Beispiel die Sudetendeutsche Landsmannschaft in Österreich heute: »Die Sudetendeutschen erwarten von der Regierung in Prag, dass sie aufgrund der geschichtlichen Wahrheit und in Einbekenntnis des Unrechts – nicht nur seit 1945, sondern auch vor 1938 – konkrete Schritte setzt, um dieses zu beseitigen, wie es für das ›Haus Europa‹ notwendig ist. Erklärungen unverbindlicher Art sind kein Ersatz dafür.«[468]

Insofern sollte also Jaksch die Zukunft gehören, die Kritik Benešs am deutschen Nationalismus wurde ignoriert oder gilt heute als selbst nationalistisch und überholt. Ein ähnliches Schicksal war auch den

466 Ebd., S. 265.
467 Ebd., S. 273.
468 www.sudeten.at/1950-heute.html, 11. 1. 2019.

Proponenten von *Fight for Freedom* beschieden. Aber auch hier gilt, was Adorno über die funktionale Rationalität der Abwehrmechanismen der Schuld sagte, wobei er unterstrich, dass historischer Erfolg nicht unbedingt mit Vernunft und Wahrheit zusammenfallen muss: »Sicher sind die angezogenen Regungen und Verhaltensweisen insofern nicht unmittelbar rational, als sie die Tatsachen verzerren, auf die sie sich beziehen. Rational aber sind sie in dem Sinn, daß sie sich an gesellschaftliche Tendenzen anlehnen, und daß, wer so reagiert, sich einig weiß mit dem Zeitgeist. Ein solches Reagieren kommt unmittelbar dem Fortkommen entgegen. Wer sich keine unnützen Gedanken macht, streut keinen Sand ins Getriebe.«[469]

469 Adorno, Theodor W. (1997): Was bedeutet: Aufarbeitung der Vergangenheit, S. 558.

# IV

## Die Kritik des Antisemitismus bei Masaryk und Beneš

In der Untersuchung wurde schon mehrmals auf das Problem hingewiesen, dass Beneš, wie auch Masaryk, zwar Kämpfer gegen den Antisemitismus waren, diesen aber nie systematisch kritisierten und so dessen Zentralität im Nationalsozialismus nicht wirklich einordnen konnten.

Das Problem, wie der Antisemitismus einzuschätzen wäre, bildet auch den Ausgangspunkt und den Inhalt der ersten These von Horkheimers und Adornos Kapitel *Elemente des Antisemitismus* in der *Dialektik der Aufklärung*. Sie konfrontieren dort zwei Einschätzungen des Antisemitismus, die faschistische und die liberale. Beide seien auf ihre Weise falsch:

> »Der Antisemitismus heute gilt den einen als Schicksalsfrage der Menschheit, den anderen als bloßer Vorwand. Für die Faschisten sind die Juden nicht eine Minorität, sondern die Gegenrasse, das negative Prinzip als solches; von ihrer Ausrottung soll das Glück der Welt abhängen. Extrem entgegengesetzt ist die These, die Juden, frei von nationalen oder Rassemerkmalen, bildeten eine Gruppe durch religiöse Meinung und Tradition, durch nichts sonst. [...] Beide Doktrinen sind wahr und falsch zugleich.«[1]

Die erste Doktrin sei wahr, »in dem Sinn, daß der Faschismus sie wahr gemacht hat.«[2] Das, was weiter oben als »Ernstnehmen des ideologischen Moments« zu fassen versucht wurde, ist also auch hier anzuwenden. Antisemiten denken in der gesellschaftlichen Struktur entspringenden ideologischen Bildern und Stereotypen und handeln

1 Adorno, Theodor W. / Horkheimer, Max (2003): Dialektik der Aufklärung, S. 197.

2 Ebd.

danach, wie irrational und lächerlich diese auch erscheinen. Darin, das zu ignorieren, liegt auch das Problem der entgegengesetzten These: »Die andere, die liberale These ist wahr als Idee. Sie enthält das Bild jener Gesellschaft, in der nicht länger Wut sich reproduziert und nach Eigenschaften sucht, an denen sie sich betätigen kann. Indem aber die liberale These die Einheit der Menschen als prinzipiell bereits verwirklicht ansetzt, hilft sie zur Apologie des Bestehenden.«[3]

Die Kritik Benešs und auch die Masaryks, in dessen Tradition ersterer wie so oft stand, wäre selbstverständlich an letzterem Pol einzuordnen. Wie im folgenden zu zeigen sein wird, bewegte sich ihre Erklärung des Antisemitismus auf einer instrumentellen Ebene, der Antisemitismus sei eigentlich nur eine Täuschung, die von interessierter Seite gefördert werde und die durch einfache Aufklärung, also durch das Appellieren an die Vernunft des Individuums, aus der Welt zu schaffen wäre. Hier aber sehen Adorno und Horkheimer gerade das Problem, eine solche Erklärung greife zu kurz: »Die antisemitische Verhaltensweise wird in den Situationen ausgelöst, in denen verblendete, der Subjektivität beraubte Menschen als Subjekte losgelassen werden.«[4] Eine liberale Erklärung des Antisemitismus würde darüber hinaus auch die Dynamik, die diesem innewohnt, nicht zu fassen bekommen: »Die Tat [das heißt in diesem Fall der Mord am Juden, FR] wird wirklich autonomer Selbstzweck, sie bemäntelt ihre eigene Zwecklosigkeit.«[5]

Für Masarky und Beneš, die eine gestaltbare Moderne als etwas Positives auffassten, und die die Moderne begrüßten, konnte der Antisemitismus, der immer auch eine antimoderne Revolte ist, nur abgelehnt werden. Lars Rensmann weist auf dieses Moment:

> »(S)ein Haß [des Antisemitismus, FR] auf das Abstrakte der Moderne, personifiziert im Imago des Juden, erfaßt alle ihre widersprüchlichen Momente: die negativen, unterdrückenden Seiten des Kapitalismus, wie auch die universalistischen Ansprüche auf Emanzipation des Individu-

3 Ebd., S. 198.

4 Ebd., S. 200.

5 Ebd., S. 201.

ums, die auch im ebenso verachteten Bild des Kommunismus und der Demokratie erscheinen.«[6]

So standen Masaryk und Beneš als Verteidiger der Moderne und der Aufklärung zwar dem Antisemitismus feindlich gegenüber, konnten allerdings dessen Verflechtung mit der Aufklärung selbst und dessen Dynamik nur unzureichend fassen. Auch wenn an manchen Stellen Argumentationen anklingen, die eine Ahnung dieser Dialektik der Aufklärung zeigen, wurden diese doch nie konsequent verfolgt. Wenn Adorno und Horkheimer ihre Kritik des Antisemitismus mit dem Untertitel *Grenzen der Aufklärung* versahen, um auf genau diese besondere Qualität des Antisemitismus hinzuweisen, so blieben Masaryk und Beneš Grenzwächter der Aufklärung, die allerdings von deren Dynamik überrollt werden.

6 Rensmann, Lars (1998): Kritische Theorie über den Antisemitismus. Studien zu Struktur, Erklärungspotential und Aktualität, Berlin, S. 147.

## 1 Masaryk, Grenzwächter der Aufklärung

In einer der aktuellsten Publikationen zu dem Themenkomplex der Einstellung Masaryks und hauptsächlich Benešs während dessen Exilregierung zum Antisemitismus kritisiert der Autor Jan Láníček das tradierte Bild von Masaryk und Beneš als Kämpfer gegen den Antisemitismus. Er weist darauf hin, dass Masaryk selbst nicht frei von antisemitischen Ressentiments gewesen sei:

> »The Czechoslovak political leadership believed in the power of American Jews and their press. Masaryk revealed this in a conversation with the famous writer Karel Čapek when the President suggested that the world press was ›partly managed by Jews and their sympathies with the Czechoslovak cause during the First World War helped him tremendously. [...] The great philosopher and humanist Masaryk was still using the same anti-Semitic trope found at the bottom of all anti-Jewish accusations.«[7]

Es ist zunächst einmal fraglich, ob genau diese Trope wirklich die Basis des Antisemitismus darstellt, oder ob Láníček selbst keinen Begriff des Antisemitismus hat, der ja mehr ist als ein bloßes Vorurteil – und auch die Einschränkung, die Weltpresse sei nur teilweise in Hand der Juden widerspricht der totalisierenden Logik des Antisemitismus. Einen Punkt trifft Láníček aber, denn gerade in früheren Schriften Masaryks tauchen immer wieder Stereotype auf. So versuchte Masaryk in einem Gespräch mit slowakischen Anhängern eine ›rationale‹ Seite des Antisemitismus zu finden:

> »Der Antisemitismus ist in der Slowakei berechtigt. Die Juden sind die Werkzeuge der Regierungen und der schlechten Verwaltung. Die Juden verkörpern den Pseudoliberalismus Ungarns. Die stehen bei Euch überall, ohne Ausnahme, gegen die kulturellen Bestrebungen des Volkes.

7 Láníček, Jan (2013): Czechs, Slovaks and the Jews, 1938–48. Beyond Idealisation and Condemnation, London, S. 10.

Die Juden treiben Wucher bei Euch. Das Volk muß aus dem Joch des Alkohols und des jüdischen Kapitals befreit werden.«[8]

Hier muss nicht nur erwähnt werden, dass ähnliche Aussagen nach der Hilsneraffäre, auf die gleich eingegangen wird, nicht mehr zu finden sind, sondern auch, dass Masaryk in Sachen Antisemitismus sehr selbstreflexiv war und wusste, dass er aus einer Gesellschaft kam, in der antisemitische Stereotype verbreitet waren (wenn sich diese auch noch auf einer religiösen Ebene bewegten, das heißt hauptsächlich im Vorwurf des Ritualmords bestanden), und dass es eines Aufklärungsprozesses bedarf, um sich von diesen Vorurteilen frei zu machen. So berichtet er in den Gesprächen mit Karel Čapek aus seiner Kindheit: »Vor Juden fürchtete ich mich, ich glaubte daran, daß sie Christenblut brauchten, und darum ging ich lieber ein paar Straßen weiter, als daß ich an ihren Häusern vorübergekommen wäre. [...] Erst später söhnte ich mich mit den Juden aus; das war in der Realschule in Hustopeč.«[9] Dort habe er, als er und andere Kinder gespielt hätten, einen jüdischen Mitschüler beten gesehen, was ihn beeindruckt habe. Aus dieser Erfahrung habe er für sein weiteres Leben den Schluss gezogen, »gegen Juden nicht ungerecht zu sein; darum hat man gesagt, daß ich zu ihnen halte.«[10]

Und auch schon vor der Hilsneraffäre wandte er sich gegen den Antisemitismus als politische Bewegung. So zog er die Konsequenz, als im Zuge der Sprachenverordnung Badenis es zu einer verschärften Agitation auf der Straße kam: »Die Herrschaft der Straße brachte einen neuen und scharfen Antisemitismus mit sich. Thomas Masa-

8 Šrobár, Vavro (1910): Vliv Masarykov na Slovakov, in: Beneš, Edvard et al. (Hg.): T. G. Masarykovi k šedesátým narozeninám, Prag, S. 259, zit. n.: Hoffmann, Roland J. (1988): T. G. Masaryk und die tschechische Frage. Nationale Ideologie und politische Tätigkeit bis zum Scheitern des deutsch-tschechischen Ausgleichsversuchs im Februar 1909, München, S. 204 f.

9 Čapek, Karel (o. J.): Masaryk erzählt sein Leben. Gespräche mit Karel Čapek, Berlin, S. 15.

10 Ebd.

ryk, seit 1891 Abgeordneter der jungtschechischen Partei für den südböhmischen Wahlkreis von Strakonice, Písek und Domažlice gab sein Mandat aufgrund von Meinungsverschiedenheiten mit der Parteileitung, die diese Demonstrationen unterstützte, zurück.«[11]

Und schließlich war die einzige Kritik, die an Masaryk später in Sachen Antisemitismus geäußert wurde, die, er habe einen paternalistischen Zugang zu den Juden. In einer Studie über das Verhältnis Masaryks zum Judentum argumentiert ein Parteigänger des Zionismus:

> »Die verschiedenen Strömungen der zionistischen Bewegung nehmen im Urteil Masaryks einen verschiedenen Rang ein. Die sittliche Seite des Zionismus stellt er sehr hoch, sie scheint ihm der Zentralpunkt und weitaus das Wesentliche. Es gibt kein Gespräch mit Masaryk über den Zionismus, in welchem diese Betonung der sittlichen Regeneration nicht an erster Stelle stünde. Es soll nicht verhehlt bleiben, daß diese Einstellung Masaryks auch einen bitteren Kern für uns enthält. Man begrüßt die sittliche Regeneration eines Menschen oder einer Gruppe nur dann so enthusiastisch, wenn man sie für sehr notwendig hält; in diesem Lob, das den Bestrebungen zur sittlichen Regeneration gezollt wird, steckt ein starkes Stück Tadel. Und Masaryk spricht es auch öfter ganz deutlich aus, daß der sittliche Zustand der Juden viel zu wünschen übrig lasse. Seit jeher war es das Vorrecht der Großen, dem eigenen Volk seine moralischen Fehler vorzuhalten. Tut dies aber jemand einem fremden Volk gegenüber, so liegt darin, wenn nicht Haß oder Politik mitspielt, was hier mit Recht ausgeschlossen werden kann, ein großes moralisches Wagnis.«[12]

So nachvollziehbar diese Kritik an der paternalistischen Spitze der Argumentation Masaryks auch ist, die Tatsache, dass zur Zeit ihres Erscheinens, 1931, eine solche Kritik und Debatte noch möglich war,

11 Batscha, Zwi (1994): Eine Philosophie der Demokratie. Thomas G. Masaryks Begründung einer neuzeitlichen Demokratie, Frankfurt a. M., S. 20.

12 Weltsch, Felix (1931): Masaryk und der Zionismus, in: Rychnovsky, Ernst (Hg.): Masaryk und das Judentum, Prag, S. 91 f.

zeigt, dass die Tschechoslowakische Republik in Sachen Antisemitismus eine Sonderrolle einnahm.

Masaryks Einsatz in der Hilsneraffäre machte ihn als Kämpfer gegen den Antisemitismus bekannt (und, auf der Seite der Antisemiten, auch verhasst). Die Ereignisse seien hier kurz zusammengefasst: Als am 1. April 1899 Anežka Hrůza bei Polna, einer Kleinstadt in Mähren tot aufgefunden wurde, und von einem Gewaltverbrechen auszugehen war, wurde bald Leopold Hilsner, ein jüdischer Hausierer beschuldigt, nicht nur der Mörder zu sein, sondern den Mord auch als Ritualmord zur Gewinnung von Blut zum Backen der Mazzes begangen zu haben. In einer durch den zeitgleich in Frankreich stattfindenden Dreyfusprozess wie auch durch den traditonell noch weitverbreiteten Ritualmordaberglauben aufgepeitschen antisemitischen Stimmung wurde der Hilsnerprozeß zum antisemitischen Fanal, in dessen Zuge es in Böhmen und Mähren zu antisemitischen Ausschreitungen kam. Im ersten Prozess selbst, der in Kutná Hora (Kuttenberg) stattfand, wurde Hilsner für schuldig befunden. Die tschechische Nationalbewegung stand zum Großteil auf der Seite der Hrůzas und unterstützte den Antisemitismus, so vertrat Karel Baxa, ein Politiker der tschechisch-nationalen Staatsrechtspartei, die Familie vor Gericht.

In diesem aufgeheizten Klima forderte nun Masaryk in einer Schrift die Wiederaufnahme des Prozesses. Die Schrift wurde zensiert und konnte erst, nachdem sie durch eine Parlamentsrede wieder gegen die Zensur immunisiert worden war, erscheinen. In der Schrift erläutert Masaryk, der rückblickend einmal meinte, er habe während der Hilsneriade ein eigenes Detektivbüro gegründet, warum kriminaltechnisch der Mord sich nicht so, wie die Vertreter der Ritualmordthese behaupten, abgespielt haben könne. Er schreibt:

> »Durch die nachfolgende Analyse des Polnaer Processes will ich nach meinen Kräften die Schande unserer Journalistik wettmachen, die durch lügenhafte und hetzerische Schilderungen der Dreyfus-Affaire uns eine böhmische und österreichische Dreyfusiade bereitet hat, wie der öffentliche Ankläger selbst, und zwar ganz richtig, den Polnaer Process benannt hat. Der Leser wird sich überzeugen, dass in Wirklichkeit der

ganze Polnaer Process unter antisemitischem Hochdruck und dessen Wahnglaube vom Ritualmord sich abgespielt hat.«[13]

Masaryks arbeitet in der Schrift dann in CSI-Manier alle Argumente der Anklage ab und versucht, diese zu widerlegen, wobei er mehr forensisch als ideologiekritisch argumentiert.

Trotzdem löste diese Broschüre einen Sturm der Entrüstung aus, Masaryk wurde als Verräter der Nation gebrandmarkt, der es mit den Juden hielte, und Studenten störten seine Vorlesungen, die für eine Zeit ausgesetzt werden mussten. An einer dieser Vorlesungen, in der Masaryk wegen des Lärms seine Argumente auf die Tafel schreiben musste, kann man, neben der verzweifelten Situation Masaryks, auch dessen Kampfgeist ablesen, die auf der Tafel formulierten Argumente zeigen allerdings ein recht instrumentelles Verständnis Masaryks zum Antisemitismus. Seine Involvierung in die ganze Angelegenheit begründet Masaryk folgendermaßen: »3. ich bin aufgetreten, weil ich (in der Polnaer Angelegenheit) den klerikalen Antisemitismus am Werk erkannte, welchen ich für ein nationales Übel halte.«[14] Der Antisemitismus wird nur als Instrument des Klerikalismus gesehen, was, wie schon oben erwähnt, eine problematische Reduktion desselben darstellt. Bevor aber noch näher auf dieses Problem eingegangen wird, sei kurz der Ausgang des Prozesses skizziert: Masaryk war insofern erfolgreich, als es zu einem neuen Prozess in Písek kam, bei dem zwar Hilsner wieder wegen Mordes zum Tode verurteilt wurde, aber der Fall nicht mehr als Ritualmord behandelt wurde. Hilsners Urteil wurde dann zunächst auf lebenslange Haft gemildert, und 1918 wurde er vollständig begnadigt. Heute geht man davon aus, dass der tatsächliche Mörder der Bruder des Opfers war.[15]

Mit seiner Intervention hatte Masaryk sich den Ruf erworben, ein Kämpfer gegen den Antisemitismus zu sein und blieb in dieser

13 Masaryk, Tomáš Garrigue (1899): Die Nothwendigkeit der Revision des Polnaer Processes. Interpellation Kronawetter im Abgeordnetenhause am 9. November 1899, Wien, S. 1.

14 Hoffmann, Roland J. (1988): T. G. Masaryk, S. 193.

15 Vgl. ebd., S. 199.

Sache auch weiter aktiv. Seine Analyse des Antisemitismus bewegte sich aber weiterhin auf einer instrumentellen Ebene, als Kritik am Antisemitismus als Mittel der Manipulation der Massen durch die Klerikalen.

Masaryk kam auf diese Erklärung immer wieder zu sprechen, am deutlichsten vielleicht in einer späteren Rede auf einer Demonstration 1913 anlässlich eines weiteren angeblichen Ritualmordes, diesmal in Kiev, in der er gegen diesen argumentiert: »Täuschen Sie sich nicht, es gibt im ganzen Antisemitismus und Aberglauben keinen anderen Kern als den Klerikalismus, der von diesem profitiert.«[ck/16]

Masaryks Kampf gegen den Antisemitismus nahm also meist die Form eines Kampfes gegen den Ritualmordaberglauben an, den er immer wieder in Reden und Artikeln angriff. Als Beispiel sei ein Artikel angeführt, in dem Masaryk die Schrift *Das hebräische Pessachfest* Oldřich František Vaněks von 1900 kritisiert, in dem der Autor die Ritualmordlegende dadurch glaubhaft machen will, indem er behauptet, es gäbe eine geheime Sekte innerhalb des Judentums, die an den angeblich in dessen Frühzeit verbreiteten Menschenopfern festgehalten habe, und er seinem Argument durch eine ›historische und ethnologische Erwägung‹, wie der Untertitel seines Buches lautet, einen wissenschaftlichen Anstrich gibt. Masaryk fasst die Argumentation folgendermaßen zusammen:

> »Kurz: Der Hinweis auf eine *unbewiesene und nirgends je aufgefundene geheime Sekte und geheime Schriften* geht zwar mit dem Aufpeitschen breiter Schichten von Menschen zusammen, aber nicht nur der *wissenschaftlich*, sondern überhaupt der denkende Mensch wird nach *Beweisen* für die Behauptungen fragen. Läßt sich doch ohne Beweise alles behaupten, was einem gefällt; aber der gerechte Mensch kann so nicht handeln.«[cl/17]

16 Masaryk, Tomáš Garrigue (1913/2011): Prof. Masaryk o rituální pověře, in: Ders.: Politika vědou a uměním. 1911–1914, Prag, S. 374.

17 Masaryk, Tomáš Garrigue (1901/2011): Dr. O. F. Vaněk, ›Ebrejská slavnost Pesa'h‹. Historická a etnologická úvaha, 1900, in: Ders.: Ideály humanitní a texty z let 1901–1903, Prag, S. 35.

Masaryk versucht also mit rationalen Argumenten gegen den Aberglauben vorzugehen, und er macht das durchaus geschickt, indem er die Argumentationsstrategie Vaněks gegen diesen selbst wendet und so ad absurdum führt:

> »Denn wenn wir die Beweise des Autors näher verfolgen, sehen wir vor allem, dass er mehr zeigte, als er wollte. Denn es ist historisch erwiesen, dass nicht nur die semitischen Völker, sondern auch die Griechen, die Römer und die Germanen im Altertum der Menschenopfer frönten, und bei all diesen Völkern in älteren Zeiten Überreste des Kannibalismus vorkamen; folgt daraus, dass *die heutigen* Griechen, Deutsche und die anderen germanischen Völker, und auch die romanischen Völker geheime Ritualmordsekten haben? Der Logik des Autors zu Folge müßte die Antwort lauten: Ja!«[cm/18]

Im weiteren Verlauf der Argumentation weist Masaryk dann nach, dass Vaněk selbst bei den Bibelzitaten, mit denen er die jüdischen Menschenopfer belegen will, irrt, was Masaryk dazu bringt, ihn mit dem antisemitischen Agitator August Rohling in Verbindung zu brin_gen, der Prager Kanonikus gewesen, und dem vor Gericht nachgewiesen wurde, dass seine antisemitischen Auslegungen des Talmuds ebenso haltlos waren: »Herr Vaněk ging in die antisemitische Schule Rohlings. Er hat alle Fehler seines Meisters.«[cn/19]

Schließlich charakterisiert Masaryk Vaněk und dessen Buch folgendermaßen: »Ich habe die Hauptbeweise Herrn Vaněks widerlegt und seine Methode charakterisiert. Bislang zeichnete sich Herr Vaněk in seinen Arbeiten durch Gewissenhaftigkeit und Fleiß aus, hier aber erlag er vermutlich seinen Antipathien.«[co/20]

Die Linie, der Masaryk hier folgt, ist eine der klassischen Aufklärung. Das unerhellte Vorurteil, die unbegründete Antipathie soll durch logische Argumente widerlegt werden. Allerdings hatten, bei allen Mängeln, diese Interventionen doch eine gewaltige praktische

18 Ebd., S. 35 f.

19 Ebd., S. 37.

20 Ebd.

Bedeutung. Es gab in den böhmischen Ländern eine Polarisierung gegen den Antisemitismus, was die Situation entschieden von der in Österreich unterschied, wo Karl Lueger und Georg von Schönerer das Feld dominierten. Schon während der Störungen der Vorlesungen Masarkys während der Hilsneriade regte sich studentische Kritik an den Störern: »Die Studentské Směry hielten ihren demonstrierenden Kommilitonen sarkastisch vor, daß offenbar der ›německý buršák‹ der deutsche Burschenschaftler, zu ihrem ›Ideal‹ geworden sei.«[21]

Vor allem aber wurde dadurch, dass Masaryk, der einst wegen seiner Position zum Antisemitismus als Verräter Beschimpfte, 1918 als Staatsgründer und erster Präsident der Tschechoslowakischen Republik aus dem Exil zurückkehrte, Antisemitismus im öffentlichen Diskurs zu einer materia non grata. Hier sind sich auch die Autoren, die Masaryk eher kritisch gegenüberstehen, einig: So meint Jan Láníček, der auf die antisemitischen Stereotype bei Masaryk hingewiesen hat: »Thanks to the political and moral leadership of Masaryk and Beneš, public pronunciation of anti-Semitism became for the most part politically unacceptable.«[22] Besonders augenfällig wird das im Fall von Karel Baxa, der ja der antisemitische Gegenspieler Masaryks beim Polnaer Prozess gewesen war. Nach der Staatsgründung wurde dieser auch durch Stimmen der Židovská Strana, einer jüdischen Partei, Primator (Oberbürgermeister) von Prag. All das heißt natürlich nicht, dass es in der ersten Tschechoslowakischen Republik keinen Antisemitismus gegeben hätte, aber durch die Vorbildwirkung und auch die bewußte Politik Masaryks und Benešs, antisemitische Parteien und Bewegungen nicht hochkommen zu lassen, wurde der Antisemitismus an den Rand gedrängt. So konnten sich in der Zeit der Ersten Republik mehrere Strömungen innerhalb des tschechoslowakischen Judentums entwickeln, die trotz deren organisatorischer Vielfalt von Kateřina Čapková in drei Großgruppen eingeteilt werden: Sich an der deutschen Kultur orientierende Juden, die sich an der tschechischen und tschecho-

21 Hoffmann, Roland J. (1988): T. G. Masaryk, S. 196.

22 Láníček, Jan (2013): Czechs, S. 10.

slowakischen Kultur orientierende Juden, und schließlich Zionisten verschiedenster Couleur.[23]

Es gab zwar eine spezifische Ausprägung des tschechischen Antisemitismus, der gerade in den deutsch sprechenden Juden Agenten des deutschen Nationalismus sah, und auch der tschechische Faschismus war immer schon zutiefst antisemitisch. So forderte zum Beispiel die NOF[24] in ihrem Programm ein »Judengesetz«[25]. Aber all diese Bewegungen konnten erfolgreich politisch marginalisiert werden. Gleichzeitig konnte diese Politik, auch mangels eines Begriffs des Antisemitismus, nicht verhindern, dass der Antisemitismus in krisenhaften Zeiten wieder aufbrach, da sie den Antisemitismus zwar zu verurteilen, aber nicht theoretisch zu fassen wusste. Der Zusammenhang zwischen den grundlegenden ökonomischen und politischen Formen der modernen Gesellschaft, wie diese fetischisiert als Natureigenschaften erscheinen und dem modernen Antisemitismus, als einer »besonders gefährlichen Form des Fetisch«,[26] bleibt unergründet. Damit wird aber auch die Gefahr des Antisemitismus unterschätzt, die darin liegt, »daß er eine umfassende Weltanschauung liefert, die verschiedene Arten antikapitalistischer Unzufriedenheit scheinbar erklärt und ihnen politischen Ausdruck verleiht.«[27] Lässt sich dieses Angebot zur Regression der Individuen in Zeiten der ›normalen‹ Reproduktion von Staat und Kapital noch ›unterdrücken‹, so wird das, sobald die Krise offen zu Tage tritt, kaum mehr möglich.

23 Vgl. Čapková, Kateřina (2013): Češi, Němci, Židé? Národní identita Židů v Čechách 1918 až 1938, Prag, S. 21ff.

24 Die schon im Kapitel II erwähnte *Národní obec fašistická,* die Nationale Faschistische Gemeinde.

25 Vgl. Pejčoch, Ivo (2011): Fašismus, S. 69.

26 Postone, Moishe (1979/2005): Antisemitismus und Nationalsozialismus, in: Ders.: Deutschland, die Linke und der Holocaust. Politische Interventionen, Freiburg i. Br., S. 192.

27 Ebd.

## 2 Probleme eines instrumentellen Begriffs des Antisemitismus

So stößt, wie zu Beginn dieses Kapitels schon angedeutet, der instrumentell-aufklärerische Begriff von Antisemitismus an seine Grenzen, wird er nicht zur radikalen Gesellschaftskritik. Detlev Claussen hat dieses Problem besonders deutlich gemacht: »Seit Beginn der Aufklärungsepoche hält der gemeine Menschenverstand, der sich rational gibt, den Antisemitismus für eine Angelegenheit von gestern.«[28] Denn die Antisemiten ließen sich, um mit Masaryk zu sprechen, von ihren traditionellen Antipathien leiten, ohne wie ein moderner, aufgeklärter Mensch an den Sachverhalt heranzugehen, oder würden einfach, wie der Klerikalismus, der Moderne entgegenstehenden Interessen und Privilegien verteidigen.

Claussen argumentiert nun, dass das zwar nicht gänzlich falsch sei, dass allerdings der moderne Antisemitismus selbst schon eine Reaktion auf die Moderne sei. Die »Alltagsreligion des Antisemitismus«[29], sei eine potenzierte Form des Fetischismus, der in allen Grundkategorien der modernen bürgerlichen Gesellschaft inhärent sei, und der dafür sorge, dass gesellschaftliche Bestimmungen als natürliche erscheinen. Claussen versucht auch zu erklären, woher denn, gerade in Zeiten des Übergangs von traditioneller, personengebundener Herrschaft zur modernen, anonymen Herrschaft, der Eindruck des Antisemitismus als eines reinen Instruments der Herrschenden kommt:

> »Die Dynamik des Antisemitismus wird nur verständlich durch die Formwechsel der Herrschaft, wie im Übergang vom traditionellen zum modernen zu sehen ist. In beidem ist ein instrumentelles Verhältnis der jeweils Herrschenden nicht zu übersehen. Dies hat die traditionelle marxistische Theorie dazu verführt, ihn als Werkzeug, nicht als sozial verankerte Bewußtseinsform, zu begreifen, die tiefer fundiert ist im

28 Claussen, Detlev (1987): Grenzen der Aufklärung. Zur gesellschaftlichen Genese des modernen Antisemitismus, Frankfurt a. M., S. 23.

29 Ebd., S. 22.

Bewußtsein und Unbewußten der Massen als die Argumente antisemitischer Agitatoren in der Realität.«[30]

Was Claussen hier an der marxistischen Theorie kritisiert, ließe sich auch von der aufklärerischen Masaryks sagen. Dabei liegt Masaryk in seiner Kritik nicht einmal ganz falsch. Denn gerade in den Kämpfen um die Hilsneraffäre spielten Interessen der von der Modernisierung bedrohten feudalen Klassen der Habsburgermonarchie, deren quasi natürlicher Verbündeter die Kirche war, eine große Rolle. Die von Aufklärung und Moderne, gar Sozialismus ›bedrohten‹ Massen sollten wieder an Kirche und Thron gebunden werden. Auch hier sei auf Massings Buch *Rehearsal for Destruction*[31] verwiesen, der am Beispiel des deutschen Antisemitismus der Jahrhundertwende den noch viel stärker vorhandenen instrumentellen Charakter dieser Massenbewegungen hervorstreicht. Aber wie der Buchtitel schon andeutet, ist diese instrumentelle Phase nur der Auftakt, der in der Vernichtung um ihrer selbst willen endet, die dann jeden instrumentellen Charakter abstreift.

So kann man aber heute nicht mehr bei einer Betrachtung auf dieser instrumentellen Ebene stehen bleiben, da klar ist, dass der Antisemitismus eine Dynamik entwickelt, die diese instrumentelle Logik sprengt:

> »Bliebe der Fetischismus das Bestimmende, verharrten die Menschen in der ökonomischen Logik von Zweck und Mittel. Beim Antisemitismus trifft das nur für die traditionellen Eliten zu, die ihn als Herrschaftsmittel einsetzen, nicht jedoch für die Nazis, die von der rationalen Zweck-Mittel-Relation nichts mehr wissen wollen. An der ›Endlösung‹ wurden keine großen Summen verdient, wie das in der Phase der ›Arisierung‹ noch der Fall war. Dem militärischen Kampf, der Logik des Krieges, wurden wichtige Mittel entzogen, vor allem die Eisenbahnen. Die Verantwortlichen hatten längst einen anderen ›Endsieg‹ vor Augen.«[32]

30 Ebd., S. 28.

31 Vgl. Massing, Paul (1959): Vorgeschichte des politischen Antisemitismus.

32 Claussen, Detlev (1987): Grenzen der Aufklärung, S. 29.

Der Antisemitismus sprengt diese Zweck-Mittel-Relation und wird gerade dadurch zur Grenze der Aufklärung.

Masaryk befand sich hier nun genau an der Schnittstelle dieser Entwicklung. Er war als scharfer Kritiker des Antisemitismus der Jahrhundertwende zwar ein Grenzwächter der Aufklärung, die weitere Entwicklung des Antisemitismus zum Vernichtungswahn als Selbstzweck ließ ihn aber auf verlorenem Posten stehen.

Allerdings gab es auch immer wieder Momente, in denen die Schocks, die den Grenzwächter ereilten, der ja ein wacher Beobachter der Gesellschaft blieb, diesen daran zweifeln ließen, dass mit einer rationalen Widerlegung des Antisemitismus dieser erledigt sei. Insofern sich Masaryk die eigne Erfahrung nicht austreiben ließ, schimmerten immer wieder Erkenntnisse über das Wesen des Antisemitismus durch.

Gerade das somatische Moment, der körperliche Widerwille scheint bei Masaryk ein Zeichen gewesen zu sein, dass sich der Antisemitismus nicht nur mit seiner logischen Widerlegung aus der Welt schaffen lässt. So berichtet er in einem späteren Text, in dem er sich an die Hilsneraffäre erinnert:

> »Ungern, mit innerem Widerstand erinnere ich mich an die Kämpfe wegen meines Auftretens in dem Prozeß gegen Hilsner, weil sie grob, direkt barbarisch waren; Damals ergab sich nicht nur die Studentenschaft, sondern auch die Universität dem kulturlosen Druck der antisemitischen Straße [...] Ich sehe die verstörten Gesichter meiner verschiedenen Bekannten, ich erinnere mich, wie sie mir auswichen, wie sie mir den antisemitischen Klerikalismus ›klarmachen‹ wollten – Erinnerungen, die heute noch bedrücken und den Geist ermüden [...].«[cp/33]

Hier kündigt sich an, dass der Antisemitismus als »sozial verankerte Bewußtseinsform«[34] sich nicht nur auf eine Rolle als Werkzeug der

33 Masaryk, Tomáš Garrigue (1914/2011): Ty židovské peníze, in: Ders.: Politika vědou a uměním. 1911–1914, Prag, S. 387.

34 Claussen, Detlev (1987): Grenzen der Aufklärung, S. 28.

Herrschaft beschränken lässt, sondern dass es in ihm Kultur und Zivilisation selber an den Kragen geht.

Schließlich dürften Masaryk auch Zweifel an der instrumentellen Funktion des Antisemitismus gekommen sein, als er sich mit dem Nationalsozialismus konfrontiert sah, auch wenn das nie in einer kohärenten Form ausformuliert wurde. Aber in seiner Rezension von *Mein Kampf*, die er unter Pseudonym 1933 veröffentlichte, um in seiner bewährten Manier gegen das Machwerk zu argumentieren, stößt er darauf, dass der Antisemitismus der Nazis wirklich zum geschlossenen Wahnsystem wird, der hinter allem ›den Juden‹ stehen sieht, und von einer instrumentellen Verdeckung eigentlicher Interessen nicht mehr die Rede sein kann. Alles läuft auf den Antisemitismus hinaus:

> »Hitlers politische Position ist bis jetzt schon ziemlich einfach bestimmt, denn er kennt nur zwei Feinde, Todfeinde: Frankreich ist sein äußerer Erzfeind, und der Marxismus der innere. Aber weil er den Westen in der Nat. Soz. Politik ausdrücklich missachtet, bleibt einzig ein Feind, der Marxismus. Weil weiter der Marxismus für Hitler nichts anderes als das Judentum bedeutet, bleibt als eigentliches politisches Aktionsprogramm nur der Antisemitismus.«[cq/35]

Hier stößt Masaryk darauf, dass der Antisemitismus mehr ist als bloßes Werkzeug, sondern dass für den Antisemiten die Juden wirklich die »Gegenrasse, das negative Prinzip als solches«[36] sind. Dass der Nationalsozialismus in industriellem Maßstab damit Ernst machte, dass »von ihrer Ausrottung […] das Glück der Welt abhängen (soll)«[37] erlebte Masaryk nicht mehr. Mit dieser Situation sah sich sein Nachfolger Beneš konfrontiert, der über weite Strecken Masaryks instrumentellen Begriff des Antisemitismus teilte.

35 Masaryk, Tomáš Garrigue (1933/1997): Masarykova recenze Hitlerovy knihy Mein Kampf, in: Ders.: Cesta demokracie IV, Prag, S. 351.

36 Adorno, Theodor W. / Horkheimer, Max (2003): Dialektik der Aufklärung, S. 197.

37 Ebd.

## 3 Beneš: Grenzen der Aufklärung, Grenzen des Pangermanismus

Auch Beneš war in der Öffentlichkeit als Gegner des Antisemitismus bekannt, so war er zum Beispiel Mitglied der LICRA (Ligue Internationale Contre le Racisme et l'Antisémitisme).[38] Und wie auch Masaryk, der als erstes europäisches Staatsoberhaupt den Yishuv, die jüdische Gemeinde im damaligen Mandatsgebiet besuchte, hatte er Sympathien für den Zionismus, die nationale Emanzipationsbewegung der Juden, in der er, der selbst an der Gründung der Tschechoslowakischen Republik beteiligt gewesen war, ein ähnliches Projekt erblickte. Folgende Episode bestätigt das: Nachdem er in das Amt der Präsidenten gewählt worden war, empfing Beneš eine Delegation aus Vertretern der verschiedenen jüdischen Organisationen. Das Prager *Tagblatt* berichtet über dieses Treffen:

> »Der Herr Präsident bedankte sich für die Glückwünsche der Delegation [zur erfolgten Wahl, FR] und verkündete, es sei ihm bewusst, dass die jüdische Minderheit in der Tschechoslowakischen Republik loyal auf der Seite der tschechoslowakischen Demokratie stünde. [...] Er ergänzte: ›Es ist Ihnen bekannt, welche meine Politik gegenüber der jüdischen Wiedergeburt war, solange ich Außenminister war. Ich versichere Ihnen, dass ich diese Linie konsequent in meinem neuen Amt verfolgen werde. Die Schaffung einer jüdischen Heimstatt wird sich segensreich auf die Stellung der Juden in der Welt auswirken und die Ablehnung beseitigen oder mildern, unter der die Juden in manchen Ländern leiden.‹«cr/[39]

Aber auch bei Beneš herrschte die Vorstellung vor, der Antisemitismus sei hauptsächlich ein Vorurteil, das mit Erziehung zu lösen sei, da es durch unaufgeklärte Tradition hervorgerufen werde. Konfrontiert mit dem Nationalsozialismus sah er zwar die Zentralität des Antise-

38 Vgl. www.repclub.at/2016/10/25/licra-osterreich/, 11. 1. 2017.

39 Beneš, Edvard (1936/2006): Projev k zástupcům židovských organizací, in: Ders.: Projevy – články – rozhovory, Prag, S. 84 f.

mitismus für das Regime, wie er ja in seiner Analyse des Nationalsozialismus ausführte. Aber sein unzureichender Begriff verstellte ihm die Sicht auf die mörderische Dynamik, die in der antisemitischen Vernichtung endete. Auch in anderer Hinsicht unterschätzte Beneš den Antisemitismus: Da er ihn als hauptsächlich aus der Tradition hervorkommen sah, nicht als eine Basiskategorie der modernen Gesellschaft, hielt er die tschechoslowakische Gesellschaft vielleicht für widerstandsfähiger gegen den Antisemitismus, als sie sich in Wirklichkeit erwies.

Dieser blinde Fleck hat zu dem Vorwurf geführt, die gesamte Politik gegen den Antisemitismus bei Masaryk und Beneš sei nur ein taktisches Manöver gewesen, der Weltöffentlichkeit einen ›democratic myth‹ vorzuspiegeln, ein Bild einer gegen den Antisemitismus immunen, demokratischen Tschechoslowakei.[40] Jan Láníček, der diese Position vertritt, trifft zwar insofern einen Punkt, als er auf einige Probleme hinweist, die sich aus dem mangelhaften Begriff von Antisemitismus ergeben, wenn er allerdings die Aktionen der Exilregierung gegen den Antisemitismus als bloße taktische Manöver und als »propaganda game«[41] abtun will, oder gar als Form verdrucksten Antisemitismus, der sich mit vermeintlich mächtigen Lobbys gut stellen will, schießt er über das Ziel hinaus.

Man tut Beneš wohl unrecht, wenn man die Ernsthaftigkeit seiner Ablehnung des Antisemitismus in Zweifel zieht. Es gab auch genug Momente, in denen der Kampf gegen den Antisemitismus keine taktischen Vorteile brachte, und in der er sich durchaus kritisch jüdischen Organisationen gegenüber zeigte – allerdings, weil diese nicht konsequent genug gegen den Antisemitismus vorgehen würden. Avigdor Dagan beschreibt das in einer besonders eindrucksvollen Episode:

> »Nahum Goldmann, a founder and eventually president of the World Jewish Congress, himself recalls in his autobiography how, only a few

40 Vgl. Láníček, Jan (2013): Czechs, S. 190.

41 Láníček, Jan (2008): ›To Get a Refusal Would Result in an Unfortunate Loss of Prestige‹: The Czechoslovak Government-in-Exile and the Holocaust, in: Holocaust Studies, Vol. 14 No. 3, S. 135.

days after the promulgation of the Nuremberg Laws, Beneš, who was then Czechoslovakia's Minister of Foreign Affairs, had asked him to visit him at his hotel in Geneva, ›where for two hours he [Beneš] reproachfully demanded to know why we the Jews did not react on a grand scale, why my friends and I did not immediately call an international Jewish congress and declare all-out war on the National-Socialist regime.‹ He assured me that he and many other non-Jewish statesmen would give us their full support. ›Don't you understand‹, he shouted, ›that by reacting with nothing but halfhearted gestures, by failing to arouse world public opinion and take vigorous action against the Germans, the Jews are endangering their future and their human rights all over the world? If you go on like this, Hitler's example will be contagious and encourage all the anti-Semites throughout the world.‹«[42]

Schließlich beschreibt Dagan noch den Eindruck, den dieser Auftritt bei Goldmann hinterließ: »›I have never felt so uncomfortable and ashamed as I did during these two hours.‹ Goldmann adds, ›I knew Beneš was right.‹«[43]

Und auch viele Aktivitäten Benešs im Exil wurden nicht an die große Glocke gehängt, wie zum Beispiel seine Empfehlungsschreiben für Vladimir Jabotinski, die Beneš diesem auf dessen letzte Amerikareise, auf der dieser dann verstarb, mit auf den Weg gab. Jabotinski bedankte sich in einem Brief vom 6. Februar 1940: »I am most grateful to you for the three really useful letters which you kindly sent me. […] Believe me, I am both touched and honoured by the readiness with which you have extended your assistance to us.«[44]

Oft läuft Láníčeks Kritik auch nur darauf hinaus, dass Beneš als Politiker eben an eine Staatsraison gebunden war. Hier zeigen sich natürlich Grenzen des aufgeklärten, kosmopolitischen Nationalismus Benešs, da dieser das totalitarisierende Potential des Antisemitismus unterschätzte.

42 Dagan, Avigdor (1984): The Czechoslovak Government-In-Exile and the Jews, in: Ders. (Hg.): The Jews of Czechoslovakia. Historical Studies and Surveys, Volume III, Philadelphia, S. 457.

43 Ebd.

44 Brief Jabotinsky an Beneš, 6. 2. 1940, MÚA, EB II, ič 2360, Karton 382, o. S.

Für ihn war Antisemitismus mit der Republik und Demokratie schlicht unvereinbar, als Bürger der Tschechoslowakischen Republik verbat sich Antisemitismus von selbst. Beispielhaft dafür war seine Reaktion, als es in der Exilarmee zu antisemitischen Akten gegen jüdische Soldaten kam. In einer Ansprache an die versammelten Soldaten findet sich folgende Stelle:

> »Ich höre, dass man sage, es gebe hie und da Antisemitismus. Unser Mann ist kein Antisemit und wird es auch nicht. Masaryk sagte, der Antisemitismus ist viehisch und barbarisch. In einer tschechischen Umgebung gibt es keinen Antisemitismus und es wird keinen geben, aber es ist natürlich, dass in der heutigen zerissenen Zeit und bei solchen verständlichen Empfindlichkeiten vor allem in diesem schweren Augenblick man auf das Rassenproblem stößt und daraus Streit und Kämpfe entstehen – und man dann oft unkritisch von Antisemitismus in der Armee spricht. Es ist notwendig, dass beide betroffenen Parteien immer vorsichtig und tolerant sind, dass menschliches Verstehen am höchsten steht, und wieder niemals vergessen wird, dass sie Soldaten derselben Armee sind, sie kämpfen für dieselbe gemeinsame Sache und sie müssen immer das suchen, was vereint, und niemals das, was trennend sein könnte.«[cs/45]

Sicherlich spielt bei diesen Aussagen mit, dass Beneš um das Image der Exilarmee und deren Zusammenhalt besorgt war, und er so dazu tendiert, den Antisemitismus zu verniedlichen und fast in ein Missverständnis zu verwandeln, aber sie verweisen auch auf ein tieferes Problem. Einerseits sah sich Beneš von seinem Selbstverständnis her verpflichtet, klare Worte zu finden, andererseits hinderte seine instrumentelle Theorie des Antisemitismus ihn daran, die Mechanismen des Antisemitismus zu durchschauen, zu erkennen, welchen psychologischen Gewinn der Antisemit hat. Daher schien ihm Antisemitismus ein reines Vorurteil zu sein, das man mit ein wenig Kennenlernen und Diskussion aus der Welt schaffen könne, dementsprechend befür-

45 Beneš, Edvard (1940): Vojáci československé Republiky!, NM, NAD 105, ič 587, Karton 55, S. 7 f.

wortete Beneš Bildungsprogramme, »to educate everyone to refrain from any kind of conduct that may have even an apparent hint of anti-Semitism.«[46]

Auch an die systematische Vernichtung der Juden wollte Beneš zunächst nicht glauben. Als über den Sommer 1942 die ersten Nachrichten über den deutschen Plan zur Ausrottung aller Juden ins Ausland sickerten, wandten sich zwei Vertreter des World Jewish Congress (WJC) an Beneš, der als Experte für Osteuropa mit einem guten Informationsnetzwerk galt, um zu erfahren, was dessen Meinung zu der Authentizität dieser Nachrichten sei. Beneš stand vor dem Problem, dass durch die Verfolgungen nach dem geglückten Attentat auf Reinhard Heydrich sein Informationsnetzwerk kaum noch existent war. Trotzdem, wohl um genau diesen Ruf nicht aufs Spiel zu setzen, antwortete er im September 1942:

> »According to my reports there seem to be no positive indications that the Germans should be preparing a plan for a wholesale extermination of all the Jews. From the reports which I have at present in hand, it appears that such a plan does not exist and I therefore cannot give you any confirmation of the information which you received in this matter. This, of course, does not mean to say the Germans are not going perhaps to proceed against the Jews with ever growing brutality. In fact, the more they see that they themselves are lost, the more will their fury and their terror increase – against Jews as well as against the other subjected people.«[47]

Der deutsche Vernichtungsantisemitismus wird hier nicht als Vernichtung mit einer wahnsinnigen Perspektive auf Welterlösung gesehen, sondern als allgemeiner Terror. Es wurde schon öfter darauf hingewiesen, dass Beneš sich in seinen Analysen des Nationalsozialismus

46 Sedlická, Magdalena (2013): Examples of Anti-Semitism in the Czechoslovak Foreign Army in Great Britain during the Second World War, in: Judaica Bohemiae, 48–2, 2013, S. 63.

47 Dagan, Avigdor (1984): The Czechoslovak Government-In-Exile and the Jews, S. 466.

immer wieder denen von Franz Neumann annäherte. Das trifft auch auf den problematischen Antisemitismusbegriff Neumanns zu, der von einer ›spearhead‹-Theorie des Antisemitismus sprach: Die Juden seien nur der Anfang und von den Nationalsozialisten als schwächstes Opfer ausgesucht worden, um Techniken des Terrors und der Repression zu proben. Noch 1943 formulierte er:

> »The expropriation of the Jews for instance, is followed by that of the Poles, the Czechs, Dutchmen, Frenchmen, anti-Nazi Germans, and middle classes. [...] Not only Jews fall under the executioner's ax but countless others of many races, nationalities, beliefs and religions. Anti-Semitism is thus the spearhead of terror. The Jews are used as guinea pigs in testing a method of repression.«[48]

Damit wird auch klar, dass das Problem einer instrumentellen Auffassung des Antisemitismus nicht nur ein Problem von Masaryk und Beneš war, sondern allgemein eine Barriere gegen das Begreifen dessen, was die Nationalsozialisten umtrieb, darstellte.[49]

Die Analyse des deutschen Sonderwegs, die Beneš im Kern in seiner Kritik des Pangermanismus lieferte, war zwar, wie schon gezeigt wurde, höchst produktiv für eine Analyse des Nationalsozialismus, beim Antisemitismus, der sich nicht einfach über den Sonderweg erklären lässt, sondern der als »Alltagsreligion der bürgerlichen Gesellschaft«[50] auf die allgemeine Konstitution der modernen Gesellschaft verweist, zeigen sich aber die Grenzen dieser Analyse.

Gleichzeitig war Benešs aufgeklärter Nationalismus auch der Grund für die Unterstützung des Zionismus, der als nationale Befreiungsbewegung der Juden verstanden wurde, und für mehrere Versuche,

48 Neumann, Franz (1943/2013): Anti-Semitism: Spearhead of Universal Terror, in: Laudani, Raffaele: Secret Reports on Nazi Germany, S. 28.

49 Vgl. Ruttner, Florian (2014): Relieving the Chairborne Division. Über die Kritische Theorie im OSS und ihre Kritiker, in: Dahlmann, Manfred / Scheit, Gerhard (Hg.): sans phrase. Zeitschrift für Ideologiekritik, Heft 4, Frühjahr 2014.

50 Claussen, Detlev (1987): Grenzen der Aufklärung, S. 23.

Juden während des Zweiten Weltkriegs aus Europa zu evakuieren, die allerdings scheiterten. Wie problematisch die Reaktionen der Exilregierung auch auf die Nachrichten von der systematischen Vernichtung des europäischen Judentum waren, vergleicht man sie mit der Reaktion der deutschen Sozialdemokraten im Exil, so heben sich erstere eindeutig positiv von letzteren ab. Als im Sommer 1942 Szmul Zygielbojm, ein Vertreter des jüdischen, sozialistischen Bunds, seinen deutschen Genossen einen Bericht über die anlaufende Vernichtung überbrachte, war die Reaktion in erster Linie kaum vorhanden. Der Historiker David Bankier fasst zusammen:

> »Nevertheless, it is remarkable that neither this report nor any other discussion on the persecution of Jews was ever included in the agenda of the Union's [gemeint ist die Union of German Social Democrats in Great Britain, FR] executive committee. In fact the Bund report elicited no response at all, and as the archival evidence indicates, its back pages merely served its chairman Hans Vogel to write his speeches.«[51]

51 Bankier, David (2001): Responses of Exiled German Socialists in the USA and the UK to the Holocaust, in: The Journal of Holocaust Education, Vol. 10, No. 1, S. 4.

# 4 Der Kampf gegen den Antisemitismus in Jan Masaryks Radioansprachen

Das Problem des mangelnden Begriffs von Antisemitismus und zugleich den Versuch, gegen diesen etwas zu unternehmen, kann man auch anhand der Radioansprachen des Außenministers der Exilregierung, Jan Masaryk nachzeichnen. Diese Ansprachen waren als Kommunikationsmittel nicht zu unterschätzen. Der Historiker Chad Bryant beschreibt deren große Reichweite und Effektivität dieser Sendungen, die auch den Behörden im Protektorat Kopfzerbrechen bereiteten, folgendermaßen:

> »Listening constituted a way of acting Czech, as did spreading reliable news about foreign events to friends the next day. Crucially, it established bonds between Beneš and many loyal Czechs. ›The decisive means of communication (between London and the Protectorate) remains the radio. The rumors that arise among the population and even the mood of the Czechs can in most cases be traced back to radio broadcasts of the previous day‹ Neurath's [des Reichsprotektors Konstantin von Neuraths, FR] office concluded in April 1940. ›People everywhere are listening to the London broadcasts, and everything that the radio says is immediately known throughout the Protectorate‹, a London informant confirmed.«[52]

Das Problem dieser Ansprachen war, dass sie zwar die Bevölkerung in der Heimat aus dem Exil informieren sollte, allerdings auch nicht zuviel Angriffsfläche für die nationalsozialisitische Gegenpropaganda bieten sollte. In dieser war ein zentrales Thema die antisemitische Vorstellung, dass der Krieg der Alliierten und damit auch der Exilregierung eigentlich für die Juden geführt würde. Seit 1941 war die *Aktion Viktoria* angelaufen, eine Propagandaaktion, bei der in allen Städten des Protektorats große *V*s an zentralen Punkten angebracht

52 Bryant, Chad (2007): Prague in Black. Nazi Rule and Czech Nationalism, Cambridge (Mass.), S. 94.

wurden, die von Plakaten begleitet wurden wie dem folgenden: »Das Reich siegt für Europa an allen Fronten gegen die Juden, die Plutokratie, den Bolschewismus.«[ct/53] Jede Unterstützung der verfolgten Juden konnte als Beweis dafür, dass eigentlich die Juden hinter dem Weltkrieg stecken, ausgelegt werden. Das ließ Aufrufe in diese Richtung ein problematisches Unterfangen werden, auch Informationen über die industrielle Massenvernichtung liefen Gefahr, für übertriebene Propaganda gehalten zu werden. Umso bemerkenswerter ist, dass kurz nachdem die Shoah offiziell auf alliierter Seite bekannt geworden war, Jan Masaryk in einer von seinen Radioansprachen an die Heimat genau dazu aufrief. Am 9. Dezember 1942, also drei Monate, nachdem Beneš noch keinen »plan for a wholesale extermination of all the Jews«[54] ausmachen konnte, verlautbarte er:

> »Und nun ein Wort zur allerneuesten Phase der sogenannten Judenfrage. Hitlers antijüdischer Wahnsinn steigt proportional mit sich nähernder Niederlage. Ich habe sichere Informationen über grauenhafte Massaker. Tschechen und Slowaken müssen alles tun, was in ihrer Macht ist, um das Leben ihrer jüdischen Mitbürger zu erleichtern.«[cu/55]

Wie wichtig ihm dieser Punkt war, wird noch dadurch unterstrichen, dass er am Ende des auf Tschechisch gesprochenen Teils der Rede noch einmal daran erinnerte: »Gute Nacht, und vergesst nicht, was ich euch über die Juden gesagt habe. Ihr wißt gut, dass ich nicht ein Wort davon übertrieben habe.«[cv/56] Im zweiten, auf Slowakisch gesprochenen Teil geht Masaryk noch ausführlicher auf Deportationen ein, wohl auch, weil er wusste, dass nicht nur in der Slowakei mehr Juden lebten, sondern auch, weil es dort traditionell einen stärkeren Antisemitismus gab:

53 Dvořák, Jiři / Kovář Daniel et al. (2016): České Budějovice pod hákovým křížem, Prag, S. 27.
54 Dagan, Avigdor (1984): The Czechoslovak Government-In-Exile and the Jews, S. 466.
55 Masaryk, Jan (1948): Volá Londýn, S. 211.
56 Ebd.

»Und jetzt wieder ein Wort an euch, slowakische Brüder. Eure lächerliche Regierung hat die Frechheit, damit anzugeben, wie gut sie die jüdische Frage gelöst habe. Es gibt sogar bei euch Schriftsetzer und Redakteure, die in den Zeitungen plumpe erlogene Artikel veröffentlichen, wie zufrieden die slowakischen Juden in den polnischen Ghettos leben. Das ist ein widerlicher, himmelschreiender Zynismus. Ich warne feierlich jeden Slowaken, der diese tierische Mentalität unterstützt und hilft, unsere jüdischen Mitbürger in den sicheren Tod zu schicken.«[cw/57]

Masaryk warnt auch nachdrücklich Ariseure in seiner Rede: »Es gibt sogar eine Reihe von Slowaken, das heißt Pseudoslowaken, die sich zu Lasten dieser unschuldigen Märtyrer bereichert haben, die in deren Häuser einziehen und von geraubtem Eigentum leben. [...] Auf Diebstahl während der Schlacht steht die Todesstrafe.«[cx/58]

Zum ersten Mal erwähnt er in dieser Ansprache auch die Dimension der Zahl der Ermordeten und versucht, die Slowaken zum Widerstand zu animieren:

»Es scheint, dass Millionen Juden umgebracht werden. Ihr wisst, dass ich den Antisemitismus immer verurteilt habe. Aber heute ist jedes Anzeichen von Antisemitismus, jetzt, wo diese kleine, geringe, frierende, sterbende, geschändete Minderheit auf Gedeih und Verderb den deutschen Antichristen ausgeliefert ist, in solchen Zeiten ist sogar ein Anzeichen von Antisemitismus ein Beweis schändlicher und ekeliger Feigheit.«[cy/59]

Die Bezeichnung ›Antichristen‹ für die Deutschen ist wohl mit Bedacht gewählt und spekulierte auf den starken Katholizismus in der Slowakei, der ja auch vom Tisoregime vor sich hergetragen wurde. Dementsprechend weist Masaryk auch auf die Rolle der katholischen Kirche in Frankreich hin, die jüdische Kinder versteckte, und die sich die Slowaken zum Vorbild nehmen sollten:

57 Ebd., S. 211 f.

58 Ebd., S. 212.

59 Ebd.

»Er [der katholische Klerus, FR] versteckte jüdische Kinder in Klöstern und in Kirchen und tat alles, damit diese Schande nicht mit dem Namen der christlichen Franzosen in Verbindung gebracht werde. Das ist jetzt auch eure Pflicht, Slowaken, und so mancher, um dessen Kopf es geht, könnte sich noch retten, wenn er beweist, dass er sich bemühte, den Ärmsten der Armen zu helfen.«[cz/60]

Man kann bei Masaryks Ausführungen natürlich kritisieren, dass sie hilflos und zu wenig waren, und die Bezeichnung ›Massaker‹ immer noch hinter der Realität der industriell organisierten Massenvernichtung in Gaskammern zurückblieb. Aber die direkte Aufforderung, den Juden zu helfen, dazu Drohungen an diejenigen, die sich am Massenmord beteiligen (verbunden mit dem Hinweis, dass eine Beteiligung an einer Rettung noch die eigene Situation verbessern könne), war mehr, als viele andere Exilregierungen und -gruppen bereit waren, zu tun. Und auch wenn es mit den Ansprachen kaum einen direkten kausalen Zusammenhang gibt, die Argumente Masaryks, eine Mischung aus einem Appell an den Katholizismus und Drohungen, was geschehen würde, wenn man sich ganz den Deutschen verschreibt, war es auch, die das Tisoregime bewogen, Ende 1942, nach einer ersten Welle, die im Frühling 1942 begonnen hatte, die Deportationen nach Polen auszusetzen. Dieser Zustand wurde bis zur Niederschlagung des Slowakischen Aufstands 1944, als die Deutschen der Illusion der slowakischen Eigenstaatlichkeit endgültig ein Ende bereiteten, aufrechterhalten.[61] Die größte Chance für Juden, zu überleben, blieb die Illegalität, und bei der Unterstützung der Untergetauchten spielten gerade niedere Ränge der kirchlichen Hierarchie eine wichtige Rolle.[62]

Am 29. September 1943 kam Jan Masaryk auf das Thema des Antisemitismus zurück:

60 Ebd.

61 Vgl. Lipscher, Ladislav (1984): The Jews of Slovakia: 1939–1945, in: Dagan, Avigdor (Hg.): The Jews of Czechoslovakia. Historical Studies and Surveys, Volume III, Philadelphia, S. 194 ff.

62 Vgl. Ebd., 242.

»Unsere Generation war dazu ausersehen, am schrecklichen Schicksal der Juden belehrt zu werden, wohin Antisemitismus führt. Und ich möchte euch heute sagen, dass der deutsche Antisemitismus nur der erste Ausdruck des deutschen Appetits, andere zu beherrschen und auszurotten war und ist.«[da/63]

Hier bricht sich die instrumentelle Theorie des Antisemitismus Bahn, als Masaryk, sicher auch aus agitatorischen Rücksichten, eine Version der ›spearhead‹-Theorie des Antisemitismus formuliert. Bei Masaryk hört sich das dann so an:

»Aber, wie wir gelernt haben – grausam gelernt haben – kamen nach den Juden die Sozialdemokraten an die Reihe, die Priester, die Intellektuellen, und nachdem Hitler mit diesen Verfechtern der Freiheit und des Fortschritts fertig geworden war, stürzte er sich auf uns, auf die Polen, die Belgier, die Holländer, die Norweger, die Franzosen, die Jugoslawen, Griechen und Russen. Mit dem Antisemitismus begann es, und als Weltkrieg endete es. Das müssen wir heute klar begreifen.«[db/64]

Auch wenn dieser Versuch, sich die Shoah, die Vernichtung als Selbstzweck, als Herrschaftstechnik mit einer doch irgendwie rationalen Agenda zurechtzulegen, nicht an diese heranreicht, so ist doch klar erkennbar, welches Ziel Masaryk in seinen Radioansprachen an die Heimat verfolgte. Er versuchte, denjenigen, die dem Antisemitismus noch nicht ganz verfallen waren, vorzurechnen, dass sich Antisemitismus nicht auszahlt und mit dem tschechoslowakischen Patriotismus nicht vereinbar sei. Dabei ging er in derselben Rede auch auf die spezielle Form des tschechischen Antisemitismus ein, der den Juden die Nähe zu den Deutschen vorwarf, und versucht gegen diesen den Stolz auf die aufgeklärte und fortschrittliche Tschechoslowakische Republik zu mobilisieren. Dass er dabei selbst mit dem Vorwurf der nationalen Treulosigkeit der Juden spielt, ist dabei natürlich problematisch, aber Masaryk versucht, dieses Problem durch den Hinweis

63 Masaryk, Jan (1948): Volá Londýn, S. 261.
64 Ebd., S. 262.

auf für die Republik kämpfende Juden zu neutralisieren. Auch das zentrale Problem des instrumentellen Begriffs des Antisemitismus taucht hier wieder auf, wenn Masaryk es so darstellt, als wäre der Antisemitismus etwas, das von außen in die tschechoslowakische Gesellschaft importiert werden müsste und nicht etwa zutiefst mit der Konstitution der modernen, warenproduzierenden Gesellschaft Verbundenes sei. Masaryk fährt in seiner Rede fort:

> »Auch bei uns wollten die Deutschen Antisemitismus hervorrufen. Seit dem Jahr 1918 bin ich viel herumgereist und während dieser 25 Jahre sprach ich mit Staatsmännern, Politikern, Wissenschaftlern, Schriftstellern und Künstlern. Einige von ihnen wussten eigentlich nicht viel von uns, aber, sobald irgendwann die Rede auf uns kam, sagten sie: Ihr seid ein großes Land, ihr habt Demokratie und Freiheit und ihr habt keinen Antisemitismus. Und es waren nicht nur Juden, die mir das sagten. Es ist wahr, dass man jede Nation daran erkennt, wie sie sich gegenüber den Juden benimmt, und wir haben uns anständig benommen. Es ist auch wahr, dass sich einige Juden nicht gut benommen haben. Sie gingen in die Prager Kaffeehäuser und deutschtümelten, auch nach dem Jahr 1933. Aber sie bekamen so eine Lektion, dass man nach dem Krieg schwerlich einen tschechoslowakischen Juden finden wird, der diesen Fehler wiederholte. Aber natürlich kannten wir auch viele, sehr viele, anständige, ordentliche, treue und bescheidene Juden, Legionäre und Sokoln, und die gehören zu uns wie die unseren. Viele von ihnen sind in unserer Armee in England und in Russland.«[dc/65]

Diese Rede trieft vor Paternalismus, der schon bei Jan Masaryks Vater kritisiert wurde und manche Argumentationen wie die, dass die Shoah in irgendeiner Form eine Lektion für die Juden gewesen wäre, oder auch die Vorstellung, dass es überhaupt eine nennenswerte Anzahl von Juden nach dem Krieg geben könnte, die nun vom Deutschtum geläutert seien, sind nicht nur aus heutiger Sicht inakzeptabel und verweisen darauf, dass von Ausmaß und Intention der Shoah – weltweit alle als Juden Definierten auszurotten – keine Vorstellung bestand.

65 Ebd.

Aber die Rede war doch eine klare Parteinahme für die verfolgten Juden und hob sich von dem sonstigen Schweigen im Angesicht der Shoah ab. Masaryk versucht, durch die ›spearhead‹-Theorie des Antisemitismus darzulegen, dass es ein gemeinsames Interesse von Juden und Tschechoslowaken gibt, und an manchen Stellen scheint doch durch, dass die ›spearhead‹-Theorie von der Beliebigkeit der Opfer des Nationalsozialismus so nicht zu halten ist. Masaryk fährt fort:

> »Wir blicken in die Zukunft und deshalb möchte ich mit euch wiederholen, dass der Antisemitismus eine Barbarei und eine Schande ist, die den Deutschen vorbehalten bleiben wird, wie ein Zeichen der allergrößten eigentlichen Heiden. Und wir Tschechoslowaken müssen uns aus allen Erfahrungen dieses schrecklichen Kriegs bewusst werden, dass für uns, ein kleines Volk in der Nachbarschaft Deutschlands, der Antisemitismus der erste Schritt zum Pangermanismus ist, der uns beim zweiten Schritt das Messer in den Rücken stößt. Für uns heißt das, dass zuerst die Juden an der Reihe sind, und dann wir. Die Juden sind dabei heute am schlimmsten dran. In den polnischen Ghettos ist es noch schlimmer als in Dachau und Oranienburg. Deshalb bitte ich euch, helft ihnen, wie ihr könnt.«[dd/66]

Schließlich relativiert Masaryk noch einmal den Vorwurf, die Juden seien deutschfreundlich, indem er auf ihren Status als besonderes Opfer des Nationalsozialismus hinweist:

> »Ihr müsst Verständnis für ihre [der Juden, FR] Schwächen haben, und wenn vielleicht einige dieser enterbten, verwirrten und verängstigten Armen sich noch heute deutsch verhalten, denkend, dass sie sich vielleicht doch retten, erklärt euch das eher als Ausdruck völliger Ohnmacht, in der der Ertrinkende nach dem Halm wie nach dem Rasiermesser greift. Aber vergesst auch nicht, dass so mancher Herr Rat oder Fabrikant bei uns während dieser fünf Jahre brav deutsch lernte.«[de/67]

66 Ebd.

67 Ebd., S. 262 f.

Danach, wie um die Erinnerung, dass es sehr wohl Kollaborateure in der Tschechoslowakei gab, zu verstärken, geht Masaryk wieder auf die besondere Situation in der Slowakei ein und versucht auch hier in sehr deutlichen Worten zu sagen, was denn die Deportationen bedeuten und gleichzeitig an den slowakischen Patriotismus und dessen traditionellen Konflikt mit Ungarn zu appellieren:

> »Und euch, Bratislaver Gangster und Quislingsmissgeburten sage ich: Schämt euch, dass man Slowaken gefunden hat, die Hitler imitieren und Juden nach Polen in den Tod schicken wollen. Es ist dies eine der interessanten Anomalien des ironischen Schicksals, dass von uns, der ehemaligen freien und demokratischen Tschechoslowakei, Juden nach Ungarn fliehen, damit sich sich vor den Stümpern[68] der Machgarde[69] in ein Land retten, in dem der Antisemitismus immer fruchtbaren Boden fand.«[df/70]

Wie Beneš versucht also Masaryk den Patriotismus gegen den Antisemitismus ins Feld zu führen, nach dem Motto ›Ein guter Tschechoslowake ist kein Antisemit‹. Hier wird wieder deutlich, dass Antisemitismus hauptsächlich als Frage der Tradition gesehen wurde, das totalisierende Moment des Antisemitismus wird ignoriert. Besonders nach 1945 wurde das zum Problem, als zu Tage trat, dass die tschechische und slowakische Tradition bei Weitem nicht so dem Antisemitismus standgehalten hatte, und das auch gar nicht konnte, wie sich die Exilregierung das wünschte und vorstellte.

So wird die verbreitete zumindest ambivalente Haltung zum Antisemitismus auch in Berichten aus dem Protektorat an das Exil thematisiert. In einem Bericht von Anfang 1944 heißt es: »Es wird ein Ruhmesblatt des tschechischen Volkes in der Geschichte sein, dass es sich trotz aller Verlockungen zu antisemitischen Gewalttaten hin-

68 Masaryk macht hier ein nicht zu übersetzendes Wortspiel mit der landläufigen Bezeichnung der Mitglieder der Hlinka-Partei.

69 Alexander Mach war der Oberbefehlshaber der faschistischen Hlinka-Garde.

70 Ebd., S. 263.

reißen ließ, aber trotzdem ist eine gewisse Form des Antisemitismus als Meinung ziemlich verbreitet.«[dg/71]

Die Einsicht Hanna Arendts, dass die nationalsozialistische Propaganda dadurch, indem sie Juden und Jüdinnen praktisch zu Ausgestoßenen und Todgeweihten machte, »es ganz bewußt darauf anlegte, ihre Lügen in die Wirklichkeit umzusetzen«[72] und den Antisemitismus exportierte, bestätigt sich auch in einem späteren Bericht. Diese wurde von der Widerstandsgruppe Parsifal Ende 1943 erstellt. Nachdem berichtet wird, dass die Radioansprache Masaryks vom 29. September, in der dieser gegen den Antisemitismus aufgetreten war, von der deutschen Propaganda missbraucht werde, heißt es:

> »Parsifal macht darauf aufmerksam, dass die Tschechen den Juden keineswegs Unrecht taten. Sie haben mit ihnen menschliches Mitgefühl, aber aktiv können sie für sie nichts machen. Es sind auch ihrer sehr wenige, meist Juden aus gemischten Ehen. Die anderen sind – soweit nicht in Theresienstadt – deportiert und tot. Viele Menschen, die halfen, stürzten sich dadurch selbst ins Unglück, da bei ein wenig größerem Druck die Juden alles sagten. [...] Insgesamt kann man sagen, dass man – obwohl man mit den Juden menschlich mitfühlt und wo man kann auch hilft – in den tschechischen Ländern weder Begeisterung für noch Bemühungen dahingehend findet, den Juden all jene Positionen zurückzugeben, aus denen sie durch die Deutschen vertrieben wurden. Diese Stimmung bestätigt selbst Parsifal und dessen Umfeld, das niemals gegen die Juden eingenommen war. Möglich, dass sich diese Stimmung mit der Zeit ändert oder zumindest mildert, aber heute ist dem so. Es spiegelt sich das auch in dem sehr verbreiteten Witz wider, es sei nötig, Hitler in Prag ein Denkmal aufzustellen, da er 1. die Slowakei vereinigt, 2. Böhmen von den Juden befreit und 3. Deutschland zerstört hat.«[dh/73]

71 Geheimer Bericht für Beneš, 22. 1. 1944, NM, NAD 105, ič 474, Karton 48, S. 3.

72 Arendt, Hannah (1989): Antisemitismus und die faschistische Internationale, in: Dies.: Nach Auschwitz. Essays & Kommentare 1, Berlin, S. 41.

73 Bericht Parzifal, 31. 12. 1943, NM, NAD 105, ič 474, Karton 48, S. 14 f.

Masaryks Wunsch, den er in einer seiner Ansprachen formulierte, blieb insofern leider über weite Strecken eben das, nur ein Wunsch: »Und ich möchte, dass wir nach dem Krieg unseren Kindern und der ganzen Welt sagen können, dass wir mit all unseren Kräften Juden geholfen haben und dass wir auch in diesem deutschen Grauen anständige Menschen geblieben sind.«[di/74]

74 Masaryk, Jan (1948): Volá Londýn, S. 263.

# V

## Schlussbemerkung

Volkstum und Sprache sind das Jugendland,
Darin die Völker wachsen und gedeihen,
Das Mutterhaus, nach dem sie sehnend schreien,
Wenn sie verschlagen sind auf fremden Strand.

Doch manchmal werden sie zum Gängelband,
Sogar zur Kette um den Hals der Freien;
Dann treiben Längsterwachsne Spielereien,
Genarrt von der Tyrannen schlauer Hand.

Hier trenne sich der lang vereinte Strom!
Versiegend schwinde der im alten Staube,
Der andre breche sich ein neues Bette!

Denn einen Pontifex nur fasst der Dom,
Das ist die Freiheit, der polit'sche Glaube,
Der löst und bindet jede Seelenkette!

Gottfried Keller, *Nationalität*[1]

An diese Zeilen erinnert Robert Minder in seinem Essay *Heidegger und Hebel oder die Sprache von Meßkirch*,[2] in dem er Johan Peter Hebel gegen eine völkische Vereinnahmung seitens Martin Heideggers in Schutz nimmt, um mit ihnen an eine einmal existente, der Nationalität zumindest ambivalent gegenüberstehende Strömung innerhalb

1 Keller, Gottfried (o. J.): Nationalität, www.gutenberg.spiegel.de/buch/gottfried-keller-gedichte-3376/20, 16. 1. 2017.

2 Minder, Robert (o. J.): Heidegger und Hebel oder die Sprache von Meßkirch, in: Ders.: Dichter in der Gesellschaft. Erfahrungen mit deutscher und französischer Literatur, Darmstadt.

des deutschen Bürgertums des 18. und frühen 19. Jahrhunderts zu erinnern, der Freiheit der höhere Wert war. Gewissermaßen bildet das Scheitern dieser Strömung und ihre Marginalisierung die Vorgeschichte zu dieser Arbeit. Der »lang vereinte Strom« trennte sich doch nicht, und der deutschnationale Strudel riss jene Strömung mit. Was folgte, skizziert Minden plastisch in seiner Polemik:

> »Demokraten – ein Begriff, der für Heidegger wie für Weisgerber[3] unverständlich, ja abwegig sein mußte, stammen doch beide aus den radikal umgeschichteten bäuerlich-bürgerlichen Kreisen der Bismarck- und Hohenzollernzeit, die unter Verzicht auf politische Mündigkeit patriotisch strammstanden, nach 1918 das Fronterlebnis sakralisierten, die Weimarer Republik diabolisierten und wie reife Früchte auf den Boden klopften, als blutrot am Horizont der Führer aufgetaucht war.«[4]

Das, was der deutschen Ideologie abwegig erscheint, Demokraten, gab es in der tschechoslowakischen Republik sehr wohl. Die Doktrin Masaryks und Benešs ging gerade in eine kosmopolitische Richtung. Die Moderne wurde nicht in erster Linie als Bedrohung betrachtet, sondern, da mit ihr die Gestaltbarkeit des eigenen Lebens und der Gesellschaft möglich schien, als Chance, genau das möglichst vernünftig umzusetzen. Wahrscheinlich ohne es zu wissen, argumentierten sie orthodox marxistisch, wenn sie die moderne, anonyme Herrschaftsform für etwas Besseres hielten, in der die Abhängigkeit der Individuen eine ist, die über Sachen vermittelt wird: »Und sicher ist dieser sachliche Zusammenhang ihrer Zusammenhangslosigkeit vorzuziehen oder einem auf Bluturenge Natur und Herrschafts- und Knechtschafts[verhältnisse] gegründeten nur lokalen Zusammenhang.«[5]

Diese Einsicht schlug sich in Benešs Theorie einer modernen, das Individuum ins Zentrum stellenden Geschichtsphilosophie und in

3 Johann Leo Weisgerber, ein mit dem Nationalsozialismus kollaborierender Linguist.

4 Ebd., S. 224.

5 Marx, Karl (1974): Grundrisse der Kritik der politischen Ökonomie. Rohentwurf, Berlin, S. 79.

einem westlich geprägten Staatsbegriff nieder. Eine heutige Analyse dieser Vorstellungen über Geschichte soll dabei nicht nur eine ideengeschichtliche und akademische Fingerübung sein, sondern soll zur Einschätzung der jeweiligen Bewegung beitragen.

Dass sich diese Arbeit einer Kritik, die sie einer rein ideengeschichtlichen Darstellung zeiht, besonders aussetzt, kann nicht ganz von der Hand gewiesen werden, hat aber auch etwas mit dem Gegenstand zu tun. Schließlich bezog Beneš die Kritik der politischen Ökonomie nie in seine Betrachtungen ein, seine Vorstellung von materialistischer Gesellschaftskritik war geprägt von der schematischen Lehre von Basis und Überbau eines zeitgenössischen Marxismus-Leninismus. Es wurde in der Arbeit hoffentlich gezeigt, dass diese Distanz zu ökonomistischen Erklärungen einerseits zum Vorteil geriet, weil dadurch, pointiert formuliert, der Nationalsozialismus nicht auf das Interesse des Finanzkapitals zurückgeführt werden konnte. Doch andererseits verbaute diese geistige Distanz die Erkenntnis dessen, was die ökonomischen und politischen Voraussetzungen von faschistischen und völkischen Bewegungen anbelangt, und in welchem Verhältnis jene Voraussetzungen zu den psychologischen und politischen Dispositionen der von diesen Bewegungen Erfassten stehen.

Ansätze zu solchen Überlegungen gab es in der Tschechoslowakischen Republik der Zwischenkriegszeit sehr wohl, auch von nichtmarxistischer Seite. So analysierte Karel Engliš, ein Ökonom, mehrmaliger Finanzminister und Gouverneur der tschechischen Nationalbank, das ökonomische Programm der Sudetendeutschen Partei, die einen ›Deutschen Sozialismus‹ propagierte. In dieser Untersuchung fiel ihm die eigentümliche Gleichzeitigkeit von Revolte und Verinnerlichung auf, die das Programm prägte. So hält er gegenüber der zweideutigen Haltung, die das Programm zur Frage der Lohnarbeit einnimmt, fest: »This revolutionary is not in harmony with the intention of not doing away with either capital or wage relations. In reality it would seem that the issue is not the transformation of the working system by law and by the State but a *change of psychology in respect of a still preserved wage relationship.*«[6]

6 Engliš, Karel (1938): ›German Socialism‹ as a Programme of the Sudete German Party. A Critical Analysis, Prag, S. 75

Konsequenterweise spricht Engliš dann dem Programm einen genuin fachökonomischen Charakter ab, es ginge mehr um die Bildung einer kollektiven Identität und um die Mobilisierung der Massen als um wirtschaftliche Fragen:

> »It would seem that in this programme the matter of issue is not economic demands, supported by argument and gathered into a system, but *dynamism*, a *movement* with strong sentiment at its basis, a movement with equally *revolutionary and conservative psychology, a religion in which* nationality is worshipped as a deity, but which is otherwise very accommodating on all sides.«[7]

Engliš zeigt auch, dass diese Moralisierung und Verinnerlichung nur eine Seite der Medaille ist, da keine gesetzliche Lösung gesucht wird, sondern mit der Drohung, Abweichler aus der ›Volksgemeinschaft‹ zu verstoßen, der Staat durch direkte Herrschaftsformen abgelöst wird, dies sei »again a case of *social terrorism* instead of legal compulsion.«[8] Dass diese Form der direkten Herrschaft zu Doppelstrukturen führt, und sich so von einer liberalen Herrschaft des Gesetzes entfernt und eine Art Bandenherrschaft konstituiert, die neben dem Staat existiert, sieht Engliš ebenfalls: »*The Party* [gemeint ist die Sudetendeutsche Partei, FR] *wants to be, alongside the State, a sort of factor of the national will and of compulsion – a standing element of revolution.*«[9]

Hier gelingt es ihm, Bewusstseinsformen zu beschreiben, die auch Adorno in seinen *Studien zum autoritären Charakter* als Formen des Pseudokonservativismus und der autoritären Revolte aufzeigte. Diese Formen, die einerseits Treue zu alten Werten vorschützen, andererseits aber destruktiven Impulsen und dem Strafbedürfnis freien Lauf lassen, machen die besondere Dynamik und Gefährlichkeit des autoritären Charakters aus:

7 Ebd., S. 91.
8 Ebd., S. 77.
9 Ebd.

»It is obvious that this kind of ›socialism‹, which acutally amounts merely to the curtailment of liberties in the name of some ill-defined collectivity, blends very well with the desire for authoritarian control as expressed by those who style themselves as conservatives.«[10]

Aber letztlich sind all die Fragen und Probleme, die Engliš aufwirft, für ihn durch die richtige Balance zwischen klassischem liberalem Individualismus und neuerem ›Solidarismus‹ lösbar. Ökonomische Verhältnisse, die eine gewisse Eigenlogik in sich tragen, die sie in die Krise treiben, scheinen für ihn vernachlässigbar. So sieht er, wie so viele Ökonomen, die Krise nicht als systemimmanent, sondern als Folge einer zu engstirnigen Politik:

»If a dislocation occurs in international trade, over-production and crisis face the production that has worked for export and for indirect satisfaction of domestic consumption, and the like difficulties arise for the whole of the country's economic system. This has happened [...] when certain countries began to pursue a policy of self-sufficiency as a consequence of extreme economic nationalism.«[11]

So wird der Staat zum Fluchtpunkt, an dem alles hängt, wie bei Engliš, so bei Beneš. Letzterer entwickelte zwar Ansätze zu einem allgemeinen Begriff der Krise, aber er überschätzte, wie diskutiert, die Möglichkeiten des Staates, diese auch dauerhaft zu lösen.

Wenn Beneš auch als Politiker und Staatsmann die Möglichkeiten des Staates überschätzte und mit dem Staat natürlich auch Formen der Identifikation der Individuen mit diesem guthieß, so ermöglichte ihm die Auseinandersetzung mit dem Pangermanismus dennoch, eine gewisse kritische Distanz zu regressiven Formen der Identifizierung zu wahren.

10 Adorno, Theodor W. (1997): Studies in the Authoritarian Personality, in: Ders.: Soziologische Schriften II, AGS 9.1, Frankfurt a. M., S. 368.

11 Engliš, Karel (1938): ›German Socialism‹ as a Programme of the Sudete German Party, S. 63.

Es war Franz Neumann, der in einem seiner späten Texte das Problem diskutierte, wie destruktive und regressive Bewegungen von anderen zu unterscheiden wären. Er versucht das, indem er zwei Arten der Identifizierung ausmacht: »So möchte ich zwei Grundtypen von Identifizierungen aufstellen, eine libido-besetzte (affektive) und eine libido-freie (affektlose), und allgemein behaupten, [...] daß die nicht-affektive Identifizierung mit einer Organisation weniger regressiv ist als die affektive mit einem Führer.«[12] Als Indikator, diese beiden Typen im jeweiligen Fall zu unterscheiden, nennt Neumann dann gerade das Geschichtsbild: »Bevor wir jedoch die historischen Situationen darstellen, können wir vielleicht auf ein Indiz hinweisen, das uns häufig erlauben wird, den regressiven Charakter einer solchen Massenbewegung frühzeitig zu diagnostizieren. Dieses Indiz ist das Geschichtsbild, dessen sich Massen und Führer bedienen.«[13] Das Geschichtsbild Benešs, wie es in dieser Arbeit beschrieben wurde, ist nun sicher weit von dem entfernt, was Neumann als eine äußerst regressive Form des Geschichtsbilds darstellt, die »Verschwörungstheorie der Geschichte«, die ein »Geschichtsbild einer falschen Konkretheit«[14] sei. Für Beneš war Geschichte keine Verschwörung, auch wenn er während der Ersten Weltkriegs als Verschwörer angesichts eines autokratischen Staats aktiv war, sondern mit der Hoffnung auf Fortschritt hin zum recht wenig in Reichweite liegenden Kosmopolitismus der Individuen verbunden, oder wie Masaryk einst sagte: »Ein Stück Kosmopolitismus und Polyglottie gehört zum Rüstzeug des modernen Menschen.«[15]

Diese liberale Ausprägung des tschechoslowakischen Nationalismus bildete den Hintergrund, vor dem Beneš seine Theorie des Nationalsozialismus formulieren konnte. Ein wichtiger Aspekt ist dabei, dass Beneš diese Theorie zwischen den Polen einer reinen, kulturellen Sonderwegstheorie und einer allgemeinen Faschismustheorie anlegt. Er sieht zwar eine allgemeine gesellschaftliche Tendenz zu autoritären

12 Neumann, Franz (1954/1986): Angst und Politik, in: Ders. (Hg.): Demokratischer und autoritärer Staat, S. 269.

13 Ebd., S. 270.

14 Ebd.

15 Čapek, Karel (o. J.): Masaryk erzählt sein Leben, S. 322.

Lösungen, was sich in seinen Überlegungen zur gesamtgesellschaftlichen Krise zeigt, gleichzeitig hatte Beneš aber immer, was durchaus auch seiner Position als tschechoslowakischer Politiker geschuldet war, die spezifisch deutsche Tradition des Pangermanismus im Blickfeld. Die völkischen Tendenzen, die sich um die Jahrhundertwende in Österreich und Deutschland zusammenbrauten, waren ihm durch frühere Diskussionen, Untersuchungen und Polemiken schon bekannt. Das half ihm, einiges an der Dynamik und der Struktur des Nationalsozialismus klar zu erkennen. Die Ergebnisse dieser Überlegungen wurden in dieser Arbeit dargelegt.

Wie weit der Pangermanismus um sich griff, nämlich bis weit in die deutschsprachige Arbeiterbewegung hinein, erfuhr Beneš dann während der Zeit des Exils, als er feststellen musste, dass große Teile derselben für eine allgemeine Freiheit anders als im Kellerschen Gedicht keinen Platz in ihrem Dom hatten, sondern diesen lieber einer völkischen Befreiungsbewegung reservierten.

Denn die Mehrheit der tschechoslowakischen deutschsprachigen Sozialdemokratie ließ in ihrer Reaktion auf die Krise genau diese Distanz zu einer affektiven Identifizierung missen. Die Tendenz zur völkischen Bewegung, wie sie sich besonders bei ihrem Wortführer Wenzel Jaksch zeigt, ließe sich so als Versuch deuten, die durch die ökonomische Krise zerfallene Gesellschaft wieder im Volk zu einen, als Versuch, das Kapital sowie den Staat auf politischer beziehungsweise völkischer Ebene zu konsolidieren.

Wie schnell der Wechsel von ökonomischer Argumentation zu Überlegungen zu Volk und Raum bei Jaksch vor sich geht, kann man an seinem *Volk und Arbeiter* nachvollziehen. Versucht er zunächst noch, die Situation nach dem Ersten Weltkrieg ökonomisch zu analysieren, er schreibt, die »Erde bebt unter dem furchtbaren Duell der jungen und alten Kapitalismen«,[16] argumentiert er ein paar Seiten weiter mit der Dynamik der »drei europäischen Hauptrassen«,[17] die den Hintergrund der Entwicklungen bilden sollen. Seine ihm vorschwebende Lösung lautet, wie schon angemerkt, eine europäische Einheit,

16 Jaksch, Wenzel (1936): Volk, S. 24.
17 Ebd., S. 34f.

die am Weltmarkt bestehe, wobei der deutschen Industrie dabei ein Platz an der Sonne garantiert sein soll; nach der Formel: Qualität statt Quantität. Hier verwirft der Sozialdemokrat, der sich doch als in der »dritte(n) Sozialistengeneration seit Marx und Engels«[18] stehend sieht, alles, was Marx über die gesellschaftlichen Formbestimmungen der Produkte in der kapitalistischen Gesellschaft geschrieben hat, und macht sich daran, eine alternative Wirtschaftsstrategie für Deutschland zu entwerfen:

> »Deutschlands Export ist wesentlich auf Spezialgüter und Qualitätswaren zurückgeschraubt. Von diesen Stützpunkten aus muß es seinen Anteil an der Weltwirtschaft verteidigen und wieder steigern. [...] Auch eine durchindustrialisierte Welt wird eine feinmechanische Zentralwerkstatt und ein chemisch-technisches Hauptlaboratorium brauchen. Deutschland ist dazu vorbestimmt und gerüstet. Aber es müßte seine ganze innere Struktur den neuen Bedingungen des Konkurrenzkampfes der Nationalwirtschaften anpassen, seine binnenwirtschaftlichen Kräfte mit dem Blick auf die Weltwirtschaft mobilisieren, Leerlauf und Fehlschaltungen im inneren Getriebe der Volkswirtschaft auf das von Unwägbarkeiten und äußeren Wandlungen diktierte Maß reduzieren.«[19]

Dafür hätte in Deutschland die gesamte Nation an einem Strang zu ziehen: »Es gibt nur eine Form der echten Volksgemeinschaft, das ist die Eingliederung der ganzen Nation in den Schaffensprozeß, in ein sinnvoll geordnetes System der Gütererzeugung und Verteilung.«[20]

Diesen Überlegungen, bei denen das Individuum nicht einmal mehr pro forma mehr Erwähnung findet (und es wohl auch nicht kann), war Benešs Vorstellung einer bewussten »Synthese von Individualismus und Sozialismus«[21], die an der Zeit wäre, im Weg. Seine Orientierung an westlichen Staatsmodellen und seine Kritik am Pangermanismus

18 Ebd., S. 7.
19 Ebd., S. 80.
20 Ebd., S. 128.
21 Beneš, Edvard (o. J.): Vznik, S. 134.

ließen ihn gegenüber solchen Ideen Distanz wahren und schärften seinen Blick auf deren katastrophalen Potentiale.

Interessant ist auch zu sehen, dass Beneš mit seiner Kritik an solchen Positionen im Exil keineswegs isoliert war. Aus damaliger Sicht schien es Momente zu geben, in denen die sehr nachvollziehbare und vernünftige Kritik an der Besonderheit des deutschen Nationalismus bis in weite Kreise der internationalen Arbeiterbewegung (mit Ausnahme der deutschen, wo nur heute fast vergessene Namen und Gruppen sich dieser anschlossen) fast common sense war, genauso, wie dass deshalb eine längere und intensive Reeducation notwendig sein werde. Erst mit dem Heraufziehen des Kalten Kriegs änderte sich das. Dieser zeigt aber auch die Grenzen der Kritik Benešs, der das Potential totaler Herrschaft im Stalinismus unterschätzte.

Trotz aller Kritik soll diese Arbeit auch Beneš würdigen, der gerade in seinem Beharren auf den humanen Möglichkeiten der Moderne zwar oft aus der Zeit gefallen wirkt, gleichzeitig aber aus diesem Beharrem auch die nötige Distanz gewann, um sich die politische Urteilskraft zu erhalten.

Gerade aber der Glaube daran, dass der Weltverlauf letztlich die Entfaltung der Wahrheit sei, dass die Versöhnung nicht nur möglich, sondern unausweichlich sei, ist wohl der größte Kritikpunkt an Beneš. Das wird bei der Unterschätzung des destruktiven Potentials des Antisemitismus deutlich, und das trennte auch, bei allen anderen Punkten, an denen Unterscheidungen herausgearbeitet wurden, Beneš von der Kritischen Theorie, für die nach Auschwitz neu über Geschichte nachgedacht werden musste: »Hitler hat den Menschen im Stande ihrer Unfreiheit einen neuen kategorischen Imperativ aufgezwungen: ihr Denken und Handeln so einzurichten, daß Auschwitz nicht sich wiederhole, nichts Ähnliches geschehe.«[22] Beneš und mit ihm die Regierung der Tschechoslowakischen Republik handelte zwar mit seiner Unterstützung der Staatsgründung Israels dementsprechend,[23] das Denken richtete er aber nur mangelhaft so ein.

22 Adorno, Theodor W. (1997): Negative Dialektik, S. 358.

23 Vgl. Valenta, Jiří / Friedman Valenta, Leni (2019): The Birth of Israel: Prague's Crucial Role, in: Middle East Quarterly, Volume 26, No. 1., www.meforum.org/7263/the-birth-of-israel-prague-crucial-role, 11. 1. 2019.

# Anhang

## 1 Literaturverzeichnis

### *Archive*

Die Angaben in den Nachweisen beziehen sich bei Materialien aus Archiven auf das Kürzel des Archivs, den Fonds (zum Beispiel EB II), die Identifikationsnummer (ič, identifikační číslo, Identifikationsnummer) und die Nummer des Kartons, in dem das Dokument zu finden ist. Folgende Archive wurden konsultiert:

| | |
|---|---|
| MÚA | Masarykův ústav a Archiv AV ČR (Masaryk Institut und Archiv der Akademie der Wissenschaften der Tschechischen Republik), Prag |
| MZV | Archiv Ministerstva zahraničních věcí České republiky (Archiv des Ministeriums für Äußere Angelegenheiten der Tschechischen Republik), Prag |
| NM | Archiv Národního muzea (Archiv des Nationalmuseums), Prag |

### *Artikel aus Zeitungen und Zeitschriften*


Bachstein, Martin K. (1973): Der Volkssozialismus in Böhmen: Nationaler Sozialismus gegen Hitler, in: Bohemia 14

Bankier, David (2001): Responses of Exiled German Socialists in the USA and the UK to the Holocaust, in: The Journal of Holocaust Education, Vol. 10 No. 1

Bohemicus (1958): Der Sündenfall des Edvard Benesch. Sensationelle Enthüllungen des Sudetendeutschen Sozialisten Wenzel Jaksch, in: Salzburger Nachrichten 3. 5. 1958

Geyer, Curt (1939): Die Zukunft der Tschechoslowakei, in: Neuer Vorwärts, 16. 7. 1939

Klinger, Max (d. i. Geyer, Curt) (1936): Kapitulation vor der Konter-Revolution, in: Neuer Vorwärts. 17. 5. 1936, Nr. 153 Beilage, bereitgestellt von der DNB, Deutsches Exilarchiv 1933–1945, Frankfurt a. M.

Kubů, Eduard (1999): Tvorba zahraniční politiky první Československé republiky. K domácímu pátrání o zahraniční politice meziválečné ČSR a zvláště pak k bádání o mechanismech její tvorby, in: Co nevíme o první Československé republice. Záznam z diskuse pořádané 25. března 1999 v Cefres v Praze, Prag

Láníček, Jan (2008): ›To Get a Refusal Would Result in an Unfortunate Loss of Prestige‹: The Czechoslovak Government-in-Exile and the Holocaust, in: Holocaust Studies, Vol. 14 No. 3

Masaryk, Jan (1942): After Chaos Back to Political Science, in: Annals of the American Academy of Political and Social Science, Vol. 222, July 1942

Mason, Tim (1966): Der Primat der Politik – Politik und Wirtschaft im Nationalsozialismus, in: Das Argument. Berliner Hefte für Probleme der Gesellschaft 41, Jg. 8

Olivová, Věra (2012): Evropská politika ministra Beneše před nástupem Hitlera, in: Bulletin společnosti Edvarda Beneše, 25. února 2012

Renner, Kathi (2006): Frisch Fromm Fröhlich Frei, in: context XXI, Heft 4–5, März 2006

Ruttner, Florian (2014): Relieving the Chairborne Division. Über die kritische Theorie im OSS und ihre Kritiker, in: Dahlmann, Manfred/Scheit, Gerhard (Hg.): sans phrase. Zeitschrift für Ideologiekritik, Heft 4, Frühjahr 2014

Scheit, Gerhard (2015): Der blinde Fleck der Kritischen Theorie und der Primat der Außenpolitik, in: Dahlmann, Manfred/Scheit, Gerhard (Hg.): sans phrase. Zeitschrift für Ideologiekritik, Heft 7, Herbst 2015

Sedlická, Magdalena (2013): Examples of Anti-Semitism in the Czechoslovak Foreign Army in Great Britain during the Second World War, in: Judaica Bohemiae, 48–2, 2013

Sering, Paul (d. i. Löwenthal, Richard) (1936): Was ist der Volkssozialismus?, in: Zeitschrift für Sozialismus, Jg. 3, Nummer 36

Strasser, Otto (1941): Nazism. It's [sic] Origin, Activity and Doom, in: The Dalhousie Review, Vol. XXI, No. 3

Vogel, Hans et al. (1940): Macht euch nicht mitschuldig!, in: Neuer Vorwärts. 4.2.1940

*Monographien und Aufsätze aus Sammelbänden*

Adorno, Theodor W. (1997): Negative Dialektik, in: Ders.: Negative Dialektik. Jargon der Eigentlichkeit, AGS 6, Frankfurt a. M.

Adorno, Theodor W. (1997): Beitrag zur Ideologielehre, in: Ders.: Soziologische Schriften I, AGS 8, Frankfurt a. M.

Adorno, Theodor W. (1997): Studies in the Authoritarian Personality, in: Ders.: Soziologische Schriften II, AGS 9.1, Frankfurt a. M.

Adorno, Theodor W. (1997): Schuld und Abwehr. Eine qualitative Analyse zum Gruppenexperiment, in: Ders.: Soziologische Schriften II, AGS 9.2, Frankfurt a. M.

Adorno, Theodor W. (1997): Auf die Frage: Was ist deutsch, in: Ders.: Kulturkritik und Gesellschaft II, AGS 10.2, Frankfurt a. M.

Adorno, Theodor W. (1997): Meinung Wahn Gesellschaft, in: Ders.: Kulturkritik und Gesellschaft II, AGS 10.2, Frankfurt a. M.

Adorno, Theodor W. (1997): Was bedeutet: Aufarbeitung der Vergangenheit, in. Ders.: Kulturkritik und Gesellschaft II, AGS 10.2, Frankfurt a. M.

Adorno, Theodor W. (1997): Fortschritt, in. Ders.: Kulturkritik und Gesellschaft II, AGS 10.2, Frankfurt a. M.

Adorno, Theodor W./Horkheimer, Max (2003): Dialektik der Aufklärung. Philosophische Fragmente, HGS 5, Frankfurt a. M.

Arendt, Hannah (1989): Antisemitismus und die faschistische Internationale, in: Dies.: Nach Auschwitz. Essays & Kommentare 1, Berlin

Arendt Hannah (2003): Elemente und Ursprünge totaler Herrschaft. Antisemitismus, Imperialismus, Totalitarismus, München

Ascher, Saul (1815/2011): Die Germanomanie, in: Ders.: Flugschriften, Werkausgabe 1, Mainz

Bachstein, Martin K. (1974): Wenzel Jaksch und die sudetendeutsche Sozialdemokratie, München

Bakunin, Michail (1873/1972): Staatlichkeit und Anarchie, in: Ders.: Staatlichkeit und Anarchie und andere Schriften. Herausgegeben und eingeleitet von Horst Stuke, Frankfurt a. M.

Batscha, Zwi (1994): Eine Philosophie der Demokratie. Thomas G. Masaryks Begründung einer neuzeitlichen Demokratie, Frankfurt a. M.
Beneš, Edvard (1928): Der Aufstand der Nationen. Der Weltkrieg und die tschechoslowakische Revolution, Berlin
Beneš, Edvard (1937): Gedanke und Tat, 3 Bände, Prag
Beneš, Edvard (1942): Foreword, in: Gangulee, Nagendranath (1942): The Mind and Face of Nazi Germany, London
Beneš, Edvard (1942): The Way to Victory. Message of President Benes to the Czechoslovak State Council at the inaugural meeting of the third session on November 21th, 1942, London
Beneš, Edvard (1944): Demokratie heute und morgen, Zürich
Beneš, Edvard (1946): EB národu. Z projevů presidenta republiky v letech 1945–1946, Prag
Beneš, Edvard (1947): Šest let exilu a druhé světové války. Řeči, projevy a dokumenty z r. 1938–45, Prag
Beneš, Edvard (1948): Demokracie dnes a zítra, Prag
Beneš, Edvard (1947/2002): Die Aussiedlung der Deutschen aus der Tschechoslowakei, in: Coudenhove-Kalergi, Barbare/Rathkolb, Oliver (Hg.): Die Beneš-Dekrete, Wien
Beneš, Edvard (2004): The Fall and Rise of a Nation: Czechoslovakia 1938–1941, New York
Beneš, Edvard (2005): The War of 1939. Two Addresses of the Czechoslovak President at the Edinburgh and the Glasgow University, 5th and 7th November 1941, Prag
Beneš, Edvard (1936/2006): Projev k zástupcům židovských organizací, in: Ders.: Projevy – články – rozhovory, Prag
Bieligk, Fritz/Geyer Curt et al. (1942/2009): Der Kampf gegen den Nationalismus in der deutschen Arbeiterbewegung muß von vorn begonnen werden. Erklärung der »Fight for Freedom«-Gruppe vom 2. März 1942, in: Geyer, Curt/Loeb, Walter et al. (2009): Fight for Freedom. Die Legende vom »anderen Deutschland«. Herausgegeben von Jan Gerber und Anja Worm, Freiburg i. Br.
Brandes, Detlef (2005): Der Weg zur Vertreibung 1938–1945. Pläne und Entscheidungen zum ›Transfer‹ der Deutschen aus der Tschechoslowakei und aus Polen, München

Brügel, Johann Wolfgang (1967): Tschechen und Deutsche. 1918–1938, München
Brügel, Johann Wolfgang (1974): Tschechen und Deutsche. 1939–1946, München
Bruhn, Joachim (1994): Was deutsch ist. Zur kritischen Theorie der Nation, Freiburg i. Br.
Bryant, Chad (2007): Prague in Black. Nazi Rule and Czech Nationalism, Cambridge (Mass.)
Bukey, Evan Burr (2001): Hitlers Österreich. Eine Bewegung und ein Volk, Hamburg und Wien
Čapek, Karel (o. J.): Masaryk erzählt sein Leben. Gespräche mit Karel Čapek, Berlin
Čapková, Kateřina (2013): Češi, Němci, Židé? Národní identita Židů v Čechách 1918 až 1938, Prag
Claussen, Detlev (1987): Grenzen der Aufklärung. Zur gesellschaftlichen Genese des modernen Antisemitismus, Frankfurt a. M.
Dagan, Avigdor (1984): The Czechoslovak Government-In-Exile and the Jews, in: Ders. (Hg.): The Jews of Czechoslovakia. Historical Studies and Surveys, Volume III, Philadelphia
Dedina, Sidonia (2000): Edvard Beneš – Der Liquidator. Dämon des Genozids an den Sudetendeutschen und Totengräber der tschechoslowakischen Demokratie, Dinkelsbühl
Dvořák, Jiří/Kovář Daniel et al. (2016): České Budějovice pod hákovým křížem, Prag
Dvořák, Johann (1990): Zu Leben und Werk Edgar Zilsels und zur Soziologie des Geniekults, in: Zilsel, Edgar: Die Geniereligion. Ein kritischer Versuch über das moderne Persönlichkeitsideal, mit einer historischen Begründung, Frankfurt a. M.
Engels, Friedrich (1849/1975): Der demokratische Panslawismus, in: MEW 6, Berlin
Engliš, Karel (1938): ›German Socialism‹ as a Programme of the Sudete German Party. A Critical Analysis, Prag
Fischer, Fritz (1977): Griff nach der Weltmacht. Die Kriegszielpolitik des kaiserlichen Deutschland 1914/1918, Kronberg
Frank, Karl Hermann (1942): Böhmen und Mähren im Reich, Prag

Franzel, Emil (1936): Abendländische Revolution. Geist und Schicksal Europas, Bratislava

Gangulee, Nagendranath (1942): The Mind and Face of Nazi Germany, London

Gellately, Robert (2002): Hingeschaut und weggesehen. Hitler und sein Volk, München

Geyer, Curt (1939): Die Partei der Freiheit, Paris

Geyer, Curt/Loeb, Walter (1942/2009): Gollancz in German Wonderland. Die kommende deutsche Revolution, in: Geyer, Curt/Loeb, Walter et al. (2009): Fight for Freedom. Die Legende vom »anderen Deutschland«. Herausgegeben von Jan Gerber und Anja Worm, Freiburg i. Br.

Grant Duff, Sheila (1942): A German Protectorate. The Czechs under Nazi Rule, London

Grigat, Stephan (2007): Fetisch und Freiheit. Über die Rezeption der Marxschen Fetischkritik, die Emanzipation von Staat und Kapital und die Kritik des Antisemitismus, Freiburg i. Br.

Haas, Hanns et al. (2019): Viribus unitis? Die böhmischen und österreichischen Länder von 1848 bis 1914, in: Perzi, Niklas et al. (Hg.): Nachbarn. Ein österreichisch-tschechisches Geschichtsbuch, Weitra

Hahn, Eva (2007): Über Rudolf Jung und vergessene sudetendeutsche Vorläufer und Mitstreiter Hitlers, in: Hahn, Hans Henning (Hg.): Hundert Jahre sudetendeutsche Geschichte. Eine völkische Bewegung in drei Staaten, Frankfurt a. M.

Hahn, Hans Henning (2007): Die Anfänge des völkischen Diskurses in der Paulskirche 1848, in: Ders. (Hg.): Hundert Jahre sudetendeutsche Geschichte. Eine völkische Bewegung in drei Staaten, Frankfurt a. M.

Hahn, Eva/Hahn, Hans-Henning (2010): Die Vertreibung im deutschen Erinnern. Legenden, Mythos, Geschichte, Paderborn

Hauner, Milan (Hg.) (2008): Edvard Beneš. Paměti III – Dokumenty, Prag

Hauner, Milan (2013): Creating the Political Self-Image: Edvard Beneš As a Memorist, in: Konrád, Ota/Küpper, René (Hg.): Edvard Beneš: Vorbild und Feindbild. Politische, mediale und historiographische Deutungen, München

Havlíček, František (1991): Eduard Beneš. Člověk, sociolog, politik, Prag

Hegel, Georg Wilhelm Friedrich (1821/1995): Grundlinien der Philosophie des Rechts oder Naturrecht und Staatswissenschaft im Grundrisse, Werke 7, Frankfurt a. M.

Hegel, Georg Wilhelm Friedrich (1970): Enzyklopädie der philosophischen Wissenschaften im Grundrisse. Erster Teil. Die Wissenschaft der Logik, Werke 8, Frankfurt a. M.

Heimann, Mary (2009): Czechoslovakia. The state that failed, New Haven

Hitler, Adolf (1938): Mein Kampf, München

Hobbes, Thomas (1651/1985): Leviathan, or The Matter, Forme, & Power of a a Common-Wealth Ecclesiasticall and Civill, London

Hoffmann, Camill (1995): Politisches Tagebuch 1932–1939, Klagenfurt

Hoffmann, Roland J. (1988): T. G. Masaryk und die tschechische Frage. Nationale Ideologie und politische Tätigkeit bis zum Scheitern des deutsch-tschechischen Ausgleichsversuchs im Februar 1909, München

Horkheimer, Max (1987): Dämmerung, in: Ders.: Philosophische Frühschriften 1922–1932, HGS 2, Frankfurt a. M.

Horkheimer, Max (1938/2009): Die Philosophie der absoluten Konzentration, in: Ders.: Schriften 1936–1941, HGS 4, Frankfurt a. M.

Horkheimer, Max (1946/1985): Rettung der Aufklärung. Diskussionen über eine geplante Schrift zur Dialektik, in: Ders: Nachgelassene Schriften 1931–1949, HGS 12, Frankfurt a. M.

Horkheimer, Max (1996): Briefwechsel 1941–1948, HGS 17, Frankfurt a. M.

Institut für Sozialforschung (1991): Ideologie, in: Ders.: Soziologische Exkurse. Nach Vorträgen und Diskussionen, Hamburg

Jacobi, Walter (1942): Golem [...] Geissel der Tschechen. Die Zersetzung des tschechischen Nationalismus, Prag

Jaksch, Wenzel (1936): Volk und Arbeiter. Deutschlands europäische Sendung, Bratislava

Jaksch, Wenzel (1939/1973): Was kommt nach Hitler?, in: Prinz, Friedrich (1973) (Hg.): Wenzel Jaksch – Edvard Beneš. Briefe und Dokumente aus dem Londoner Exil 1939–1943, Köln

Jaksch, Wenzel (1954/1967): Fußball und deutsche Einheit, in: Ders.: Wenzel Jaksch. Patriot und Europäer, München
Jaksch, Wenzel (1967): Unser Weg nach Godesberg, in: Ders.: Wenzel Jaksch. Patriot und Europäer, München
Jaksch, Wenzel (1990): Europas Weg nach Potsdam. Schuld und Schicksal im Donauraum, München
Jankélévitch, Vladimir (2004): Das Verzeihen. Essays zur Moral und Kulturphilosophie, Frankfurt a. M.
Jauernig, Edmund (1968): Sozialdemokratie und Revanchismus. Zur Geschichte und Politik Wenzel Jakschs und der Seliger-Gemeinde, Berlin
Jung, Rudolf (1919/1922): Der nationale Sozialismus. Seine Grundlagen, sein Werdegang, seine Ziele, München
Kalivodová, Eva (2013): From the ›Young Czech Student Working for the Freedom of his Country‹ to a Great Diplomat: Beneš's Image During the First World War in France, in: Konrád, Ota/Küpper, René (Hg.): Edvard Beneš: Vorbild und Feindbild. Politische, mediale und historiographische Deutungen, München
Kant, Immanuel (1977): Die Metaphysik der Sitten, Werkausgabe VIII, Frankfurt a. M.
Kern, Karl (1967): Vorwort, in: Jaksch, Wenzel: Wenzel Jaksch. Patriot und Europäer, München
Klemp, Stefan (2012): »Rücksichtslos ausgemerzt« – Die Ordnungspolizei und das Massaker von Lidice, Münster
Koegler, Franz (1943): Oppressed Minority?, London
Kohn, Hans (1966): El nacionalismo. Su significado y su historia, Buenos Aires
Knorr, Lorenz (2008): Gegen Hitler und Henlein. Antifaschistischer Widerstand unter den Sudeten und in der Wehrmacht, Köln
Král, Václav (1964): Die Deutschen in der Tschechoslowakei 1933–1947. Dokumentensammlung, Prag
Kraus, Karl (1908): Apokalypse (Offener Brief an das Publikum), in: Ders.: Die Fackel Nr. 261
Kraus, Karl (1924): Die Sudeten, in: Ders.: Die Fackel, Nr. 657–667
Kraus, Karl (1993): Hüben und Drüben, in: Ders.: Hüben und Drüben. Aufsätze 1929–1936, Frankfurt a. M.

Kruck, Alfred (1954): Geschichte des Alldeutschen Verbandes 1890–1939, Wiesbaden

Kühnl, Reinhard (1966) Die nationalsozialistische Linke 1925–1930, Meisenheim a. G.

Kühnl, Reinhard (1977): Der deutsche Faschismus in Quellen und Dokumenten, Köln

Láníček, Jan (2013): Czechs, Slovaks and the Jews, 1938–48. Beyond Idealisation and Condemnation, London

Lipinsky-Gottersdorf, Hans (1973): Jedem das Seine. Vorwort von Hans Lipinsky-Gottersdorf, in: von Salomon, Ernst: Der tote Preuße. Roman einer Staatsidee, Reinbek

Lipscher, Ladislav (1984): The Jews of Slovakia: 1939–1945, in: Dagan, Avigdor (Hg.): The Jews of Czechoslovakia. Historical Studies and Surveys, Volume III, Philadelphia

Lozano, Álvaro (2012): Mussolini y el fascismo italiano, Madrid

Marcuse, Herbert (1943/1965): Der Kampf gegen den Liberalismus in der totalitären Staatsauffassung, in: Ders.: Kultur und Gesellschaft I, Frankfurt a. M.

Marcuse, Herbert (1943/2013): The Significance of Prussian Militarism for Nazi Imperialism: Potential Tensions in United Nations Psychological Warfare, in: Laudani, Raffaele: Secret Reports on Nazi Germany. The Frankfurt School Contribution to the War Effort, Princeton

Marcuse, Herbert (1990): Vernunft und Revolution. Hegel und die Entstehung der Gesellschaftstheorie, Frankfurt a. M.

Maréchal, Pierre-Sylvain (1989): Das Jüngste Gericht der Könige, in: Paschhold, Chris E./Gier, Albert (Hg.): Die Französische Revolution. Ein Lesebuch mit zeitgenössischen Berichten und Dokumenten, Stuttgart

Marx, Karl (1989): Das Kapital. Kritik der politischen Ökonomie, 3 Bd., Berlin

Masaryk, Jan (1948): Volá Londýn, Prag

Masaryk, Thomas G. (1925): Reflections on the Question of War Guilt, in: Foreign Affairs, Vol. 8, No. 4, July 1925

Masaryk, Tomáš Garrigue (1899): Die Nothwendigkeit der Revision des Polnaer Processes. Interpellation Kronawetter im Abgeordnetenhause am 9. November 1899

Masaryk, Tomáš Garrigue (1901/2011): Dr. O. F. Vaněk, ›Ebrejská slavnost Pesa'h‹. Historická a etnologická úvaha, 1900, in: Ders.: Ideály humanitní a texty z let 1901–1903, Prag

Masaryk, Tomáš Garrigue (1913/2011): Prof. Masaryk o rituální pověře, in: Ders.: Politika vědou a uměním. 1911–1914, Prag

Masaryk, Tomáš Garrigue (1914/2011): Ty židovské peníze, in: Ders.: Politika vědou a uměním. 1911–1914, Prag

Masaryk, Tomáš Garrigue (1918/1991): Das neue Europa. Der slavische Standpunkt, Berlin

Masaryk, Tomáš Garrigue (1930): Moderní názor na ženu. Otisk přednášky z roku 1904. Vydáno k 80. narozeninám presidenta-osvoboditele v březnu 1930, Vyškov

Masaryk, Tomáš Garrigue (1933/1997): Masarykova recenze Hitlerovy knihy Mein Kampf, in: Ders.: Cesta demokracie IV, Prag

Massing, Paul (1959): Vorgeschichte des politischen Antisemitismus, Frankfurter Beiträge zur Soziologie Bd. 8, Frankfurt a. M.

Mommsen, Hans (1979): Arbeiterbewegung und Nationale Frage, Göttingen

Moravec, Emanuel (1942): Das Ende der Benesch-Republik. Die tschechoslowakische Krise 1938, Prag

Mosse, George L. (1975/1993): Die Nationalisierung der Massen. Politische Symbolik und Massenbewegungen von den Befreiungskriegen bis zum Dritten Reich, Frankfurt a. M.

Mussolini, Benito (1943/1970): Die Lehre des Faschismus, in: Nolte, Ernst (Hg.): Theorien über den Faschismus, Köln

Neumann, Franz L. (1943/2013): Anti-Semitism: Spearhead of Universal Terror, in: Laudani, Raffaele (Hg.): Secret Reports on Nazi Germany. The Frankfurt School Contribution to the War Effort, Princeton

Neumann, Franz L. (1957): Types of Natural Law, in: Ders.: The Democratic and the Authoritarian State, Toronto

Neumann, Franz L. (1937/1986): Der Funktionswandel des Gesetzes im Recht der bürgerlichen Gesellschaft, in: Ders.: Demokratischer und autoritärer Staat. Studien zur politischen Theorie, Frankfurt a. M.

Neumann, Franz L. (1998): Behemoth. Struktur und Praxis des Nationalsozialismus 1933–1944, Frankfurt a. M.
Neval, Daniel (2002): Vorsehung und Auftrag. Politik und Geschichte bei Edvard Beneš, Brno
Paul, Ernst (o. J.): Josef Seliger. Ein großer Sohn der Sudetendeutschen, Stuttgart
Pejčoch, Ivo (2011): Fašismus v českých zemích. Fašistické a nacionálněsocialistické strany a hnutí v Čechách a na Moravě 1922–1945, Prag
Prinz, Friedrich (1973 (Hg.): Wenzel Jaksch – Edvard Beneš. Briefe und Dokumente aus dem Londoner Exil 1939–1943, Köln
Pohrt, Wolfgang (1986): Das »andere Deutschland«. Die antifaschistische Legende als Basis völkischer Kontinuität, in: Ders.: Zeitgeist, Geisterzeit. Kommentare und Essays, Berlin
Postone, Moishe (1979/2005): Antisemitismus und Nationalsozialismus, in: Ders.: Deutschland, die Linke und der Holocaust. Politische Interventionen, Freiburg i. Br.
Rensmann, Lars (1998): Kritische Theorie über den Antisemitismus. Studien zu Struktur, Erklärungspotential und Aktualität, Berlin
Rönnefarth, Helmuth K. (1961): Die Sudetenkrise in der internationalen Politik. Entstehung, Verlauf, Auswirkung, Teil I, Wiesbaden
Rosdolsky, Roman (1964): Friedrich Engels und das Problem der ›geschichtslosen‹ Völker, o. O.
Rosenberg, Alfred (1923): Die Protokolle der Weisen von Zion und die jüdische Weltpolitik, München
Rousseau, Jean-Jaques (1975): Der Gesellschaftsvertrag oder die Grundsätze des Staatsrechts, Stuttgart
Ruttner, Florian (2005): Georges Sorel, die Folgen regressiver Kapitalismuskritik und die Aufklärung, unveröffentlichte Diplomarbeit, Wien
Salzborn, Samuel (2015): Kampf der Ideen. Der Geschichte politischer Theorien im Kontext, Baden-Baden
Scheit, Gerhard (2001): Die Meister der Krise. Über den Zusammenhang von Vernichtung und Volkswohlstand, Freiburg i. Br.
Scheit, Gerhard (2016): Kritik des politischen Engagements, Freiburg i. Br. / Wien

Schmitt, Carl (1938/2003): Der Leviathan in der Staatslehre des Thomas Hobbes. Sinn und Fehlschlag eines politischen Symbols, Stuttgart

Schmitt, Carl (1941/2009): Völkerrechtliche Großraumordnung mit Interventionsverbot für raumfremde Mächte. Ein Beitrag zum Reichsbegriff im Völkerrecht, Berlin

Schumann, Wolfgang/Nestler, Ludwig (Hg.) (1975): Weltherrschaft im Visier – Dokumente zu den Europa- und Weltherrschaftsplänen des deutschen Imperialismus von der Jahrhundertwende bis Mai 1945, Berlin

Silberstein, Leopold (1937): Die Verwirklichung der Philosophie in der Politik: T. G. Masaryk und Dr. Edvard Beneš, in: Ders.: Kämpfende Vernunft. Das Beispiel von Masaryk und Beneš, Prag

Smelser, Ronald N. (1975): The Sudeten Problem 1933–1938. Volkstumspolitik and the Formulation of Nazi Foreign Policy, Middletown

Sombart, Werner (1915): Händler und Helden. Patriotische Besinnungen, München

Sohn-Rethel, Alfred (2016): Industrie und Nationalsozialismus, in: Ders.: Die deutsche Wirtschaftspolitik im Übergang zum Nazifaschismus. Analysen 1932–1948 und ergänzende Texte, Freiburg i. Br. / Wien

Später, Jörg (2003): Vansittart. Britische Debatten über Deutsche und Nazis 1902–1945, Göttingen

Sternhell, Zeev et al. (1994): The Birth of Fascist Ideology. From Cultural Rebellion to Political Revolution, Princeton

Strasser, Otto (1939): Europa von morgen. Das Ziel Masaryks, Zürich

Suppan, Arnold (2014): Hitler – Beneš – Tito. Konflikt, Krieg und Völkermord in Ostmittel- und Südosteuropa. Teil 2, Wien

Sutherland, Mary E. (1943): Preface, in: Koegler, Franz (1943): Oppressed Minority?, London

Thörner, Klaus (2008): »Der ganze Südosten ist unser Hinterland«. Deutsche Südosteuropapläne von 1840 bis 1945, Freiburg i. Br.

Uhlíř, František: (1944): Prague and Berlin 1918–1938, London

Ullmann, Herrmann (1934): Eduard Benesch, in: Wirsing, Giselher (Hg.): Köpfe der Weltpolitik, München

Vansittart, Robert (2014): Bones of Contention, Milton Keynes

Weber, Max (1917/1997): Die Erbschaft Bismarcks, in: Ders.: Schriften zur Sozialgeschichte und Politik, Stuttgart

Weger, Tobias (2013): Der »Liquidator« und seine »Dekrete«. Edvard Beneš im sudetendeutschen Diskurs nach 1989, in: Konrád, Ota/ Küpper, René: Edvard Beneš: Vorbild und Feindbild. Politische, mediale und historiographische Deutungen, München

Weltsch, Felix (1931): Masaryk und der Zionismus, in: Rychnovsky, Ernst (Hg,): Masaryk und das Judentum, Prag

Wette, Wolfram (2008): Militarismus in Deutschland. Geschichte einer kriegerischen Kultur, Frankfurt a. M.

Wladika, Michael (2005): Hitlers Vätergeneration. Die Ursprünge des Nationalsozialismus in der k. u. k. Monarchie, Wien

Zilsel, Edgar (1990): Über ein Spinoza-Zitat in H. St. Chamberlains Kantbuch, in: Ders.: Die Geniereligion. Ein kritischer Versuch über das moderne Persönlichkeitsideal, mit einer historischen Begründung, Frankfurt a. M.

Zimmermann, Volker (1999): Die Sudetendeutschen im NS-Staat. Politik und Stimmung der Bevölkerung im Reichsgau Sudetenland (1938–1945), Essen

*Internetquellen*

Aly, Götz (2002): Hitlers Volksstaat. Anmerkungen zum Klassencharakter des Nationalsozialismus. Rede zur Verleihung des Heinrich-Mann-Preises der Akademie der Künste, www.perlentaucher.de/essay/hitlers-volksstaat.html, 28. 11. 2015

Bauer, Otto (1907): Die Nationalitätenfrage und die Sozialdemokratie, www.marxists.org-/deutsch/archiv/bauer/1907/nationalitaet/31-programm.html, 4. 11. 2015

Blecking, Diethelm (2015): Die Rede des Fußball-Bund Präsidenten Peco Bauwens am 6. Juli 1954 im Münchner Löwenbräukeller, in: Historical Social Research, Transition (Online Supplement), 27, www.dx.doi.org/10.12759/hsr.trans.27. 1. 2015

Der Aufruf der 93 »An die Kulturwelt«, www.europa.clio-online.de/site/lang__de/ItemID__63/mid__11373/40208215/default.aspx#_ftn1, 19. 3. 2016

Dimitroff, Georgi (1935): Die Offensive des Faschismus und die Aufgaben der Kommunistischen Internationale im Kampf für die Einheit der Arbeiterklasse gegen den Faschismus. Bericht auf dem VII. Weltkongreß der Kommunistischen Internationale, www.marxists.org/deutsch/referenz/dimitroff/1935/bericht/ch1.htm#top, 23.9.2016

Falkenau – The Impossible, www.youtube.com/watch?v=pY3BlffquaU, 5.2.2016

Gottstein, Ingolf (2012): Henlein und das Scheitern des Autonomiewunsches, www.witikobund.de/-das-scheitern-des-sudetendeutschen-autonomiewunsches, 29.10.2016

www.repclub.at/2016/10/25/licra-osterreich/, 11.1.2017

www.sudeten.at/1950-heute.html, 11.1.2019

Karlsbader Programm, www.ns-archiv.de/krieg/1938/tschechoslowakei/karlsbader-programm-24-03-1938.php, 29.10.2016

Stellungnahme des Dokumentationsarchivs des österreichischen Widerstands, www.cdn1.vol.at/2008/10/olympia_doew.pdf, 8.11.2015

Sudetendeutsche Zeitung, Jg. 1, Folge 12, 21.6.1951, www.daten.digitale-sammlungen.de/~db/0003/bsb00031818/images/index.html?id=00031818&groesser=&fip=193.174.98.30&no=&seite=113, 7.8.2016

Text der Atlantik Charta, www.potsdamer-konferenz.de/dokumente/atlantik_charta.php, 4.2.2016

Valenta, Jiří/Friedman Valenta, Leni (2019): The Birth of Israel: Prague's Crucial Role, in: Middle East Quarterly, Volume 26, No. 1., www.meforum.org/7263/the-birth-of-israel-prague-crucial-role, 11.1.2019

## 2 Fremdsprachige Zitate im Original

a »Co nevíme o první Československé republice?»

b »To je báječná otázka. Promiňte mi, ale já na ni rezignuji, mám o ní své pochybnosti. [...] Jsem přesvědčen, že by to měl udělat sociolog či politolog, já, upřímně řečeno, jako historik se pro to necítím zcela kompetentní, ale cítím, [...], že to nebyl zrovna originální myslitel a že se jeho teorie a teze často jaksi rozcházejí, že nejsou zcela konzistentní.«

c »Moderním je úsilí, posilnit a povznést energii člověka a pocit osobní odpovědnosti, každé individuum společnosti postavit na roveň. [...] Moderním je úsilí, zrušit výsady některých tříd a individuí v těch třídách – silnější pomáhat slabšímu, toť přikázání nejlepších a nejpokročilejších duchů nové doby.«

d »Demokracie je diskuse, demokracie je práce, demokracie je vláda lidu, lidem a pro lid, jak to formuloval pro demokracii americkou Lincoln.«

e »Československý stát je u Karla ›eine jüdische Gründung‹; založili ho Freund-Deschamps, Wedeles a Serpek z Paříže, ›dříve než začal Masaryk s Benešem oň pracovat.«

f »Mientras que el nacionalismo inglés y el norteamericano se relacionaban en su origen con los conceptos de libertad individual y representatividad, firmemente arraigados en su vida política, el nuevo nacionalismo, que no tenía sus raíces en una realidad social y política semejante, carecía de confianza en sí mismo. [...] Los nacionalismos alemán, ruso o indio aparecían como algo más profundo que el nacionalismo occidental, con mayor riqueza problemática y más potencialidades.«

g »La soberanía absoluta fue reemplazada, cuando la Revolución hubo progresado lo bastante, por la soberanía absoluta del pueblo. Imbuidos del espíritu de Rousseau, muchos franceses exigieron un entusiasmo patriótico común y una voluntad nacional alerta. [...] Las pasiones generadas por ese nuevo nacionalismo amenazaban romper los diques erigidos por el siglo XVIII para proteger al individuo y su esfera de libertad.«

h »Hobbes jest theoretikem absolutismu a despotismu. Dochází k theorii o smlouvě společenské, ale pro svou chybnou do krajností hnanou theorii o morálce egoistické, o darwinistickém boji o život a o špatnosti lidské nedochází k důsledkům, k nimž došli filosofové francouzské revoluce.«

i »Doba dnešní, [...] hledá vědomě synthesu individualismu a socialismu.«

j »Společnost není něco, co stojí jako těleso, jako substance samostatná nad individuem ji skládajícím, nýbrž prvek, jehož existence je možná, podmíněna jen existencí individua – ten pojem společnost jest konec konců jen abstrakce, vyjadřující a shrnující v jedno všecky ty neobyčejně četné projevy života individuálního.«

k »Celkový vývoj v Evropě se jeví jako krize demokracie a parlamentarismu, jako éra diktatur, jako opravdový chaos v politické ideologii národů evropských.«

l »Není již čas na mnohoznačná slova diplomatického umění. Situace světová je dnes z Italie [sic] měněna. Připuštěním německého vyzbrojení dostala by se Evropa do periody nových těžkých krizí politických, které by nejprve vedly k novému velkému závodu ve zbrojení a nakonec snad k novému nezadržitelnému konfliktu válečnému.«

m »Z literatury o diktatuře. Několik poznámek«

n »Celou válku jsem chápal a vykládal jako boj demokracií proti aristokracii a ab-solutismu, podporovanému theokracií. Válka sama zničila říše absolutistické, vyvolala v život desítky nových republik, pomohla všude socialistickým ideám a stranám, v prvních letech po příměří povolala je k vládnímu rozhodování – a dvanácte [sic] let po válce máme v Evropě nebývalou krisi demokracie a parlamentu, řadu diktatur a nikým nečekaný boj dvou světů. Rusko, Polsko, Němec-ko [sic], Italie, Španělsko, Turecko, Maďarsko, Jihoslavie, republiky jihoamerické – vedle řady jiných států jsou živým dokladem tohoto dalekosáhlého zjevu, o němž každý vážný politik musí mnoho přemýšlet a z něho se učit.«

o »Ze studia diktatur středověkých, probíraných v knize Batagliově, dá se pro dnešní dobu čerpat mnohem méně. Doba a poměry naše jsou od středověkých příliš rozdílné. Za to však krásně je vidět z knihy této i z knihy Cambovy některé společné znaky současných diktatur: ruské, italské a turecké. Vyšly především všechny z masového hnutí, vytvořily si vedle diktátorů-vůdců také celé strany a tudíž i diktatury stran a celou svou mašinerii státní. Proto jsou a budou tyto diktatury trvalejší, jejich akce pronikavější, opravdu revoluční. Cambo velmi přesvědčivě ukazuje, že za to takovéto diktatury daleko obtížněji přecházejí do stavu normálního a že otřesy, které přechod ten provázejí, jsou pravidelně hlubší a nebezpečnější nežli tam, kde diktátor ujal se sice moci, ale nedotkl se hlouběji politického a sociálního systému.«

p »(V)álka byla velikou světovou mravní, politickou a sociální revolucí. Tu prožíváme dosud a prožíváme ji ideově a materiálně, a všechny úžasné těžkosti dnešní doby spočívají v tom, že jsme v plné revoluci; žijeme v době, jež je typicky dobou přechodů z jedné historické epochy do druhé. Doby takové jsou vždycky doby krisí, těžkostí, rozvratů politických, sociálních, hospodářských a mravních.«

q »Prakticky to znamená: chápat ideje předválečné a pochopit v čem jsou dnes překonány, pochopit ideovou stránku války a to co přinesla nového, chápat, co znamená celá ideová a mravní krise po válce, a vědět, kam máme ideově jíti dnes, jaký má a musí býti ideový cíl náš pro další naši budoucnost národní a státní.«

r »Zdá se, jako by byl tento vývoj k demokratisaci evropské společnosti po válce ještě několik let pokračoval, asi tak do r. 1927 a 1928, a pak jako by se svět najednou začal vracet zpět nebo obracet jinam.«

s »Zdá se zejména, jako by se asi od r. 1927 ten známý pohyb poválečné společnosti, jak se krátce říká, ›na levo‹ najednou zarazil a jako by demokracie evropská a demokracie vůbec spěla ke svému pádu.«

t »Prožila totiž také Evropa krisi demokracie v Rakousku, v Jugoslavii, v Polsku, v Maďarsku, Bulharsku, Turecku, v Portugalsku, ve Španělsku, ve státech baltských, aj.«

u »Chceme vědět, jaká má býti cesta z tohoto zmatku.«

v »Faktem, nezvratným faktem je, že v posledních 4-5ti letech nastala anebo se aspoň přiostřila v Evropě reakce zvláštního druhu.«

w »Reakce ta není totiž charakteru jen ryze politického v tom smyslu, že by od dříve vítězících socialistických a hodně levých, pokrokových, demokratických doktrín a stran voličstvo postupně nebo massově odpadávalo a že by se vracely politické poměry zase ke stavu, který byl dříve, to znamená k novému panství konservativní buržoasie a aristokracie rodové a peněžní.«

x »Tyto nové diktatury, již nejsou diktaturami kast vojenských a byrokratických, nýbrž massové diktatury politických stran a kolektivních hnutí lidových, jsou především a výslovně rozhodnou negací ideálů demokratických. Jsou vědomě antidemokratické a zdůrazňují to; chtějí být negací demokracie a chlubí se tím. Fašismus a hitlerismus to zvlášť zdůrazňuje a má na to celou svou vlastní ideologii.«

y »Systémy tyto ostře odmítají: 1. principy politické demokracie a politické svobody; 2. správný poměr nacionalismu a internacionalismu, jak si jej humanistická demokracie 19. stol. formulovala; 3. mají podstatně jiný názor o funkci a poslání dnešního státu nežli má poválečná demokracie, naplněná filosofií moderního humanismu 19. a 20. století.«

z »Odmítají princip a ideály humanity a přijímají theorii, že válka je nutná, že válka je projev životnosti, síly a zdravého kořene národa. Konec konců hájí ideu, že jeden národ má právo ovládat národ druhý a rozšiřovat se na jeho útraty. Přijímajíce theorii hegemonie jednoho národa nad druhým, mluví o svém národním dynamismu.«

aa »Vytvářejí si doktrínu o poslání státu, v níž stát je povýšen na něco absolutního a v níž dávají státu všemocnost, obětujíce státu myšlenku svobody individua, někde úplně, jinde do té míry, že každý moderní člověk evropský musí položit veliký otazník.«

ab »Na uvedených třech podstatných problémech, politické svobody a demokracie, nacionalismu a internacionalismu a pojetí funkcí moderního státu pokouším se ten dnešní ideový zmatek ukázat a zároveň zdůraznit, že v praktické politické činnosti je třeba mít co se týče těchto doktrín naprosto jasno a že není jiné možnosti: náš člověk se musí rozhodnout a buď jde jednou cestou nebo druhou. Kompromis není po této stránce možný. Buď provedeme novou revoluci a přijmeme ten systém státní a hospodářský, který je nám zde předložen, nebo důsledně a zásadně půjdeme proti němu. Já dávám odpověď jasnou: zásadně, důsledně a bez kompromisu jdu proti těmto systémům a bráním se jim.«

ac »Tam kde demokracie z důvodů uvedených padla, vytvoří se postupem doby, i když na počátku to není vidět, boj všech proti všem. Podívejme se třeba za kulisy dnešního Německa. [...] Je to systém, ve kterém je běžným politickým nástrojem a methodou politické práce a vládnutí násilí, lež, nepravda, tendence, kolektivní terror. Tím vším je každý takovýto systém konec konců jen trvalou zuřivou a vnitřně rozvrácenou revolucí.«

ad »Nemáme býti tudíž za těchto okolností poněkud skeptičtí či přímo pesimističtí vzhledem k další budoucnosti demokracie v Evropě? Nebyl jsem, nejsem a nebudu skeptikem a pesimistou ohledně tohoto vývoje právě proto, že klidně a objektivně, jako sociolog, tanto [sic] vývoj analysuji, vidím spáchané chyby a tudíž i možnosti nápravy a nutnost postupu dalšího.«

ae »Když v červenci 1932 přijel ministr Beneš nakrátko z ženevské odzbrojovací konference do Prahy, dal ve spolupráі [sic] s ministrem národní obrany Bradáčem shromáždit členy československého generálního štábu a sdělil jim: ›Jestliže se [odrojovací [sic]] konference nezdaří – a to je velmi pravděpodobné – přijde hrozná krize, nejdříve politická a pak hned nato i nebezpečí války. Dávám vám čtyři léta. Krize přijde asi v letech 1936 nebo 1937. Republika musí být do té doby plně připravena‹»

af »Válka z roku 1939 není tudíž, po mém soudu, žádný zvláštní přelom: od roku 1914-18 přes dvacetiletý boj o demokracii a diktaturu v Evropě, přes fašismus a hitlerismus až k útoku na Československo, přes Mnichov k válce s Polskem, s Francií a Velkou Británií, až konečně k pádu Francie a k dnešnímu gigantickému boji britské demokracie, která sice zvítězí a své impérium zachrání, bude však postavena před veliké, všestranné změny revolučního charakteru na evropském kontinentě, je jedna veliká, přímá a nepřetržitá linie, v níž jsem po celou tu dobu bez ohledu na nějaké stranické konstelace a veden jen zájmy státními stál vždy na místě, které jsem nikdy nezměnil a které v ničem nemusím měnit ani dnes. Je to vývojová linie, vyjadřující ideály demokracie politické a mravní, sociální a hospodářské, která i v tomto obnoveném grandiosním boji o novou Evropu a nový svět nutně musí zvítězit.«

ag »Když Hitler dopsal ›Mein Kampf‹, můj otec si to ihned přečetl. Později to četl několikrát. Tři týdny před smrtí mi řekl: ›Jak možno, že Němci kupují miliony této hrozné knihy .. To ti ale dopracovali.‹ Bohužel tehdy evropští státníci ›Mein Kampf‹ nečetli.«

ah »Dnešní německý režim, vyšlý z německé národně socialistické revoluce, sledující ideu vybudování t. zv. Třetí říše a opírající se, vedle všeobecné rámcové idee známého předválečného všeněmectví, o hesla plemenné výlučnosti a národně německé prerogativy, ujal se od 5. března 1933 úplně moci v Německu a začal horečnou činností uplatňovati prakticky své teorie obrody německého národa v politice vnitřní a zdůrazňovati své požadavky plné rovnoprávnosti v politice zahraniční. Rozmach této akce, který i z oficielních míst označen byl za fanatický, přirozeně vyvolal mohutný ohlas v zahraničí a v jeho důsledku i stav nedůvěry o obav vyrostlých z úvah o programu národně socialistické strany z. r. 1930 a z konzepce politických směrnic všeněmeckých, hlásaných v Hitlerově knize ›Mein Kampf‹ z. r. 1924.«

ai »1. Jednak pozůstávají v charakteristice resp. kritice německé, zejména předválečné zahraniční politiky; 2. Jednak vytyčují hlavní směrnice autorovy zahraničně politické koncepce, nebo jinými slovy lze též říci, že naznačují stěžejní zahraničně politické cíle nacionálního socialismu.«

aj »Osudná a základní chyba předválečné německé politiky podle Hitlera spočívala tedy v tom, že místo hesla: dobýt novou půdu, vytkla si za cíl: dobýt svět hospodářskými mírovými prostředky.«

ak »Rozřešení této záhady nalézá Hitler v tom, že jako prapříčinu pochybené politiky, stejně ovšem jako jiných ›žalostných‹ zjevů v německém národě, označuje ›marxistickou nauku a její skryté organizační uplatnění se‹.«

al »Tento cíl je pro Hitlera tak samozřejmý a všední, že se jím blíže vůbec nezabývá.«

am »Aby Německo dosáhlo vnější svobody, to předpokládá ›odstranění příčin německé porážky jakož i zničení těch, kteří z této porážky mají prospěch, krátce předpokládá to povalení současného marxisticko-židovského‹ režimu; neboť v marxistické nauce a rozkladném židovském vlivu vidí Hitler kořeny německé porážky ve světové válce a příčinu ›mravní i hmotné bídy‹ poválečného německého národa. Tedy teprve revolucí vnitřního života, vnitřní politiky otevře se cesta vedoucí k vnější svobodě Německa.«

an »Dobytí nové půdy, praví autor, je jediná akce, která před Bohem a budoucími německými pokoleními ospravedlňuje obětování krve. [...] Je lidskou tragédií, že národové, kteří jsou nositeli kultury často se tísní na malém prostoru zeměkoule, zatím co národové méně kulturní nebo nekulturní pouhou hrou náhody zabírají nesmírná prostranství. Hranice mezi národy a státy nejsou ničím trvalým, věčným.«

ao »Toto jádro je dnes úplně vyhlazeno. Na jeho místo nastoupili židé. Žid ale jakožto element věčného rozkladu nebude s to natrvalo ovládat obrovskou říši. Tato říše pod jeho panstvím zraje k rozpadnutí. Konec židovského panství bude znamenat konec Ruska jakožto státu. Zde udeří hodina německého národa.«

ap »Není židovský, myšlence národních států nepřátelský vliv u těchto národů silnější, než poznání nových skutečností a všecka dobrá vůle?«

aq »Fašistická Itálie, praví, vylomila mezinárodní židovské hydře jedovaté zuby tím, že podnikla vítězný boj proti třem zbraním židovství: Zakázala tajné zednářské společnosti, znemožnila hypernacionální tisk a zlomila vliv mezinárodního marxismu.«

ar » [...] uplatněním skrytých zájmů mezinárodního židovství.«

as »Hitler argumentuje zde takto: V zájmu budoucího světového panství židovstva je zničit politicky a hospodářsky Německo. Toho lze nejlépe dosáhnouti bolševisací Německa, t.j. vyhlazením národní německé inteligence a současným vykořistěním německé pracovní síly pro cíle židovského světového finančnictví. Jak tomu bylo často v dějinách, je i dnes Německo v tomto velkém zápase hlavním bojištěm. Jestliže Německo v tomto boji podlehne a stane se kořistí židovských světových tyranů, pak celá země se octne v chobotech židovského polypa.«

at »Je pozoruhodné, že jedné kardinální zahraničněpolitické otázky dotýká se Hitler ve své knize takřka jen mimochodem, aniž by se zabýval její podstatou: Otázky sloučení všech Němců v jednu říši.«

au »Charakteristické jest Hitlerovo pojetí slova ›germanisace‹. Germanisace dle něho není věcí řeči, jazyka, nýbrž jedině věcí půdy. Germanisace dá se provádět jedině na půdě, nikoliv na lidech. Důvod pro to má výlučně rasový: Národnost (Volkstum), rasa nespočívá v řeči, nýbrž v krvi. »

av »Nato nechávaje zcela stranou to, co vykládal o svém demokratismu a odmítavém stanovisku k německému nacismu úředním a jiným kruhům britským při svém zájezdu do Londýna v roce 1937, učinil otevřené a slavnostní přiznání své i své celé strany k hakenkreuzlerskému pangermanismu:«

aw »Německý národní socialismus představuje prý názor, který nejenom že vedl německou říši k znovuzrození a k dalšímu rozkvětu, ale pronikl celým německým životem, pořádaje jej podle svého učení. Mohl a může to učiniti, protože odpovídá způsobu a názoru německého člověka, který v něm po letech nesplněného toužení našel své pojetí života a své pojetí morálky. Sudetské němectví, jež vzdor státním hranicím cítí se částí *Deutschtumu*, s nímž žilo vždy v nerozlučitelném svazku, nemohlo se vyhnouti světovému názoru, k němuž se všichni Němci po světě s radostí hlásí. Právě sudetské němectví, jako ohrožený a o svou existenci bojující kmen, může se přiznati pouze k tomu světovému názoru, jehož nejvyšším zákonem jest zákon *Volksgemeinschaftu*. Jde zde o svobodu vyznání, kterou prý si sudetští Němci nedají vzíti. Proto i sudetské němectví se přiznává k národně sociálnímu životnímu názoru a odmítá pronásledování pro přiznání se k německému národnímu socialismu. A uzavírá: Nestrpíme déle situaci, která pro nás znamená válečný stav v době míru. »

ax »Prohlášení Henleinových osmi bodů bylo přijato posluchači s fanatickým entuziasmem. Řvaní Sieg Heil nemělo konce... Cítili dobře, co se stalo: V Karlových Varech byl zdvižen prapor revolty proti Československé republice.«

ay »Henlein prostě žádal: [...] vytvoření samostatného územního totalitního celku v demokratické Československé republice (jedna část státu by se spravovala demokratickými zásadami, druhá koncentračními tábory, antisemitskými předpisy a gestapem).«

az »Odevzdání veškeré správy tohoto území do rukou zfanatizované nacistické henleinovské inteligence by znamenalo, že by jen záleželo na dobré vůli Hitlerově a Henleinově, kdy by se autonomní území nějakou plebiscitní komedií připojilo ke Grossdeutschlandu.«

ba »*Odtud onen známý nacionálsocialistický antisemitism* jako reakce a negace proti míšení čisté, vyšší arijské rasy se semitskou a odtud všecko to pronásledování židovství v dnešním Německu a celé německé, nacistické antisemitské barbarství.«

bb »Theoreticky logický vývoj po organizační stránce, by žádal nyní, aby vedle včlenění syndikátního organismu brzo došlo i k likvidaci fašistické strany a vplynutí jejímu do aparátu státního. O úmyslech Mussoliniových v tomto směru mluvilo se již několikráte. Byla by to dematerialisace *diktatury strany* fašistické, obdobná shora naznačeným náběhům k dematerialisaci *osobní diktatury* Mussoliniovy, za cílem založení *abstraktní, objektivní diktatury státu.*«

bc »Tam už jsem prohlásil, že strana je civilní moc ve službě státu tak jako milice jest ozbrojená moc ve službě státu. Strana spíše vykonává apostolát než autoritu. [...] Prefekt je jedinou autoritou v provincii. [...] Od nynějška sekretář strany bude jmenován král. dekretem na můj návrh a federální sekretáři budou jmenováni šéfem vlády na návrh sekretáře strany. Tím je dána vědomá, definitivní, slavnostní subordinace strany oproti státu.«

bd »Říká-li Mussolini, že nelze mluviti o autosupresi fašistické strany, nýbrž jen o jejím správném umístění ve státě, neříká tím nepravdu. Říká-li však na jiném místě, že dualismus ve správě je překonán a žádá-li od fašistů, aby akceptovali poslání nositelů apostolátu, potvrzuje, že opravdu nastává ona třetí fase ve vývoji fašismu, která znamená unifikaci správy a vplynutí fašistické strany do aparátu státního.«

be »A diferencia de Alemania, donde el ‹es el deseo del *Führer*‹ se convertía posteriormente en una orden escrita inapelable, en Italia ‹es el deseo del *Duce*' no producía el mismo efecto. El Consejo de Estado pasó a adquirir una mayor relevancia mientras se debilitaba el Parlamento. Era consultado cuando se redactaba leyes o decretos administrativos, e incluso se le solicitaba su opinión sobre nombramientos. El Gobierno fascista podía ser personalista y presidencial, pero no arbitrario.«

bf »Postavení Neurathovo se zdálo být před několika týdny nejisté, neboť nacionálně-socialističtí ministři, zejména Göring, dělali ve svých řečech zahraniční politiku, s níž Neurath nemohl souhlasiti, a kromě toho Alfred Rosenberg, ›šéf zahraniční politiky‹ ve straně nacionálně-socialistické, se snažil přijíti na jeho místo. Poněvadž Rosenberg je již leta Hitlerovým poradcem, bylo nutno bráti vážně jeho vliv na Hitlera. Zahraniční úřad projevil proti ›usměrnění‹ energický odpor, Hindenburg trval na Neurathovi, a poněvadž zahraničně-politická situace se rychle zhoršovala, zůstal vítězem zahraniční úřad. V tomto resortu nebyl na vynikající místo jmenován dosud ani jeden nacionální socialista a pro Rosenberga, jenž vedle von Papena byl označován jako kandidát na křeslo zahraničního ministra nebo aspoň na funkci státního tajemníka, se nalezlo východisko ze situace tím, že strana nacionálně-socialistická si zřídila svůj vlastní zahraniční úřad, jehož šéfem se stal Rosenberg. Říšský zahraniční úřad ovšem nevidí rád činnost Rosenbergovu, avšak doufá, že bude moci Rosenberga použíti k tomu, aby působil na umírnění nacionálně-socialistické strany a ne naopak, t. j. aby strana nepůsobila radikálně na zahraniční úřad.«

bg »Zcela zvláštního, sensačního významu nabyla návštěva Gömbösova tím, že uskutečněna byla jako samostatný podnik nacionálně-socialistického režimu, ›úřadem pro zahraniční politiku‹ bez vědomí ministerstva zahraničních věcí, jehož činitelé dokonce nebyli ani přizváni k účasti. O návštěvě a jejím průběhu bylo vydáno v denních listech komuniké, které samo výslovně označuje se jako ›komuniké nacionálně-socialistické strany‹ a v tomto směru jeví se přímo jako okázale zúmyslné ignorování ministerstva zahraničních věcí, které, jak všeobecně již jest zjevno, postupně ztrácí půdu pod nohama, jsouc stavěno před hotová fakta a podřizováno diktátu nacionálně-socialistického režimu.«

bh »Beneš uzavírá, že ›rakouský socialism je silně nacionální, více nacionální, nežli by jeho snahám a cílům bylo zdrávo.«

bi »Všecky politické emigrace se skládají především z řady vůdců. Jejichž hlavní kádry a massy jsou doma. Práce jejich je tudíž především práce výraznějších osobností, individualit, majících každá dost vyhraněnou linii politickou.«

bj »Udržovat za takových okolností v emigračním prostředí klid, pořádek, disciplínu, oddanou a loyální spolupráci, je úkol téměř nadlidský, zvláště, když to není vlastních úřadů, veřejného mínění, pocházejícího z usměrňovacích sil lidových mass, atd., atd.«

bk » [...] padl do rukou gangsterské diktatury bez své viny z jednoho dne na druhý.«

bl »První republika (republika před Mnichovem) v podstatě právně a politicky existuje dál a musíme se všichni bezpodmínečně sjednotiti na programu právní kontinuity republiky.«

bm »Boj proti Hitlerovu Německu«

bn »My za hranicemi máme jen jediný úkol – zajistit zase národu svobodu a republice znovu právní a politickou existenci. Nesmíme ovšem proto za hranicemi ničemu prejudikovat, neboť my v cizině nemůžeme definitivně rozhodnout žádné konstituční otázky budoucí republiky jako např. o postavení Slovenska, Němců, Podkarpatské Rusi. [...] Náš jediný program, který nás může a musí sjednotit, je boj proti Hitlerovi na venek a obnovení republiky v duchu Masarykova demokratismu uvnitř.«

bo »Přál jsem si svorné spolupráce všech význačnějších politických činitelů a osobností v emigraci a chtěl jsem tak soustředit všecky strany a všecky národnosti republiky, ale jen na všeobecné politické základně výše uvedené, bez všech organisací a bojů stranických.«

bp »On bude požadovat pro Sudety celý čtvrtý návrh Henleinův (karlovarský).«

bq »Všichni kdo zde jsou z československých Němců, mají legitimaci mluvit jménem německého dělnictva z Československa, ale ne jménem jakéhosi sudetoněmeckého národa. Takové legitimace nemá ani on, ale také ne Jaksch. Zinner se tím cítí být vázán mravně i politicky a proto všude vystupuje jako zástupce německého dělnictva z Československa.«

br »V r. 1939, ještě před vypuknutím války, Jaksch podal důvěrníkům německé soc. demokratické strany v Anglii memorandum, jež je dnes již dokumentem svědčícím o tom, že Jaksch sám i jeho nejužší okolí v emigraci opustili svoji koncepci německé soc. demokratické strany z Československa a přijali koncepci vysloveně velkoněmeckou. V tomto memorandu Jaksch poukazoval dokonce na to, že nejen t. zv. Sudetenland, ale také baltické státy budou po válce připojeny k Německu a rozvíjel tak program vysloveně velkoněmecký.«

bs »Od té doby u Jaksche ideologicky nenastal žádný vývoj. Kdyby kdokoli chtěl tvrdit opak, najde sice pro to snad některé Jakschovy výroky, ale oni vědí, že to vše je jen předstírání na venek a klamání, ale ve skutečnosti Jaksch svoje velkoněmecké pojímání již nezměnil.«

bt »Zinner ví, že Jaksch je vyhlédnut Strasserem, aby s ním dělal Velké Německo a Jaksch je ochoten tuto úlohu hrát. Chce hrát nového Henleina. Dle názoru Zinnerova to už si českoslovenští Němci podruhé nesmí dovolit. [...] Jaksch přešel v zahraničí s nacionalismu [sic], jeho Volkssozialismus není nic jiného než Nacionalsozialismus.«

bu »Lenk se mne ptal, znám-li texty projevů Jakschových, které má v německém rozhlase v BBC a jeho poslední rozhlasový projev, v němž mluvil o atlantické chartě. V tomto projevu Jaksch použil doslovně této formulace: [...]«

bv »My nemusíme vykládat, říkal Zinner dále, stačí nám jen, abychom vám předložili ne to, co Jaksch v emigraci řekl, ale co napsal. Je to v podstatě totéž, co chtěl Henlein, je to totéž, co Henlein řekl 4. března ve Vídni. My za těchto okolností s Jakschem nemůžeme jít, a Zinner opakoval opět, že si to nesmí už německý lid v Československu dovolit. Jaksch je [...]«

bw »Němečtí horníci, jak Zinner řekl ›moji horníci‹, nemohou po této válce sloužit žádnému National-Volkssozialismu.«

bx »To je věc Čechů, považují-li Jaksche za vhodného partnera, ale je přece jasné, že až se vrátíme domů, že my řekneme dělníkům, jak se nám Jaksch v Anglii vysmíval s marxismem a řekneme také svým českým soudruhům, jak nám hrozil, že nás postaví před jakési Volksgerichty, protože jsme věrně stáli na půdě republiky.«

by »Při jedné příležitosti Loeb se vyjádřil neobyčejně pochvalně o našem presidentovi, označil ho za jediného politika evropského formátu a prohlásil, že kdyby měl zvolit presidenta Spojených Států Evropských, neznal by jiného kandidáta než Dra Beneše.«

bz »O poslanci Jakschovi má naprosto odsuzující úsudek. [...] Zvlášť důvěrně bych zde poznamenal, že Lord V. si přičítá zásluhu na tom, že poslanci Jakschovi na zákrok F.O. bylo znemožněno vysílati rozhlasové projevy ve zdejším německém rozhlase. Domnívám se, že tato intervence Lorda V. je rovněž výsledkem vlivu, který má v těchto věcech na něho Loeb. Naproti tomu jsem si jist, že našeho presidenta neposuzuje tak, jak Loeb se vůči mně o něm vyjádřil.«

ca »Za Československo se zúčastnili chargé d'Affaires rada Dr. Erban, vyslanec Kobr a vedoucí československé sekce Labour Exchange Bělina.«

cb »Za Čechoslováky promluvil Bělina, který uvedl, že tuto válku nutno zakončiti s Němci, Japonci a Italy bez jakéhokoliv appeasementu a jednání s kvislinky. Němcům musí býti dokumentováno, že jsou poraženi. Tentokrát musí býti Německo vojensky obsazeno a pod kontrolou odzbrojeno. Také průmysl musí býti odzbrojen.«

cc »Před Hitlerem jsme neměli v Československu sudetoněmeckého problému. To je vynález Hitlerův, aby mohl zničiti Československo. Po válce se Němci v čs. Republice nesmějí opět separovati jako menšina a reklamovati menšinová práva. Tím by se udržel duch německé národní skupiny.«

cd »3. Německá republika se vzdala boje a hanebně kapitulovala. Dne 23. března 1933 dvě třetiny lidových zástupců hlasovali pro plné moci Hitlerovi. Tím nabyl Hitler práva měniti i ústavní zákony bez součinnosti parlamentu a říšského presidenta. Německé svazy odborových organisací se zglajchšaltovaly v květnu 1933. Dne 17. května 1933 Reichstag jednohlasně schválil Hitlerovu zahraniční politiku. 4. Příčinou tohoto sebevražedného postoje většiny německých politických stran je nacionální a militaristický vývoj německého lidu, který se jasně rýsoval při každé příležitosti v posledních 80 létech. Hitler se dostal na povrch největším lidovým hnutím v německých dějinách. 5. Hitlerovy násilné činy byly provedeny za souhlasu většiny německého lidu. 6. Dosud neotřesená většina Hitlerova režimu se značí ve fanatické ochotě německého vojáka dáti svůj život na frontě. O tom svědčí souhlasně všechny zprávy ruských reportérů. Druhým úkazem je mlčení německého lidu vůči zločinům páchaným na porobených národech a židech.«

ce »Lidice a jejich osud jsou nejvýraznějším rysem německé nacistické kultury a německého nacistického systému z doby druhé světové války. Říkám německého systému – přidávaje k tomu slovo nacistický – poněvadž nemohu od celého toho nekulturního, barbarského zjevu lidického vraždění z června roku 1942 německý národ jako celek odloučit.«

cf »Nebude však trvat dlouho a budeme slyšet různé, všelijak formulované a v systémy vypracované omluvy, výmluvy a omývání všeho toho, čeho se Němci v této válce tak neslýchané nelidsky dopouštěli. Až to svět uslyší, nechť nezapomene na tato fakta: To, co v lidickém zločinu nejvíce ohromilo celý svět, bylo, že po přesně připraveném, chladně uváženém a s nejhorším cynismem provedeném vyvraždění nevinného lidického obyvatelstva bylo vydáno oficiélní německé komuniké, jímž se německá vláda slavnostně k této ničemnosti hlásila. Z něho vycházelo, že to byly represálie na přiznaně nevinných lidech, a že to byl prostě výraz vraždícího zastrašujícího teroru, z něhož si německý režim vytvořil veřejně hlásanou a hájenou právní státní doktrínu. To nebylo něco náhodného, to byl systém, to byl právní názor německé společnosti, to byla nová filosofie německého národa a německého ›Herrenvolku‹. A nebylo to tajeno, nebylo to zakrýváno, bylo to hlásáno veřejně všemu německému lidu.«

cg »To, co svět uvádělo a uvádí dnes zvláště v úžas, je fakt, že takový Buchenwald, Mauthausen, Dachau, Osvěčím, Majdanek, Belsen a všecky ostatní koncentrační tábory s celým svým aparátem a systémem zvířeckého mučení a vraždění byly vymýšleny a připravovány v klidu, v úředních místnostech jednotlivých ministerstev a stavěny záměrně a odborně za účasti odborníků, inženýrů, lékařů a jiných vědců a před zraky skoro celého odborného světa a politicky myslícího lidu německého, že se odborně a vědecky bezvadně pracovalo na přípravě německých mučíren a že se pro ně odborně vychovávaly celé generace nacistické mládeže, policie, a pomocného personálu; že se v těchto místech organisovaly pro účely německé vědy německými vědci a lékaři odborné vědecké experimenty na uvězněných, nešťastných lidech nevinně odsouzených a německými kulturträgery tak neslýchaně zneužívaných; že se stavěly a odborně zařizovaly plynové komory na massové ničení milionů životů, že koncentráky, mučírny, plynové komory, vlaky smrti a všecko to, co representovalo tento nelidský zabijácký systém stálo denně a stále – a řadu let – na očích velké většiny německého národa, a že se v tomto národě – kromě dvou-tři případů – nenašel ani jediný význačnější odpovědný člověk, který by byl měl odvahu to všecko odsoudit, proti tomu se postavit, definitivně to zatratit. Tisíce a tisíce německých lidí to vidělo, celá léta chodili kolem těch doupat smrti, mučení a umírání, věděli o tom všem stejně tak, jako se ví, kde je nemocnice s nejhorší nakažlivou nemocí nebo skladiště dynamitu hrozící vybouchnouti, mluvili o tom v rodinách, na schůzích, v oficielních komuniké a hrozili tím nestoudně všem odpůrcům; jedním slovem převážná většina německého lidu až do poslední chvíle před konečným pádem tohoto ničemného systému jej mlčky trpěla anebo přímo s ním souhlasila, jen když to pomůže dosáhnout kýženého cíle: vítězství ve válce.«

ch »Byl to prostě systém a byl to režim – nebyli to jednotlivci a nebyla to pouhá jedna strana – a bohužel německý národ ve své veliké většině se s ním buď výslovně nebo mlčky solidarisoval a ztotožňoval. V tom je hrozná historická vina německého národa, v tom je nesmazatelný a neodpustitelný hřích a to bude zle dopadat na všecky jeho osudy v příštích – myslím, že dlouhých – letech jako pykání za všecky tyto viny.«

ci »Já zde neprozřetelně nesevšeobecňuji; uvádím jen prostá fakta a říkám prostou pravdu. Vím, že byli Němci, jednotlivci, kteří si této hrůzy byli vědomi. Ale jde o přímou vinu převážné většiny Němců a proto Němci, jako celek, jsou odpovědní.«

cj »O možnosti působit na Němce uklidňujícím způsobem v tom smyslu, aby danou situaci považovali opravdu za konečnou a aby už dnes začali připravovat půdu pro budoucí přátelské sousedské žití bývalých československých Němců s novým Československem, se vyjádřil Paul naprosto zamítavě.«

ck »Neklamte se, v celém antisemitismu a pověře není jiného jádra než klerikalismus, který z toho těží.«

cl »Zkrátka: odkazování na *nedokázanou a nikde nikým nenalezenou tajnou sektu a tajné spisy* hodí se sice k rozčilování širokých vrstev lidu, ale člověk nejen *vědecky*, ale vůbec *myslící* bude se tázat po *důkazech* tvrzení. Vždyť bez důkazu tvrdit lze všecko, co komu je libo; ale člověk spravedlivý nemůže tak jednat.«

cm »Přihlédneme tudíž k důkazům autorovým blíže, seznáme předně, že dokázal více, než chtěl. Neboť je historicky dokázáno, že nejen národové semitičtí, ale také Řekové, Římané, Germáni v době starší mívali oběti lidské, a u všech těch národů vyskytovaly se v dobách starších zbytky lidojedství; následuje z toho, že *nynější* Řekové, Němci a národové germánští, také národové románští, mají tajné sekty rituální? Podle logiky autorovy zněla by odpověď: ano!«

cn »Pan Vaněk chodil do antisemitské školy Rohlingovy. Má všecky chyby svého mistra.«

co »Vyvrátil jsem hlavní důkazy páně Vaňkovy a charakterizoval jeho metodu. Pan Vaněk ve svých pracích posud se vyznamenával svědomitostí a pílí, tu však podlehl patrně svým antipatiím.«

cp »Na boje pro své vystoupení v procesu proti Hilsnerovi vzpomínám nerad, s vnitřním odporem, protože byly hrubé, přímo barbarské; tenkrát nejen studentstvo, nýbrž i univerzita se podrobila nekulturnímu tlaku antisemitické ulice… Vidím ty ustrašené tváře různých svých známých, vzpomínám, jak se mně vyhýbali, jak mně antisemitický klerikalismus ›objasňovali‹ – upomínky dnes tížící, duši unavující…«

cq »Hitlerův politický postoj je tu rozhodně až příliš zjednodušen, zná totiž jenom dva nepřátele, úhlavní nepřátele: Francie je mu zevnějším úhlavním nepřítelem a marxismus vnitřním. Ale ježto výslovně zatím nedbá o západ v nar. soc. politice, zůstává jedině jeden nepřítel, marxismus. Poněvadž dále marxismus neznamená pro Hitlera nic jiného než židovství, tož zbývá jako vlastní politický akční program jenom antisemitismus.«

cr »Pan prezident poděkoval delegaci za blahopřání a prohlásil, že je mu známo, že židovská menšina v Československé republice stojí loajálně na straně československé demokracie. [...] Dodal: ›Je vám známo, jaká byla moje politika k židovskému obrození, dokud jsem ministrem zahraničních věcí. Ujišťuji vás, že budu důsledně sledovat tuto linii ve svém novém úřadě. Vytvoření židovské národní domoviny bude blahodárně působit na postavení Židů v célem světě a odstranění nebo zmírnění příkrosti, kterými Židé v některých zemích trpí.«

cs »Slyším, že se říká, že je zde tu a tam antisemitism. Náš člověk není a nebude antisemitou. Masaryk říkal, že antisemitism je zvířectvím a barbarstvím. V českém prostředí antisemitism není a nebude; ale je přirozené, že v dnešní rozvratné době a zároveň při tak přirozené citlivosti nás všech v těchto těžkých chvílích, na rasový problém se narazí, vzniknou z toho spory a hádky – a pak se mluví často nekriticky o antisemitismu v armádě. Je třeba, aby byly obě dotyčné strany vždy tolerantní a opatrné, lidsky chápající a na výši stojící, a zase nikdy nezapomínaly, že jsou vojáky téže aramády, bojující o tutéž společnou věc a mající hledat vždycky to, co je spojuje, a nikoliv to, co by je mohlo oddalovat.«

ct »Říše Vítězí pro Evropu na všech frontách proti Židům, plutokracii, bolševismu.«

cu »A teď slovo o nejnovější fázi tak zvané židovské otázky. Hitlerovo protižidovské šílenství stoupá úměrně s blížící se porážkou. Mám zaručené zprávy o strašných masakrech. Češi a Slováci musí učinit všechno, co je v jejich moci, aby usnadnili život svých židovských spoluobčanů.«

cv »Dobrou noc a nezapomeňte, co jsem vám řekl o židech. Víte dobře, že jsem ani slovem nepřeháněl.«

cw »A teraz zase slovo k vám, bratia Slováci. Vaša smiešna vláda má tu drzosť sa vychlúbať, ako dobre vyriešila židovskú otázku. Dokonca sa u vás nachádzajú sádzači a redaktori, ktorí uverejňujú v novinách nejapné vylúhané články, ako spokojne si slovenskí židia žijú v polských ghetách. Je to do neba volajúci odporný cynizmus. Varujem slávnostne každeho Slováka, ktorý túto zvieraciu mentalitu podporuje a pomáha našich židovských spoluobčanov posielať na istú smrť.«

cx »Je i rad Slovákov, to jest akoby-Slovákov, ktorí sa na úkor týchto nevinných mučedníkov obohatili. Nasťahovali sa do ich domov a žijú z ukradnutého majetku. .. Na lúpenie za bitvy je trest smrti.«

cy »Zdá sa, že miliony židov budú vyvraždené. Viete, že som vždy odsudzoval antisemitizmus. Ale dnes i akýkolvek náznak antisemitizmu, vtedy keď táto malá, mizivá, mrznúca, umierajúca, zhanobená menšina vydaná je na pospas nemeckým antikristom, v týchto časoch je i náznak antisemitizmu dokazom hanobnej a odpornej zbabelosti.«

cz »Židovské decká uschoval po kláštëroch i v kosteloch a urobil všetko, aby táto honba nebola spojená s menom kresťanského Francúsa. To isté je dnes i vašou povinnosťou, Slováci, a niektorí, ktorým už dnes ide o čumák, by sa mohli ešte zachrániť, keby dokázali, že sa snažili pomocť z úbohých najúbožejším.«

da »Naši generaci bylo dopřáno, aby se z hrozného osudu židů poučila, kam vede antisemitismus. A chtěl bych vám dnes říci, že německý antisemitismus byl a je jen začátkem a prvním výrazem německé chuti po vládnutí a vyhubení jiných.«

db »Ale, jak jsme se poučili – ukrutně poučili – po židech přišli na řadu sociální demokraté, kněží, vzdělanci, a když si to Hitler vyřídil s těmi zastánci svobody a pokroku v Německu, vrhl se na nás, na Poláky, Belgičany, Holanďany, Nory, Francouze, Jihoslovany, Řeky a Rusy. Antisemitismem to začalo a světovou válkou to končí. To si musíme dnes dobře uvědomit.«

dc »U nás taky Němci chtěli vyvolat antisemitismus. Od roku 1918 jsem hodně cestoval a za těch 25 let mluvil se státníky, politiky, vědátory, spisovateli a umělci. Někteří z nich o nás právě mnoho nevěděli, ale, kdykoli přišla řeč na nás, říkali: Vy jste velká země, máte demokracii a svobodu a nemáte antisemitismus. A nebyli to jen židé, co mně toto říkali. Je pravda, že se každý národ pozná podle toho, jak se chová k židům, a my jsme se chovali slušně. Je také pravda, že se někteří židé nechovali dobře. Chodili po pražských kavárnách a němčili i po roku 1933. Ale dostali tak za vyučenou, že po válce těžko se najde československý žid, který by tyto chyby opakoval. Ale ovšem znali jsme také mnoho, velmi mnoho slušných, pořádných, věrných, skromných židů, legionářů i Sokolů, a ti patřili mezi nás jako naši. Mnoho jich je v naší armádě v Anglii i Rusku.«

dd »My hledíme do budoucnosti a proto si s vámi dnes chci zopakovat, že antisemitismus je barbarství a ostuda, které zůstanou vyhrazeny Němcům jako znamení největší vlastní pohany. A my Čechoslováci ze všech zkušeností této hrozné války musíme si uvědomit, že pro nás, malý národ v sousedství Německa, antisemitismus je prvním krokem k pangermanismu, který by nám při druhém kroku vrazil kudlu do zad. Pro nás to znamená, že nejdřív přijdou na řadu židé a pak my. Židé jsou na tom dnes nejhůře. V polských ghettech je to ještě horší než v Dachau a Oranienburgu. Proto vás prosím, pomáhejte jim, jak můžete.«

de »Musíte mít pochopení pro jejich slabosti, a jestli snad některý z těch vyděděných, zmatených a vyděšených chudáků si ještě dnes zaněmčí, domnívaje se, že se snad přece jen zachrání, vysvětlete si to spíše jako projev úplné bezmocnosti, v níž se tonoucí chytá stébla nebo břitvy. Ale také nezapomínejte, že leckterý pan rada nebo továrník u nás za těch pět let se také slušně naučil německy.«

df »A vám, bratislavským gangsteříkům a quislingovským nedochůdčatům říkám: Styďte se, že se našli Slováci, kteří chtěli napodobit Hitlera a posílat židy na smrt do Polska. Je to jedna ze zajímavých anomalií ironického osudu, že od nás, z kdysi volného a demokratického Československa, utíkají židé do Maďarska, aby se před Machovými gardistickými lajdáky zachránili v zemi, v které antisemitismus nacházel vždy úrodnou půdu.«

dg »Bude slavným listem českého lidu v dějinách, že přes všecky svody nedal se strhnout k protižidovskému násilnictví, ale přesto jakási názorová forma antisemitismu je dosti rozšířena.«

dh »Parzifal upozorňuje, že Češi Židům nijak neublížili. Mají s nimi lidský soucit, ale aktivně nemohou s nimi nic dělat. Také je jich moc málo, ponejvíce než Židé ze smíšených manželství. Ostatní – co není v Terezíně – deportováni a mrtvi. Mnoho lidí, kteří pomáhali dostali se sami proto do neštěstí, protože při trochu větším nátlaku Židé vše řekli. [...] Celkově možno říci, že – ačkoliv se s Židy lidsky cítí a kde lze také se pomůže – nenajde se v českých zemích ani nadšení, ani snaha po tom, aby se Židům dostalo všech oněch posic, z nichž byli Němci vypuzeni. Tuto náladu potvrzuje zvlášť Parzifal a jeho okolí, které nikdy nebylo proti Židům zaujato. Možná, že tato nálada se časem změní, aneb alespoň zmírní, ale dnes tomu tak je. Zrcadlí se to také ve vtipu hodně rozšířeném, že nutno postavit Hitlerovi v Praze pomník, protože: 1. sjednotil Slovensko, 2. zbavil Čechy Židů, 3. zničil Německo.«

di »A chtěl bych, abychom po válce mohli našim dětem a celému světu říci, že jsme ze svých sil židům pomáhali a že jsme i v této německé hrůze zůstali slušnými lidmi.«

# Danksagung

Es bleibt noch, Dank zu sagen, an alle, die bei dem Entstehen dieser Arbeit geholfen haben. Zu nennen ist hier zunächst Petra Kaboňová, die mich nicht nur moralisch ungemein, sondern auch durch Diskussionen, Informationen und schließlich mit der Korrektur der tschechischen Zitate unterstützte. Zutiefst zu Dank bin ich außerdem den Teilnehmern und Teilnehmerinnen jener Treffen verpflichtet, bei denen Doro Born, Alex Gruber, Renate Göllner, Florian Kleedorfer, Ljiljana Radonić und Gerhard Scheit zusammenkamen, um einzelne Abschnitte und Kapitel zu diskutieren.

Selbstverständlich darf hier auch Johann Dvořák, den Betreuer der Dissertation, auf der dieses Buch beruht, nicht vergessen werden, der trotz der längeren, teilweise berufsbedingten Entstehungsdauer dieser Arbeit Geduld bewies und dessen Einladungen des Autors zu Vorträgen auf Konferenzen im Wiener Institut für Wissenschaft und Kunst (IWK) diese Arbeit wichtige Impulse verdankt.

Für die problemlose Zusammenarbeit und Unterstützung während meines Aufenthalts am Archivstudium in Prag möchte ich mich noch besonders bei Miroslav Kunštát und Jan Chodějovský bedanken, wie auch bei der AKTION Österreich-Tschechische Republik, die diesen Aufenthalt finanziell unterstützte.

Last but not least sei noch David Hellbrück für sein Lektorat und die inhaltlichen Hinweise gedankt.

Wie üblich muss festgehalten werden, dass all diese Dankbarkeit natürlich den Autor nicht von der Verantwortung für Fehler oder für die eingenommenen Positionen entbindet. Dass man das aber nicht deutlich genug sagen kann, kann man in der in dieser Arbeit beschriebenen Episode um Sheila Grant Duffs Buch nachlesen.

Curt Geyer, Walter Loeb u.a.

## Fight for Freedom

Die Legende vom anderen Deutschland

Herausgegeben von Jan Gerber und Anja Worm

18€, 2009, 264 Seiten, ISBN: 978-3-924627-19-5

Nach der Niederlage im Ersten Weltkrieg »wurde der Welt die Lüge von der deutschen Unschuld aufgetischt. Die Welt wurde eingeladen zu glauben, daß Deutschland angegriffen wurde und daß es das Schwert zu seiner eigenen Verteidigung gezogen hat. Eine zweite Lüge wird derzeit für den universellen Gebrauch vorbereitet, die Lüge, daß das deutsche Volk an diesem Krieg unschuldig ist.« (Curt Geyer/Walter Loeb 1942)

Stephan Grigat

## Postnazismus revisited

Das Nachleben des Nationalsozialismus im 21. Jahrhundert

18€, 2010, 289 Seiten, ISBN: 978-3-86259-106-0

Der Band Postnazismus revisited versammelt Beiträge, die grundlegende Überlegungen zum Nachleben des Nationalsozialismus in den postfaschistischen Gesellschaften anstellen. Sie setzen sich sowohl mit der modernisierten Vergangenheitspolitik in Deutschland als auch den Erfolgen der FPÖ unter und nach Jörg Haider auseinander. Die Aufsätze beinhalten Gedanken zur Kritik des Postnazismus im Zeitalter des Djihadismus und formulieren eine Kritik am »Islamophobie«-Begriff vor dem Hintergrund der Diskussionen über den norwegischen Attentäter Anders Behring Breivik.

Mit Beiträgen von Ulrich Enderwitz, Stephan Grigat, Uli Krug, Florian Markl, Clemens Nachtmann, Gerhard Scheit und Heribert Schiedel.

Alex Gruber, Philipp Lenhard

**Gegenaufklärung**

Der postmoderne Beitrag zur Barbarisierung der Gesellschaft

18€, 2011, 312 Seiten, ISBN: 978-3-86259-101-5

Die postmoderne Philosophie ist nichts anderes als »das Nachleben des Nationalsozialismus in der Demokratie« (Adorno). Weil der radikale Bruch mit dem Denken, das zu Auschwitz führte, ausblieb, weil vielmehr bereits in den sechziger Jahren gerade von links in vermeintlich tabubrecherischer Weise versucht wurde, die nationalsozialistische Philosophie für scheinbar »emanzipatorische« Projekte nutzbar zu machen, erscheint die deutsche Ideologie heute als links und progressiv. Diese neueste deutsche Ideologie ist nicht nur eine philosophische Strömung, sondern Ausdruck einer gesellschaftlichen Tendenz. Die postmoderne Übung, jede allgemeine Begriffsbestimmung als »logozentrisch« und jede Betrachtung der Gesellschaft unter Vernunftkriterien als totalitär zu denunzieren, ist sowohl Reflex der objektiven Unbrauchbarkeit der Welt unter den Verhältnissen spätkapitalistischer Vergesellschaftung als auch der Versuch einer Sinnstiftung ebendieser Verhältnisse...

Mit Beiträgen von Manfred Dahlmann, Martin Dornis, Alex Gruber, Birte Hewera, Tjark Kunstreich, Philipp Lenhard, Niklaas Machunsky, Florian Ruttner und Gerhard Scheit.

Thorsten Fuchshuber

**Rackets**

Kritische Theorie der Bandenherrschaft

29 €, 2019, 674 Seiten, ISBN: 978-3-86259-145-9

Das Racket wurde von Max Horkheimer weder als neutrale Strukturkategorie noch als soziologischer Idealtypus begriffen, sondern als dialektisch-anthropologische »Grundform der Herrschaft«.

ça ira-Verlag
postfach 273
79002 freiburg
tel.: 0761/37939
fax: 0761/37949

info@ca-ira.net
www.ca-ira.net

Willy Huhn

## Der Etatismus der Sozialdemokratie

Zur Vorgeschichte des Nazifaschismus

18€, 2003, 224 Seiten, ISBN: 3-924627-05-3

Der Essay von Willy Huhn gehört zu den Klassikern einer linken, nicht parteikommunistischen Kritik der offiziellen, sozialdemokratischen Arbeiterbewegung. Huhn stellt ideologiekritisch dar, wie es zur Staatsfixierung und am Ende zur Verstaatlichung der SPD kommen konnte. Er untersucht die Staatsphilosophie Ferdinand Lassalles, des Begründers der Sozialdemokratie, stellt dar, inwieweit Karl Kautsky die Marxsche Staatskritik im Streit um die Verstaatlichung der Schlüsselindustrien mißverstand, und greift die These holländischer Rätekommunisten auf, die die Sozialdemokratie als prinzipiell obrigkeitshörige und staatssozialistische Partei begriffen. Damit bewegt sich Huhn an den Wurzeln der heutigen Sozialdemokratie der »Volks-Partei« des Godesberger Programms und zeigt auf, daß sich alle über die Möglichkeiten der SPD, Real- und Reformpolitik treiben zu können, gründlich irren – auch in der Berliner Republik.

Mit einem Vorwort von Clemens Nachtmann und einem biographischen Exkurs von Christian Riechers.

Joachim Bruhn

## Was deutsch ist

Zur kritischen Theorie der Nation

21€, März 2019, 300 Seiten, ISBN: 978-3-86259-141-1

Zweite, erweiterte und überarbeite Auflage von 1994

Adornos bittere Bemerkung, ein Deutscher sei ein Mensch, der keine Lüge aussprechen könne, ohne sie tatsächlich zu glauben, war ein Tropfen auf den heißen Stein des gesunden Volksempfindens. Was als Kritik gemeint war und als Intervention, ist zur »Frankfurter Schule« verkommen und biedert sich an...

ça ira-Verlag
postfach 273
79002 freiburg
tel.: 0761/37939
fax: 0761/37949

info@ca-ira.net
www.ca-ira.net